HARALD KISCHLAT

STUDIEN ZUR VERBREITUNG VON ÜBERSETZUNGEN ARABISCHER PHILOSOPHISCHER WERKE IN WESTEUROPA 1150–1400

DAS ZEUGNIS DER BIBLIOTHEKEN

ASCHENDORFF MÜNSTER

BEITRÄGE ZUR GESCHICHTE DER PHILOSOPHIE UND THEOLOGIE DES MITTELALTERS

Texte und Untersuchungen

Begründet von Clemens Baeumker
Fortgeführt von Martin Grabmann und Michael Schmaus

Im Auftrag der Görres-Gesellschaft
herausgegeben von Ludwig Hödl und Wolfgang Kluxen

Neue Folge
Band 54

D 5

Gedruckt mit Unterstützung
der Görres-Gesellschaft zur Pflege der Wissenschaft

Satz: Harald Kischlat
Druck: Druckhaus Aschendorff, Münster, 2000
Gedruckt auf säurefreiem, alterungsbeständigem Papier ∞

ISBN 3-402-04005-0

DANKSAGUNG

Die vorliegende Arbeit, die im Sommersemester 1998 von der Philosophischen Fakultät der Rheinischen Friedrich-Wilhelms-Universität Bonn als Dissertation angenommen wurde, wäre nicht ohne die Hilfe zahlreicher Menschen zustande gekommen.

An erster Stelle sind meine Eltern Ilse und Klaus Kischlat zu nennen, die mich auf jede erdenkliche Weise auf meinem Weg unterstützt haben. Zu danken habe ich auch meiner Frau Anne Kischlat und unseren Kindern Paul Amadeus und Elisabeth Johanna für ihre Geduld, mit der sie meine Launen und die vielen mit Arbeit belegten Wochenenden – besonders während der Phase der Drucklegung – hingenommen haben.

Den Weg zum Thema der Arbeit eröffnete mir Herr Prof. Dr. Dr. Raymund Kottje, dem ich für die anregende und verständnisvolle Begleitung als Doktorvater dankbar bin. Für das Zweitgutachten und das gezeigte Interesse gebührt Herrn Prof. Dr. Burkhard Roberg Dank. Zahlreiche korrigierende Hinweise und Anregungen erhielt ich von Herrn Prof. Dr. Gerhard Endreß, Herrn Prof. Dr. Hans Daiber und Herrn Prof. Dr. Charles S.F. Burnett. Ihnen sei an dieser Stelle für ihre interessierte Anteilnahme herzlich gedankt. Herrn Dr. Dag N. Hasse danke ich für die fachliche Korrektur des Manuskriptes des Dissertationsexemplars und seine wertvolle Kritik. Die Unterstützung des Deutschen Historischen Institutes Paris unter der Leitung von Herrn Prof. Dr. Werner Paravicini ermöglichte mir einen Forschungsaufenthalt in Paris. Unschätzbare Hilfe habe ich am Institut de Recherche et d'Histoire des Textes in Paris erfahren. Unter den Mitarbeitern des IRHT danke ich besonders Madame Donatella Nebbiai-Dalla Guarda und Monsieur J.-F. Genest für die Einsicht, die sie mir in bisher unveröffentlichtes Material gewährten. Frau Professor Dr. Mechthild Dreyer danke ich dafür, daß ich als Gast des Albertus-Magnus-Institutes einen ruhigen Arbeitsplatz zur Fertigstellung meiner Dissertation zur Verfügung hatte. Für Unterstützung in mannigfacher Weise gebührt auch den übrigen Mitarbeitern des Institutes, besonders Herrn Dr. Henryk Anzulewicz und Herrn Dr. Joachim R. Söder, aufrichtiger Dank. Ebenso habe ich Herrn Prof. Dr. Ludwig Hödl und Herrn Prof. Dr. Wolfgang Kluxen für die Aufnahme in die „Baeumker-Beiträge" und der Görres-Gesellschaft für die großzügige Gewährung eines Druckkostenzuschusses zu danken. Frau Dr. Pauline Liesen, Frau Martina Brümmer, Frau Ilse Kischlat und Frau Anne Kischlat haben das Manuskript mit viel Mühe korrekturgelesen. Frau Christiane Meertens-Ney gab mir wertvolle Hinweise zum Layout der Arbeit. Auch ihnen sei herzlich gedankt. Die intensive Beschäftigung mit dem Thema wurde mir durch ein Stipendium der Bischöflichen Studienförderung Cusanuswerk ermöglicht. Schließlich danke ich Herrn Alexander Steinberg für sein „Sponsoring" der besonderen Art.

Bonn, im Februar 2000   Harald Kischlat

INHALT

VERZEICHNIS DER ABGEKÜRZT ANGEFÜHRTEN TITEL

Die Auflösungen der verwendeten Abkürzungen werden hier außer bei den Zeitschriftentiteln nur in Kurzform gegeben. Die vollen bibliographischen Angaben lassen sich dem Literaturverzeichnis entnehmen.

AHDL	Archives d'Histoire doctrinale et littéraire du Moyen âge
AL	Aristoteles Latinus. Codices
And.	Al-Andalus. Revista de las Escuelas de Estudios Árabes de Madrid y Granada
AvLC	d'Alverny, Avicenna latinus. Codices
B (*Nummer*)	Becker, Catalogi bibliothecarum antiqui (*Nummer des Dokumentes*)
BEC	Bibliothèque de l'École des Chartes
Beer (*Nummer*)	Beer, Handschriftenschätze Spaniens (*Nummer des Dokumentes*)
BGPhMA	Beiträge zur Geschichte der Philosophie (und Theologie) des Mittelalters
BJRL	The Bulletin of the John Rylands Library
BMMF (*Nummer*)	Genevois/Genest/Chalandon, Bibliothèques de manuscrits médiévaux en France (*Nummer des Dokumentes*)
BPM	Bulletin de Philosophie Médiévale (S.I.E.P.M.)
BWG	Berichte zur Wissenschaftsgeschichte
CB	Corpus of British Medieval Library Catalogues
CB 1	Humphreys, The Friars' Libraries (Corpus of British Medieval Library Catalogues 1)
CB 2	Mynors/Rouse, Registrum Anglie (Corpus of British Medieval Library Catalogues 2)
CB 3	Bell, The Libraries of the Cistercians (Corpus of British Medieval Library Catalogues 3)
CB 4	Sharpe u.a., English Benedictine Libraries (Corpus of British Medieval Library Catalogues 4)
CB 5	Stoneman, William P., Dover Priory (Corpus of British Medieval Library Catalogues 5)

CB 6	Webber/Watson, The Libraries of the Augustinian Canons (Corpus of British Medieval Library Catalogues 6).
CCAA	Corpus Commentariorum Averrois in Aristotelem
DA	Deutsches Archiv für Erforschung des Mittelalters
Derolez (*Nummer*)	Derolez, Corpus catalogorum Belgii (*Nummer des Dokumentes*)
Delisle	Delisle, Le cabinet des manuscrits de la Bibliothèque impériale
Ehrle	Ehrle, Historia Bibliothecae Romanorum Pontificium
EI¹	Enzyklopädie des Islam
EI²	Encyclopaedia of Islam
Emden, BRUC	Emden, A Biographical Register of the University of Cambridge
Emden, BRUO	Emden, A Biographical Register of the University of Oxford
Fh (*Nummer*)	Faulhaber, Libros y bibliotecas en la España medieval (*Nummer des bibliogr. Eintrages*)
G (*Nummer*)	Gottlieb, Über mittelalterliche Bibliotheken (*Nummer des Dokumentes*)
Gu (*Nummer*)	Guidi, Inventari di libri (*Nummer des Dokumentes*)
Hillgarth	Hillgarth, Readers and Books
IBLA	Institut des Belles Lettres Arabes
IC	Islamic Culture
IQ	Islamic quarterly
IRHT	Institut de recherche et d'histoire des textes. *Die so gekennzeichneten Informationen beruhen auf Einsichtnahme in die Kartei der Section codocologie des IRHT*
JPHS	Journal of the Pakistan Historical Society
JRAS	Journal of the Royal Asiatic Society
JWH	Journal of World History
LMA	Lexikon des Mittelalters
LThK	Lexikon für Theologie und Kirche (3. Aufl.)
MIDEO	Mélanges de l'Institut Dominicain d'Études Orientales du Caire
MM	Miscellanea mediaevalia
MW	Muslim World
Philos. Qrtly	Philosophical quarterly
PhJB	Philosophisches Jahrbuch
RechAug	Recherches augustiniennes
RHT	Revue d'histoire des textes

RIEEI	Revista del Instituto Egipico de Estudios Islámicos en Madrid
RNP	Revue néo-scolastique de philosophie
RSPT	Revue des sciences philosophiques et théologiques
RThAM	Recherches de théologie ancienne et médiévale
Steinschneider, EÜb	Steinschneider, Die europäischen Übersetzungen
TRE	Theologische Realenzyklopädie
W. (*Nummer*)	Willimann, Bibliothèques ecclésiastiques (*Nummer des Dokumentes*)
ZDMG	Zeitschrift der Deutschen Morgenländischen Gesellschaft
ZGAIW	Zeitschrift für die Geschichte der arabisch-islamischen Wissenschaften

I. EINLEITUNG

In seinem Aufsatz „The Spread of Ideas" weist Ch. H. Haskins darauf hin, daß wir ab dem 13. Jahrhundert ein recht detailliertes Wissen über das Leben an den Universitäten, über die einzelnen Gelehrten und über die Organisation des Wissenschaftsbetriebes haben. „The obscurer problems lie rather in the period immediately preceding – the sources and the course of the new Aristotle, the new medicine, and the new Euclid and Ptolemy; the origin and career of the Northern translators who appear unheralded in Spain and Sicily; the routes by which their work passed northward, and its reception in the monastic and cathedral schools of the twelfth century."[1] Die Stichworte 'new Aristotle' und 'translators in northern Spain and Italy' zeigen an, daß hier auch die Übersetzungen aus dem Arabischen gemeint sind. Aus diesen Überlegungen zieht Haskins u.a. den Schluß, daß „We also need to study more closely the 'wanderings and homes of manuscripts', the catalogues of mediaeval libraries, the content of the mediaeval mind at definite intervals."[2]

Dieser Frage fühle ich mich mit vorliegender Arbeit verpflichtet. Ich will an Hand verschiedener Quellen, die etwas über den Besitz von Büchern aussagen, die Orte ausmachen, an denen man sich zu bestimmten Zeiten im Hoch- und Spätmittelalter mit arabischer Philosophie beschäftigte, oder vorsichtiger ausgedrückt: an denen zumindest die materiellen Voraussetzungen, also die Handschriften, vorhanden waren, um eine Auseinandersetzung mit den Texten der arabischen Philosophen zu ermöglichen. Keine inhaltliche Rezeptionsgeschichte ist beabsichtigt, meine Fragestellung setzt vielmehr einen Schritt davor ein. Nicht die Verbreitung des Inhalts arabischer philosophischer Texte will ich untersuchen, sondern die Verbreitung des Mediums, der Texte selbst, soll erhellt werden, und zwar mit dem Ziel, eine Rezeptions- oder Ideengeschichte, welche sich oftmals nur mit den bedeutendsten Geistern beschäftigt, mit ihrer materiellen Grundlage zu verbinden und sie dadurch in Beziehung zur gesamten geistigen Landschaft ihrer Zeit sehen zu können. Ohne die Ebenen zu beachten, kann man die Berge, die aus ihnen herauswachsen, nicht verstehen. Somit ist auch die

---

[1]   Haskins, *The spread of ideas*, 100.
[2]   Ebd., 101. Ähnlich auch d'Alverny, *Les traductions d'Avicenne. Moyen Age et Renaissance*, 71 u. 77.

zweite methodisch orientierte Frage, die hinter dieser Studie steht, angesprochen. Die Arbeit ist in gewisser Weise ein Versuch, mit dem ausgelotet
werden soll, wie weit bibliotheksgeschichtliche Quellen in der Lage sind,
rezeptionsgeschichtliche Forschung innerhalb der Philosophiegeschichts-
schreibung zu erweitern und zu bereichern.[3]

Zur Verwendung des Ausdruckes 'arabische Philosophie' sind einige
grundsätzliche Bemerkungen voranzustellen. Wer beginnt, sich mit arabischer Philosophie der Zeit, die wir in Europa Mittelalter nennen, zu beschäftigen, wird schnell feststellen, daß hier keine ethnische Festlegung auf
die Araber gemeint sein kann. Der Hinweis auf den bekanntesten „arabischen" Philosophen Avicenna, welcher persischer Abstammung war, möge
genügen. Aber auch die Gleichsetzung von arabischer mit islamischer Philosophie trüge eine Trennung in die Gruppe der in Frage kommenden Denker, welche in zeitgenössischer Sicht nicht vorhanden war.[4]

So wurde zum Beispiel der melkitische Christ Costa ben Luca im lateinischen Westen als Araber und somit als Muslim rezipiert, da seine Werke aus
dem Arabischen ins Lateinische übersetzt wurden. Zur arabischen Philosophie im hier gebrauchten Sinne gehören daher alle sich mit philosophischen
Fragen auseinandersetzenden Werke, die in arabischer Sprache verfaßt
wurden. Die Beschränkung auf arabische und damit der Ausschluß persischer Texte ergibt sich für diese Arbeit schon daraus, daß lateinische Übersetzungen nur von arabischen Werken angefertigt wurden. Ist also im großen philosophiehistorischen Zusammenhang eine Bezeichnung wie „Philosophie des islamischen Kulturkreises" allen Einschränkungen auf arabische
oder islamische Philosophie vorzuziehen, so paßt in unserem Zusammenhang die auf die Sprache bezogene Bezeichnung 'arabische Philosophie'
recht gut. Von den damit gemeinten Werken sind für die vorliegende Arbeit
natürlich nur diejenigen interessant, welche ins Lateinische übersetzt wurden.

Auf einige Einschränkungen ist allerdings noch hinzuweisen. Die jüdi-
schen Philosophen innerhalb des islamischen Kulturkreises schrieben als
aktive Teilnehmer an den Diskussionen ihrer muslimischen Umwelt eben-

---

[3] Bisherige Studien, die einen ähnlichen Ansatz für andere Literaturgattungen verfolgen:
Beddie, *Ancient classics*; Manitius, *Geschichtliches*; ders., *Handschriften antiker Autoren*; ders., *Philologisches*; Munk-Olsen, *L'étude des auteurs classiques*; Planzer, *Albertus-Magnus-Handschriften*; Van
Caenegem, *Ouvrages de droit romain*. Für philosophische Werke wurde diese Methode bisher
nicht verwandt, erst recht nicht für das Corpus der Übersetzungen aus dem Arabischen.
Auf diese Quellengruppe aufmerksam macht auch Hlaváček, *Alte Handschriftenbesitzervermerke*,
187f. Auf die Besonderheiten, die der gewählte Ansatz bei dieser Textgruppe mit sich
bringt, wird in Kapitel II eingegangen.

[4] Vgl. die von Anawati, *Philosophie médiévale*, wiedergegebene Diskussion um die Begriffe
arabische Philosophie, islamische Philosophie usw.; außerdem Gutas, *Pre-Plotinian*, Anm. 1.
Weitere Lit. zu diesen Fragen vgl. die Angaben unten in Kap. III.2.

falls auf Arabisch und wurden zum Teil ins Lateinische übertragen. Welch reichhaltiges Material uns hier vorliegt, hat schon Steinschneider in seinen Pionierarbeiten zu den hebräischen und den europäischen Übersetzungen arabischer Werke offengelegt.[5] So wünschenswert es wäre, diese Texte ebenfalls in vorliegender Arbeit behandelt zu sehen, mußte ich doch auf Grund der Fülle des Materials auf die Einarbeitung dieser Werke verzichten. Gleiches gilt für philosophische Texte muslimischer oder christlicher Gelehrter, die zwar auf Arabisch verfaßt wurden, deren lateinische Übersetzung aber auf einer intermediären hebräischen Version beruhen.[6] Die Untersuchung dieser Textgruppe verlangte zumindest rudimentäre Kenntnisse des Hebräischen. Ebenfalls nicht aufgenommen wurde die große Werkgruppe griechischer philosophischer Texte, die über das Arabische ins Lateinische gelangten. Eine eigenständige Arbeit wäre hier vonnöten, zumal die Differenzierung nach Übersetzungen gleicher Texte aus dem Griechischen und Arabischen in vielen Fällen beinahe unmöglich wäre. Dennoch wird in dieser Arbeit gegenüber den meisten einschlägigen Studien zu unserem Thema, welche sich häufig auf die Nennung al-Kindīs (Alkindi), al-Fārābīs (Alfarabi), Ibn Sīnās (Avicenna), al-Ghazzālīs (Algazel, Algazali), Ibn Rushds (Averroes) und der in unserem Zeitraum nicht übersetzten andalusischen Philosophen Ibn Bādjdja (Avempace) und Ibn Ṭufayl (Abubacer) beschränken, ein erweitertes Corpus lateinischer Übersetzungen arabischer Philosophie behandelt.

Weil sich diese Arbeit eben nicht nur an Kenner der islamischen Philosophie wendet, werden im folgenden die latinisierten, auch im lateinischen Mittelalter gebräuchlichen Namen verwendet, jedoch mit zwei Ausnahmen: so wurde nämlich der weiter unten aufgeführte Ḥunayn Ibn Isḥāq von den Scholastikern als Iohannitius bezeichnet, allerdings nur im Zusammenhang mit seinen medizinischen Werken, das hier behandelte Werk *De caelo* wurde meist als Avicenna-Text gelesen, in der Forschung wird es zumeist als Ps.-Avicenna bezeichnet. Um aber keine Verwirrung über die Autorschaft aufkommen zu lassen, habe ich mich hier für die übliche Umschrift seines syrischen Namens entschieden. Die ebenfalls weiter unten behandelte Autorengruppe der Ikhwān al-Ṣafā' war im Mittelalter als eine Person, nämlich als Mohammed, discipulus Alkindi, bekannt. In diesem Fall verwende ich im weiteren die deutsche Bezeichnung 'Lautere Brüder', unter der sie auch im *Lexikon des Mittelalters* zu finden sind. Der anonyme Text *De proprietatibus elementorum* wurde als Aristoteles-Werk angesehen und wird daher auch im folgenden als Ps.-Aristoteles aufgeführt. Die Umschrift weiterer arabischer

---

[5]   Steinschneier, *Hebräische Übersetzungen*; ders., *EÜb.*
[6]   So z.B. die auf der hebräischen Version beruhende lateinische Übersetzung der *Destructio destructionis* von Averroes durch Kalonymos b. Kalonymos aus dem Jahre 1328.

und persischer Namen oder Titel richtet sich nach dem in der *Encyclopaedia of Islam* benutzten System.

In Kapitel III.2 werden die einzelnen Texte dieses Corpus mit grundlegenden Informationen zu deren Übersetzungen aufgeführt. Dort ist auch ein kurzer Überblick über die bisherige Forschung zu diesen Texten eingearbeitet. Der Anhang 1 ergänzt dieses Kapitel durch die Auflistung der erhaltenen Textzeugen. Im zunächst folgenden Kapitel II wird auf die Auswahl, die Möglichkeiten und die Probleme des zur Verfügung stehenden bibliotheksgeschichtlichen Quellenmaterials eingegangen. Für den Hauptteil, Kapitel IV, in welchem die Fundstellen arabischer philosophischer Texte in Sammlungen und Bibliotheken des Mittelalters wiedergegeben werden, habe ich die Form eines Kataloges gewählt. Da der Sinn einer solchen Arbeit nicht zuletzt darin besteht, weiteren Forschungen als Referenz zu dienen, schien mir die Katalogform am geeignetsten, dem Benutzer einen schnellen Zugang zu den von ihm gesuchten Informationen zu bieten. In dem sich an den Katalog anschließenden Teil wird trotz der noch zu erläuternden Probleme bei der Quellenauswertung versucht, aus der Fülle der Detailinformationen einige allgemeinere Schlüsse hinsichtlich der Verbreitung der lateinischen Übersetzungen arabischer philosophischer Werke zu ziehen. Im letzten Abschnitt schließlich finden sich auswertende Überlegungen bezüglich der oben angesprochenen zweiten Frage nach den Möglichkeiten und Beschränkungen des angewandten bibliotheksgeschichtlichen Zuganges im Zusammenhang mit der Erforschung der Verbreitung arabischer philosophischer Texte im lateinischen Westen.

II. DIE QUELLEN

1. Die Quellen der Bibliotheksgeschichte

Für unsere Zwecke müssen alle Quellenarten herangezogen werden, die uns darüber informieren, welche Texte zu einer bestimmten Zeit an einem bestimmten Ort vorlagen bzw. im Besitz einer Institution oder einer Person waren. Dabei handelt es sich nicht, wie man zunächst vermuten mag, nur um Bibliothekskataloge. Im Gegenteil, der Anteil der eigentlichen Kataloge an den ausgewerteten Quellen ist eher gering. Dafür liegen eine große Menge verschiedenartiger Quellen vor, aus denen sich solche Informationen gewinnen lassen. Das Spektrum reicht, um zunächst nur einige zu nennen, von den eigentlichen Bibliothekskatalogen über Besitzinventare, Testamente und Verkaufsnotizen bis hin zu Prozeßakten, in denen Buchdiebstahl verhandelt wird.[7] Gerade die Vielseitigkeit des Materials macht es schwierig, die verschiedenen Quellentypen in eine Systematik zu bringen, und Nebbiai-Dalla Guardas und Derolez' verschiedene Versuche zeigen, daß derselbe Quellentyp je nach Anlage der Systematik völlig unterschiedlich eingeordnet werden kann.

Wichtig für das Verständnis des Aussagewertes der einzelnen Quellen und allgemein anwendbar ist die Unterteilung der Quellen, welche den Blickwinkel der Quellenautoren – und damit den eigentlichen Zweck des vorliegenden Dokumentes – als Unterscheidungskriterium benutzt. So können Bücher zum einen als materielle Gegenstände angesehen werden, die für ihren Besitzer einen bestimmten Wert haben. In Quellen, in denen Bücher unter diesem Aspekt gesehen werden, spielt der Inhalt der einzelnen Bände nur eine untergeordnete Rolle. Wichtiger ist es, den Gegenstand 'Buch' zu beschreiben und festzuhalten, daß eine Person oder eine Institution ihn besitzt oder daß unter Umständen etwas mit ihm geschieht, daß er z.B. gekauft, vererbt oder verliehen wird. Die Beschreibung beschränkt sich dabei zumeist auf äußerliche Merkmale wie das Format oder das Material und die Farbe des Einbandes. Vom Inhalt werden nur der erste Text oder

---

[7] Vgl. die Aufzählungen in Derolez, *Les catalogues*, 16–19 u. Nebbiai-Dalla Guarda, *I Documenti*, 70 und passim.

die – zumindest für den Verfasser der Quelle – wichtigsten enthaltenen Texte genannt.

Innerhalb dieser Gruppe begegnen uns im Rahmen dieser Studie am häufigsten Aussagen, die über den Erwerb von Büchern berichten, wobei mit Erwerb eben nicht nur der Kauf gemeint ist, sondern jeder Besitzerwechsel. Unter diesem Gesichtspunkt sind Quellen für den Erwerb auch Testamente, Schenkungen und Kaufs- oder Verkaufsnotizen, in denen Handschriften erwähnt werden. Des weiteren gehören dazu Listen abgeschriebener Bücher, Obituarien mit Legationsvermerken, Rechnungen, Rechnungsbücher und im Rahmen des Spolienrechtes verfaßte Inventare oder Listen. Diese Quellen geben uns in vielen Fällen Auskunft über den Bücherbesitz zweier Parteien: des vormaligen und des neuen Besitzers. Finden wir zum Beispiel einen der gesuchten Texte in einem Testament, so wissen wir, wem das Buch gehörte, bevor es in den Besitz der vom Testament benannten Person oder Institution überging. Aus diesem Grunde werden im Kapitel IV solche Quellen doppelt aufgeführt, selbstverständlich mit Verweis aufeinander.

Ebenfalls in diese Gruppe gehören Quellen, die einen Besitz verzeichnen, unabhängig von dessen Erwerb. Gemeint sind vor allem Besitzinventare, in denen neben anderen Gegenständen auch Bücher vorkommen, und Inventare, die nur den Buchbesitz dokumentieren. Letztere unterscheiden sich, wie es die Zugehörigkeit zu dieser Gruppe erfordert, wie wir aber auch weiter unten noch genauer sehen werden, von eigentlichen Katalogen dadurch, daß durch die Inventarisierung das Buch als Wertgegenstand gesichert werden soll, sein Inhalt also im Hintergrund bleibt.[8] Allerdings ist die Unterscheidung zwischen bloßen Inventaren und eigentlichen Katalogen oft genug nicht eindeutig zu treffen, die Mischformen gehören eher zur Regel als zur Ausnahme. Auch enthalten viele Inventare Hinweise auf den Erwerb der in ihnen genannten Bücher. Daher sind viele der Quellen sowohl der einen als auch der anderen Untergruppe zuzuordnen.[9]

Weitere Quellentypen, in denen Bücher als Gegenstände betrachtet werden, berichten vom Verleih der Bücher. Dies können Ausleihnotizen oder Rückgabequittungen sein, aber auch Anmerkungen in Inventaren über Bücher, die zur Zeit der Abfassung des Inventars verliehen waren oder welche später in das Inventar im Falle einer Ausleihe eingetragen wurden. Demnach ist auch hier die Unterscheidung der einzelnen Typen nicht immer leicht.

---

[8] Monfrin/Pommerol, *La bibliothèque pontificale*, XXIIIf; Schreiber, *Quellen und Beobachtungen*, 3–9.
[9] Für Beispiele vgl. Nebbiai-Dalla Guarda, *I Catalogi*, 45f.

Schließlich gehören in die Gruppe der Bücher als Gegenstände behandelnden Quellen noch Rechtsakten (neben z.b. den oben eingeordneten Testamenten) wie Prozeßakten oder Akten, in denen Bücher als Pfandgaben für eingegangene Verpflichtungen aufgeführt werden.

Dieser großen Quellengruppe stehen zum anderen Quellen gegenüber, in denen hauptsächlich dem immateriellen Wert des Buches die Aufmerksamkeit gilt. Hier geht es um die Inhalte des Buches, d.h., die in ihm enthaltenen Texte sind wichtig, und es wird so beschrieben, daß ein Benutzer die ihn interessierenden Texte wiederfinden kann, die äußere Gestalt des Buches ist dagegen weniger entscheidend.[10] Für meine Zwecke ist die zweite Gruppe gewinnbringender, denn ich stehe in der gleichen Situation wie derjenige, für dessen Nutzen diese Quellen angelegt wurden: beide wollen wir bestimmte Texte finden. Leider sind diese Quellengattungen, zu denen vor allem die eigentlichen Bibliothekskataloge zählen, zu denen aber auch Lektürelisten von Kloster- oder Kolleggemeinschaften gerechnet werden, nicht so zahlreich erhalten, so daß wir, um ein vollständigeres Bild zu erhalten, auch auf die Quellen der ersten Gruppe angewiesen sind und wir sie quasi gegen ihren ursprünglichen Zweck lesen müssen, um zu sehen, wieviel sie uns über den Inhalt der Bücher verraten.

Schon diese kurze Systematisierung macht deutlich, wie vielseitig und vielschichtig die einzelnen Quellen sein können und wie schwer es ist, sie in ein Schema zu zwängen. Auf diese Schwierigkeiten hinzuweisen ist notwendig, um dem Leser folgendes zu verdeutlichen: Die Behandlung und Auswertung einer großen Datenmenge bedürfen, sollen sie sowohl für den Bearbeiter als auch für den Leser übersichtlich bleiben, einer gewissen Schematisierung. Die Eigenheiten der einzelnen Quelle gehen dadurch notgedrungen verloren. Das gilt sicherlich für alle Quellen, mit denen sich Historiker befassen, und könnte daher als Gemeinplatz gelten. Im Falle der hier auszuwertenden Zeugnisse gerät dies aber allzu leicht in Vergessenheit, da solche zunächst rein beschreibenden Quellen auf den ersten Blick eher gleichförmig scheinen.[11] Daher ist es um so dringlicher nötig, darauf hinzuweisen, daß alle aus unseren Quellen zu erhebenden verallgemeinernden Aussagen nur unter diesen Vorbehalten zu verstehen sind. Auch sollte klar

[10] Derolez, *Les catalogues*, 15 u. 20f; Monfrin/Pommerol, *La bibliothèque pontificale*, XXIIIf; Munk-Olsen, *L'Étude*, Bd. III, 3–12. Die noch von Nebbiai-Dalla Guarda, *I Documenti*, 70 u. 94–101 angeführte Gruppe der Quellen, in denen Bücher als kultureller Bezugspunkt betrachtet werden, kann hier außer Betracht gelassen werden, da solche Quellen hauptsächlich erst ab dem 15. Jh. auftreten. Im übrigen glaube ich, daß man die einzelnen Quellen dieser Gruppe mit guten Gründen auch unter die oben in der zweiten Gruppe genannten Typen ordnen kann.

[11] Vgl. Derolez's Kritik an Genet und Mather: Derolez, *Les catalogues*, 67; Genet, *Essai de bibliométrie*; Mather, *The codicil*.

geworden sein, warum die Quellen, in denen wir arabische philosophische Werke finden, einzeln angeführt werden müssen.

Aus der Systematisierung geht hervor, daß Notizen in erhaltenen Handschriften, welche uns über deren Herkunft, über ihre späteren Aufenthaltsorte oder über einstige Besitzer informieren, selbstverständlich zu meinen Quellen gehören, obwohl sie in den quellenkundlichen Werken eher am Rande behandelt werden.[12] Zwar erhalten wir durch diese Quellen nur den kleinstmöglichen Einblick in eine mittelalterliche Büchersammlung, jedoch gibt es kein Argument, eine Verkaufsnotiz in einer Handschrift von einem Vermerk über den Verkauf eines Buches in z.B. einem Inventar grundsätzlich zu unterscheiden. Beide sind Notizen über Besitzerwechsel durch Verkauf. Für meine Zwecke ist die erhaltene Handschrift mit Besitzvermerk oder Verkaufsnotiz, soweit diese eine hinreichende zeitliche und räumliche Zuordnung erlauben, sogar ein besonders ergiebiger Fund, denn nur selten kann man sonst sicher sein, daß der ganze Inhalt einer Handschrift beschrieben wird, während hier alle Angaben am Original überprüfbar sind.

Unberücksichtigt blieben Quellen, die zwar Bücher erwähnen, diese aber nicht – sei es ausdrücklich, sei es indirekt – einem bestimmten Ort und Zeitraum zuordnen. In diese Kategorie fallen alle literarischen Quellen und die meisten Briefe, in denen Bücher erwähnt werden. Vermutungen, die Vorlagen eines Autors, aus denen er zitiert, hätten ihm tatsächlich am Ort seines Schreibens vorgelegen, sind oftmals nicht eindeutig zu verifizieren. Weder können wir immer sicher sein, wo und wann der Autor sein Werk verfaßte, noch läßt sich ausschließen, daß er nicht an Hand anderer Quellen zitierte.[13] Solche Texte eignen sich daher für unsere Zwecke nicht als Quellen. Des weiteren habe ich Listen der im Refektorium zu den Mahlzeiten zu lesenden Texte sowie Übersichten über die im Dormitorium vorhandenen Bücher nicht verwendet, da wir hier keine arabischen philosophischen Texte erwarten dürfen. Ansonsten ist das Feld, auf dem gesucht wurde, sehr groß. Die Erfahrung hat gezeigt, daß selbst an Orten, in denen man zunächst das Vorhandensein unserer Werke nicht vermutet, überraschende Funde zu machen sind.

---

[12] Derolez, *Les catalogues*, 67, erwähnt erst im letzten Kapitel, daß „l'étude des catalogues d'une bibliothèque doit être doublée d'une étude des manuscrits venus jusqu'à nous". Dazu auch Schreiber, *Quellen und Beobachtungen*, 118. Nebbiai-Dalla Guarda, *I Documenti*, geht auf Notizen in einzelnen erhaltenen Handschriften gar nicht ein.

[13] Die des öfteren zitierten, aber offensichtlich während des Mittelalters nicht übersetzten andalusischen Philosophen Avempace und Abubacer sind gute Beispiele hierfür.

2. Zeitliche und räumliche Einschränkung des Quellenmaterials

Philosophische Werke arabischer Sprache sind seit der Mitte des 12. Jahrhunderts übersetzt worden, frühere Quellen kommen daher nicht in Frage. Bis 1200 ist ein großer Teil der von mir gesuchten Texte übertragen, ab Mitte des 13. Jahrhunderts sind es die meisten, zumindest wenn man davon ausgeht, daß der Averroes-Übersetzer Wilhelm de Luna in der ersten Hälfte des 13. Jahrhunderts tätig war.[14] Später kamen nur noch die Übersetzungen Gunsalvis und Salomons sowie die Arbeit Arnalds von Villanova dazu.[15] Nach oben ist eine Begrenzung selbstverständlich nötig, aber eine für alle Gebiete überzeugende zeitliche Grenze zu ziehen, ist schwierig. Das von mir gewählte Ende bei 1400 trennt im großen und ganzen und für den hier behandelten Raum frühere Bibliothekstypen von den Sammlungen der Humanisten mit ihren Besonderheiten.[16] Im übrigen hat die obere Grenze eine geringere Bedeutung, da uns hauptsächlich der Anfang und die erste Blütezeit der Rezeption arabischer Philosophie interessieren, welche vom Ende des 12. bis ins 14. Jahrhundert reichen.

Wiederholt ist darauf hingewiesen worden, daß auch Bücherverzeichnisse des 16.–18. Jahrhunderts durchaus von Wert für die Rekonstruktion des Bestandes einer mittelalterlichen Sammlung sein können.[17] Für unsere Zwecke haben diese den Nachteil, daß sich zumeist der Zeitpunkt der Aufnahme bestimmter Werke in die betreffende Bibliothek nicht festlegen läßt. In vielen Fällen werden wir nicht einmal sicher sein können, ob bestimmte Texte schon vor 1400 oder erst nach dem Ende des von uns betrachteten Zeitraumes an der beschriebenen Stelle vorhanden waren. Wegen dieser Unsicherheiten wurden keine nach 1400 entstandenen Quellen ausgewertet. Selbst Quellen des frühen 15. Jahrhunderts, die mit großer Wahrscheinlichkeit noch Aussagewert für das Ende des 14. Jahrhunderts besitzen, wurden nicht benutzt. Jede Ausnahme hätte zur genauen Klärung der Frage nach der Gültigkeit des Dokumentes für das späte 14. Jahrhundert einer sorgfältigen Begründung und Analyse bedurft, welche den Rahmen der vorliegenden Arbeit gesprengt hätten. Einzige Ausnahmen sind solche Quellen späterer Zeit, die den Eingang der von uns gesuchten Texte während des 12. – 14. Jahrhunderts zum Beispiel durch Hinweis auf den Donator dokumentieren.

---

[14] Averroes, *Commentum medium super libro Peri Hermeneias* (Edition Hissette), 3*–7*; Hissette, *Guillaume de Luna*, 7*.
[15] Vgl. unten im Kapitel III 2.
[16] Auch Vorstius macht um 1400 einen Einschnitt: Vorstius/Joost, *Grundzüge*, 19.
[17] Derolez, *Les catalogues*, 60f, weist auch eindrücklich auf die Schwierigkeiten hin; vgl. auch Dolbeau, *Trois catalogues*, 81 u. Lehmann, *Quellen zur Feststellung*, 47.

Etwas andere Schwierigkeiten liegen im Falle späterer Abschriften von
nicht mehr erhaltenen Quellen aus dem behandelten Zeitraum vor. Im seltensten Fall wird der Kopist unseren Ansprüchen an eine heutige Edition
entsprochen haben, indem er sorgfältig die einzelnen Hände im Dokument
voneinander schied und spätere von den ursprünglichen Eintragungen
trennte. Eine genaue zeitliche Bestimmung der einzelnen Teile der Quelle
wird dann schwierig, da das angegebene Datum für die Entstehung des
Zeugnisses nicht auf alle Einträge zutreffen muß. Ähnlichen Schwierigkeiten
stehen wir bei vielen Editionen des 19. und des 20. Jahrhunderts gegenüber.[18] Da wir diese Editionen nicht alle am Original überprüfen können,
müssen wir uns zunächst auf ihre Angaben verlassen. Das Gleiche gilt gegebenenfalls für spätere Kopien von Quellen aus unserem Zeitraum, deren
oben angesprochenen Besonderheiten und Probleme erst eine Rolle spielen,
wenn die in ihnen wiedergegebenen Quellen auf das Vorhandensein arabischer philosophischer Werke schließen lassen.

Neben der zeitlichen Einschränkung ist auch eine räumliche Begrenzung
vonnöten. Wer sich für die Verbreitung der arabischen Philosophie interessiert, schaut zunächst auf die Entstehungsorte der Übersetzungen. Das ist
vor allem Spanien. Interessant wäre auch eine Untersuchung der Verbreitung in Italien, wo zum Beispiel Michael Scotus und Wilhelm de Luna
Werke Avicennas und einige Kommentare von Averroes übertrugen, Raum
und Zeit reichten aber nicht dafür aus, die große Anzahl italienischer
Quellen zu bearbeiten.[19] Dafür wurden die Gebiete mit früher und starker
Rezeption arabischer Philosophie berücksichtigt: Frankreich und England.
Natürlich darf man sich nicht auf die heutigen Grenzen Frankreichs beschränken, sondern muß das Gebiet Belgiens einbeziehen, um einen damals
kulturell untrennbaren Raum nicht zu zerreißen.

Deutsche und weiter östlich liegende Gebiete habe ich nicht berücksichtigt, da bereits der oben skizzierte Bereich eine Menge an Material bietet
und Beschränkung bei einem solchen Thema Not tut. Diese Entscheidung
läßt sich auch inhaltlich begründen, da hier die Rezeption erst im 15. Jahrhundert ihre volle Blüte erreichte.[20]

---

[18] Dolbeau, *Trois catalogues*, 81 f.

[19] Wer ersten Zugang zu den bibliotheksgeschichtlichen Quellen Italiens sucht, findet eine
      Fülle bibliographischer Angaben in Nebbiai-Dalla Guarda, *I documenti*.

[20] Mit einem eingeschränkteren Corpus arabischer philosophischer Werke habe ich den
      deutschsprachigen Raum in meiner Magisterarbeit behandelt: Kischlat, Harald, *Studien zur
      Verbreitung von Übersetzungen arabischer Philosophen in Frankreich und Deutschland während des hohen
      und späten Mittelalters (1150 – 1450)*, maschinenschriftl. Magisterarbeit, Bonn 1994. Die den
      deutschsprachigen Raum betreffenden Ergebnisse sind im Anhang 3 kurz zusammengefaßt.
      Ich hoffe, demnächst an geeigneter Stelle ausführlicher diese Gebiete (sowie vielleicht auch
      Italien) im Hinblick auf die Rezeption arabischer philosophischer Werke untersuchen zu
      können.

3. Bibliographischer Zugang zu den Quellen

Noch immer sind – wenngleich auch in vielen Angaben überholt – zum Auffinden des Quellenmaterials Werke wie Beckers „Catalogi bibliothecarum antiqui" (1885) und Gottliebs „Über mittelalterliche Bibliotheken" (1890) nützlich.[21] Seit dieser Zeit sind eine Vielzahl an Aufsätzen, Monographien, Regesten und Editionen erschienen, die sich mit mittelalterlicher Bibliotheksgeschichte befassen und Hinweise auf die entsprechenden Quellen geben.[22] Zu den neuesten, umfassenden und unersetzlichen Arbeiten zählen für Frankreich die „Bibliothèques de manuscrits médiévaux en France" (im folgenden: BMMF) und für Spanien Charles Faulhabers „Libros y bibliotecas en la España medieval" (im folgenden: Fh), die beide in Regestenform das bis zu ihrem Erscheinen edierte Material auflisten. Die französische Veröffentlichung führt auch unedierte Quellen an.[23] Als brauchbare Quellensammlung, in der die Dokumente ediert dem Benutzer vorliegen, hat für Frankreich immer noch Delisle's bekanntes „Cabinet de manuscrits" zu gelten. Für Belgien liegen jetzt zwei Bände des von Derolez herausgegebenen „Corpus Catalogorum Belgii" vor. Die dort nicht erfaßten Sammlungen müssen in den oben erwähnten älteren Veröffentlichungen gesucht werden.[24] Für Großbritannien ist der überwiegende Teil des Materials durch die Editionen im „Corpus of Brititish Medieval Library Catalogues" (im folgenden: CB) erschlossen. Von den sieben bisher erschienenen Bänden dieser Reihe behandeln sechs auch Sammlungen unseres Untersuchungzeitraumes.[25] Das übrige Material ist durch die Angaben Kers in der zweiten Auflage seiner „Medieval Libraries of Great Britain" und dem dazugehörigen Supplement zu erschließen. Für einzelne Bereiche helfen Spezialbibliographien in verschiedenen Veröffentlichungen bei der Suche nach den Quellen.[26]

---

[21] Weitere ältere, zum größten Teil überholte Lit.: Beddie, *The ancient classics*; Edwards, *Libraries*; Gougaud, *Inventaires*; Meier, *Nachträge*; Mely/Bishop, *Bibliographie*; Plancke, *Middeleeuwsche handschrifteninventarissen*; ders., *Middeleeuwsen inventarissen*; Schmeller, *Über Büchercataloge*.

[22] Die bibliotheksgeschichtliche Lit. von 1937 bis 1947 führt Vernet, *Études et travaux*, an. Für den Zeitraum 1980–1987 ist nützlich: Dolbeau/Petitmengin (Hrsg.), *Indices librorum*. Einen kurzen guten Überblick über den Stand der mittelalterlichen Bibliotheksgeschichte und einzelne Probleme dieser Disziplin gibt Sharpe, *Reconstructing Medieval Libraries*.

[23] Genevois, Genest u. Chalandon (Hrsg.), *Bibliothèques des manuscrits médiévaux en France*; Faulhaber (Hrsg.), *Libros y Bibliotecas en la España medieval*.

[24] Vgl. Anm. 21.

[25] Für unsere Zusammenhänge nicht interessant ist: Carley, James P. (Hrsg.), *The Libraries of King Henry VIII*, London 1999 (Corpus of British Medieval Library Catalogues 7). Der von Sharpe, *Reconstructing Medieval Libraries*, Anm. 3, für 1995 angekündigte weitere Band zur Bibliothek der Christ Chuch, Canterbury, scheint bisher nicht erschienen zu sein. Die bibliographischen Angaben zu den benutzten Bänden vgl. Abkürzungs- und Literaturverzeichnis.

[26] Weitere Literaturangaben bei Derolez, *Les catalogues*, 9–13; Nebbiai-Dalla Guarda, *I documenti*, 14–22.

Die große Zahl der in den vatikanischen Archiven bewahrten Dokumente über den Bücherbesitz von Klerikern in Europa im 13. und 14. Jahrhundert wird die von Williman begonnene Quellensammlung „Bibliothèques ecclésiastiques au temps de la Papauté d'Avignon" in Neu- und Ersteditionen versammeln. Leider ist bis jetzt nur der erste Band erschienen, aber dieser enthält bereits eine Menge Material und listet zusätzlich in Form von Regesten die in den folgenden Bänden zu findenden Dokumente mit Angaben der älteren Editionen auf, so daß diese zur Quellensuche genutzt werden können. In Munk-Olsens mehrbändigem Werk über die Klassiker in mittelalterlichen Bibliotheken werden Quellen aus ganz Europa bis 1200 ausgewertet. In einigen wenigen Fällen führt er Angaben zu Dokumenten späterer Zeit auf.[27]

Ein Forschungsaufenthalt am Deutschen Historischen Institut in Paris gab mir die Möglichkeit, einige in der Bibliothèque Nationale aufbewahrte Quellen im Original einzusehen. Aus den Angaben im Anhang 2 lassen sich die genauen Einzelheiten zu diesen Quellen ermitteln.

Material über Besitzvermerke und ähnliche Hinweise in erhaltenen Handschriften konnte ich aus der reichhaltigen Kartei der Section Codicologie des Institut de Recherches d'Histoire des Textes in Paris entnehmen. Dort gewährte man mir außerdem großzügig Einblick in Abschriften bisher unveröffentlichter vatikanischer Quellen, die in den folgenden Bänden der „Bibliothèques ecclésiastiques" veröffentlicht werden. Um welches Material es sich dabei handelt, geht ebenfalls aus Anhang 2 hervor.

Hinweise auf erhaltene Handschriften mit Besitzvermerken oder ähnlichen Eintragungen geben uns in einem ersten Schritt die weiter unten angeführten Editionen der von uns gesuchten Texte. Neben den modernen Katalogen der großen Handschriftensammlungen erweisen sich zum Auffinden arabischer philosophischer Werke die handschriftenbeschreibenden Bände des Aristoteles Latinus (AL) und die kürzlich in einem Band zusammengefaßten und ergänzten Handschriftenbeschreibungen von Marie-Thérèse d'Alverny zum Avicenna Latinus (AvLC) als sehr nützlich, da viele Aristoteleshandschriften auch Werke seiner arabischen Kommentatoren und andere arabische philosophische Werke enthielten und im Zusammenhang mit Avicenna vielfach Texte Alfarabis, Alkindis und anderer überliefert wurden. Einige andere Veröffentlichungen führen weitere erhaltene Handschriften auf.[28]

---

[27] Munk-Olsen, *L'étude des auteurs classiques.*
[28] In unserem Zusammenhang sind vor allem die Veröffentlichungen zum Corpus Aristotelicum wichtig: Korolec (Hrsg.), *Repertorium*; Kuksewicz (Hrsg.), *Repertorium*; Lohr, *Algazel Latinus. Further Manuscripts*; ders., *Aristotelica Britannica*; ders., *Aristotelica Gallica: Bibliothecae A–L*; ders., *Aristotelica Gallica: Bibliothecae M–Ƶ*; ders. (Hrsg.), *Aristotelica Helvetica*; ders. (Hrsg.), *Latin aristotle Commentaries*; Markowski, *Die Aristoteles-Kommentare*; ders. (Hrsg.), *Repertorium / Erfordiae*;

Die Menge des auf diese Weise auf uns gekommenen Materials ist sehr groß. Aus Gründen der Arbeitsökonomie habe ich daher auf die Auswertung derjenigen Zeugnisse verzichtet, über die sich schon aus den oben genannten bibliographischen Publikationen schließen läßt, daß sie keine Werke arabischer Philosophie enthalten. Vor allem Faulhaber und die „Bibliothèques de manuscrits" geben Hinweise auf den Inhalt der in ihnen aufgelisteten Dokumente. Wurde dort z.B. angeführt, ein Katalog enthalte nur Liturgisches, so wurde er nicht von mir angeschaut.

4. Aussagewert und Aussagegrenzen der Quellen

Es ist hier nicht der Ort, alle der oben aufgeführten Quellentypen im einzelnen mit ihren je eigenen Möglichkeiten und Problemen zu erörtern. Dies ist Aufgabe einer gründlichen Quellenkunde.[29] Einige allgemeine Bemerkungen zum Aussagewert und den Grenzen meines Materials seien aber erlaubt.

Wie schon oben angesprochen, wird in dem Großteil der Quellentypen, mit denen wir zu tun haben, das Buch nicht seines Inhaltes wegen, sondern als Wertgegenstand beschrieben. Schon aus dieser einfachen Unterscheidung der Quellentypen folgt, daß in den meisten Zeugnissen nicht der gesamte Inhalt einer Sammelhandschrift wiedergegeben sein wird, genügen doch zur Identifizierung schon Angaben über den ersten oder wichtigsten der in ihr enthaltenen Texte. Einige weitere können zusätzlich genannt sein, wir werden aber nur selten feststellen können, was uns durch die Quelle noch vorenthalten bleibt.[30] Der Besitzsicherung diente auch die Wiedergabe der Anfangsworte der zweiten und/oder der vorletzten Textseite oder ähnlich situierter Passagen, die ein sicheres Identifizieren des Buches ermöglichten, während gerade die ersten und letzten Seiten einer Handschrift stärkerem Verschleiß ausgesetzt waren und leichter zerstört wurden oder verloren gingen.[31] So kommt leider dieses Verfahren in den besitzdokumentierenden Quellen weit häufiger vor als die Wiedergabe des Incipits oder Explicits eines Textes, was uns, die wir zunächst am Text und erst in zweiter Linie am Gegenstand Buch interessiert sind, die Identifikation des Inhaltes der beschriebenen Handschriften erleichtern würde. Wir können daher in

ders. (Hrsg.), *Repertorium / Wiennae*; ders. (Hrsg.), *Repertorium / Cracoviae*; Pattin (Hrsg.), *Repertorium*; Rijk/Wijers (Hrsg.), *Repertorium*; Robles (Hrsg.), *Aristoteles Latinus*; Senko (Hrsg.), *Repertorium*; Sidarus, *Un recueil*.

29 Die besten Einführungen sind: Derolez, *Les catalogues* u. Nebbiai-Dalla Guarda, *I Documenti*; vgl. auch Christ, *Bibliotheksgeschichte* u. Loeffler, *Deutsche Klosterbibliotheken*.

30 Vgl. hierzu z.B. Thorndike, *The problem*.

31 Über die Relevanz dieses Phänomens für die Bibliotheksgeschiche vgl. Faulhaber, *Las dictiones probatoriae*, passim, bes. 892–894, dort auch weitere Literatur.

vielen Fällen, in denen wir keine Spuren arabischer philosophischer Werke in den Quellen feststellen, nicht schließen, daß in den beschriebenen Sammlungen solche Werke nicht vorhanden waren. Sicher kann man nur sagen, daß sich keine nachweisen lassen.

Letztgenannte Einschränkung gilt sowohl für die besitzdokumentierenden als auch für die der Benutzung der Bücher dienenden Quellen noch aus weiteren Gründen. Schon die Kürze der Beschreibungen läßt oftmals keine Schlüsse zu. Hinter Einträgen wie *„Libri de commentatione meteororum et de anima"*[32] könnten sich zwar mit einiger Wahrscheinlichkeit Werke von Averroes verbergen, es läßt sich jedoch keine endgültige Aussage machen. In günstigeren Fällen kann der Kontext zur wahrscheinlichen Identifikation beitragen. Auch muß bedacht werden, daß unsere Quellen häufig nicht von Literaturkundigen verfaßt wurden. Bei den besitzdokumentierenden Zeugnissen waren die Autoren zumeist Notare – man denke nur an die große Zahl der Testamente – oder andere in philosophischer Literatur nicht bewanderte Personen[33], aber auch die in Klöstern und anderen Institutionen mit der Betreuung und Katalogisierung der Bibliothek Beauftragten haben sich nicht immer mit allen in ihrer Sammlung vorkommenden Textgattungen ausgekannt, schon gar nicht mit arabischer Philosophie. So begegnen wir immer wieder ungenauen und falschen Autorenangaben oder Titeln, die entweder auf die Unkenntnis des Verfassers der Quelle oder schon auf falsche Angaben in den dort beschriebenen Handschriften zurückgehen und das Auffinden bestimmter Texte erschweren.[34]

Aber nicht nur wegen der Grenzen der inneren Kritik läßt sich aus einzelnen Quellen oftmals keine Aussage über den Gesamtbestand einer Bibliothek oder Sammlung machen. In Klöstern wurden unter Umständen Bücher, je nach Zweck, an verschiedenen Orten aufbewahrt: Liturgisches etwa im Chor oder in der Sakristei, weitere Schriften in Schränken im Kreuzgang oder in einem Raum zusammen mit dem Kirchenschatz, Schullektüre wiederum in einem gesonderten Raum, erbauliche und das Gemeinschaftsleben betreffende Literatur im Refektorium usw.[35] Die Sammlungen der Kollegien und später auch die der Universitäten waren oftmals in eine öffentlich zugängliche 'magna libraria' und eine nur beschränkt nutzbare 'parva libraria' aufgeteilt, wobei die Bezeichnungen sich nicht auf die Größe

---

[32] So z.B. im Inventar des Pariser Collège Dormans-Beauvais von 1375, ed. v. Pellegrin, *La bibliothèque*, 102–110, die zitierte Stelle 103; vgl. unten im Katalogteil F8.a).

[33] Vgl. Nebbiai-Dalla Guarda, *I Documenti*, 25 u. 54f.

[34] So heißt es z.B. im Katalog des Collège de Sorbonne unter der Nummer XLVII.18 der libri naturales: „*...Algazel de quinque essentiis...*", obwohl damit natürlich das entsprechende Werk Alkindis gemeint ist, vgl. im Katalog F9.f).

[35] Glaunig, *Über mittelalterliche Handschriftenverzeichnisse*, 369; Loeffler, *Deutsche Klosterbibliotheken*, 12; Petrucci, *Le biblioteche*, 531; Thompson, *The Medieval Library*, 615f.

der jeweiligen Sammlung beziehen, sondern den größeren oder kleineren Benutzerkreis meinen. Die verschiedenen Sammlungen wurden des öfteren auch in verschiedenen Verzeichnissen festgehalten. Ohne weitere Hinweise müssen wir immer davon ausgehen, daß wir in unseren Quellen nur einen Ausschnitt vor Augen haben, wollen wir nicht zu falschen Schlüssen über den Inhalt einer Sammlung kommen. Schon manches Urteil über eine Bibliothek hat auf Grund späterer Quellenfunde revidiert werden müssen.[36] Im übrigen darf uns das Wissen über diese Aufteilungsformen nicht dazu verleiten, hier immer eine tatsächlich durchgeführte strenge Teilung der Bestände nach inhaltlichen Gesichtspunkten zu unterstellen. Auch ein Verzeichnis, das ausdrücklich die im Chor aufgestellten Handschriften auflistet, kann unter Umständen uns interessierende Werke enthalten.[37]

Diese allgemeinen Anmerkungen über die Grenzen unserer Quellen müssen bedacht werden, will man aus den hier vorgestellten Ergebnissen weitere Schlüsse ziehen. Es darf wiederholt werden: ein negativer Befund hinsichtlich arabischer philosophischer Werke in einzelnen Quellen besagt in vielen Fällen nichts über das tatsächliche Vorhandensein oder Fehlen solcher Texte in den entsprechenden Sammlungen.

Behält man aber die geschilderten Schwierigkeiten der Quellenauswertung im Kopf und beachtet deren Implikationen für die Auswertung, scheint mir ein bibliotheksgeschichtlicher Zugang zu einem solchen Thema durchaus lohnenswert, da uns bei allen Ungenauigkeiten diejenigen Quellen, in denen sich die von uns gesuchten Quellen unzweifelhaft nachweisen lassen, konkrete Auskunft darüber geben können, wer, wann und wo Zugang zu welchen Übersetzungen arabischer philosophischer Werke hatte. Als Grundsatz muß daher gelten, sich auf die eindeutigen bis sehr wahrscheinlichen Fundstellen zu konzentrieren und alle vagen Vermutungen bei Seite zu lassen. Der Vorteil einer solchen Methode ist, daß sie die Handschriften

---

[36] Vgl. z.B. Munk-Olsen, *Le biblioteche*, 145–148, der auf die Forschungsgeschichte zur Bibliothek von Lobbes hinweist. Das Inventar dieser Sammlung von 1409 weist keine *libri de arte* auf. Daraus läßt sich aber kein Rückschluß auf die Rückständigkeit von Lobbes ziehen, denn Dolbeau, *Un nouveau catalogue*, hat eine spätere Kopie gefunden, die sowohl das Inventar von 1409 als auch ein besonders reiches Inventar der *biblioteca scolastica* wiedergibt und wahrscheinlich aus der gleichen Zeit stammt.

[37] So verfügte ein Kanoniker Martín 1281 z.B., daß sein Avicenna – zumindest dem Wortlaut nach – im Chor der Kathedrale von Orense aufgestellt werden sollte. „*Item mando Dominico [...] libros meos de Medicina si permanserit in clericatu et voluerit per ipsos adiscere; alias remaneant capitulo auriensi, excepta Avicenna, quem mando poni in pulpito chori cum catenis et sit ibi communis omnibus clericis per ipsum studere et videre volentibus et numquam ab ipso loco removeatur*", zitiert nach Duro Peña, *Los códices*, 187. Auch wenn es sich in diesem Fall mit aller Wahrscheinlichkeit um den Kanon der Medizin von Avicenna handelt, verdeutlicht dieses Beispiel doch die oben beschriebene Schwierigkeit, vom Standort einer Büchersammlung auf deren Inhalt zu schließen. Wer vermutet schon Standardwerke der Medizin im Kirchenchor (oder vielleicht in der Sakristei)?

in ihrem damaligen Umfeld gleichsam ausgräbt und damit gewissermaßen eine Archäologie der Texte betreibt. Dieser Vorteil ginge durch Anhäufung zu vieler unsicherer Identifizierungen verloren. Im Gegensatz zur Erforschung der inhaltlichen Rezeption, die oftmals damit rechnen muß, daß ein mittelalterlicher Autor aus zweiter Hand einen arabischen Philosophen zitierte, geben die bibliotheksgeschichtlichen Quellen Auskunft darüber, welche Texte tatsächlich vorlagen und in welchen Zusammenhängen sie vorkamen.

III. DIE LATEINISCHEN ÜBERSETZUNGEN ARABISCHER PHILOSOPHISCHER TEXTE

1. Die Auswahl der Texte

Aus den im vorangegangenen Kapitel erörterten Eigenheiten unserer Quellen dürfte deutlich hervorgegangen sein, daß in ihnen um so mehr zu finden ist, je genauer man weiß, was gesucht wird. Es ist daher notwendig, sich zuerst klar darüber zu werden, welche Texte man unter der Überschrift *lateinische Übersetzungen arabischer philosophischer Werke* verstanden wissen will. Zusätzlich muß man sich einen Überblick über deren Übersetzungen und die diese betreffenden Besonderheiten, wie zum Beispiel der Titelgebung, der falschen Zuschreibung oder des Überlieferungszusammenhanges verschaffen.

Schon in der Einleitung habe ich darauf hingewiesen, daß mir eine Beschränkung auf die auch in neuerer philosophiehistorischer Literatur oftmals als einzige Vertreter der arabischen Philosophie genannten Denker Alkindi, Alfarabi, Avicenna, Algazel und Averroes ahistorisch erscheint.[38] Die meist noch erwähnten andalusischen Philosophen Avempace und Abubacer kommen in unserem Fall nicht in Frage, da ihre Werke offensichtlich nicht während des behandelten Zeitraumes ins Lateinische übersetzt wurden. Am Beispiel des melkitischen Christen Costa ben Luca läßt sich zeigen, daß im lateinischen Westen weitere Philosophen des islamischen Kulturkreises rezipiert wurden, die weder notwendigerweise Araber noch Muslime gewesen sein müssen, in Europa aber auf Grund ihrer auf Arabisch verfaßten Werke als solche angesehen wurden. Eine Erweiterung des Kanons der

---

[38] Es ist richtig, daß in weiten Teilen der Forschung diese Beschränkung keine Rolle mehr spielt. Einer der prominentesten Philosophiehistoriker, der seinen Blick auf weitere arabisch-islamische Autoren gerichtet hat, ist sicherlich Alain de Libera. Dessen ungeachtet finden wir in vielen – auch neueren – einführenden Werken immer noch die Beschränkung auf die genannten Autoren, vgl. z.B. Copleston, *A History*, 186–200; Flasch, *Das philosophische Denken*, 262–290; Hirschberger, *Geschichte*, 366–369; Horten, in: Ueberweg, *Grundriss*, 287–325; Saranyana, *Historia*, 151–171; Scherer, *Philosophie*, 88–98; Schulthess/Imbach, *Die Philosophie*, 134–138; de Wulf, *Histoire*, Bd.I, 295–313. Zum größten Teil ist dies selbstverständlich auf den einführenden Charakter der genannten Werke zurückzuführen, und die Beschränkung ist daher nicht zu kritisieren. Eine Untersuchung wie die vorliegende muß sich aber intensivere Gedanken zur Corpus-Frage machen und der Autor hätte sich in so mancher Veröffentlichung ein ausgeprägteres Bewußtsein für diese Probleme gewünscht.

Übersetzungen philosophischer Werke aus dem Arabischen erscheint inso-
fern gerechtfertigt, wenn nicht sogar zwingend. Auf die Absicht, die eigentlich in diesen Zusammenhang gehörenden, auf Arabisch verfaßten Texte
jüdischer Philosophen und die auf der Grundlage einer hebräischen Version
angefertigten Übersetzungen ursprünglich arabischer Werke nicht in die
Untersuchung mit einzubeziehen, ist ebenfalls schon oben eingegangen
worden.

Geklärt werden muß aber auch, was mit *philosophischen* Texten gemeint
ist. Daß unser heutiges Verständnis dessen, was Philosophie ist, sich nicht
mit dem deckt, was im 13. oder 14. Jahrhundert darunter verstanden wurde, ist inzwischen ein Gemeinplatz. Wo wir heute zum Beispiel eine scharfe
Trennlinie zwischen kosmologischen Entwürfen und darauf beruhenden
astrologischen Traktaten ziehen, sah der mittelalterliche Intellektuelle hier
unter Umständen nur einen graduellen Unterschied der Welterkenntnis.
Der philosophische Gehalt der mathematischen Fächer oder die naturphilosophischen Implikationen medizinischer Werke wurde in dem hier behandelten Zeitraum stärker betont als heute, nachdem sich eine Vielzahl spezieller Disziplinen aus der Philosophie herausentwickelt hat. Will man also
vom Philosophieverständnis des hohen und späten Mittelalters ausgehen,
ließe sich eine Menge verschiedenster Texte unter der Bezeichnung *lateinische Übersetzungen arabischer philosophischer Werke* behandeln, und unterschied-
lichste Zusammenstellungen eines Corpus ließen sich begründen.

Für diese Studie habe ich den Kanon der Werke beibehalten, die in den
meisten Untersuchungen zum Einfluß der arabischen Philosophie auf die
Scholastik behandelt werden.[39] Daher wird zum Beispiel auch Avicennas
medizinischer Traktat *De viribus cordis* einbezogen, auch wenn ansonsten
keine medizinischen Texte in meine Liste der gesuchten Werke aufgenommen wurden. Dieses Corpus habe ich um einige Autoren erweitert. Da der
überwiegende Teil der arabischen Philosophie im lateinischen Westen im
Zusammenhang mit Aristoteles rezipiert wurde, habe ich diese Tatsache
auch bei der Aufnahme weiterer Texte als Kriterium zu Grunde gelegt und
solche Texte in das Corpus aufgenommen, die aus dem Arabischen übersetzt wurden und vornehmlich in Verbindung mit den Werken des Aristoteles begegnen bzw. inhaltlich auf diese bezogen waren.

Bei genauerer Betrachtung ist jegliche Abgrenzung einer solchen Werkgruppe sowohl erweiterungsbedürftig als auch zu weit gefaßt. Sollte das hier
vorgestellte Corpus Kenner der Philosophie des islamischen als auch des

---

[39] Hier ist vor allem auf die im Literaturverzeichnis aufgeführten Arbeiten d'Alvernys hinzuweisen. Weitere einschlägige Arbeiten, die ein z.T. erweitertes, im großen und ganzen aber
ein einheitliches Corpus der philosophischen Übersetzungen behandeln, sind: Daiber, *Lateinische Übersetzungen*; Gil, *The translators* u. Puig, *The transmission*.

christlich-mittelalterlichen Kulturkreises zur Diskussion und Klärung der Frage anregen, was wir unter Übersetzungen arabischer philosophischer Werke verstehen wollen, wäre meine vorsichtige Erweiterung bei all ihren offensichtlichen Schwächen schon allein durch den daraus entstandenen Nutzen für weitere Forschungen gerechtfertigt.[40]

2. Die Werke und ihre Übersetzer

Bevor ich die einzelnen Texte des von mir eingegrenzten Corpus arabischer philosophischer Werke vorstelle und einen kurzen Überblick über den Forschungsstand zu den einzelnen Werken biete, seien zunächst noch einige allgemeine Hinweise zur Sekundärliteratur gegeben, welche die Übersetzungen arabischer philosophischer Werke und deren Einfluß auf den lateinischen Westen behandeln. Maßgebliches bibliographisches Standardwerk auch für unsere Fragen ist nun *Daiber, Bibliography of Islamic Philosophy (1999)*. Um sich im folgenden bei der Beschreibung der einzelnen Texte auf das Wesentliche beschränken zu können, sei derjenige, welcher nach weiterführender Literatur sucht, generell auf diese Bibliographie, besonders auf die Einträge unter dem Stichwort *Translations, Arabic-Latin*, verwiesen. Nur noch wenige Hinweise zu weiterer Sekundärliteratur und zur Orientierung in Daibers Bibliographie für den vor allem an den Übersetzungen interessierten Philosophiehistoriker seien ergänzt.

Zur Geschichte der islamischen Philosophie liegen eine Reihe nützlicher Bibliographien vor, in denen z.T. auch auf die Übersetzung ins Lateinische und den Einfluß der übersetzten Werke auf die Scholastik eingegangen

---

[40] Eine der schmerzlichsten Lücken in meiner Auswahl klafft durch das Fehlen der von Gerhard von Cremona angefertigten lateinischen Übersetzung des *Kalām fī maḥḍ al-khayr / Liber de causis*, der berühmten anonymen arabischen Kompilation des 9. Jahrhunderts, in welche vornehmlich Proklos *Elementatio theologica*, daneben aber auch Plotin und weitere neuplatonische Texte Eingang fanden. Zur Begründung des Entschlusses, diesen Text nicht in meine Untersuchungen einzubeziehen, ließe sich argumentieren, daß es sich hierbei nicht um ein genuin arabisches Werk handele, sondern um griechische Texte, die über das Arabische ihren Weg ins Lateinische fanden. Dem wäre entgegenzuhalten, daß auch die Kompilation einen eigenständigen schöpferischen Prozeß wiederspiegelt und der Erfolg des *Liber de Causis* diesen Sachverhalt nur unterstreicht. Außerdem findet sich in meiner Liste der gesuchten Werke auch Ḥunayns *De caelo*, welches ebenfalls im wesentlichen eine Kompilation darstellt (vgl. unten). Für die Aufnahme des *Liber de causis* spräche des weiteren seine enge Beziehung zur *Metaphysik* und den naturphilosophischen Schriften des Aristoteles. Aber gerade der Erfolg dieses Werkes, der zur Folge hatte, daß es in sehr vielen erhaltenen Handschriften vorliegt, verlangt nach einer eigenen Untersuchung zur Verbreitung in den Bibliotheken und Sammlungen des 13. und 14. Jahrhunderts. Die Konzentration auf die im folgenden vorgestellte Werkgruppe erschien mir daher sinnvoller. Im Anhang 4 ist aber das Ergebnis einer vorläufigen Sichtung bibliothekshistorischer Zeugnisse im Hinblick auf den Liber de causis als Anstoß zu weiteren Untersuchungen wiedergegeben.

wird.[41] Erhebliche Unterschiede in der Darstellung der islamischen Philosophiegeschichte sind zwischen den von orientalistischer Seite verfaßten Einführungen und Monographien und den von der europäischen Philosophiegeschichte kommenden Werken festzustellen. Mehr gegenseitige Beachtung
wäre hier manches Mal wünschenswert.[42] Die wissenschaftliche Beschäftigung mit den Übersetzungen aus dem Arabischen wurde im letzten Jahrhundert von Jourdain begonnen, der damit die historische Erforschung der

[41] Vgl. Daiber, *Bibliography*, Stichwort: Bibliography. Prof. Daiber hat freundlicherweise die
vorliegende Arbeit in einer früheren Fassung, nämlich als Dissertationsexemplar, unter der
Nummer 5202/a in seine Bibliographie aufgenommen und führt sie im zweiten Band unter
dem Stichwort Bibliography auf, da die Arbeit in dieser Form bibliographische Angaben zu
den Übersetzungen islam. philosophischer Werke enthielt, die in so gesammelter Form bis
dahin nicht vorlagen. Da diese Lücke nun aber von Daibers Bibliographie in der wün-
schenswertesten Weise geschlossen worden ist, braucht hier nur noch auf die unter dem
Stichwort Bibliography dort verzeichneten Titel verwiesen zu werden. Zu ergänzen wären
höchstens noch: Arrifa'y, C.A.J., *Index: Les Articles – en arabe – sur la philosophie islamique*, in:
Études orientales 4, 1988, 88–91 (auf Arabisch); Druart, Th.-A. u. M.E. Marmura, *Medieval
Islamic Philosophy and Theology. Bibliographical Guide (1989–1992)*, in: BPM 35, 1993, 181–219
(weitere bibliographische Aufsätze Druarts u. Marmuras werden bei Daiber genannt);
Epalza, M. de, *Bibliografica general árabe e islámica en Espana*, in: Boletin de la Asociación Espa-
nola de Orientalistas 2, 1966, 131–175. Nicht direkt auf islamische Philosophie bezogen,
aber für unsere Zusammenhänge interessant sind auch: Schmitt, Charles B. u. Dilwyn
Knox (Hrsg.), *Pseudo-Aristotels latinus. A Guide to Latin works falsley attributed to Aristoteles before
1500*, London 1985 u. Schönberger, Rolf u. Brigitte Kible (Hrsg.), *Repertorium edierter Texte des
Mittelalters aus dem Bereich der Philosophie und angrenzender Gebiete*, Berlin 1994. Bei Daiber im ersten Band aufgeführt sind noch einige Werke, die im zweiten Band nicht mit dem Stichwort
Bibliographie versehen sind, für unsere Thematik aber als solche benutzt werden können.
Es handelt sich dabei um die folgenden Nummern bei Daiber: 7477, 7573, 8649 u. 9344.

[42] Nur als Beispiele für Einführungen, die im Rahmen europäischer Philosophiegeschichte
auch arabische Philosophie behandeln (und die zum größten Teil auch bei Daiber aufgeführt werden), seien genannt: Copleston, Frederick, *A History of Philosophy. Volume II: Medieval
Philosophy*, New York 1993 (TB-Ausgabe); Flasch, Kurt, *Das philosophische Denken im Mittelalter.
Von Augustin zu Machiavelli*, Stuttgart 1988; Hirschberger, Johannes, *Geschichte der Philosophie, Bd.
I: Altertum und Mittelalter*, Freiburg i. Br. 1953; Munk, S., *Mélanges de philosophie juive et arabe*, Paris
1859 (Nachdr. Paris 1928 u. 1988); Saranyana, José Ignacio, *Historia de la Filosofia Medieval*,
Pamplona 1985; Scherer, Georg, *Philosophie des Mittelalters*, Stuttgart 1993 (Sammlung Metzler,
Bd. 271); Schulthess, Peter u. Ruedi Imbach, *Die Philosophie im lateinischen Mittelalter. Ein
Handbuch mit einem bio-bibliographischen Repertorium*, Zürich 1996; Wulf, Maurice de, *Histoire de la
Philosophie Médiévale, 6. Aufl.* Louvain/Paris 1934. Ebenfalls nur beispielhaft seien einige von
Orientalisten verfaßte Einführungen in die arabische Philosophie aufgeführt: Badawi, 'Abd-
al-Rahmān, *Histoire de la Philosophie en Islam, 2 Bde.: 1. Les philosophes théologiens; 2. Les philoso-
phes purs*, Paris 1972 (Études de philosophie médiévale 60); Corbin, Henri, *Histoire de la philo-
sophie islamique. Bd.1. Des origines jusqu'à la mort d'Averroès, avec la collaboration de S.H. Nasr et Q.
Yaha*, Paris 1964 (Neudr. als Histoire de philosophie islamique, Paris 1986); ders., *Histoire de
la philosophie islamique. Bd.2: La philosophie islamique depuis la mort d'Averroès jusqu'à nos jours*, in:
Histoire de la philosophie III, Paris 1974, 1067–1188 (Encyclopédie de la Pléiade 38) (Neudr.
zusammen mit Bd. 1 als Histoire de philosophie islamique, Paris 1986); Fakhry, Majid, *A
History of Islamic Philosophy*, New York 1970; Nasr, Seyyed Hossein u. Oliver Leaman (Hrsg.),
History of Islamic Philosophy, 2 Bde., London 1996; Pines, Shlomo, *Philosophy*, in: The Cam-
bridge History of Islam. Vol. 2b: Islamic Society and Civilization, hg. v. P.M. Holt, Ann
K.S. Lambton u. Bernard Lewis, Cambridge 1977, 780–823 (TB-Ausgabe).

mittelalterlichen Philosophie überhaupt in Gang setzte. Ihm folgten Wüstenfeld, Steinschneider und andere, so daß wir inzwischen über einen ansehnlichen gesicherten Forschungsstand zu den Übersetzungen arabischer philosophischer Werke verfügen.[43] Die Geschichte der Übersetzung ist gleichzeitig immer ein Stück Wirkungsgeschichte dieser Werke, darüber hinaus gibt es in der philosophiehistorischen Literatur der letzten Jahrzehnte aber auch eine große Zahl von Spezialuntersuchungen zum Einfluß, den die islamischen philosophischen Texte auf die lateinischen Scholastiker ausübten, und zum Stellenwert, welchen die islamische Philosophie in der Entwicklung der allgemeinen Philosophiegeschichte einnimmt.[44] Die Editio-

---

[43] Vgl. Daiber, *Bibliography*, Stichwort: Translations, Arabic-Latin sowie ebd. unter den Namen der einzelnen übersetzten Autoren und der Übersetzer sowie unter dem Stichwort Toledo. Zur allgemeinen Literatur zur Übersetzung aus dem Arabischen wären zu ergänzen: Dahan, G., *Les traductions latines du grec, de l'arabe et del'hébreu*, in: Identifier sources et citations, hg. v. Jacques Berlioz, 1994, 47–75 (L'atelier du médiéviste 1); Burnett, Charles S.F., *The Institutional Context of Arabic-Latin Translations of the Middle-Ages : A Reassessment of the 'School of Toledo'*, in: Olga Wijers (Hrsg.), The Vocabulary of Teaching and Research between Middle Ages and Renaissance, Turnhout 1995 (CIVICIMA, Études sur le vocabulaire intellectuel du moyen age, Bd. 6); ders., *Translating from Arabic into Latin in the Middle Ages: Theory, Practice, and Criticism*, in: Éditer, Traduire, Interpréter: Essais de Méthodologie Philosophique, hg. v. Steve G. Lofts u. Philipp W. Rosemann, Louvain-la-Neuve 1997, 55–78 (Philosophes Médiévaux 36); Fischer, Wolfdietrich und Helmut Gätje (Hrsg.), *Grundriß der arabischen Philologie*, Bd. I/II & Supplementbd., Wiesbaden; Gabrieli, F., *The transmission of learning and literary influence to western Europe*, in: The Cambridge History of Islam. Vol. 2b: Islamic Society and civilization, hg. v. P.M. Holt, Ann K.S. Lambton u. Bernard Lewis, Cambridge 1977, 851–889 (TB-Ausgabe); Gamir, A., *Toledo school of translators*, in: JPHS 14, 1966, 85–92; Kunitzsch, Paul, *Das Arabische als Vermittler und Anreger europäischer Wissenschaftssprache*, in: BWG 17, 1994, 145–152; ders., *Die beiden Übersetzungsbewegungen ins Arabische und aus dem Arabischen und ihre Bedeutung für die Geistesgeschichte* (Arabisch), in: ZGAIW 4, 1987/88, 93–105; Madkour, J., *Les traducteurs chrétiens et la science arabe*, in: Recherches d'Islamologie. Receuil d'articles offert à G. Anawati et L. Gardet par leur collègues et amis, Leuven 1977, 201–205; Steinschneider, Moritz, *Übersetzer aus dem Arabischen. Ein Beitrag zur Bücherkunde des Mittelalters*, in: Serapeum 19, 1870, 289–298; Thorndike, Lynn, *History of magic and experimental science*, New York 1923 u. Wüstenfeld, F., *Die Übersetzungen arabischer Werke in das Lateinische seit dem XI. Jahrhundert*, Göttingen 1877 (Abh. d. königl. Gesellsch. der Wissenschaften zu Göttingen, Bd. 22). Als Literatur zu einzelnen Übersetzern können noch genannt werden: Boggess, William F., *Hermannus Alemannus's Rethorical Translations*, in: Viator 2, 1971, 227–250; Burnett, Charles S.F., *Magister Iohannes Hispanus : Towards the identity of a Toledan translator*, in: Comprendre et maîtriser la nature au moyen âge. Mélanges d'histoire des sciences offerts à Guy Beaujouan, hg.v. École Pratiques des Hautes Études – IVᵉ Section, Genf/Paris 1994, 425–36. (Hautes études médiévales et modernes 73); ders., *Michele Scoto e la diffusione della cultura scientifica*, in: Federico II e le scienze, hg. v. Pierre Toubert u. Agostino Paravicini Bagliani, Palermo 1994, 371–394; Sánchez-Albornoz, Claudio, *Observationes a unas páginas de Lemay sobre los traductores toledanos*, in Cuadernos de Historia de España 41/42, 1965, 313–324; Thorndike, Lynn, *Michael Scot*, London 1965.

[44] Vgl. Daiber, *Bibliography*, Stichworte: Europe, History of Philosophy/Europe, Philosophy u. äh. sowie unter den Namen einzelner mittelalterlicher Philosophen. Ergänzt werden könnten der Vollständigkeit halber noch: Abdul Qadir, M., *Islamic civilazation in Europe. Its spread and influence*, in: Proc. Pakistan Hist. Conf. 2, 1952, 106–125; Alonso Alonso, Manuel (Ed.), *Commentario all „De substantia orbis" de Averroes por Alvaro de Toledo*, Madrid 1941; Amīn, Osman, *The influence of Muslim philosophy on the West*, in: Iqbal 8, 1960, 1–6; Baeumker, Clemens,

nen der hier interessierenden arabischen philosophischen Werke, in denen zumeist auch etwas über die Übersetzung und den Einfluß zu finden ist, werden bei der Beschreibung der einzelnen Texte angegeben.

Für die einzelnen Texte sind die Datierungen und Zuschreibungen an einen Übersetzer in folgenden Werken zu konsultieren: Dahan, Les traductions; Daiber, Lateinische Übersetzungen; Gil, La Escuela; Hourani, The medieval translations; Jolivet, The Arabic Inheritance; Puig, The transmission; Steinschneider, EÜb; von d'Alverny u. von Van Riet, die entsprechenden Arbeiten zu Avicenna; Bédoret, Œuvre d'Avicenne u. Œuvre d'Al-

Dominicus Gundissalinus als philosophischer Schriftsteller, Münster 1927 (BGPhMA 25 (1-2)); Beaujouan, *La ciencia hispano-árabe y las modalidades de su influencia*, in: XII Congreso Internacional de Histori de las Ciencias. Colloquium: La science au moyen âge: repports entre l'Orient et Occident, Moskau 1971; Benoît, Paul u. Françoise Micheau, *Die Araber als Vermittler?*, in: Serres, Michel, Elemente einer Geschichte der Wissenschaften, Frankfurt a.M. 1994; Carreras Artau, J., *Arnau de Villanova y las culturas orientales*, in: Homenaje a Millás-Vallicrosa I, 1954, 309–321; Crowley, Th., *Roger Bacon and Avicenna*, in: Philosophical Studies 2, 1952, 82–88; Forest, Aimé, *La structure métaphysique du concret selon saint Thomas d'Aquin*, Paris 1931; Forest, André, Fernand Van Steenberghen u. Maurice de Gandillac (Hrsg.), *Le mouvement doctrinal du XIe au XIVe siècle*, 1951 (Histoire de l'église 13); García Marqués, Alfonso, *La polémica sobre el ser en el Avicena y Averroes latinos*, in: Anuario Filosófico 20, 1987, 73–103; ders., *Averroes, una fuente tomista de la noción metafísica de Dios*, in: Sapientia 37, 1982, 87–106; ders., *La polémica sobre el ser en el Avicena y Averroes latinos*, in: Anuario Filosófico 20, 1987, 73–103; ders., *Necesidad y substancia. Averroes y su proyección en Tomás de Aquino*, Pamplona 1989 (Filosofica 590); Gauthier, R.A. (Ed.), *Lectura in Librum De Anima, a quodam discipulo reportata*, Rom 1985; Hanley, T., *St. Thomas' use of Al-Ghazali's Maqasid al-Falasifa*, in: MS 44, 1982, 243–270; Haring, N.M., *Thierry of Chartres and Domenicus Gundessalinus*, in: MS 26, 1964, 271–286; Haskins, Charles Homer, *Arabic science in western Europe*, in: Isis 7, 1925, 478–485; ders., *Renaissance of the Twelfth Century*, Cambridge (Mass.) 1927 (repr. 1960); Hasse, Dag Nikolaus, *Avicenna's De anima in the Latin West: The Formation of a Peripatetic Philosophy of the Soul, 1160–1300*, London [im Druck] (Warburg Institute Studies and Texts, Bd. 1); ders., *Das Lehrstück von den vier Intellekten in der Scholastik: von den arabischen Quellen bis zu Albertus Magnus*, in: RTHAM 46, 1999, 21–77; Hoffmeyer, E.F., *Córdoba – Toledo – Rom. Contribución hispano-àrabe a la cultura europea*, in: Gladius 1, 1961, 5–8; Honnefelder, Ludger, *Die Kritik des Johannes Duns Scotus am kosmologischen Nezessitarismus der Araber: Ansätze zu einem neuen Freiheitsbegriff*, in: J. Fried (Hrsg.), Die abendländische Freiheit vom 10. bis zum 14 Jahrhundert. Der Wirkungszusammenhang von Idee und Wirklichkeit im europäischen Vergleich, Sigmaringen 1991, 149–163; Kluxen, Wolfgang, Art. *Averroismus im lateinischen Mittelalter*, in: Theologische Realenzyklopädie V, Berlin 1980, 57–60; Koch, J. (Hrsg.), *Giles of Rome*, Milwaukee 1944; Menéndez Pidal, R., *Espana, eslabón entre la cristianidad y el Islam*, Madrid ²1968; Mieli, A., *La science arabe et son rôle dans l'évolution scientifique mondiale*, Leiden 1938; Sharif, M.M., *Muslim philosophy and western thought*, in: Iqbal 8, 1959, 1–14; Sivestre, H., *A propos d'une nouvelle mise au point de Thorndike sur les contributions arabes et juives à la civilization occidentale au moyen âge*, in: RHE 55, 1960, 498–501; Spies, Otto, *Orientalische Kultureinflüsse im Abendland*, Braunschweig 1949; Van Riet, Simone, *The Impact of Avicenna's Philosophical Works in the West*, in: Encyclopaedia Iranica III, 1985, 104–107; Van Steenberghen, Fernand, *The philosophical movement in the thirteenth century*, 1955; Watt, W. Montgomery, *L'influence de l'Islam sur l'Europe médiévale*, in: Revue des études islamiques 40, 1972, 297–327; Zimmermann, Albert (Hrsg.), *Albert der Grosse. Seine Zeit, sein Werk, seine Wirkung*, Berlin 1981 (MM 14); ders. (Hrsg.), *Aristotelisches Erbe im arabisch-lateinischen Mittelalter. Übersetzungen, Kommentare, Interpretationen*, Berlin 1986 (MM 18).

farabi; Wulf, Philosophie médiévale. Sie werden im folgenden nicht mehr eigens aufgeführt.

Bei den Werken Avicennas und Averroes', von denen keine kritischen Editionen vorliegen, wird auf die auch in Neudrucken zugänglichen Editionen der Gesamtausgaben Venedig 1508 (= Avicenna, Opera philosophica) resp. 1562 (= Averroes, Aristotelis opera) verwiesen. Dabei ist vor allem in Hinblick auf Averroes zu beachten, daß diese Editionen nicht den Text der hier besprochenen mittelalterlichen Übersetzungen enthalten, sondern zum größten Teil verbesserte oder neu übersetzte Fassungen.

Im Anhang 1 werden die Handschriften, welche die einzelnen hier besprochenen Texte enthalten, in der gleichen Abfolge aufgeführt.

I. Alkindi (gest. 870)

1. a) De Intellectu / b) De ratione[45]

Dieses Werk des sogenannten „ersten" arabischen Philosophen wurde zweimal übersetzt. Die erste, offensichtlich stärker verbreitete Version mit dem Titel *De intellectu* stammt möglicherweise von Dominicus Gundissalinus, einem der bekanntesten Übersetzer aus Toledo in der zweiten Hälfte des 12. Jahrhunderts.[46] Da aber kein Beweis für diese Behauptung vorliegt, scheint es besser, die Übersetzerfrage hier ungeklärt zu lassen. Die zweite Version mit den Titeln *De ratione* oder *Verbum de intentione antiquorum in ratione* stammt nach dem Zeugnis von Paris, BN lat. 6443 von Gerhard v. Cremona, dem vielseitigsten Übersetzer, der ebenfalls zu dieser Zeit in Toledo tätig war († 1187).[47] Zwar wird diese Übersetzung nicht in dem Verzeichnis der Werke Gerhards genannt, welches seine Schüler nach seinem Tod aufstellten, doch ist die Unvollständigkeit desselben schon in anderen Fällen nachgewiesen worden.[48] Auch werden in Gerhards Übersetzung von Alkindis *De somno et uisione* Passagen aus *De ratione* nahezu wörtlich zitiert.[49] Da beide

---

[45] Beide Versionen ediert von Nagy, *Die philosophischen Abhandlungen*, 1–11.

[46] Alonso, *Traducciones del arcediano*, 305–15; Nagy, *Die philosophischen Abhandlungen*, xv (Nagy setzt noch die Identität von Iohannes Hispaliensis und Avendauth voraus, so daß er behauptet, diese Version stamme möglicherweise von Iohannes Hispaliensis mit Hilfe von Gundissalinus.); Daiber, *Lateinische Übersetzungen*, 216f nennt noch Iohannes Hispalensis (den er richtig nicht mit Iohannes Hispanus gleichsetzt) als möglichen Autor, d'Alverny/Hudry, *De radiis*, 171, Anm. 24, halten dies, worauf auch Daiber hinweist, für unwahrscheinlich.

[47] Nagy, *Die philosophischen Abhandlungen*, xv u. xvii–xxi; Alonso, *Traducciones del arcediano*, 308–15; vgl. auch Steinschneider, *Alfarabi*, 109; ders., *HÜb*, 189.

[48] Ed. der Liste mit Gerhards Werken: Haskins, *Studies*, 14f; Sudhoff, *Die kurze Vita*.

[49] Nagy, *Die philosophischen Abhandlungen*, xv.

Versionen bis auf wenige Ausnahmen fast gleich sind, kann wohl auf eine gemeinsame arabische Textgrundlage geschlossen werden.[50]

Der Text Alkindis steht am Anfang der arabischen Intellektlehre, welche durchaus Einfluß auf die Entwicklung der lateinischen Psychologie hatte.[51]

2. De somno et uisione[52]

Die Übersetzung von Alkindis *Fī māhiyyāt al-nawm wa-l-ru'ya* wurde allem Anschein nach von Gerhard von Cremona angefertigt. In Paris, BN lat. 16613 wird er als Übersetzer genannt.[53]

3. De quinque essentiis[54]

Allgemein wird Gerhard v. Cremona als Übersetzer dieses im arabischen Original verlorenen Traktates Alkindis zur aristotelischen Physik angesehen.[55] Allerdings wird in keiner Handschrift der Name eines Übersetzers gegeben, daher ist Zurückhaltung bei der Zuweisung angebracht.

II. Ḥunayn Ibn Isḥāq (808 – 873/877)

De caelo et mundo[56]

Dieses in vielen Handschriften als Text Avicennas ausgegebene und daher in der Forschung meist als Pseudo-Avicenna bezeichnete Werk stellt wahrscheinlich die Übersetzung einer von dem berühmten syrischen Gelehrten und Übersetzer Ḥunayn Ibn Isḥāq zusammengestellten Kompilation von Stellen aus einem Kommentar des Themistius zum aristotelischen *De caelo* dar.[57] Ein arabisches Original konnte allerdings bisher nicht gefunden werden. Der Text der Übersetzung nennt keinen Autor, und die in der For-

---

[50] Nagy, *Die philosophischen Abhandlungen*, xx und die Edition ebd., 1–11. Ein Blick in die Edition läßt auch erkennen, daß es sich bei Gerhards Übersetzung nicht nur um einen Abriß der ersteren handelt, wie bei Dahan, *Les traductions*, 67, angedeutet.

[51] Vgl. unten Abschnitt zu Alfarabi, De Intellectu; Théry, *Autour de décret*, 34–37.

[52] Nagy, *Die philosophischen Abhandlungen*, 12–27.

[53] Nagy, *Die philosophischen Abhandlungen*, xiv; Flügel, *Alkindī*, 53.

[54] Ed.: Nagy, *Die philosophischen Abhandlungen*, 28–40.

[55] Zum Vergleich mit ähnlichen arabischen erhaltenen Werken Alkindis und damit zur Autorenschaft desselben vgl. Daiber, *Lateinische Übersetzungen*, 217, Anm. 69. Wie Steinschneider, *EÜb*, 23, daraufkommt, daß Nagy die Übersezung dieses Traktats und von *De somno et visione* Iohannes Hispaniensis beilegen möchte, ist mir unerklärlich.

[56] Ed.: Avicenna, *Opera philosophica*. Eine Edition der hebräischen und lateinischen Version wird von R. Glasner u. J.M.M.H. Thijssen vorbereitet, vgl. BPM 1994; außerdem ist der lat. Text ediert von Gutman, Oliver (Ed.), *Liber celi et mundi*.

[57] Alonso, *Hunayn traducido al latin*, 37–47; Burnett, *Introduction/England*, 66.

schung gemachten Zuweisungen an Iohannes Hispaniensis/Hispaliensis, Dominicus Gundissalinus oder Avendauth waren bisher nicht überzeugend.[58] Neuere, stilkritische Untersuchungen weisen allerdings wieder auf Gundissalinus und dessen Helfer Iohannes Hispaniensis.[59] Daniel v. Morlay zitiert schon um 1180 aus diesem Werk[60] und es findet sich häufig im Zusammenhang mit Avicennas Physik der ersten Übersetzungsphase überliefert.

III. Costa ben Luca (~ 820 – 912)

De differentia inter spiritum et animam[61]

Das Werk des syrischen Christen aus Baalbek zählt zu den ersten eigentlich philosophischen Texten, welche aus dem Arabischen übersetzt wurden. Das arabische Original hat den Titel *Risāla fi l-farq bayna l-rūḥ wa-l-nafs*. Wie die große Zahl der erhaltenen Handschriften zeigt, fand die lateinische Übersetzung nicht zuletzt wegen der platonischen Ausrichtung des Werkes große Verbreitung. Die lateinischen Gelehrten profitierten von den in ihm dargestellten Gedanken griechischer Autoritäten, und die von Costa aufgestellten Theorien über das Pneuma und die Seele haben die mittelalterliche Psychologie stark beeinflußt.[62] Die früheste Übersetzung um 1130 (bzw. vor 1143) dieses Traktates stammt von Iohannes Hispaliensis et Limiensis.[63] Er widmete seine Übersetzung Raymund, dem Erzbischof von Toledo (ca. 1080 – 1152), wie aus einem Eintrag in mehreren Handschriften hervor-

---

[58] So z.B. Alonso, *Traducciones del árabe el latín por Juan Hispano*, 140f oder ders., *Hunayn traducido*, 37–47. Alonso setzt im übrigen Iohannes Hispaniense und Avendauth gleich.

[59] Gutman, *On the Fringes*, 119–121.

[60] d'Alverny, *Notes sur les*, 344; Alonso, *Hunayn traducido*, 38; Burnett, *Introduction/British Schools*, 49f; ders., *Introduction/England*, 65–69.

[61] Ed.: Barach; Wilcox, *The transmission*, 134–208 (enthält auch eine englische Übersetzung u. eine Edition der hebräischen Version).

[62] Wilcox, *The transmission*, 91–111; Jolivet, *The Arabic Inheritance*, 141 u. 146, weist auf den Einfluß auf Gundissalinus und John Blund hin; Gabrieli, *Nota bibliografica*, 347.

[63] So die wohl exakte Bezeichnung, die Burnett, *Magister Iohannes Hispaniensis et Limiensis*, verwendet und somit die Gleichsetzung zwischen Magister Iohannes und Iohannes Hispaliensis nicht nachvollzieht, ohne sie allerdings für unmöglich zu halten. Andere trennen hier weniger genau, so meint Thorndike, *John of Seville*, mit Iohannes Hispanus eigentlich Iohannes Hispaliensis. Vgl. außerdem: d'Alverny, *Les traductions d'Avicenne. Moyen Age et Renaissance*, 72; dies., *Translations and Translators*, 446; Wilcox 1–5 u. 112–133. Zur Widerlegung der in AL I, 15f u. 94 gegebenen These, es habe neben der Version des Iohannes noch eine dritte anonyme Übersetzung gegeben vgl. Wilcox, *The transmission*, 120–128; weitere Literatur zu dieser Frage ebd., Anm. 27; vgl. auch AL I, Specimina V u. VI; zur Datierung vgl. Burnett, *Magister Iohannes Hispalinsis et Limiensis*, passim, besonders 241 u. 245.

geht.[64] Noch vor 1143 wurde, aufbauend auf der Version des Iohannes Hispaliensis et Limiensis, eine weitere Übersetzung einzelner Teile angefertigt, welche aber nie die starke Verbreitung der ersten Version erreichte.[65] Als mögliche Übersetzer werden Gundissalinus und Avendauth genannt.[66] Richtig ist auf jeden Fall, daß Gundissalinus in seinem Traktat *De anima* aus *De differentia* zitiert.[67] Hermann von Carinthia hat *De differentia* ebenfalls in seinem *De essentiis* benutzt, wahrscheinlich unter Verwendung der Übersetzung des Johannes.[68] Zum Teil wurde dieser Traktat den Schriften des Constantinus Africanus zugeordnet.[69] Er erschien auch unter dem Namen Constabulus und wurde bisweilen Augustinus zugeschrieben, hat aber mit Pseudo-Augustinus *De spiritu et anima* nichts zu tun.[70] Hauptsächlich wurde *De differentia* im Zusammenhang mit dem Corpus aristotelicum überliefert, innerhalb dessen es unter den Parva naturalia eingereiht war.[71]

IV. Ps.-Aristoteles (9. Jh.)

De causis proprietatum (et) elementorum/De proprietatibus elementorum et planetarum/ De elementis[72]

In der Liste mit den Werken Gerhards wird auch ein Aristoteles *De causis proprietatum et elementorum* aufgeführt. Gemeint ist damit ein anonymer naturphilosophischer Text des 9. Jahrhunderts, der in der Gegend des heutigen Irak entstanden sein könnte.[73] Gerhard übersetzte nur den ersten Traktat dieses Textes, da er vom zweiten im arabischen Original nach eigener Aus-

---

[64] Thorndike, *John of Seville*, 29; Burnett, *A group of*, 62; die Handschriften vgl. unten im Anhang 1.

[65] Wilcox, *The transmission*, 134–208, gibt auch diese Version wieder. Wilcox, ebd., 1–5 u. 112–133, schreibt diese Version Hermann v. Carinthia zu. Dies hält Burnett, *„Magister Iohannes Hispalensis et Limiensis"*, 222, Anm. 3, für falsch.

[66] Jolivet, *The Arabic Inheritance*, 141.

[67] Wilcox, *The Transmission*, 102f; Burnett, *„Magister Iohannes Hispalensis et Limiensis"*, 244f, die entsprechenden Stellen sind ebd., 260–64, ediert.

[68] Burnett, *Arabic into Latin*, passim; ders., *Magister Iohannes Hispalensis et Limiensis*, 245. Edition der entsprechenden Stellen ebd., 265–67.

[69] Steinschneider, *EÜb*, 43f.

[70] Der Traktat *De spiritu et anima* stammt von dem Zisterzienser Alcher von Clairvaux, einem Freund Bernhards. Ediert in Migne PL 40, 779–832. Vgl. hierzu Pelzer, in de Wulf, Bd.1, 73 u. 227, Anm.4; Möhle, *Alcher*. Allerdings ist nach CB 3 Katalog Z14, Nr. 126a, auch die Zuweisung an Alcher ohne Fundament.

[71] Wilcox, *The transmission*, 113.

[72] Ed.: Pseudo-Aristotle, *De causis proprietatum et elementorum* (Edition Vodraska). Auch in: Albertus Magnus, *De causis proprietatum elementorum* (Edition Hossfeld).

[73] Schmitt/Knox, *Pseudo-Aristoteles latinus*, Nr.14; Pseudo-Aristotle, *De causis proprietatum et elementorum* (Edition Vodraska), 7; AL I, 91f u. Specimen 85.

sage nur das Ende vorgefunden habe. Dieser meist zusammen mit aristotelischen naturphilosophischen Schriften verbreitete Text wurde für ein eigenständiges Werk des Stagiriten gehalten und als solches von Albert dem Großen kommentiert.[74]

V. Alfarabi (gest. 950)

1. De ortu scientiarum[75]

Von dieser wissenschaftstheoretischen Schrift, deren voller Titel in Paris,
BN lat. 14700 (f.328v) *Epistola de assignanda causa ex qua ortae sunt scientiae philosophiae et ordo earum in disciplina* lautet, ist bisher noch kein arabisches Original gefunden worden.[76] Im allgemeinen wird es Alfarabi zugeschrieben, dies
kann aber auf Grund der schwierigen Forschungslage nicht als gesichert
gelten.[77] Große Teile dieses Werkes sind von Gundissalinus in sein *De divisione philosophiae* eingearbeitet worden, ohne daß er seine Quelle nennt.[78]

Ebenfalls ungeklärt ist die Frage nach dem Übersetzer. Alle an Steinschneider anknüpfenden Zuweisungen an Johannes Hispaniensis oder
Avendauth können nicht überzeugen.[79] So kommen noch Dominicus Gundissalinus und Gerhard von Cremona in Frage.[80]

---

[74] Albertus Magnus, *De causis proprietatum elementorum* (Edition Hossfeld), 47–106.

[75] Ed.: Alfarabi, *Über den Ursprung der Wissenschaften* (Edition Baeumker).

[76] Burnett, *Introduction/England*, 64f; Farmer, *A further*, 307.

[77] Alfarabi als Autor nahmen an: Steinschneider, *Al-Farabi*, 89 u. 255; Domingo Gundisalvo,
De divisione philosophiae (Edition Baur), 158–60; Sarton, *Introduction*, II, I, 171; Thorndike, *Magic*, II, 80. Vorsichtig bejahend äußerte sich Baeumker in: Alfarabi, *Über den Ursprung der
Wissenschaften* (Edition Baeumker), 7–9 u. 25. Unsicherheit über oder Zweifel an der Autorenschaft Alfarabis äußerten schon früher Jourdain, *Recherches*, (1843) 34f u. Hauréau, *Histoire* II, 1, 55 Anm. 3. Correns, *Die dem Boethius*, 34f, konnte aufweisen, daß es sich um eine
Übersetzung aus dem Arabischen handeln muß, vgl. dazu auch Farmer, *A further*, 310. In
jüngerer Zeit ernsthafte Zweifel an der Autorschaft angemeldet haben: Farmer, *A further*,
310; ders., *Al-Fārābī's Arabic-Latin*, 51f; Daiber, *Lateinische Übersetzungen*, 220; Puig, 16; Dahan, *Les traductions*, 67. Von Baeumker in: Alfarabi, *Über den Ursprung der Wissenschaften* (Edition Baeumker), 7–9 (dort auch weitere Lit.) und Puig, 16, ist auf die Verwandtschaft mit einem *Kitāb Marātib al-'Ulūm* (Buch der Rangstufen der Wissenschaften) Alfarabis hingewiesen
worden, die bruchstückhafte Überlieferung läßt hier aber keine eindeutige Identifizierung
zu.

[78] Vgl. in entsprechendem Kapitel dieser Arbeit und Domingo Gundisalvo, *De divisione philosophiae* (Edition Baur), 342–45; Burnett, *Introduction/England*, 67; Farmer, *A further*, 308.

[79] Dies weisen nach: Bédoret, *Les premières versions*, 394f; ders., *Les premières traductions*, 88–93;
Thorndike, *History*, Bd. II, 73f, Anm. 5; ders., *John of Seville*; d'Alverny, *Avendauth?*. Vgl. dazu
auch Alonso, *Notas*, 25–32; Burnett, *Magister Iohannes Hispalensis et Limiensis*, bes. 236, Anm.
38.

[80] Domingo Gundisalvo, *De divisione philosophiae* (Edition Baur), 159f u. 160 Anm.1 (Gundissalinus oder anonym); Alfarabi, *Über den Ursprung der Wissenschaften* (Edition Baeumker), 9f;
Salman (Salmon), *Mediaeval Latin Translations*, 246 (Gundissalinus); Grabmann, *Cl. Baeumker*,

Das Werk hat im ersten Kontakt mit der neuen griechischen und arabischen Wissenschaft keinen geringen Einfluß gehabt. Neben der Einführung in die philosophischen Disziplinen wurden die Passagen über die Musik rezipiert.[81]

2. Flos Alpharabii secundum sententiam Aristotelis/Fontes quaestionum[82]

Das unter den genannten Titeln tradierte Werk ist als fragmentarische Übersetzung von Alfarabis *'Uyūn al-Masā'il* (Die Hauptfragen) identifiziert worden. Einen Übersetzer gibt der Text nicht preis.[83]

3. De intellectu et intellecto[84]

An der Autorschaft Alfarabis an dem auf arabisch *Maqāla fī ma'ānī al-'aql* genannten Traktat besteht kein Zweifel.[85] Die Frage nach dem Übersetzer ist nicht geklärt. In der Literatur genannt werden Gundissalinus und Avendauth, eine eindeutige Identifizierung ist nicht möglich.[86]

Der Einfluß, den der Traktat auf die Intellektlehre der Scholastiker ausübte, ist wiederholt behandelt worden.[87]

4. Didascalia in Rhetoricam Aristotelis ex glosa Alpharabii/Declaratio compendiosa super rhetoricorum libris Aristotelis[88]

Obwohl schon Jourdain auf diese Einleitung Alfarabis zu seinem Kommentar der Rhetorik von Aristoteles hingewiesen hat, wurde sie in der For-

---

25 (Gundissalinus); Farmer, *Al-Fārābī's Arabic-Latin*, 41f (John of Seville o. Gundissalinus); Vaux, *Notes et textes*, 47 Anm. 3 (Gerhard v. Cremona).

[81] Alfarabi, *Über den Ursprung der Wissenschaften* (Edition Baeumker), 2f; Farmer, *A further*, 314–318 u. 321f; Farmer, *Al-Fārābī's Arabic-Latin*, 51f.

[82] Ed.: Cruz Hernández, *El Fontes*, 303–23 (arab. Text mit lat. Fragmenten und arab.-lat. Glossar); Edition der lat. Übersetzung: Bignami-Odier, *Le manuscrit Vatican 2186*, 154f; dt. Übersetzung nach dem arabischen Original: Dieterici, *Alfarabis* (1892), 92–107. Das Gesamtwerk ist auf arabisch ediert: Alfarabi, *Los 'Uyūn al-Masā'il*.

[83] Alonso, *Traducciones del arcediano*, 319, schreibt die Übersetzung auf Grund des Stiles Gundissalinus zu. Mit Sicherheit zu klären ist die Autorenschaft an der Übersetzung aber nicht.

[84] Ed.: Gilson, *Les sources gréco-arabes*, 115–26; Franz. Übersetzung der lat. Version: Gilson, *Les sources gréco-arabes*, 126–141. Dt. Übersetzung des arabischen Textes: Dieterici, *Alfarabis* (1892), 61–81. Eine italienische kommentierte Übersetzung des arabischen Textes hat Lucchetta angefertigt: *Epistola sull'intelletto*; vgl auch dies., *Osservazioni*, passim.

[85] Alfarabi, *Risala fī-l-aql*, Einleitung.

[86] Alonso, *Traducciones del arcediano*, 318f; Salmon (Salman), *The mediaeval translations*, 246; Alfarabi, *Risala fī-l-aql*, xv.

[87] Alfarabi, *Epistola sull'intelletto* (Edition Lucchetta), 17 [dort weitere Lit]; Bach, *Des Albertus Magnus*, 85ff; Théry, *Autour du décret*, 37–41; Alonso, *Traducciones del arcediano*, 319; Gilson, *Les sources gréco-arabes*, 5, 22 u. 26–38 (Darstellung der Intellektlehre Alfarabis).

[88] Ed.: Grignaschi/Langhade, 149–252.

schung wenig beachtet.[89] Das arabische Original, der *Ṣadr li-kitāb al-khaṭāba* (Führer der Rhetorik), ist leider verloren gegangen.[90] Übersetzt wurde es zwischen 1243 und 1256 von Hermannus Alemannus.[91] Die *Declaratio compendiosa super libris rhetoricorum Aristotelis* stellt eine für den Druck von 1481 leicht umgestellte Fassung der *Distinctio* aus den *Didascalia in Rhetoricam Aristotelis ex glosa Alpharabii* dar, welche in ihrer Gesamtheit den Prolog Alfarabis zu seinem Kommentar der aristotelischen Rhetorik sowie dessen erstes Blatt wiedergeben.[92] Die *Distinctio*, d.h. die Paragraphen 39–56 der Didascalia, gibt den Inhalt der aristotelischen Rhetorik wieder. Hermann hat sie seiner Übersetzung der aristotelischen Rhetorik und des Kommentars von Averroes in Marginalien beigefügt.[93]

Wie schon Roger Bacon bedauerte, waren die Übersetzungen Hermanns zur Rhetorik unter den lateinischen Scholastikern kaum bekannt. Ganz ohne Einfluß auf die Ideen zur Rhetorik im lateinischen Westen sind sie aber nicht geblieben.[94]

5. Liber exercitationis ad viam felicitatis[95]

Die lateinische Übersetzung von Alfarabis *Al-Tanbīh ʿalā sabīl as-saʿāda* (Die Belehrung über den Weg des Glücks) ist uns bisher aus nur drei Handschriften bekannt.[96] Da diese keine Angaben machen und auch aus der Umgebung des Textes in dieser Hinsicht keine Rückschlüsse möglich sind, muß die Frage nach dem Übersetzer offen bleiben.[97]

---

[89]   Darauf weisen auch Grignaschi/Langhade, 125, hin; Salman (Salmon), *The mediaeval translations*, 246, z.B. kennt nur die Declaratio compendiosa aus den Renaissance Editionen und behauptet, es wäre keine Handschrift erhalten. Jourdains Hinweis in: ders., 139–141.

[90]   Steinschneider, *Alfarabi*, 59; Grignaschi/Langhade, 127–131.

[91]   Salman (Salmon), *The mediaeval translations*, 246; Hermannus Alemannus weist selber auf diese Übersetzung in seinem Vorwort zu seinem Werk *Rhetorica et Poetria Aristoteli* (Übers. der arist. Rhetorik mit dem Kommentar des Averroes) hin, Paris, BN lat. 16673, f 65v, vgl. Grignaschi/Langhade, 126.

[92]   Letzteres stellt Hermannus Alemanus in seinem Vorwort zur *Rhetorica et Poetria Aristotelis* klar, vgl. Grignaschi/Langhade, 125f; dort und AL I, 102, zum Druck von 1481.

[93]   Paris, BN lat. 16673, f.65v; Grignaschi/Langhade, 126.

[94]   Roger Bacon, *Moralis Philosophiae* (Edition Delorme/Massa), pars V, III, 9. Grignaschi/Langhade, 140, zum geringen Einfluß; vgl. aber auch Bogges, *Hermannus Alemannus'* u. Maieru, *Influenza*.

[95]   Ed.: Alfarabi, *Le „Liber exercitationis"*, 33–48.

[96]   Zur Authentizität, die hier durch Textvergleich gesichert ist, vgl. Alfarabi, *Le „Liber exercitationis"*, 34 u. Salman, *The Mediaeval Latin*, 249, sowie Steinschneider, *Alfarabi*, 61–62. Salman in: Alfarabi, *Le „Liber exercitationis"*, 33, kennt nur die Brügger Hs; Alonso, *Traducciones del arcediano*, ergänzt noch die Lilienfelder Hs.

[97]   Alonso, *Traducciones del arcediano*, 320–4, sieht auf Grund des Vergleichs mit anderen Übersetzungen Gundissalinus als Urheber an, eine endgültige Zuschreibung läßt sich daraus nicht ableiten.

6. De scientiis[98]

Die Übersetzung der *Iḥṣāʾ al-ʿulūm* (Zählung/Statistik der Wissenschaften) gehört zu den einflußreichsten Werken Alfarabis im lateinischen Westen. Unter anderem hat sie die Entwicklung der Musiktheorie vorangetrieben.[99] Die Übersetzung existiert in zwei Versionen. Die ältere und verkürzende wurde wahrscheinlich von Gundissalinus verfaßt, der sie ausführlich in seinem *De divisione philosophiae* zitiert. Diese Textpartien in *De divisione* sind aber nicht, wie es in der Literatur zum Teil geschieht, gleichzusetzen mit der zweiten Übersetzung der Iḥṣāʾ. Diese exaktere Fassung stammt von Gerhard v. Cremona, welcher in mehreren Manuskripten genannt wird und in dessen Liste seiner Übersetzungen die Iḥṣāʾ zudem enthalten sind.[100] Das zweite Kapitel von *De scientiis* wird von Aegidius Romanus, Pierre de Saint-Amour und Gratiadeus Esculanus unter dem Titel *Logica Alfarabii* zitiert. Der erste gibt mit diesem Titel das Incipit des zweiten Buches nach der Übersetzung Gerhards von Cremona an, die beiden anderen zitieren das Incipit der älteren Übersetzung.[101]

7. Nota ex logica Alpharabii quedam sumpta[102]

Von Alfarabis logischen Werken wurde in lateinischer Übersetzung bisher nur ein aus drei Fragmenten bestehender kurzer Text bekannt. Salman gab diesem Text den Titel *Nota ex Logica Alpharabii quedam sumpta* und sah in ihm einen Auszug aus einem Werk zur Logik des „Zweiten Philosophen", wie Alfarabi bei den Arabern genannt wurde, für das er allerdings kein arabi-

---

[98] Ed.: Beide lat. Versionen mit spanischer Übersetzung: Gonzáles Palencia, *Al-Fārābī. Catalogo*; Ed. von De divisione philosophiae: Domingo Gundisalvo, *De divisione philosophiae* (Edition Baur); Ed. der lat. Version v. Gundissalinus: Domingo Gundisalvo, *De scientiis* (Edition Alonso). Eine dt. Übersetzung der die Mathematik betreffenden Teile bei Wiedemann, 74–101. Farmer, *The influence*, 589–92, enthält auch eine Teiledition des arabischen und lateinischen Textes sowie eine engl. Übersetzung der Stellen, welche die Musik betreffen.

[99] Daiber, *Lateinische Übersetzungen*, 219f u. Anm. 84; Domingo Gundisalvo, *De divisione philosophiae* (Edition Baur), 164–316; Farmer, *The influence*, 589–92; ders., *Alfarabis*, passim.

[100] Zur Zuschreibung an diese beiden Übersetzer: Alonso, *Traducciones del arcediano*, 298–308; Salman (Salmon), *The mediaeval translations*, 245f (mit der völlig falschen Jahresangabe 1230 bezüglich der Version Gerhards. Gerhard ist 1187 gestorben). Farmer, *The influence*, 564 u. 575; ders., *Al-Fārābī's Arabic-Latin*, 17–20, nennt Johannes de Sevilla und Gerh. v. Cremona als Übersetzer, ohne dies näher zu begründen, wahrscheinlich aber Steinschneider, *EÜb*, 22 u. 44, folgend.

[101] Salman (Salmon), *The mediaeval translations*, 258–261 u. ders., *Fragments inédits*, 222, schloß auf Grund dieser Zitate noch auf eine verlorengegangene Übersetzung eines eigenständigen Werkes Alfarabis zur Logik. Grignaschi, *Les traductions latines*, 44, identifizierte aber diese Stellen mit dem zweiten Kapitel der Iḥṣāʾ.

[102] Ed. der hier gemeinten Texte: Salman (Salmon), *Fragments inédits*, 222–225 u. Grignaschi, *Les traductions latines*, Appendice II. Beachte dazu den Hinweis bei Daiber, *Lateinische Übersetzungen*, 221, Anm. 100.

sches Original aufweisen konnte.[103] Grignaschi hat in einem detailreichen Aufsatz nachgewiesen, daß den *Nota ex Logica Alpharabii* ein Werk mit dem Titel *Mukhtaṣar al-manṭiq* (Abriß der Logik) zu Grunde liegt, welches eine Paraphrase Alfarabis zum aristotelischen Organon darstellt, möglicherweise posthum ergänzt und vervollständigt durch farabische Texte zur Dialektik, Rhetorik und Poetik.[104] Die bei Salman edierten drei Passagen stammen aus den Kapiteln des Abrisses zu *De interpretatione* und zu den *Kategorien*. Auf Grund eines Hinweises in Admont 442 und seiner eigenen Überlegungen zur Genese der *Mukhtaṣar* hält Grignaschi es durchaus für möglich, daß die gesamte Paraphrase in lateinischer Übersetzung im 13. Jahrhundert vorlag.[105] Zur Frage, wer der Übersetzer der Fragmente sein könnte, gibt die Handschrift keinen Hinweis, und weder Salman noch Grignaschi äußern eine Vermutung.

Salman und Grignaschi nehmen, vorwiegend auf Grund der bei Albertus Magnus vorkommenden Zitate, eine lateinische Übersetzung zumindest des großen Kommentars Alfarabis zur Zweiten Analytik, vielleicht auch weiterer Kommentare zu anderen Büchern des Organons an.[106] In diesem Zusammenhang erinnert Salman an das bedenkenswerte Faktum, daß anscheinend gerade von diesen vielfach zitierten Werken keine Textzeugen auf uns gekommen sind, während in den erhaltenen Handschriften Werke Alfarabis überliefert werden, die kaum oder gar nicht zitiert wurden.[107] Dazu Grignaschi: „En tout cas, la perte de tant de parchemins, bien que mystérieuse, ne devrait pas nous faire oublier que ces traductions de l'arabe en latin ont existé. Quelle a été leur diffusion au XIIIe siècle, ont-elles contribué, au cours de leur existence éphémère, non seulement à l'élaboration de la 'logica nova' ce qui est certain, mais aussi aux débuts de la 'logica modernorum'? Nous ne pouvons que poser ces questions."[108] Funde von Übersetzungen arabischer Logik würden die schon von Prantl geäußerten Thesen zum Einfluß der arabischen Logik auf die Entwicklung dieser Disziplin im lateinischen Westen unterstützen.[109]

---

[103] Salman (Salmon), *The mediaeval translations*, 258–60; ders., *Fragments inédits*, 222.

[104] Grignaschi, *Les traductions latines*, 44f u. 49.

[105] Grignaschi, *Les traductions latines*, 45–57.

[106] Salman (Salmon), *The mediaeval translations*, 256–8 u. ders.; *Fragments inédits*, 222; Grignaschi, *Les traductions latines*, 60–89, sowie Appendice Ia. Für genauere Zuweisungen vgl. Appendice II. Zu den Zitaten bei Albert vgl. Cotabarria, *Las obras y la filosofía*, passim. Zu Salmans Vermutung, eine Übersetzung eines eingenständigen Werks Alfarabis zur Logik habe existiert, vgl. oben Fußnote zu Alfarabi, Iḥṣā'.

[107] Grignaschi, *Les traductions latines*, 89.

[108] Grignaschi, *Les traductions latines*, 89.

[109] Prantl, *Geschichte der Logik*, 2. Bd., 304–400; Grignaschi, *Les traductions latines*, 42f, beachte auch ebd., Anm. 7.

Die von Grignaschi im Zusammenhang mit den *Nota* behandelten Schriften Alfarabis, die *Didascalia in rethoricam* und die *Distinctio Alfarabii ... de naturali auditu* werden von mir gesondert aufgeführt.[110]

8. Distinctio Alfarabii super librum Aristotelis de naturali auditu/Distinctio sermonis Abuinazar Alpharabi super librum auddius naturalis[111]

Diese Inhaltsangabe des zweiten Teiles der aristotelischen Physik ist nicht zu verwechseln mit dem Kommentar Alfarabis zu Physik, von dem, obwohl mehrfach in lateinischen und arabischen Quellen genannt, weder das arabische Original noch eine lateinische Übersetzung auf uns gekommen sind. Eine ähnliche Wiedergabe des Inhalts hat Alfarabi auch für die Metaphysik verfaßt, die allerdings unübersetzt blieb.[112]

Übersetzer der *Distinctio* ist wahrscheinlich Gerhard von Cremona. Sie wird in dem Verzeichnis seiner Übersetzungen genannt.[113]

Dieser kurze Text ist oft im Zusammenhang mit drei Werken Alexanders von Aphrodisias (*De tempore, De sensu* und *Quod augmentum et incrementum fiunt in forma et non in yle*) überliefert worden. Die drei Texte Alexanders wurden ebenfalls von Gerhard übersetzt und werden im Verzeichnis seiner Übersetzungen direkt vor unserem farabischen Werk genannt. Es verwundert daher nicht, daß in der Handschrift aus Sevilla der Text als *tractatus de motu* mit der Autorenangabe Alexander versehen wurde.[114]

---

[110] Grignaschi, *Les traductions latines*, 42.

[111] Erster Titel in der Liste mit Gerhards Übersetzungen genannt. Ed.: Birkenmajer, *Eine wiedergefundene*, 475–81. Zuerst hingewiesen auf diesen Text hat Grabmann, *Neu-aufgefundene `Quaestionen'*, 103–47; ebenfalls aufgefallen ist dieser Text Wingate, *The Mediaeval Latin Versions*, 125, Anm. 31, allerdings ohne den Fund richtig einzuschätzen.

[112] De Vaux, *Notes et textes*, 48f. De Vaux scheint hier im übrigen unseren Text für den echten Physikkommentar zu halten. Salman (Salmon), *The Mediaeval translations*, 252–5; Steinschneider, *AÜb*, 52 und ders., *Alfarabi*, 15, hält die Distinctio für den Kommentar und nimmt sie als verloren an. Zur Inhaltswiedergabe der Metaphysik vgl. Birkenmajer, *Eine wiedergefundene*, 474.

[113] Salman (Salmon), *The mediaeval translations*, 255f., gibt zu bedenken, daß mit der Angabe des Verzeichnisses auch der eigentliche Physikkommentar Alfarabis gemeint sein könnte, dessen lateinische Übersetzung bisher nicht wiedergefunden wurde. Für welche Übersetzung Gerhard verantwortlich ist, läßt Salman offen. Der ebd. geäußerte Vorwurf Salmans an Birkenmajer, dieser hätte seine veröffentlichte Distinctio mit dem Kommentar gleichgesetzt, ist nicht gerechtfertigt. Birkenmajer weist ausdrücklich darauf hin, daß dies nur eine Inhaltswiedergabe der aristotelischen Physik ist. Allerdings identifiziert er diese mit den Angaben im Verzeichnis der Schriften Gerhards.

[114] Birkenmajer, *Eine wiedergefundene*, 472 und 475; De Vaux, *Notes et textes*, 49.

VI. 'Lautere Brüder'/Mahomet discipulus Alquindi (10.Jh.)

Liber introductorius in artem logicae demonstrationis[115]

Lange Zeit hielt man den in der lateinischen Übersetzung dieses Textes
genannten Schüler Alkindis für Alfarabi.[116] Erst in den 30er Jahren unseres
Jahrhunderts wurde das arabische Original identifiziert. Es handelt sich um
den 13. Brief aus der Enzyklopädie der sogenannten 'Lauteren Brüder' (=
Ikhwān al-Ṣafā').[117] Die Frage nach dem Übersetzer muß mangels eindeuti-
ger Beweise offengelassen werden.[118]

VII. Avicenna (gest. 1037)

A) Sufficientia

Avicennas große, sich an den Werken des Aristoteles orientierende philosophische Enzyklopädie Kitāb al-Shifā' (Buch der Heilung) wurde nie in ihrer
Gesamtheit übersetzt, wohl aber ein großer Teil der einzelnen Bücher. Das
Gesamtwerk erhielt im Lateinischen den Namen Assepha oder Sufficientia,
wobei letzterer Name des öfteren auch als Titel des ersten Traktates der
zweiten Summe des Kitāb al-Shifā', also der Physik, gebraucht wurde.[119]
Unberücksichtigt von den Übersetzern des 12. und 13. Jahrhunderts blieben
die mathematischen Teile. Madame d'Alverny hat in dem Aufsatz „Notes
sur les traductions médiévales d'Avicenne" mit der ihr eigenen Sorgfalt ihre
Forschungen zu den Übersetzungen der einzelnen Bücher der Shifā' zusammengestellt. Im folgenden werde ich darauf im wesentlichen zurück-
greifen und nur die neuere Literatur beifügen.

---

[115] Ed.: Nagy, *Die philosophischen Abhandlungen*, 41–64. Ein weiterer, ins Latein übersetzter Brief
aus diesem Werk, der eher die Geographie als die Philosophie betrifft, ist ediert von Dalché,
Epistola Fratrum Sincerorum, 154-167. Vgl. ebd., 141f, zu weiteren möglichen Einflüssen der
Lehre der Lauteren Brüder auf den lat. Westen.

[116] Vgl. z.B. Nagy, *Die philosophischen Abhandlungen*, ix u. xxix; Steinschneider, *EÜb*, Nr. 173.

[117] de Boer, *Zu Kindī und seiner Schule*, 177f. u. Nr. 88, hatte schon 1900 diese Identifikation
vorgenommen. Sie blieb aber weitgehend unbeachtet und fand erst durch Farmer, *Who was
the author*, 553–556, Verbreitung. Weitere Lit.: Grignaschi, *Les traductions latines*, 43f; Nagy,
Die philosophischen Abhandlungen, xxi. Zu den Ikhwān vgl. Netton, *The Brethren of Purity*. Dort
auch neuere Literatur.

[118] Auch wenn viele Gelehrte Alonso, *Traducciones del arcediano*, 329–331, folgen, der auf Grund
eines Textvergleichs Dominicus Gundissalinus als Urheber der Übersetzung sieht. Nagy,
Die philosophischen Abhandlungen, xxx u. Daiber, *Lateinische Übersetzungen*, 217, nehmen wenig
überzeugend Iohannes Hispaliensis an.

[119] Van Riet, *De latijnse*, 210f.

1. Prolog[120]

Irgendwann ab der Mitte des 12. Jahrhunderts wurde von dem Übersetzer Avendauth mit Hilfe eines unbekannten Klerikers, dem in der Forschung keine besonderen Fertigkeiten zugeschrieben werden, eine Übersetzung des Beginns des Kitāb al-Shifā' angefertigt. Diese Übersetzung gibt im Grunde drei einzelne kurze Texte wieder. Zunächst das Vorwort des Übersetzers Avendauth, in welchem er seine Übersetzung einer hochgestellten Persönlichkeit widmet, deren Name nicht genannt wird. Dieser Mäzen wurde zumeist mit Erzbischof Raimund von Toledo gleichgesetzt. Auf Grund dieser Identifizierung hat man dann auch die Übersetzung um das Jahr 1150 angenommen, da Raimund 1152 starb und Avendauth wohl nicht viel früher in Toledo ankam.[121] Diese Gleichsetzung mit Raimund entbehrt aber jeder Grundlage in den Quellen und ist nur eine Folge der falschen Interpretation der Widmung zu Avicennas *De anima*. Wahrscheinlich ist hier Raimunds Nachfolger Johannes gemeint.[122] In seiner Widmung kündigt Avendauth schon das folgende Vorwort des al-Djuzdjānī, eines Schülers Avicennas, an, der darin bio-bibliographische Angaben über seinen Lehrer mitteilt. Schließlich folgt Avicennas eigenes Vorwort zum Kitāb al-Shifā', welches im Grunde das erste Kapitel des ersten Buches (also der Isagoge) der ersten Sammlung (also der Logik) des Gesamtwerkes darstellt. In diesem Vorwort weist Avicenna auch auf seine Östliche Philosophie hin, und Roger Bacon gibt an zwei Stellen in seinem *Opus Majus* an, daß er aus diesem Vorwort seine Kenntnis des Werkes habe.[123] Mit großer Sicherheit stammt auch die Übersetzung dieses dritten Teiles des Prologes aus der Feder Avendauths. Bisher wurde die Übersetzung dieser „Vorworte" erst in drei Handschriften gefunden.

2. Isagoge

Der Kommentar Avicennas zu *Isagoge* des Porphyrius, auf arabisch *Kitāb al-madkhal*, wurde nicht durchgängig übersetzt, vielmehr existieren neben dem schon im Prolog von Avendauth übersetzten ersten Kapitel zwei Übersetzungen, die sich, wie auch spätere Kopisten erkannt haben, ergänzen.

---

[120] Ed.: Van Riet, *De latijnse*, 205, bringt Zitate aus dem arabischen Original und der lateinischen Übersetzung. Birkenmajer, *Avicennas Vorrede*, 314–20, ediert alle drei Teile; das Vorwort Avendauths ist auch ediert bei Pelster, *Beiträge zur Aristotelesbenutzung*, 461, Anm. 2 u. bei d'Alverny, *Avendauth?*, 32, mit französischer Übersetzung.

[121] Birkenmajer, *Avicenna's Vorrede*, 312.

[122] d'Alverny, *Avendauth?*, 35.

[123] Roger Bacon, *Opus Maius*, Bd. I, 55f u. Bd.. III, p. 67; d'Alverny, *Notes sur les traductions*, 341;Van Riet, *De latijnse*, 205 u. 210f; Birkenmajer, *Avicenna's Vorrede*, 308–13; Crowley, *Roger Bacon and Avicenna*, 82–88; Bouyges, *Roger Bacon*, 312. Zum Problem von Avicennas Östlicher Philosophie vgl. Gutas, *Ibn Tufayl* u. ders., *Avicenna*, 115-130.

- a) Isagoge / Capitulum de excitando ad scientias / Capitulum de intrando apud scientias[124]

Dieses Werk ist eine Übersetzung der Kapitel 2–11 u. 13–14 der ersten, sowie der Kapitel 1–4 der zweiten Sektion des ersten Buches der Shifā' (nach Kapitelzählung des arabischen Originals). Vielfach wurde Avendauth wegen seiner Übersetzung des Vorwortes auch als Übersetzer dieses Werkes angenommen. Da es aber, wie gesehen, das Vorwort nur in drei erhaltenen Handschriften gibt, und die Handschriften mit dem Text der Isagoge ohne Vorwort und ohne Angabe des Übersetzers vorliegen, ist diese Zuschreibung nicht als eindeutig anzusehen.[125]

- b) De universalibus

Hierbei handelt es sich nach Zählung des arabischen Textes um das 12., nach der Zählung der lateinischen Übersetzung um das 11. Kapitel der *Isagoge* aus Avicennas al-Shifā'. In den Handschriften tritt es z.T. vereinzelt auf, ist aber zumeist an das Ende der Übersetzung der *Isagoge* angehängt. Nur in Vat. lat. 2186 der Biblioteca Apostolica Vaticana ist es an der richtigen Stelle in den Gesamttext eingefügt. Die Handschriften nennen Avendauth als Übersetzer, so daß hier im Zusammenhang mit dem Vorwort kein Zweifel mehr besteht.[126]

3. De conuenientia et differentia scientiarum[127]

Dieser Text ist die Übersetzung des 8. Kapitels des zweiten Teiles des fünften Buches der Logik, also ein Teil aus Avicennas Kommentar zu den *Analytica posteriora*, auf arabisch *Kitāb al-burhān* (Buch des Beweises) genannt. Es handelt sich dabei um eine Übersetzung durch Dominicus Gundissalinus, welche er in sein Werk *De divisione philosophiae* eingefügt hat. Die Übertragung entstand mit Hilfe eines unbekannten Mitarbeiters.[128] Auf Grund seiner Untersuchung des Einflusses arabischer logischer Werke besonders auf Albertus Magnus nimmt Grignaschi an, daß nicht nur dieser Teil des *Kitāb al-burhān*, sondern das gesamte Werk übersetzt wurde. Aus den Handschriften und anderen Quellen läßt sich dies noch nicht bestätigen.[129]

---

[124] Ed.: Avicenna, *Opera philosophica*.

[125] So auch d'Alverny, *Avendauth?*, 38.

[126] Vat.lat. 4428 u. Graz Uni II 482; Pattin, *Over de schrijver*, 515f.

[127] Ed.: Domingo Gundisalvo, *De divisione philosophiae* (Edition Baur), 124–33. Baurs Lesart *subiectorum* statt *scientiarum* in seiner Ausgabe von Gundissalinus De Divisione, 124, beruht auf einem Lesefehler, vgl. d'Alverny, *Notes sur les*, 345.

[128] Domingo Gundisalvo, *De divisione philosophiae* (Edition Baur), 304–8; d'Alverny, *Notes sur les*, 345 u. 351f, äußert hinsichtlich des Helfers die Vermutung, daß es sich auch um den Magister Iohannes handeln könnte, der bei anderen von Gundissalinus angefertigten Übersetzungen genannt wird.

[129] Grignaschi, *Les traductions latines*, 82f.

4. Rhetorik-Fragmente

Hermannus Alemannus übersetzte unter dem Bischof Iohannes von Burgos (1240–46) die *Rhetorik* des Aristoteles zusammen mit dem Kommentar des Averroes aus dem Arabischen. Da er, wie er selbst zugibt, Schwierigkeiten mit dem Text hat, zieht er die Kommentare Alfarabis und Avicennas zu Rate. So fügt er zwei Fragmente aus Avicennas *Rhetorik* (8. Buch der Logik der *Shifā'*) in seine Aristotelesübersetzung ein.[130] Im übrigen haben die Übersetzungen Hermanns keinen großen Einfluß ausgeübt.[131]

5. Physica / Sufficientia Physicorum / Collectio secunda naturalium / Liber primus natura-lium[132]

– a) Erste Phase:

Die erste Sektion der *libri naturales (al-Ṭabī'iyyāt)* wurde in zwei Phasen übersetzt. Vor 1200 wurden die Bücher I und II sowie der Anfang des III. Buches des arabischen Originals übertragen. Der lateinische Text bricht mitten im Satz ab. Die Übersetzung stammt möglicherweise von Gundissalinus und Avendauth. Belege aus den Handschriften lassen sich für diese Vermutung nicht finden.[133]

– b) Zweite Phase:

Direkt an das Ende der ersten Übersetzung anknüpfend, fertigten ein Magister Iohannes Gunsalvi de Burgis und sein jüdischer Helfer Salomon im letzten Drittel des 13. Jahrhunderts eine Fortsetzung an. Ihr Auftraggeber war Gonzalo García Gudiel, zu der Zeit Bischof von Burgos (1275 – 1280).[134] Sie übertrugen nach der Zählung des arabischen Originals den Rest des dritten Buches der Physik ohne die letzten vier Kapitel. Das vierte Buch der avicennischen Physik wurde nicht übersetzt. Dafür aber wurde in der lateinischen Version das dritte Buch des arabischen Textes in ein drittes und ein viertes Buch aufgeteilt. Im Vergleich zur Diffusion des Textes der

---

[130] d'Alverny, *Les traductions d'Avicenne. Moyen Age et Renaissance,* 82; dies., *Notes sur les,* 339, 347 u. 351. Bei den übrigen Zusammenstellungen der Übersetzungen avicennischer Texte werden die Rhetorik-Fragmente nicht genannt.

[131] Vgl. Hinweise bei der Rhetorik von Averroes und bei Alfarabis *Distinctio Alfarabii.*

[132] Zur Namensform Sufficentia vgl. Hinweis in der Einleitung zur al-Shifā' hier oben. Ed.: Avicenna, *Opera philosophica;* ein erster Teil liegt jetzt auch in kritischer Ed. vor: *Avicenna Latinus. Liber primus naturalium* (Edition Van Riet).

[133] Diese Vermutung wird u.a. auch von Madame d'Alverny ausgesprochen, *Notes sur les,* 351. Sie weist aber auch darauf hin, daß es vielleicht besser wäre, von einem anonymen Übersetzer zu sprechen: dies., *Les traductions d'Avicenne. Moyen Age et Renaissance,* 81. Dahan, *Les traductions,* 70, kann nur die spätere Übersetzung meinen, vgl. unten.

[134] Alonso, *Homenaje a Avicenna; Avicenna Latinus, Liber tertius naturalium* (Edition Van Riet), 65–8.

ersten Übersetzungsphase scheint diese Übersetzung nicht so verbreitet gewesen zu sein. Madame d'Alverny sieht den Grund dafür darin, daß seit der Mitte des Jahrhunderts für den Unterricht das Corpus aristotelicum zur Verfügung stand. Man sei daher nicht mehr so auf diese avicennischen Texte angewiesen gewesen wie noch am Ende des vorangegangenen und des beginnenden 13. Jahrhunderts.[135]

6. De caelo et mundo[136]

Das zweite Buch der *libri naturales* wurde nach Angaben eines Manuskriptes ebenso von Iohannes Gunsalvi de Burgis übersetzt.[137] Die Verwechslungsgefahr mit der weiter oben behandelten Pseudo-Avicenna Schrift *De caelo* von Ḥunayn Ibn Isḥāq ist recht groß.

7. De generatione et corruptione / Liber tertius naturalium[138]

Obwohl die Handschriften keinen Übersetzer nennen, wird auf Grund der Stilähnlichkeit mit dem dritten Physikkapitel und mit *De caelo et mundo* auch für diesen Text die Übersetzung durch Iohannes Gunsalvi und Salomon angenommen.[139]

8. De actionibus et passionibus qualitatum primarum / Liber quartus naturalium[140]

Von der Übersetzung dieses Teiles der *libri naturales* gilt das gleiche wie das zum *Liber tertius naturalium* Gesagte.

9. Liber meteorum / Liber quintus naturalium

Das fünfte Buch der *libri naturales* hat, z.T. nur in Auszügen, mehrere Übertragungen erfahren. Zwei davon werden ins 12. Jahrhundert bis Anfang 13. Jahrhundert datiert, während die ausführlichere dritte wahrscheinlich im letzten Drittel des 13. Jahrhunderts übersetzt wurde. Die Auflistung der Übersetzungen gibt in etwa die zeitliche Aufeinanderfolge wieder.

---

[135] d'Alverny, *Les traductions d'Avicenne. Moyen Age et Renaissance*, 83.
[136] Ed.: Abschrift aus Urb.lat. 186 von Renaud, *Le „De celo et mundo"*, 92–130.
[137] Vatikan, Urb. lat. 186; Alonso, *Homenaje a Avicenna*; Bédoret, *Les premières versions*, 383–5, die 383 aufgeführten Hss beinhalten bis auf Vatikan, Urb. lat. 186 alle nicht den Text Avicennas sondern Pseudo-Avicennas, vgl. die Agaben zu Ḥunayn Ibn Isḥāq.
[138] Ed.: *Avicenna Latinus. Liber tertius naturalium* (Edition Van Riet).
[139] Alonso, *Homenaje a Avicenna*; *Avicenna Latinus. Liber tertius naturalium* (Edition Van Riet), 67*f.
[140] Ed.: *Avicenna Latinus. Liber quartus naturalium* (Edition Van Riet).

– a) *De congelatione et conglutinatione lapidum / Liber de congelatis / De mineralibus*[141]

Unter diesen Titeln versammelt finden sich die drei Passagen *De congelatione et conglutinatione lapidum*, *De causa montium* und *De quatuor specibus corporum mineralium* aus Avicennas *Meteorologie* der *Shifā'* wieder, die in der arabischen Version mit den Kapiteln 1 und 5 des ersten Teiles dieser Schrift korrespondieren. Die lateinische Übersetzung wurde in das Corpus Aristotelicum aufgenommen und folgt in den meisten Handschriften auf die von Gerhard von Cremona übersetzten Bücher I–III der aristotelischen Meteorologie, sowie auf die aus dem Griechischen gefertigte Übersetzung des IV. Buches durch Henricus Aristippus.[142] Übersetzt wurde es von Alfred von Sareshel am Ende des 12. oder am Anfang des 13. Jahrhunderts.[143]

– b) *De diluviis*[144]

Dieser kurze Text ist eine Übersetzung des letzten Kapitels des zweiten Teiles von Avicennas *Meteorologie*. Im Gegensatz zu *De congelatione* kommt diese Übertragung hauptsächlich isoliert in Sammelhandschriften vor und ist nicht sehr weit verbreitet gewesen. Einen Übersetzer nennt der Text nicht.[145]

– c) *Liber meteorum*[146]

Dieses Buch stellt die längste Übersetzung aus dem fünften Teil der *libri naturales* dar. Eingeteilt in acht Kapitel werden hier die sechs Kapitel des zweiten Buches des arabischen Originaltextes wiedergegeben. Der Text

---

[141] Ed.: Avicenna, *Avicennae de congelatione et conglutinatione lapidum* (Edition Holmyard/Mandeville) (nach d'Alverny, *Notes sur les*, 34f, beruht die Edition auf schlechter Textgrundlage).

[142] Dahan, *Les traductions*, 71, unterscheidet die drei Übersetzungen nicht; Bédoret, *Les premières versions*, 387, meint die weiter unten behandelte, als *Liber meteorum* übersetzte Schrift.

[143] Avicenna, *Avicennae de congelatione et conglutinatione lapidum* (Edition Holmyard/Mandeville), 3 u. 9–11; AL I, S.92 u. Specimen 86; Burnett, *Introduction/British Schools*, 50f; Callus, *Introduction*, 10; Schmitt/Knox, *Pseudo-Aristoteles Latinus*, Nr. 59, dort auch weitere Lit. zu diesem Text. Interessant sind die Hinweise Burnetts, *Introduction/England*, 71f, daß schon Gerhard v. Cremona bei seinen Aristoteles-Übersetzungen einem Programm folgte, welches er Alfarabis *De scientiis* entnahm, und welches Alfred, und später dann Michael Scotus, fortsetzten. Wo ihnen die in diesem Programm genannten Aristoteles-Texte nicht vorlagen, ersetzten sie diese durch entsprechende Werke anderer Autoren, wie im vorliegenden Fall durch Avicenna oder bei *De plantis* durch das Werk des Nicolaus Damascenus. Vgl. auch ders., *The Translating Activity*, 1045.

[144] Ed.: Alonso, *Homenaje a Avicenna*, 306–8.

[145] Alonso, *Homenaje a Avicenna*, 306, möchte die Übersetzung der Arbeitsgruppe Gunsalvi-Salomon zusprechen, während d'Alverny, *AvLC*, 6, sie dem Stil nach in die Zeit der Übersetzung Alfreds von Sareshel datiert und nicht ausschließt, daß er auch dieses Kapitel übersetzt habe, mit völliger Sicherheit läßt sich aber, wie gesagt, keine Aussage darüber machen.

[146] Ed.: Alonso, *Homenaje a Avicenna*, 306–308.

nennt keinen Übersetzer, die stilistischen Ähnlichkeiten und die Überliefe-
rungszusammenhänge lassen vermuten, er sei, wie das dritte Buch der Physik und der *Liber de caelo*, von Iohannes Gunsalvi und Salomon übertragen
worden.[147]

10. *Liber de anima seu sextus de naturalibus / Liber sextus naturalium / Liber sextus de collectione naturalium*[148]

Die Übersetzung des sechsten Buches der *libri naturales* aus der *Shifā'* Avicennas gehört wohl zu den bekanntesten Werken arabischer Philosophen im lateinischen Westen. Der *Liber de anima* hat in der Forschung nicht zuletzt wegen seines Prologes Berühmtheit erlangt, der leider aber auch bei der Frage
nach den Übersetzern anderer Werke für einige Verwirrung sorgte.[149] Auf
jeden Fall wissen wir durch den Prolog, daß *De anima* von Avendauth und
Dominicus Gundissalinus wohl zwischen 1150 und 1166 übertragen wurde.

Ebenfalls für Verwirrung sorgte die Einfügung der Kapitel 2–7 aus Avi-
cennas *Risāla al-adwiya al-qalbiyya* (Sendschreiben über die Heilmittel des
Herzens, lat. *De viribus cordis* oder *De medicinis cordialibus*) nach dem vierten
Buch in *De anima*.[150] Da Avicenna an dieser Stelle auf diesen Text hinweist,
hat schon sein Schüler Abū 'Ubayd al-Djuzdjānī (im lateinischen Text =
Auohaueth Iurganus = Abū 'Ubayd) die entsprechenden Kapitel in den
arabischen Text interpoliert. Die lateinischen Übersetzer weisen auf diese
Interpolation hin und übertragen sie, so daß wir schon vor der davon völlig
unabhängigen Übersetzung Arnalds von Villanova von 1306 Teile aus *De
viribus cordis* auf Latein vorliegen haben. Diese Fassung Avendauths und
Gundissalinus' darf nicht mit der Arnalds oder gar mit der erneuten Übersetzung dieser Risāla durch Andrea Alpago aus dem Anfang des 16. Jh.
verwechselt werden.[151] Avicennas Hinweis auf diesen Text innerhalb seines
Seelenbuches rechtfertigt im übrigen die Aufnahme von *De viribus cordis* in

---

[147] Alonso, *Homenaje a Avicenna*, 306f.

[148] Ed.: *Avicenna Latinus, Liber de Anima* (Edition Van Riet).

[149] Vgl. o. die Ausführungen unter VII. Avicenna, a) Sufficentia, 1. Prolog.

[150] In der oben genannten lat. Edition von *Avicenna Latinus, Liber de Anima* (Edition Van Riet),
Bd.II, steht der Traktat auf den Seiten 187–210.

[151] Van Riet, *De latijnse*, 213f; dies., *Trois traductions*, 343, weist darauf hin, daß unter Umständen auch Gerhard von Cremona für die Übersetzung dieses eingefügten Teiles in Frage
käme. Da es sich aber nur um Vermutungen handelt, geht auch sie weiterhin von der Autorenschaft von Avendauth/Gundessalinus auch an der Übersetzung dieses De viribus cordis-
Fragmentes aus. Ebd., 344, weist Van Riet noch auf den Wert dieser frühen, wörtlichen
Übersetzung auch für die Etablierung des arabischen Textes hin, da es nur wenig frühe
arabische Textzeugen gibt. Zu Andrea Alpago vgl. d'Alverny, *Avicenne, son traducteur Andrea
Alpago*; dies., *Andrea Alpago*. Daiber, *Lateinische Übersetzungen*, 225, scheint hier irrtümlich diese
Übersetzung mit der des Aranaldus v. Villanova gleichzusetzen.

die hier als Übersetzungen arabischer philosophischer Werke behandelten Schriften.

Ein Teil der eben besprochenen Übersetzung von *De anima* (eine längere Passage des dritten Teiles) kursierte in einer Handschrift (Venedig, BN Marciana Z.L. 321 [1961]) eigenständig unter dem Titel *De visu*.[152]

Bemerkungen bei Giraldus Cambrensis deuten darauf hin, daß dieses Werk am Anfang seiner Rezeption Aristoteles zugeschrieben wurde.[153]

11. *Liber de vegetabilibus / Septimus naturalium*

Das siebente Buch der *libri naturales* gilt in lateinischer Übersetzung als verloren, einen Hinweis darauf kennen wir nur aus dem Inventar der Sorbonne von 1338, welches uns auch das Incipit *Sequitur tractare utiliter de vegetabilibus* nennt.[154]

12. *Liber de animalibus / Octavus naturalium*[155]

Das achte Buch der *libri naturales* schließlich wurde von Michael Scotus übersetzt, der diese Arbeit Friedrich II. widmete. Lange Zeit wurde angenommen, er habe die Übersetzung zwischen 1227 und 1232 angefertigt. Der Terminus post quem wurde durch den endgültigen Eintritt Michaels in den Dienst Friedrichs bestimmt. Den Terminus ante quem gibt uns das Kolophon des Kopisten Heinrich von Köln aus dem Jahre 1232, welches in einer ganzen Reihe von Handschriften späterer Zeit wiederzufinden ist.[156] Gauthier sieht aber mit Recht keinen Grund, warum Michael die Übersetzung nicht schon kurz nach 1220 angefertigt und dem Kaiser gewidmet haben könnte.[157]

13. *Metaphysica / Liber de philosophia prima sive scientia divina / Collectio quarta de scientia divina*[158]

Die dritte Collectio der *Shifā'* über die mathematischen Wissenschaften wurde anscheinend nicht übersetzt, dafür gehört die Übertragung der vierten Collectio – Avicennas *Metaphysik* – mit zu den einflußreichsten Werken

---

[152] Die entsprechende Passage entspricht in der Ed. von Van Riet, Bd. I, den Seiten 169–96. PAL Nr. 95.

[153] Die genauen Stellenangaben bei: d'Alverny, *Translations and Translators*, 451., Anm. 132.

[154] Delisle III, 83; das Incipit stimmt mit dem arabischen Text überein, vgl. Ed. Muntasir.

[155] Ed.: Avicenna, *Opera philosophica*.

[156] Für die Handschriften vgl. unten im Anhang 1 und d'Alverny, *Notes sur les*, 347 u. 357 (dort auch Wiedergabe des Kolophons); AL I, S. 81; Dahan, *Les traductions*, 71; Morpurgo, *Le traduzioni*, 171; Van Oppenraay, *Quelques particularités*, 124–129; Reichert, *Geographie*, 443.

[157] Gauthier, *Notes sur les*, 333.

[158] Ed.: *Avicenna Latinus, Liber de Philosophia prima* (Edition Van Riet).

arabischer Philosophie im lateinischen Westen. Drei Handschriften weisen die Übersetzung Gundissalinus zu, eine nennt Gerhard von Cremona. Im allgemeinen wird von Gundissalinus ausgegangen.[159] Die Handschriften geben nicht an, ob er die Übersetzung alleine bewerkstelligte oder einen Helfer beschäftigte.[160]

B) De viribus cordis/De medicinis cordialibus[161]

Die Epistola (Risāla) al-adwiya al-qalbiyya wurde, nachdem sie auf Grund ihres psychologischen Inhalts schon zum Teil in die Übersetzung von De anima eingefügt wurde, 1306 noch einmal von Arnaldus de Villanova in Barcelona übertragen.[162] Anfang des 16. Jahrhunderts erfuhr dieses opusculum eine weitere Übersetzung durch Andrea Alpago.[163]

VIII. Algazel (gest. 1111)

Summa theorice philosophiae/De philosophorum intentionibus[164]

Algazel legte in seinen Maqāṣid al-falāsifa (Absichten/Bedeutungen der Philosophen) Ideen der im islamischen Bereich falāsifa genannten griechisch-arabischen Philosophen (für ihn sind das hauptsächlich Alfarabi und Avicenna) dar, um sie dann um so besser in seinem Tahāfut al-falāsifa (Zusammenbruch/Widerlegung der Philosophen) bekämpfen zu können. Im Grunde handelt es sich dabei, wie Lohr es treffend ausdrückt, um ‚eine arabische Umarbeitung des [auf Persisch verfaßten] Dānish-nāma-i 'Alā'i des Ibn Sīnā.[165] Den lateinischen Westen erreichte aber nur dieser darstellende Teil, in fast allen Fällen auch ohne das Vorwort Algazels, in welchem er seine eigentlichen Absichten erklärt, so daß die Scholastiker Algazel als einen Vertreter der von Alfarabi und Avicenna eingeschlagenen Richtung

---

[159] Avicenna Latinus, Liber de Philosophia prima (Edition Van Riet), 123*.

[160] Alonso, Traducciones del arcediano, 333–6, glaubte, aus einigen Fehlern in der Übersetzung schließen zu können, daß Gundissalinus inzwischen genug Arabisch konnte, um dieses Werk alleine zu übersetzen. Mme. d'Alverny, Notes sur les, 344, hingegen schloß gerade auf Grund bestimmter Fehler auf die bei der Übersetzung zwischengeschaltete romanische Umgangssprache und vermutet als Helfer Magister Iohannes, mit dem Gundissalinus auch Ibn Gabirols Fons vitae und al-Ghazzālīs Maqāṣid übersetzt hat.

[161] Keine Edition.

[162] Den Übersetzer und das Datum der Übersetzung nennt das Explicit in: Paris Univ. 1031, f. 95. Vgl. a. Avicenna Latinus. Liber de Anima (Edition Van Riet), Bd. II,e 98*f.

[163] d'Alverny, Andrea Alpago; dies., Avicenne, son traducteur Andrea Alpago.

[164] Ed.: Algazali, Logica Algazelis (Edition Lohr); ders., Algazel's Metaphysic (Metaphysik u. Physik. Edition Muckle); ders., Logica et philosophia Algazelis (Edition Lichtenstein); Salman, Algazel et les latins,125–7 (Prolog). Vgl. auch Algazali, Maqāṣid al-falāsifa (Übers. Alonso).

[165] Vgl. Algazali, Logica Algazelis (Edition Lohr), Einleitung u. Achena, Art. Avicenna, 102.

ansahen. Nur eine der erhaltenen Handschriften enthält das Vorwort des Autors. Ein solches Manuskript muß auch Roger Bacon gekannt haben, da er dessen Inhalt wiedergibt, ohne dessen Tragweite anscheinend völlig verstanden zu haben. Raymund Martin war offensichtlich durch arabische Originale besser über die Bedeutung der *Maqāṣid* informiert.[166]

Das Werk gliedert sich in vier Teile: Prolog, Logik, Metaphysik (= *Tractatus de sciencia que apud philosophos vocatur divina*) und Physik. In dieser vom Autor vorgesehenen Abfolge und Vollständigkeit ist es in der lateinischen Version nur in Paris, BN lat. 16096 erhalten. Häufig ist die Logik allein überliefert, während Metaphysik und Physik meist zusammen auftreten, wobei die Physik in mehreren Kodizes übergangslos auf die Metaphysik folgt, also wie ein Teil derselben erscheint.[167]

Die Übersetzung stammt nach dem Zeugnis einiger Handschriften von Dominicus Gundissalinus in Zusammenarbeit mit einem Magister Iohannes. Es gibt keinen Grund, letzteren mit Iohannes Hispaliensis oder gar Avendauth zu verwechseln.[168] Lohr konnte nachweisen, daß Algazalis *Summa* schon früh in der zweiten Hälfte des 12. Jahrhunderts im lateinischen Westen bekannt war. Der Einfluß auf die Scholastiker ist nicht zu unterschätzen. Durch die Übersetzung des 12. Jahrhunderts kennen wir eine ältere Tradition als die, welche die arabischen Kodizes enthalten.[169]

IX. Dominicus Gundissalinus (ca. 1110 – ca. 1190)

De divisione philosophiae[170]

Wie bei den entsprechenden Werken schon angesprochen wurde, enthält dieses Buch des bekannten Übersetzers lange Passagen bzw. inhaltliche Übernahmen aus Alfarabis *De scientiis* und *De ortu scientiarum* sowie unter dem

---

[166] Paris, BN lat. 16096, f. 74r; Salman, *Algazel et les latins*, 105–18; Die vorliegende Hs Paris, BN lat. 16096 kann aber nicht das Bacon bekannte Exemplar gewesen sein. Die Handschrift läßt sich mit ziemlicher Sicherheit auf nach 1272 datieren, während Bacons Bemerkungen vor 1270 niedergeschrieben sein müssen, vgl. Salman, *Algazel et les latins*, 118; Bouyges, *Roger Bacon*, 312.

[167] Salman, *Algazel et les latins*, 120–4.

[168] Die Handschriften sind Vatikan, Ottob. lat. 2186 u. Paris, BN lat. 6552, die Zuweisungen an Gundissalinus und Iohannes auch in der Ausg. v. 1506; Bouyges, *Notes*, 397–399 (Gundissalinus); Daiber, *Lateinische Übersetzungen*, 232 (nicht ganz geklärt); Dahan, *Les traductions*, 67 (Gundissalinus u. Jean de Seville); Burnett, *Magister Iohannus Hispanus*, 427–430 (Gundissalinus und Magister Iohannis Hispanus, den er ganz deutlich von Avendauth und Iohannes Hispalensis trennt); Salman, *Algazel et les latins*, 105 (Gundissalinus u. Iohannes Hispalensis/Avendauth).

[169] Algazali, *Logica Algazelis* (Edition Lohr), 228.

[170] Ed.: Domingo Gundisalvo, *De divisione philosophiae* (Edition Baur).

Titel *De conuenientia et differentia scientiarum* eine fragmentarische Übersetzung aus Avicennas Kommentar zu den *Analytica posteriora*. Es spielt, zumal es recht verbreitet war, eine nicht zu unterschätzende Rolle bei der Vermittlung arabischen philosophischen Gedankenguts und muß hier separat aufgeführt werden, da wir den Text Avicennas nicht als solchen in mittelalterlichen Quellen finden werden, sondern eben nach dem Text von Gundissalinus Ausschau halten müssen.[171]

X. Averroes (1126 – 1198)[172]

1. De anima, Commentarium magnum[173]

Diese überaus einflußreiche Übersetzung des Kommentars von Averroes zum aristotelischen Buch über die Seele stammt nach Aussage der Handschrift Paris, BN lat. 14385 von Michael Scotus. Diese Behauptung müßte durch weitere Untersuchungen bestätigt werden, bevor man ein endgültiges Urteil zu dieser Frage äußert.[174] Die Übersetzung muß jedenfalls schon vor 1225 angefertigt worden sein, da sie um 1225 von einem anonymen Pariser Magister zitiert wird.[175]

2. Physica, Commentarium magnum[176]

Mehrere Forscher nennen Michael Scotus als Übersetzer dieses wichtigen Werkes, obwohl wir keinen eindeutigen Hinweis darauf haben.[177] Sollte die

---

[171] Daiber, *Lateinische Übersetzungen*, 219 Anm. 84, nennt Lit. zum Einfluß dieses Werkes; vgl. auch Domingo Gundisalvo, *De divisione philosophiae* (Edition Baur), 159 u. 160 n.1.

[172] Bei der folgenden Aufzählung der Übersetzungen von Werken des Averroes fehlt der Traktat *De beatitudine animae*. Lange Zeit galt in der Forschung, daß er erst in der Renaissance übersetzt wurde. Durch die Arbeiten Steels ist nun klar geworden, daß die Übersetzung schon im Mittelalter vorhanden war, vgl. Proclus, *Commentaire sur le Parménide* (Edition Steel), 5*–8*; Steel u. Guldentops, *An Unknown Treatise*, 86f; de Libera, *Averroes*, 16f. Mir sind diese Erkenntnisse erst spät bekannt geworden und sie konnten nicht mehr von mir eingearbeitet werden. Da diese Übersetzung bisher nur in einer Handschrift gefunden wurde (*Oxford, Bodleian, Digby 236*), ist zu hoffen, daß das Fehlen dieses Textes in vorliegender Arbeit keine allzugroße Lücke reißt.

[173] Ed.: Averroes, *Averrois cordubensis Commentarium Magnum in Aristotelis De Anima* (Edition Crawford).

[174] Vgl. Burnett, *Sons of Averroes*, Anm. 34.

[175] AL I S. 106 u. Specimen 111; Averroes, *Averrois cordubensis Commentarium Magnum in Aristotelis De Anima* (Edition Crawford), xi; Vaux, *La première entrée*, 220; Gauthier, *Notes sur les*, 333f; ders., *Le traité*, 3–26, über den Text und den Einfluß von Averroes; ders., *Lectura in Librum*, 20; Van Oppenraay, *Quelques particularités*, 121; Van Steenbergen, *Le problème*, 82f. In letzter Zeit sieht Morpurgo, *Le traduzioni*, 173, die Autorschaft Michaels als nicht gesichert an.

[176] Ed.: Averroes, *Aristotelis opera*. Ein erster Teil der Edition ist von H. Schmieja im Rahmen der Averrois opera vorgesehen.

Übersetzung tatsächlich von ihm stammen, so ist sie wahrscheinlich zwischen 1224 und 1230 entstanden.[178] Aus Wien, NB 2334 läßt sich schließen, daß noch eine zweite Fassung vorlag, da diese Handschrift sowohl das 7. als auch das 8. Buch in anderer Form enthält.[179] Der Prolog zur Physik wurde erst später zum eigentlichen Text hinzugefügt und kommt auch nur in wenigen Handschriften vor.[180] Die immer wieder zu lesende Zuschreibung der Übersetzung des Prologes an Theodorus Antiochenus ist durch keine Quelle fundiert.

3. Metaphysica, Commentarium magnum[181]

Wenn de Vaux auch Zweifel daran geäußert hat, daß Michael Scotus der Übersetzer gewesen sei, so wird die Übertragung des Metaphysikkommentares doch meist – allerdings ohne Quellenbeweis – diesem Gelehrten zugeschrieben und muß, wie die Übersetzung des großen Kommentars zu *De anima*, vor 1225 entstanden sein, da der anonyme Autor des Traktats *De anima et de potenciis eius* um 1225 aus beiden zitiert.[182]

3.bis) *De ortu animalium / De generatione animalium*

Unter diesen Titeln kursierte der 18. Kommentar aus dem 12. Kapitel (nach der lat. Version) des Metaphysikkommentares von Averroes (z.T. auch nur Fragmente desselben) unabhängig vom Gesamttext. Es ist zumindest möglich, daß er von Michael Scotus übersetzt wurde.[183] Trotz des Titels ist dieser Text nicht zu verwechseln mit den Teilübersetzungen der Para-

---

[177] So betont Burnett, *Sons of Averroes*, Anm. 34, richtig, daß diese Übersetzung eigentlich anonym ist.

[178] AL I, S. 104 u. Specimen 105; Van Steenbergeh, *Le problème*, 86; Gauthier, *Notes sur les*, 333f; Morpurgo, *Le traduzioni*, 172.

[179] Vgl. Schmieja, *Secundum aliam translationem*.

[180] Gauthier, *Notes sur les*, 334, Anm. 38. Siehe zum Prolog auch Schmieja, *Drei Prologe*.

[181] Ed.: Averroes, *Aristoteles opera*; Teileditionen: ders., *Averroes in Aristotelis librum II (α)* (Edition Darms); ders., *Averrois In librum V (Δ)* (Edition Ponzalli); ders., *Das 9. Buch (Θ)* (Edition Bürke); ders., *Averrois in X (I) Metaphysicorum* (Edition Ruggiero). Ein kurzes Stück ediert mit deutscher Übersetzung der entsprechenden arabischen Passage, Hoffmann, *Übersetzungsbedingte*, 148–154.

[182] AL I, S. 110 u. Specimen 126; Gauthier, *Notes sur les*, 333; ders., *Le traité*, 3–26, über den Text und den Einfluß von Averroes, ebd. 27–55; ders., *Lectura in Librum*, 20; Hoffmann, *Übersetzungbedingte*, 141f; Averroes, *Averroes in Aristotelis librum II (α)* (Edition Darms), 19–25 (dort auch ältere Lit.) Cremona als Übersetzer ansieht, dies ist aber seit dem Nachweis von de Vaux, *La première entrée*, 196–196, nicht mehr möglich: Gerhard starb 1187, der Metaphysikkommentar stammt aus der letzten Jahren von Averroes, der erst 1198 starb); Van Oppenraay, *Quelques particularités*, 12 u. 128; Thorndike, *Michael Scot*, 32f; Ed. von *De anima et de potenciis eius* in Gauthier, *Le traité*, 27–55.

[183] Vaux, *La première entrée*, 220; so auch Averroes, *Averroes in Aristotelis librum II (α)* (Edition Darms), 22. Vgl auch Burnett, *Sons of Averroes*, 271.

phrasen des Averroes zur aristotelischen Tierkunde, die weiter unten behandelt werden.

4. De caelo/Commentarium magnum[184]

Nur von dem großen Kommentar in *De caelo* wissen wir mit Sicherheit, daß er von Michael Scotus übersetzt wurde, da er ihn Etienne de Provins widmete. Diesem empfahl Michael in der Dedicatio, zunächst seine Übersetzung von *De motibus celorum* des Alpetragius aus dem Jahre 1217 zu lesen.[185] Über den Zeitpunkt der Übersetzung herrscht Uneinigkeit. Gauthiers Annahme, die Übersetzung sei wahrscheinlich zwischen 1224 und 1230 entstanden, scheint mir überzeugend, da neben den anderen Plausibilitätsargumenten Gauthiers diese Datierung sich gut mit den übrigen datierten Übersetzungen Michaels in Einklang bringen läßt.[186]

5. Isagoge/Commentarium medium[187]

Diesen Kommentar zur Isagoge des Porphyrius hat Wilhelm de Luna in Neapel übersetzt, wie wir aus Erfurt, Ampl. f. 318 erfahren.[188] Wegen der Verbindung zu hebräischen Übersetzungen der Bücher des Organons am Hofe Friedrich II. und auf Grund von Zitaten aus den Kommentaren von Averroes zu den Büchern der Logik in der ersten Hälfte des 13. Jahrhunderts vermutet Hissette, daß Wilhelm am Anfang des 13. Jahrhunderts in Süditalien tätig war.[189]

6. Kategorien/Praedicamenta/ Commentarium medium[190]

Wiederum aus Erfurt, Ampl. f. 318 entnehmen wir, daß der mittlere Kommentar des andalusischen Philosophen zu den Kategorien ebenfalls in Neapel von Wilhelm de Luna übersetzt wurde. Zur zeitlichen Festlegung gilt das gleiche wie das beim Isagogenkommentar Gesagte.[191]

---

184 Ed.: Averroes, *Aristoteles opera.*
185 Paris, BN lat. 14385; Vatikan, Vat.lat. 2184; Paris, UB 601; Morpugo, *Le traduzioni*, 169; Van Steenbergeh, *Le problème*, 84; AL I, S. 104 f u. Specimen 106.
186 Gauthier, *Notes sur les*, 334; Reichert, 442; Van Steenbergeh, *Le problème*, 84ff; Vaux, *La première entrée*, 196–210.
187 Averroes, *Aristotelis opera.*
188 AL 101 u. Specimen 98; Grignaschi, *Les traductions latines*, 43; Hissette, *Averroes in De interpretatione*, 1*f.
189 Averroes, *Commentum medium super libro Peri Hermeneias* (Edition Hissette), 3*–7*; Hissette, *Guillaume de Luna*, passim.
190 Ed.: Averroes, *Aristoteles opera.*
191 AL I, 101 u. Specimen 99.

7. De interpretatione/Commentarium medium[192]

Auch dieser Kommentar ist in Erfurt, Ampl.f. 318 in lateinischer Übersetzung enthalten, allerdings ohne daß explizit ein Übersetzer genannt wird. Aus der Nähe zu den beiden Kommentaren zur Isagoge und zu den Kategorien wird allgemein auf Wilhelm de Luna geschlossen, zumal auch weitere Hinweise in dieser Richtung vorhanden sind. Endgültige Klärung kann hier nur ein genauer Vergleich der lateinischen Texte bringen. Es gibt wenig Hinweise auf diese Übersetzung bei anderen Autoren. Erhalten ist uns das Werk nur in drei Handschriften, dafür aber in zwölf Editionen des 15. und 16. Jahrhunderts.[193]

8. Analytica priora/Commentarium medium[194]

Die beiden Kommentare zu den Analytiken sind nicht in der Erfurter Handschrift enthalten. Trotzdem wird allgemein angenommen, daß auch sie von Wilhelm de Luna Anfang des 13. Jahrhunderts übersetzt wurden.[195]

9. Analytica posteriora/Commentarium medium[196]

s. Analytica priora

10. Poetica, Commentarium medium[197]

Über diese Übersetzung gibt uns deren Verfasser, Hermannus Alemannus, selbst Auskunft. Sie wurde im März 1256 von ihm angefertigt und hat angeblich keine sehr weite Verbreitung erfahren.[198]

---

[192] Ed.: Averroes, *Commentum medium super libro Peri Hermeneias* (Edition Hissette). Vgl. auch AL I, 101, Specimen 100.

[193] Averroes, *Commentum medium super libro Peri Hermeneias* (Edition Hissette), 1*–7*; Hissette, *Guillaume de Luna*, passim. Zu den vier Inkunabeleditionen und den acht Editionen des 16. Jahrhunderts vgl. Hissette, *Les éditions anciennes*, besonders 161, Anm. 1 u. 2. u. ders., Ed., v., sowie ders., *Accidents de transmission*, 313f.

[194] Ed.: Averroes, *Aristoteles opera*.

[195] Averroes, *Commentum medium super libro Peri Hermeneias* (Edition Hissette), 2* Anm.8; AL I, 101 u. Specimen 101.

[196] Ed.: Averroes, *Aristoteles opera*.

[197] Bei Vaux, *La première entrée*, 193, heißt es fälschlich Paraphrasen. Ed.: Averroes, *Prima Editio...*, in: Aristoteles Latinus, XXXIII (Edition Minio-Paluello); ders., *Averrois Cordubensis Commentarium Medium in Aristotelis Poetriam* (Edition Boggess).

[198] Vaux, *La première entrée*, 193; AL I, S. 102f; Van Steenbergheh, *Le problème*, 83; Allen, *Hermann the German's*, nimmt für diese und die folgende Übersetzung einen etwas größeren Einfluß an. Vgl. auch die Anzahl der Hss unten, S. 53 und im Anhang 1.

11. Rhetorica/Commentarium medium[199]

Ebenfalls 1256 hat Hermannus Alemannus diesen Kommentar von Averroes übertragen.[200] Zur Erläuterung einiger schwieriger Passagen hat Hermann von ihm übersetzte Zitate aus der Rhetorik der Shifā' Avicennas und aus Alfarabi eingeflochten.[201] Die Wirkung dieser Schrift ist bei nur zwei erhaltenen Handschriften eher gering einzuschätzen.[202]

12. Nikomachische Ethik/Commentarium medium[203]

Auch diese Übersetzung, durch Hermannus Alemannus 1240 in Toledo beendet, hat anscheinend keine weite Verbreitung gefunden.[204] Hermann fertigte des weiteren die Übersetzung eines Kompendiums zur *Nikomachischen Ethik*, der sog. *Summa Alexandrinorum* an, welches nicht mit dem Averroes Kommentar verwechselt werden darf.[205]

13. De generatione et corruptione, Commentarium medium[206]

Als Übersetzer wird – ohne wirklich überzeugende Gründe – Michael Scotus genannt. In der vatikanischen Handschrift Vat. lat. 2089 folgt der Kommentar auf die arabisch-lateinische Übersetzung des aristotelischen Textes durch Gerhard von Cremona.[207]

14. Liber meteorum (liber IV), Commentarium medium[208]

Der lateinische Westen kannte die Übersetzung des mittleren Kommentares zum vierten Buch des *Liber meteorum*. Die ersten drei Bücher des aristotelischen Werkes wurden getrennt von diesem übersetzt und liegen ohne einen Kommentar von Averroes vor. Zur Übersetzerfrage schweigen die Hand-

---

[199] Bei Vaux, *La première entrée*, 193, heißt es fälschlich Paraphrase. Ed.: Averroes, *Aristoteles opera*.

[200] Van Steenbergeh, *Le problème*, 83, will sich zeitlich nicht festlegen und gibt um 1250 an. d'Alverny, *Les traductions d'Avicenne. Moyen Age et Renaissance*, 82; AL I, S. 103f u. Specimen 104; Das Vorwort ist ediert u.a. in AL I, 212f.

[201] d'Alverny, *Notes sur les traductions*, 339; vgl. auch Abschnitt Avicenna, Rhetorik hier oben.

[202] Vaux, *La première entrée*, 193.

[203] Ed.: Averroes, *Aristoteles opera*.

[204] AL I, S. 110f u. Specimen 127; Van Steenbergeh, *Le problème*, 83; Vaux, *La première entrée*, 193.

[205] Briesemeister; *Aristoteles*; Lohr, *Hermannus Alemannus*.

[206] Ed.: Averroes, *Averrois Cordubensis Commentarium Medium in Aristotelis De generatione et corruptione* (Edition Fobes).

[207] AL I, S. 106 u. Specimen 109; Averroes, *Averrois Cordubensis Commentarium Medium in Aristotelis De generatione et corruptione* (Edition Fobes), XIf; Van Steenbergeh, *Le problème*, 86; Vaux, *La première entrée*, 221f, weist darauf hin, daß die Hss keinen Übersetzer nennen, glaubt aber, aus dem Überlieferungszusammenhang eventuell auf Michael schließen zu können.

[208] Ed.: Averroes, *Aristoteles opera*.

schriften. Allgemein wird Michael Scotus als Verfasser der Übersetzung
angenommen.[209]

15. Parva naturalia[210]

Zu vier der unter diesem Begriff gesammelten, kleineren naturphilosophischen Schriften des Aristoteles hat auch Averroes kurze Kommentare verfaßt. Sie werden vielfach zusammen überliefert, weshalb man einen gemein-
samen Übersetzer vermutet, bei dem es sich um Michael Scotus handeln
könnte, auch wenn Paris, BN lat. 14385 und Paris, BN lat. 16082 einen
gewissen Gerardus bzw. Geroldus als Übersetzer nennen. Es käme also auch
Gerhard von Cremona in Frage.[211] Paris, BN lat. 16222 enthält noch eine
weitere, anonyme Version, die sich für die Bücher *De sensu* und *De memoria*
eng an die eben genannte Fassung anschließt, bei den anderen beiden Paraphrasen allerdings kaum noch eine Verwandtschaft zur anderen Übersetzung erkennen läßt.[212]

Im einzelnen handelt es sich um folgende Texte:
a) De sensu et sensato/Epitome
b) De memoria/Epitome
c) De sompno/Epitome
d) De causis longitudinis et brevitatis vitae/Epitome

16. De partibus animalium, Epitome

Von diesem kleinen Werk gibt es in lateinischer Übersetzung nur zwei
fragmentarische Versionen.

– a) Liber de animalibus et de naturali diversitate[213]

Die erste stammt von dem als Übersetzer wenig beachteten Pedro Galego
(Bischof von Cartagena 1250–67, Beichtvater von Alfons X.), der sie als 11.
und 12. Buch in seine lateinische Kurzfassung des aristotelischen *Liber de historia animalium* einfügte, welche den genauen Titel *Liber de animalibus et de*

---

[209] Al I, S. 106 u. Specimen 110; Van Steenbergeh, *Le problème*, 86, vgl. aber auch 82f; Vaux,
La première entrée, 221f, legt sich auf keinen Übersetzer fest, hält aber Michael Scotus für den
möglichen Übersetzer.

[210] Ed.: Averroes, *Averrois Cordubensis compendia librorum Aristotelis qui Parva naturalia vocantur* (Edition Shields/Blumberg).

[211] AL I, S. 106f u. Specimina 112–115; Van Steenbergeh, *Le problème*, 86; Vaux, *La première
entrée*, 194 u. 221f, legt sich auf keinen Übersetzer fest; Averroes, *Averrois Cordubensis compendia
librorum Aristotelis qui Parva naturalia vocantur* (Edition Shields/Blumberg), xiii.

[212] Averroes, *Averrois Cordubensis compendia librorum Aristotelis qui Parva naturalia vocantur* (Edition
Shields/Blumberg), xiv.

[213] Ed. Pelzer, *Un traducteur*, 218–240.

naturali diversitate et moribus eorum ac de membris astucia et acidentibus [sic] *illorum, translatus ex libro Aristotelis et Averoys* [sic] *et auctorum arabum et aliorum comentorum* [sic] trug.[214]

– b) De cerebro / De corde

Bei dem zweiten übersetzten Stück aus *De partibus animalium* handelt es sich um die Capitula *De cerebro* (entspricht Buch 2, Kap. 7 des aristotelischen Textes) und *De corde* (entspricht Buch 3, Kap. 4 des aristotelischen Textes), deren Übersetzung möglicherweise von Michael Scotus stammt.[215] Der arabische Text scheint nicht erhalten zu sein. Der Text von *De corde* wurde fast gänzlich und wörtlich von Albert dem Großen in seinem *Liber de animalibus* zitiert.[216]

17. De Generatione Animalium, Epitome

Aus der Paraphrase von Averroes zu *De generatione animalium* sind mehrere kleine Stücke in Übersetzung erhalten: Kapitel 1–4 (4 nur halb) und Kapitel 6 aus dem II. Buch, Kapitel 1 und 10 aus dem IV. Buch, Kapitel 1 und 5 zusammen sowie Kapitel 7 des V. Buches. Das arabische Original scheint nicht erhalten zu sein, und ein Übersetzer wird nicht genannt.[217]

18. De substantia orbis[218]

Bei dieser kleinen Schrift handelt es sich um keinen Kommentar, sondern um ein Originalwerk des Averroes. Es ist eine Sammlung von sechs Abhandlungen, welche sich mit der Natur und den Propria der Himmel beschäftigen und deren erste der ganzen Sammlung den Namen gab.[219] Ein Vergleich mit der hebräischen Übersetzung ergibt, daß die Kapiteleinteilung der lateinischen Übersetzung anscheinend nicht ganz dem wohl verloren gegangenen arabischen Original entspricht. Die sechste Abhandlung fehlt in der lateinischen Version ganz. Die anonyme hebräische Version ist näher am Original. Mit ihrer Hilfe wurde die Edition des lateinischen Tex-

---

[214] AL I, S. 107f u. Specimina 116 u. 117.

[215] AL, I, S. 108f u. Specimina 118 u. 119; Van Steenbergeh, *Le problème*, 82f; Vaux, *La première entrée*, 227 (vgl. dort auch für Lit. zu Gallego).

[216] Albertus Magnus, *De Animalibus* (Edition Stadler), Bd.I, 295–301 u. Kap.7 306–308 (lib. III tract. 1 cap. 5 u. cap. 7); vgl. Vaux, *La première entrée*, 225, Anm.1.

[217] AL I, S.109f u. Specimina 120 – 125. Vgl. a. Vaux, *La première entrée*, 223–231, besonders 227, Anm.3; Burnett, *Sons of Averroes*, 271.

[218] Ed.: Alonso, *Commentario al de „substantia orbis"*; Averroes, *Aristoteles opera*; Poppi, *Pietro Pomponazi*. Die hebräische Version ediert in: Averroes, *De substantia orbis* (Edition Hyman).

[219] Hyman, *The Composition*, 299 u. 302; Vaux, *La première entrée*, 236.

tes im 16. Jahrhundert verbessert. Für die Mediävistik können daher nur die ersten Drucke vom Ende des 15. Jahrhunderts interessant sein.[220] Als Übersetzer wurde in der Literatur Michael Scotus vermutet. Solange es aber keine genauen Hinweise gibt, sollte diese Frage wohl besser offengelassen werden.[221]

19. De extremis in loco et medio

Einige Handschriften enthalten diesen und den folgenden kurzen Text. Sie sind anonym überliefert, stammen aber wahrscheinlich von Averroes. Lacombe weist auf den engen Zusammenhang mit dem *De celo*-Kommentar von Averroes hin, will sich aber nicht darauf festlegen, diese beiden Stücke als fragmentarische Übersetzungen aus diesem mittleren Kommentar zu identifizieren.[222] Grosseteste kommt in seinem Kapitel *De motu gravis et levis* in der *Summa philosophiae* auch auf Averroes zu sprechen. In den Editionen der Renaissance hat de Vaux aber keinen Hinweis auf diese Texte gefunden.

20. De motu gravis et levis

s. De extremis in loco et medio

XI. Abū Muḥammad ʿAbdallāh / Sohn des Averroes (ca. Ende 12. – ca. Beginn 13. Jh.)

De coniunctione intellectus agentis cum materiali / Epistola de intellectu[223]

In nur einer in Spanien aufbewahrten Fassung ist das Original dieses Textes eines Sohnes des Averroes erhalten.[224] Obwohl die Autorschaft Abū Muḥammad ʿAbdallāhs schon länger bekannt ist[225], wurde der Traktat, in dem er sich mit der Verbindung des individuellen und des allgemeinen Intellekts auseinandersetzt, nicht nur von den lateinischen Handschriften, sondern auch in der Forschungsliteratur als *Epistola Averroys de intellectu* bezeichnet.[226]

---

[220] Gómez Nogales, *Bibliografía*, 374. Für die genaue Aufteilung der verbleibenden Abhandlungen auf die Kapitel der lateinischen Version vgl. Hyman, *The Composition*, 299 u. 301f; Hinweise auf die zu Rate zu ziehenden Drucke in Kluxen, *Averroes*.

[221] Hyman, *The Composition*, 301f (Michael Scotus); Vaux, *Première entrée Averroès*, 221–223 (ev. Michael Scotus); Van Steenbergeh, *Le problème*, 86 (Michael Scotus); AL I, S. 111 u. Specimen 128.

[222] Vaux, *Premières entrée Averroès*, 226; AL 1, 105f u. Specimina 107–108.

[223] Edition: Burnett, *Sons of Averroes*, Appendix II. Teiledition in: Renan, *Averroès*, Appendice VI.

[224] Burnett, *Sons of Averroes*, 264f.

[225] Vennebusch, *Zur Bibliographie*, 97f.

[226] Vaux, *Première entrée Averroès*, 227; Dahan, *Les traductions*, 70; Van Steenbergeh, *Le Problème*, 82f. Klarheit schaffte jetzt Burnett, *The Sons of Averroes*, bes. 263–265 u. 270f.

Im Mittelalter kursierte er außerdem zumindest in einer Handschrift unter dem Namen des Avicenna.[227] Die Identifizierung in den bibliotheksgeschichtlichen Quellen wird zusätzlich noch erschwert, da sich nicht nur dieser Text sondern auch der Traktat über den Intellekt des Alexanders v. Aphrodisias manchmal mit der Autorenangabe Averroes wiederfindet. Welcher Text tatsächlich mit dem Titel *Averroes de intellectu* gemeint ist, wird sich daher nicht immer einfach feststellen lassen.

3. Die Verbreitung der Übersetzungen

Sucht man Antwort auf die Frage, wie diese Texte verbreitet wurden, stößt man zunächst auf ganz allgemeine Angaben, die nicht immer durch Quellen belegt sind. Angeblich seien ganze Heerscharen von Gelehrten nach Spanien gezogen, um sich der neuen Wissenschaft zu widmen, und hätten darauf die begeistert aufgenommenen Texte in ganz Europa verbreitet.[228] Haskins postuliert, die in Spanien begonnene Übersetzungsbewegung sei vor allem zunächst nach Südfrankreich weitergetragen worden (Narbonne, Béziers, Toulouse, Montpellier, Marseille). Er belegt dies vornehmlich für astronomische Texte, unterstellt dann aber, die philosophischen Werke hätten den gleichen Weg genommen.[229] Unstreitig wird in fast der gesamten Literatur Paris als das Zentrum der Rezeption arabischer Wissenschaft im 13. Jahrhundert dargestellt.[230] So richtig diese Behauptungen sein mögen, ein an den Quellen verifizierbares Bild der Verbreitung arabischer philosophischer Texte liegt damit noch nicht vor. Im folgenden wird kurz auf den Forschungsstand eingegangen, wie er sich in den verschiedenen Zugangsweisen zur Rezeptionsforschung bisher darstellt. Zunächst wird der Verlauf

---

[227] AvLC, 119–121.

[228] So z.B. 1949 Spies, *Orientalische Kultureinflüsse*, 25–27, oder noch 1981 Schipperges, *Die Rezeption arabisch-griechischer Medizin*, 182: „Unter dem Zeichen des 'neuen Aristoteles' sehen wir bald schon die 'iuventus mundi', junge Gelehrte aus England und Frankreich, aus Dalmatien und Brabant, aus Sizilien und Oberitalien, aus ganz Europa, nach Toledo eilen." Als Beleg wird dann S. 194 eine mit Pfeilen reich bestückte Karte gezeigt, auf der die Namen von Michael Scotus, Alfred von Sareshel, Robertus Ketenensis, Daniel von Morlay, Adelard von Bath, Rudolf von Brügge, Gerbert von Reims, Johann von Gorze, Wilhelm von Conches, Petrus Venerabilis, Raymundus, Hermannus Dalmatus (= v. Carinthia), Gerhardus, Plato Tiburtinus (= v. Tivoli), Stephanus, Markus, Hugo von Santalla, Philippus Clericus eingetragen sind; also Personen aus unterschiedlichsten Zeiten, die völlig unterschiedliche Gründe hatten, nach Spanien zu gehen. Zwischen z.B. Gerbert oder Petrus Venerabilis und dem „neuen Aristoteles" einen Zusammenhang zu suggerieren ist mehr als irreführend und wissenschaftlich eigentlich nicht vertretbar.

[229] Haskins, *Arabic Science*, 480.

[230] Nur als Beispiel sei auf Elamrani-Jamal, *La réception*, 31, oder auf die noch immer nachwirkende Darstellung bei Renan, *Averroès*, 206–222, verwiesen. Aus allgemeiner bibliotheksgeschichtlicher Sicht bestätigt diese Sichtweise Christ, *Das Mittelalter*, 268.

der Übersetzungstätigkeiten zusammengefaßt, da eine Rezeptionsgeschichte arabischer philosophischer Texte im lateinischen Westen erst mit deren Übersetzung einsetzen kann. Darauf folgen einige Bemerkungen zur quantitativen Verbreitung, wie sie sich uns in den erhaltenen Handschriften zeigt. Anschließend wird versucht, den Forschungsstand zur beginnenden inhaltlichen Rezeption kurz zu resümieren. Auf Grund detaillierter Handschriftenstudien können unter Umständen auch Hinweise auf die Verbreitung bestimmter Werke gewonnen werden. Daher wird auf das in diesem Bereich für unsere Texte bisher Erreichte kurz eingegangen, bevor dann das wenige zusammengetragen wird, was bisher aus spezifisch bibliotheksgeschichtlicher Sicht zu unserer Erkenntnis über die Verbreitung arabischer philosophischer Texte beigetragen wurde.

Faßt man also die gegebenen Detailinformationen über die hier behandelten Übersetzungen zusammen, läßt sich folgender Überblick geben: Die früheste Übersetzung ist wohl die von Costa ben Lucas *De differentia inter animam et spiritum* zwischen 1130 und 1143. Ab der Mitte des 12. Jahrhunderts folgen eine große Zahl weiterer Übertragungen, so daß bis 1200 alle oben genannten Werke Alkindis, Ḥunayns, Algazels sowie das anonyme *De proprietatibus* und *De divisione philosophiae* von Gundissalinus vorliegen. Ebenfalls bis zum Beginn des 13. Jahrhunderts fast vollständig ist wahrscheinlich das lateinische Alfarabi-Corpus, welches um die Mitte des 13. Jahrhunderts nur noch durch Hermanns Version der *Didascalia in rhetoricam* ergänzt wird. Von den Werken Avicennas steht 1200 ein großer Teil zur Verfügung. Bis zur Mitte des 13. Jahrhunderts folgen noch sein *De animalibus* und die von Hermann benutzten Fragmente aus seiner *Rhetorik*. Unser Corpus der lateinischen Übersetzungen arabischer Werke wird im selben Zeitraum nahezu vervollständigt durch die schon oben erwähnte Übertragung von Alfarabis *Didascalia in rhetoricam Aristotelis* und vor allem durch die Kommentare und eigenständigen Werke von Averroes. Diese liegen wahrscheinlich alle bis spätestens 1256 vor, zumindest wenn man davon ausgeht, daß Wilhelm de Luna in der ersten Hälfte des 13. Jahrhunderts arbeitete.[231] Danach folgen nur noch die zwischen 1274 und 1280 von Gunsalvi de Burgos und Salomon angefertigten Übersetzungen aus der Shifā' Avicennas (zweiter Teil der *Physik*, *De caelo et mundo*, wahrscheinlich auch *De generatione* und *De actionibus*, eventuell auch *De diluviis* und der *Liber meteorum*). Späteste der hier behandelten Übersetzungen ist die von Arnald von Villanova verfaßte Version von Avicennas *De viribus cordis* aus dem Jahre 1306.

Wichtige Hinweise für die Geschichte der Verbreitung kann auch die Zahl der erhaltenen Handschriften liefern. Zwar sind aus diesen quantitativen Angaben ohne weitere Informationen keine Schlüsse auf die Verbrei-

---

[231] Vgl. oben S. 45f.

tungswege zu ziehen, dafür lassen sich durch sie zumindest begründete Annahmen über die Wertschätzung einzelner Werke zu bestimmten Zeiten aufstellen. Allerdings sollte man dabei immer die schon oben bei der Beschreibung der *Nota ex logica Alpharabii* zitierte Warnung Salmans im Auge behalten, daß die Zufälle der Überlieferung zu einem verzerrten Bild der tatsächlichen Verhältnisse führen können.[232]

Ohne hier eine eingehende Analyse, die auch die Entstehungsdaten und -orte der einzelnen Handschriften berücksichtigen müßte, vornehmen zu wollen, läßt schon ein oberflächlicher Blick auf die Anzahl der erhaltenen Werke große Unterschiede deutlich werden. Die angegebenen Zahlen sind dabei nicht immer ganz eindeutig, da auch Handschriften, die Fragmente oder Exzerpte enthalten, mitgezählt wurden. Sie dürfen daher hier nur zur Verdeutlichung der quantitativen Verhältnisse der einzelnen Werke untereinander verstanden werden. Zudem muß beachtet werden, daß die Texte gezählt werden, nicht die Handschriften. Manche Handschriften enthalten denselben Text mehrfach, vor allem aber enthalten die meisten Handschriften mehrere der hier aufgelisteten Texte. Die Gesamtzahl der Handschriften, die von uns gesuchte Texte enthalten, beläuft sich auf 686.

Ohne Frage sind die am stärksten verbreiteten Werke die drei am engsten mit dem Corpus aristotelicum verbundenen Texte *De differentia* von Costa ben Luca (über 150 Hss), Avicennas *De congelatione et conglutinatione* (134 Hss) und Ps.-Aristoteles *De causis proprietatum et elementorum* (120 Hss). Ebenfalls in vielen Handschriften erhalten ist der eigenständige Averroes-Text *De substantia orbis* (91 Hss). Immer noch zahlreich, aber schon auffällig weniger erhalten sind die Texte, welche zwischen ca. 60 und 50 mal in den erhaltenen Manuskripten vorkommen. Dazu gehören vor allem die Paraphrasen des Kommentators zu den *Parva naturalia* (*De longitudine* 61, *De sensu* 52, *De sompno* 51, *De memoria* 50), aber auch drei von dessen vier großen Kommentaren, nämlich zu *De anima* (61), zur Physik (55) und zur Metaphysik (58) sowie Avicennas *De anima* (55). Noch als relativ gut verbreitet, d.h. die Anzahl der erhaltenen Manuskripte liegt zwischen 50 und 20, kann man die folgenden Texte ansehen: von Averroes der große Kommentar *De caelo* (37), und die mittleren Kommentare *De generatione* (43) und *De poetica* (24), von Avicenna dessen Tierbuch (35), die Metaphysik (38) und die Physik (27), die Texte über den Intellekt von Alfarabi (24) und Alkindi (34), von ersterem noch sein *De ortu scientiarum* (27), die drei Teile aus Algazels al-Maqāṣid (Logik 23, Metaphysik 27; Physik 27) und Ḥunayns *De caelo* (26). Immerhin in mehr als zehn Handschriften liegen vor: Avicennas *De universalibus* (10) und *De diluviis* (11), von Alkindi seine zwei weiteren übersetzten philosophischen Texte *De somno* (15) und *De quinque essentiis* (16), von Averroes der Kommen-

---

[232] Vgl. oben S. 31.

tar zur Meteora (19), Alfarabis *De scientiis* (11) und Gundissalinus *De divisione philosophiae* (15), in dem uns, wie oben beschrieben, Auszüge aus der Logik Avicennas und aus Alfarabis *De scientiis* und *De ortu scientiarum* mit überliefert sind. Die Verbreitung aller weiteren Texte muß man, zumindest auf der Grundlage der erhaltenen Handschriften, mit weniger als zehn Texten als ziemlich gering veranschlagen. Von sechs der oben beschriebenen Texte liegt uns jeweils nur eine Handschrift vor (Alfarabi, *Didascalia* und *Nota ex logica*, von Averroes *De partibus animalium* in der Version Pedro Galegos, die Physik Avicennas der zweiten Übersetzungsphase und die wahrscheinlich von Iohannes Gunsalvi und Salomo übersetzten Teile seiner Meteora).

Wie und wann wurden diese Texte nun aufgenommen? Diese Frage wird in der bisherigen Forschung durch Nachweis der Zitate aus den gesuchten Werken in Texten lateinischer Autoren beantwortet. Im folgenden kann nur ein Überblick über das erste Auftreten unserer Texte im lateinischen Westen gegeben werden. Eine Übersicht über den ganzen hier behandelten Zeitraum, die auf das im Laufe der Zeit natürlich schwankende Vorkommen solcher Zitate bei allen in Frage kommenden Scholastikern einginge, scheint mir zur Zeit nicht möglich zu sein und würde den Rahmen dieser Arbeit sprengen. Um zu einer solchen Gesamtschau zu kommen, bedürfte es noch zahlreicher Einzeluntersuchungen, wie sie beispielhaft Dag N. Hasse mit seiner Arbeit zur Rezeption von Avicennas *De anima* vorgelegt hat.[233]

Der erste Einfluß der übersetzten Werke läßt sich bei denjenigen Übersetzern ausmachen, die neben ihren Übertragungen eigenständige philosophische Werke verfaßten. So benutzte, wie schon oben erwähnt, Hermann von Carinthia in seinem 1143 abgeschlossenen *De essentiis*[234] Teile aus der Übersetzung durch Iohannes Hispaliensis et Limiensis von Costa ben Lucas *De differentia* und deren anonymer Bearbeitung.[235] Dominicus Gundissalinus zitiert in der zweiten Hälfte des 12. Jahrhunderts ebenfalls aus diesem Werk[236] und verwendet ansonsten in seinen Schriften *De anima*, *De immortalitate animae* und *De divisione philosophiae* die von ihm übersetzten Texte Avicennas und Algazalis sowie Alfarabis.[237]

Bei dem aus Enttäuschung über die Lehre in England und Frankreich nach Toledo ziehenden und im Kontakt zu Übersetzerkreisen stehenden Daniel v. Morlay finden wir weitere sehr frühe Zitate aus von uns gesuchten

[233] Hasse, *Avicenna's De anima*.
[234] Ed.: Hermann of Carinthia, *De Essentiis* (Edition Burnett).
[235] Burnett, *Arabic into Latin*; ders., Burnett, *Magister Iohannes Hispalensis et Limiensis*, 245; Edition der entsprechenden Stellen ebd., 265–67.
[236] Wilcox, *The Transmission*, 102f; Burnett, *Magister Iohannes Hispalensis et Limiensis*, 244f; die entsprechenden Stellen sind ebd., 260–64, ediert.
[237] Zur Benutzung von Avicennas *De anima* bei Gundissalinus vgl. Hasse, *Avicenna's De anima*, Kap. „Dominicus Gundissalinus".

Werken. Um 1180 benutzt er für seine *Philosophia*[238] das wahrscheinlich von Hunayn erstellte Kompendium zu *De caelo*[239] und das möglicherweise von Alfarabi stammende *De ortu scientiarum*.[240] Der Einfluß des erstgenannten Werkes ist auch bei Alexander Neckam zu finden.[241]

Zu Beginn des 13. Jahrhunderts kommen Avicennazitate dann häufiger in Texten aus dem universitären Milieu vornehmlich von Oxford und Paris vor. John Blund, der in Paris und Oxford studiert hat, zitiert in seinem eigenen Traktat über die Seele aus *De anima* des persischen Philosophen.[242] In Montpellier scheint Radulfus de Longo Campo ebenfalls zu Beginn des 13. Jahrhunderts Bekanntschaft mit Avicenna gemacht zu haben. In seinem Kommentar zum *Anticlaudianus* des Alanus ab Insulis[243] zeigt er Kenntnisse von Avicennas *De anima* und *De mineralibus*.[244] Zitate aus dem Werk Avicennas sind im ersten Viertel des 13. Jahrhunderts noch bei Johannes de Rupella zu finden.[245]

Zwischen 1220 und 1224 entstanden wahrscheinlich die ersten Übersetzungen der Kommentare des Averroes, und der Einfluß dieser Werke beginnt sich bald darauf geltend zu machen. Die wesentlichen Etappen hat Gauthier in einem wichtigen Aufsatz aus dem Jahre 1982 nachgezeichnet und damit die bis dahin gültige Auffassung de Vaux's revidiert, der zuvor behauptet hatte, vor 1230 sei kein Einfluß von Averroes festzustellen.[246] Diesem neueren Bild zufolge finden sich die ersten Zitate von Averroes um 1225 in dem anonymen Traktat *De anima et de potenciis eius* eines Pariser Magisters.[247] Um 1230 zeigt das ebenfalls anonyme, in Oxford entstandene *De potenciis anime et obiectis* Kenntnisse des *De anima*-Kommentares von Averroes

[238] Ed.: Daniel de Morley, *Philosophia* (Edition Maurach).

[239] Burnett, *The Introduction/Great Britain*, 27f; ders., *Introduction/England*, 66; d'Alverny, *Notes*, 344; Alonso, *Hunayn*, 44–46; Callus, *Introduction*, 8; Schipperges, *Einflüsse arabischer Medizin*, 139–142.

[240] Burnett, *Introduction/England*, 64–66.

[241] Burnett, *Introduction/England*, 68f.

[242] Iohannes Blund, *Tractatus de Anima*; zu den Zitaten: d'Alverny, *Les traductions d'Avicenne. Moyen Age et Renaissance*, 81; dies., *L'introduction*, 135–137; Burnett, *Introduction/British Schools*, 51f; ders., *Introduction/England*, 69f; Callus, *Introduction*, 15–26; Elamrani-Jamal, *La réception*, 34; Hasse, *Avicenna's De anima*, Kap. „John Blund".

[243] Ed.: Radulphus de Longo Campo, *In Anticlaudianum Alani Commentum* (Edition Sulowski).

[244] d'Alverny, *Les traductions d'Avicenne. Moyen Age et Renaissance*, 80.

[245] d'Alverny, *L'introduction*, 135–137.

[246] Gauthier, *Notes*, passim; Vaux, *La première entrée*, passim; vgl. zum folgenden auch: Burnett, *Introduction/British Schools*, 53–57; Cruz Hernández, *Abu-l-Walid*; Daiber, *Lateinische Übersetzungen*, 238f; Elamrani-Jamal, *La réception*, 36; Lucchetta, *La prima presenza*, passim, die im wesentlichen noch Vaux folgt. Das gleiche gilt für: Salman, *Notes*, 202 u. Van Steenberghen, *Le problème*, 84–89.

[247] Gauthier, *Notes*, 334f; Hasse, *Avicenna's De anima*, Kap. „Anonymus (Gauthier) and Anonymus (Callus)". Der Traktat ist ediert von Gauthier, *Le traité*, 27–55.

und – möglicherweise nur indirekt – von dessen Metaphysik.[248] Weiterer Einfluß des Averroes ist in den zwischen 1228 und 1235 entstandenen Werken des Robert Grosseteste festzustellen.[249] Daneben ist die *Summa de bono* von Philipp dem Kanzler zu nennen, wenngleich dessen Averroes-Kenntnis in der Vergangenheit vielleicht überschätzt wurde.[250] Wilhelm v. Auvergne zitierte nicht nur aus den Werken Avicennas, sondern er galt auch lange Zeit als der erste Autor, bei dem sich Averroes Zitate, unter anderem aus dessen *De substantia orbis*, schon vor 1230 nachweisen ließen. Wie gezeigt, läßt sich diese Behauptung nicht mehr halten, aber dafür kommt ihm der Ruhm zu, 1240 mit seinem *De anima*[251] als erster die *Metaphysik* Avicennas ausführlich rezipiert zu haben.[252] Im übrigen ist er wahrscheinlich auch der erste, der die arabisch-lateinische Übersetzung der aristotelischen Metaphysik benutzte.[253] Weitere frühe Verwendung averroistischer Texte sind im *Anticlaudianus*-Kommentar Wilhelms von Auxerre[254] und bei Hugo von St. Cher[255] auszumachen. Außerdem wird vermutet, daß in den im Zusammenhang mit den Auseinandersetzungen an der Pariser Universität ausgesprochenen Verboten neben Aristoteles schon Averroes gemeint war, obwohl sich dies nicht eindeutig nachweisen läßt.[256] Für das dritte Jahrzehnt des 13. Jahrhunderts sind Alexander von Hales[257] und Adam de Puteorum Villa[258] in bezug auf Averroes zu nennen, während sich bei Roland v. Cremona Zitate von Avicenna, Alfarabi und Algazali finden.[259]

1240 benutzt Albert der Große in seiner *Summa de creaturis* Passagen aus der *Metaphysik*, aus *De anima*, *De celo*, *De corde*, *De substantia orbis* und den *Parva naturalia*, vornehmlich *De sensu*, von Averroes.[260]

---

[248] Gauthier, *Notes*, 335f; Hasse, *Avicenna's De anima*, Kap. „Anonymus (Gauthier) and Anonymus (Callus)"; Ed.: Callus, *The Powers of the Soul*, 146–170.

[249] Burnett, *Introduction/Great Britain*, 34; ders., *Introduction/England*, 73f; Gauthier, *Notes*, 337–340.

[250] d'Alverny, *L'introduction*, 135–137; Vaux, *La première entrée*, 234f u. 237; Gauthier, *Notes*, 348–350.

[251] Ed.: Wilheml v. Auvergne, *Opera omnia*, Suppl.-Bd. 65–228.

[252] Elamrani-Jamal, *La réception*, 35; Hasse, *Avicenna's De anima*, Kap. „William of Auvergne"; Vaux, *La première entrée*, 234f.

[253] Gauthier, *Notes*, 352.

[254] Gauthier, *Notes*, 340–344 u. 374; neben de Vaux kritisch dazu noch Van Steenbergeh, *Le problème*, 86.

[255] Gauthier, *Notes*, 344–48.

[256] Vgl. z.B. Elamrani-Jamal, *La réception*, 35.

[257] Gauthier, *Notes*, 350–352.

[258] Gauthier, *Notes*, 374. Adam de Puteorum Villa ist wahrscheinlich mit Adam Pulchrae Mulieris gleichzusetzen, vgl. Wijers, *Le travail intellectuel* I, 30. Ediert ist sein *Liber de intelligentiis* (Memorale rerum difficilium naturalium) als Schrift Witelos von Baeumker, *Witelo*.

[259] Gauthier, *Notes*, 374; Hasse, *Avicenna's De anima*, Kap. „Roland de Cremona"; Vaux, *La première entrée*, 234f.

[260] Gätje, *Der Liber de sensu*, passim; Vaux, *La première entrée*, 237–242; Van Steenberghen, *Le problème*, 85.

Möglicherweise liegt in Paris, BN lat. 15453 eine Sammelhandschrift mit den Mitte des 13. Jahrhunderts zugänglichen Averroes-Texten vor. Zumindest enthält sie hinter der Metaphysik eine Schreibernotiz eines Jacobus Karentanus, die das Datum 1243 gibt. Offensichtlich hat dieser in Mailand tätige Kopist auch die anderen in der Handschrift enthaltenen Werke des Andalusiers abgeschrieben.[261] Neben der Metaphysik hätte das Corpus averroicum zu diesem Zeitpunkt demnach noch aus den vier Paraphrasen zu den *Parva naturalia*, den drei anderen großen Kommentaren, den mittleren Kommentaren zu *De generatione* und *De meteora* sowie aus dem Traktat *De substantia orbis* bestanden.

Ab 1260 ist, nachdem wie gesagt Wilhelm v. Auvergne schon 1240 die Metaphysik des Avicenna rezipierte, ein verstärkter Einfluß dieses Werkes zu vermerken.[262] Nach Madame d'Alverny's Meinung sind die Logik und die Physik Avicennas weniger rezipiert worden, da fast gleichzeitig mit diesen Übersetzungen die Übertragungen aus dem Griechischen oder Arabischen der entsprechenden aristotelischen Werke den Westen erreichten.[263] Daß die arabische Philosophie in der zweiten Hälfte des 13. Jahrhunderts in vollem Maße verarbeitet wurde, zeigen beispielhaft die Auseinandersetzungen zwischen Siger v. Brabant, Bonaventura und Thomas v. Aquin – um nur die wichtigsten Namen zu nennen –, und in der Forschung der Streit über die Bezeichnungen einzelner Lehrmeinungen mit den verwendeten Etikettierungen wie 'lateinischer Averroismus', 'heterodoxer Aristotelismus', 'lateinischer Avicennismus' oder 'Avicennisierender Augustinismus', auf den hier aber nicht weiter eingegangen werden soll.[264] Die Forschung hat sich bei der Untersuchung des beginnenden Einflusses arabischer Philosophie offensichtlich auf Avicenna und Averroes konzentriert. Für die spätere Rezeption dieser beiden, aber auch anderer arabischer Philosophen, sei auf die Literaturangaben in Kapitel III.2 verwiesen.

Relativ wenig Rückschlüsse auf die Verbreitung arabischer philosophischer Werke wurden in der bisherigen Forschung auf Grund erhaltener Handschriften gezogen. Ein interessantes Zeugnis ist das schon oben angesprochene Manuskript Paris, BN lat. 15453, welches eine erste Phase der Rezeption der Texte Averroes abzuschließen scheint. Madame d'Alverny weist im Zusammenhang mit der aus der zweiten Hälfte des 12. Jahrhunderts stammenden Handschrift Zwettl, Zisterzienserkloster 89 auf die häufiger anzutreffende Verbindung der Texte von Dominicus Gundissalinus und

---

[261] AL 654; vgl. auch unten an entsprechender Stelle im Kapitel IV; Vaux, *La première entrée*, 223f.

[262] d'Alverny, *L'introduction*, 137.

[263] d'Alverny, *L'introduction*, 138.

[264] Vgl. beispielhaft die Veröffentlichungen: Gilson, *Les sources*; Renan, *Averroes*; Van Steenberghen, *La philosophie*; Vaux, *Notes*; Vicaire, *Les porretains*.

Algazel hin.[265] Charles Burnett zeigt für das Ende des 12. Jahrhunderts Zusammenhänge zwischen Handschriften vom Mont Saint-Michel (Avranches, BM 221 und Avranches, BM 232[266]) und englischen Manuskripten auf (Oxford, Bodleian Selden supra 24[267]) und stellt die Frage, ob die naturphilosophischen Werke von Aristoteles möglicherweise über diesen Weg nach England gelangten, worauf dann in England im ersten Viertel des nächsten Jahrhunderts das Corpus vetustius der *libri naturales* zusammengestellt worden sein könnte.[268] Für uns sind diese Überlegungen interessant, weil zu den Texten der *libri naturales* hier auch Costa ben Lucas *De differentia* gehörte, und wir demnach Hinweise auf die Verbreitung dieses Textes erhalten.

Roger Bacon liefert uns in seinem *Opus majus* eine der wenigen mittelalterlichen Quellen, die direkt auf die Verbreitung der Übersetzungen arabischer philosophischer Werke eingehen, indem er dort erwähnt, die von Michael Scotus übersetzten Aristoteles-Werke seien mitsamt den Kommentaren von Averroes 1230 im lateinischen Westen eingeführt worden.[269] Seine Zeitangabe ist dabei wohl nur als ungefähres Datum zu sehen und widerspricht daher nicht den Forschungsergebnissen Gauthiers.

Zum Auftreten arabischer philosophischer Werke in bibliotheksgeschichtlichen Quellen gibt es bisher keine speziellen Untersuchungen, und es sind in der Literatur nur wenige auf diese Frage bezogene Hinweise zu finden. Das mögliche Vorhandensein von Costa ben Lucas *De differentia* am Ende des 12. Jahrhunderts auf dem Mont-Saint-Michel erwähnt, wie schon oben gezeigt, Charles Burnett.[270] Madame d'Alverny machte auf die Sammlung der in Toledo übersetzten Werke arabischer Philosophie in Richard v. Fournivals Biblionomia aufmerksam, welche über Gerhard v. Abbeville an die Sorbonne gelangte.[271] Da sie in Montpellier ein Zentrum der medizinischen Gelehrsamkeit sieht, in dem sich arabische und lateinische Kultur vermischten, nimmt sie an, daß im alten Fond der Medizinschule auch philosophische Texte vorhanden waren, zumal Radulfus v. Longo Campo angibt, dort Avicenna kennengelernt zu haben.[272] Leider existieren zu dieser Sammlung keine frühen Zeugnisse mehr, die diese Vermutung bestätigen könnten.

---

[265] AvLC 183; d'Alverny, *Les traductions d'Avicenne. Moyen Age et Renaissance*, 78.

[266] AL 401 u. 408 und unten in Kapitel IV.

[267] AL 340, AvLC 145 und in Kapitel IV.

[268] Burnett, *Magister Iohannes Hispaliensis et Limiensis*, 249–51; ders., *Introduction / Great Britain*, 36f und passim; ders., *Introduction / England*, 69.

[269] Roger Bacon, *Opus majus*, Bd.I, 55 und Bd. III, 66.

[270] Vgl. dazu auch Burnett, *Introduction / British Schools*, 41.

[271] d'Alverny, *L'Introduction*, 137; vgl. unten in Kapitel IV.

[272] d'Alverny, *Les traductions d'Avicenne. Moyen Age et Renaissance*, 80; dies., *Translations and Translators*, 457–459.

Wilson versucht einen Überblick über den Inhalt „der" mittelalterlichen Bibliothek zu geben. Der Schwerpunkt liegt dabei auf englischen Sammlungen. In unserem Zusammenhang interessant ist seine Feststellung, daß in den meisten größeren Bibliotheken die Standardtexte des Aristoteles und mit ihnen Costa ben Lucas *De differentia* und Averroes *De substantia orbis* vorhanden waren. Aus der Gruppe der von uns gesuchten Werke kommen nach seiner Einschätzung ansonsten nur noch die Kommentare von Averroes (hauptsächlich *Physik* und *Parva naturalia*) und Avicennas *Metaphysik* häufiger in mittelalterlichen Bibliotheken vor.[273] Zu ähnlichen, allerdings noch allgemeineren und nicht ausdrücklich durch Quellen belegten Schlüssen gelangt Kibre in seinem Aufsatz über die intellektuellen Interessen, die sich aus Bibliothekskatalogen des 14. und 15. Jahrhunderts ablesen lassen. Er konstatiert eine Kontinuität zwischen den Sammlungen dieser Zeit und denen der zwei vorangegangenen Jahrhunderte, die sich auch in dem während beider Zeiträume festzustellendem Interesse an „such authors as Algazel, Averroes, and Avicenna" widerspiegele.[274]

Neben diesen verschiedenen Zugangsweisen zur Geschichte der Verbreitung arabischer philosophischer Texte gibt es ansonsten, vor allem bezogen auf die frühe Rezeptionsphase, nur mehr oder weniger gut begründete Vermutungen. Von recht großer Plausibilität sind Madame d'Alverny's Annahmen, die Übersetzungen aus der Shifā' Avicennas seien zunächst von den Studenten selber verbreitet worden; dabei habe vor allem seine Psychologie, also der *Liber de anima*, bei den Scholaren der Medizin eine größere Rolle gespielt.[275] In diesem Zusammenhang sei auch auf die Forschungen Birkenmajers über die Rolle der Mediziner und Naturphilosophen bei der Verbreitung aristotelischer Werke verwiesen.[276] Für Madame d'Alverny sind daher Montpellier als Stadt medizinischer Studien in der Kontaktzone zum arabischen Bereich und Bologna als intellektuelles Zentrum auch für spanische Studenten, in dem ebenfalls Medizin gelehrt wurde, wichtige Knotenpunkte für die frühe Verbreitung avicennischer Werke.[277]

Ebenso interessant sind die mehrfach gemachten, aber vor allem von Burnett näher betrachteten Hinweise auf Reisen englischer Gelehrter, die auf diesem Wege durchaus zur anfänglichen Verbreitung einzelner Werke beigetragen haben könnten. Unter ihnen sind primär Alfred von Sareshel und Daniel v. Morley zu nennen.[278] Letzterer gibt selbst darüber Auskunft,

---

[273] Wilson, *The contents*, 44 f u. 95.

[274] Kibre, *The intellectual interests*, 281–293, bes. 284.

[275] d'Alverny, *L'introduction*, 135–137; dies., *Les traductions d'Avicenne. Moyen Age et Renaissance*, 78.

[276] Birkenmajer, *La rôle*, passim.

[277] d'Alverny, *Les traductions d'Avicenne. Moyen Age et Renaissance*, 79 f. Vgl. auch die Bemerkungen Christs, *Das Mittelalter*, 267 f.

[278] Burnett, *Introduction/England*, 61–80.

daß er um 1187 mit arabischen Werken aus Spanien nach England zurück-
gekehrt sei, unter denen man mit gutem Grund Alfarabis *De ortu scientiarum*
und Ḥunayns *De caelo* vermuten darf, da Daniel diese Werke in seinen eigenen Schriften verwendete.[279] Schon in der Mitte des 12. Jahrhunderts reiste
der an der Koranübersetzung beteiligte Robert v. Chester zwischen Spanien
und England hin und her.[280] Er war selber aber nicht an der Übersetzung
philosophischer Werke beteiligt, und es ist daher mehr als fraglich, ob er an
der Verbreitung der in unserem Zusammenhang wichtigen Werke einen
Anteil gehabt hat. Zumal zu seiner Zeit wohl nur Costa ben Lucas *De differentia* in Betracht käme, da andere Übersetzungen noch nicht vorlagen.
Allerdings ist es gut möglich, daß er durch den Kontakt zu Hermann v.
Carinthia diesen Text kannte. Für England zeichnet Burnett jedenfalls das
Bild eines dreiphasigen Eindringens arabischer Wissenschaft.[281] Demnach
wurden am Ende des 12. Jahrhunderts zunächst mathematische, astronomische und medizinische Werke bekannt. Darauf folgten zu Beginn des 13.
Jahrhunderts Übersetzungen arabischer Texte, welche im Zusammenhang
mit der aristotelischen Naturphilosophie standen, sowie die Übertragungen
von Alkindi, Alfarabi und Algazel. Schließlich kamen im weiteren Verlauf
die Kommentare von Averroes dazu.

4. Überblick über die Übersetzungen arabischer philosophischer Werke

Im folgenden werden noch einmal die von mir gesuchten Texte zur besse-
ren Orientierung im Katalogteil aufgeführt; dabei stehen die dort verwendeten Kurztitel voran. Diese Liste und die angegebenen Verweise ermöglichen daher raschen Zugang zu weiteren Informationen über die im Katalog
vorkommenden Texte.

Alkindi

De intellectu = De intellectu, Übers.: ev. Dominicus Gundissalinus, vgl. S.
23
De ratione = De intellectus, Übers.: Gerhard v. Cremona, vgl. S. 23
De somno = De somno et visione, Übers.: Gerhard v. Cremona, vgl. S. 24

---

[279] d'Alverny, *Les traductions d'Avicenne. Moyen Age et Renaissance*, 81; Burnett, *Introduction/Great
Britain*, 28.
[280] Burnett, *A group*, 63.
[281] Burnett, *Introduction/British Schools*, 40–48; über die frühe Phase des Eindringens mathematischer und astronomischer Lit. berichtet ausführlich ders., *Introduction/England*, passim, bes.
1–16, über medizinische Werke ebd., 23–31; vgl. auch ders., *The Translating Activity*, 1038–
1045.

De essentiis = De quinque essentiis, Übers.: ev. Gerhard v. Cremona, vgl. S. 24

Ḥunayn Ibn Isḥāq

De caelo = De caelo et mundo, Übers.: anonym, vor 1180, vgl. S. 24

Costa ben Luca

De differentia = De differentia inter spiritum et animam, Übers.: 1. Version Iohannes Hispalensis, ca. 1130, überarb. Version anonym, vor 1143, vgl. S. 25

Ps.-Aristoteles

De proprietatibus = De proprietatibus elementorum et planetarum, Übers.: Gerhard v. Cremona, vgl. S. 26

Alfarabi

De ortu = De ortu scientiarum, Übers.: ev. Dominicus Gundissalinus oder Gerhard v. Cremona, vgl. S. 27
Fontes = Fontes quaestionum o. Flos Alpharabii secundum sententiam Aristotelis, Übers.: anonym, vgl. S. 28
De intellectu = De intellectu et intellecto, Übers.: anonym, vgl. S. 28
Didascalia = Didascalia in Rhetoricam Aristotelis ex glosa Alpharabii, Übers.: Hermannus Alemannus, vgl. S. 28
Liber exercitationis = Liber exercitationis ad viam felicitatis, Übers.: ev. Gundissalinus, vgl. S. 29
De scientiis = De scientiis, Übers.: 1. Version wahrscheinlich Dominicus Gundissalinus, 2. Version Gerhard v. Cremona, vgl. S. 30
Nota ex logica = Nota ex logica Alpharabii quedam sumpta, Übers.: anonym, vgl. S. 30
Distinctio = Distinctio Alfarabii super librum Aristotelis de naturali auditu, Übers.: ev. Gerhard v. Cremona, vgl. S. 32

Lautere Brüder

Liber introductorius = Liber introductorius in artem logicae demonstrationis, Übers.: anonym, vgl. S. 33

Avicenna

Prologus = Prolog zur Sufficentia, Übers.: wahrscheinlich Avendauth mit unbekanntem Helfer, vgl. S. 34

Isagoge = Capitulum de excitando ad scientias, Übers.: anonym, vgl. S. 35

De universalibus = De universalibus, Übers.: Avendauth, vgl. S. 35

De conuenientia = De conuenientia et differentia scientiarum, Übers.: Dominicus Gundissalinus in seinem De divisione philosophiae, vgl. S. 35

Rhetorica = Fragmente aus der Rhetorik, Übers.: Hermannus Alemannus für seine Averroes-Übersetzung, vgl. S. 36

Physica/1 = Buch I. – III. (lat. Zählung) der Physik/Liber primus naturalium, Übers.: Dominicus Gundissalinus, ev. mit Avendauth, vgl. S. 36

Physica/2 = Buch III. u. IV. (lat. Zählung) der Physik/Liber primus naturalium, Übers.: Gunsalvi de Burgos und Salomon, vgl. S. 36

De caelo = De caelo et mundo/Liber secundus naturalium, Übers.: Gunsalvi de Burgos, vgl. S. 37

De generatione = Liber tertius naturalium de generatione et corruptione, Übers.: wahrscheinlich Gunsalvi de Burgos, vgl. S. 37

De actionibus = Liber quartus naturalium de actionibus et passionibus qualitatum primarum, Übers.: wahrscheinlich Gunsalvi de Burgos, vgl. S. 37

De congelatione = De congelatione et conglutinatione lapidum o. Liber de congelatis o. De mineralibus, Teilübersetzung aus dem Liber meteorum/Liber quintus naturalium, Übers.: Alfred v. Sareshel, vgl. S. 38

De diluviis = De diluviis, Teilübersetzung aus dem Liber meteorum/Liber quintus naturalium, Übers.: ev. Alfred v. Sareshel o. Gunsalvi de Burgos, vgl. S. 38

Meteorum = Liber meteorum, größte Teilübersetzung aus dem Liber meteorum/Liber quintus naturalium, Übers.: ev. Gunsalvi de Burgos und Salomon, vgl. S. 38

De anima = Liber de anima seu sextus de naturalibus, Übers.: Dominicus Gundissalinus und Avendauth, vgl. S. 39

De vegetabilibus = Liber septimus de naturalium de vegetabilibus, Übers.: anonym, vgl. S. 40

De animalibus = Liber octavus naturalium de animalibus, Übers.: Michael Scotus, vgl. S. 40

Metaphysica = Liber de philosophia prima sive scientia divina, Übers.: wahrscheinlich Dominicus Gundissalinus, vgl. S. 40

De viribus cordis = De viribus cordis o. De medicinis cordialibus, Übers.: Arnaldus v. Villanova, vgl. S. 41

Algazali

De intentionibus = De philosophorum intentionibus o. Summa theorice philosophie, Übers.: Dominicus Gundissalinus u. Magister Iohannes, vgl. S. 41
Prologus = Prolog zu De intentionibus, vgl. S. 41
Logica = erster Teil von De intentionibus, vgl. S. 41
Metaphysica = zweiter Teil von De intentionibus, vgl. S. 41
Physica = dritter Teil von De intentionibus, vgl. S. 41

Dominicus Gundissalinus

De divisione = De divisione philosophiae, eigenständiges Werk von Gundissalinus, das Passagen aus Alfarabis De ortu und De scientiis sowie aus Avicennas De universalibus enthält, vgl. S. 42

Averroes

De anima = Commentarium magnum in Aristotelis de anima librum, Übers.: ev. Michael Scotus, vgl. S. 43
Physica = Commentarium magnum in physicam Aristotelis, Übers.: ev. Michael Scotus, vgl. S. 43
Metaphysica = Commentarium magnum in Metaphysicam Aristotelis, Übers.: ev. Michael Scotus, vgl. S. 44
De ortu animalium = De ortu animalium o. De generatione animalium, eigenständig überliefertes Kapitel aus dem Kommentar zur Metaphysik, Übers.: ev. Michael Scotus, vgl. S. 44
De caelo = Commentarium magnum in Aristotelis librum de caelo, Übers.: Michael Scotus, vgl. S. 45
Isagoge = Commentarium medium in Isagogem Porphyrii, Übers.: Wilhelm de Luna, vgl. S. 45
Praedicamenta = Commentarium medium in praedicamenta Aristotelis, Übers.: Wilhelm de Luna, vgl. S. 45
De interpretatione = Commentarium medium in Aristotelis de interpretatione librum, Übers.: ev. Wilhelm de Luna, vgl. S. 46
Priora = Commentarium medium in Aristotelis priorum analyticorum libros, Übers.: ev. Wilhelm de Luna, vgl. S. 46
Posteriora = Commentarium medium in Aristotelis posteriorum analyticorum libros, Übers.: ev. Wilhelm de Luna, vgl. S. 46
Poetica = Commentarium medium in Aristotelis librum poeticae, Übers.: Hermannus Alemannus, vgl. S. 46
Rhetorica = Commentarium medium in Aristotelis librum rhetoricae, Übers.: Hermannus Alemannus, vgl. S. 47

Ethica = Commentarium medium in ethicam nicomacheam, Übers.: Hermannus Alemannus, vgl. S. 47

De generatione = Commentarium medium in Aristotelis librum de generatione et corruptione, Übers.: ev. Michael Scotus oder Gerhard v. Cremona, vgl. S. 47

Meteora = Commentarium medium in libros meteorologicorum, Übers.: anonym, vgl. S. 47

De sensu = Epitome libri Aristotelis de sensu et sensato, Übers.: ev. Michael Scotus oder Gerhard v. Cremona, vgl. S. 48

De memoria = Epitome libri Aristotelis de memoria et reminiscentia, Übers.: ev. Michael Scotus oder Gerhard v. Cremona, vgl. S. 48

De sompno = Epitome libri Aristotelis de Sompno et vigilia, Übers.: ev. Michael Scotus oder Gerhard v. Cremona, vgl. S. 48

De longitudine = Epitome libri Aristotelis de causis longitudinis et brevitatis vitae, Übers.: ev. Michael Scotus oder Gerhard v. Cremona, vgl. S. 48

De animalibus = Liber de animalibus et de naturali diversitate, Teilübersetzung aus der Epitome libri Aristotelis de partibus animalium, Übers.: Pierre Galego, vgl. S. 48

De cerebro = Capitulum de cerebro, Teilübersetzung aus der Epitome libri Aristotelis de partibus animalium, Übers.: ev. Michael Scotus, vgl. S. 49

De corde = Capitulum de corde, Teilübersetzung aus der Epitome libri Aristotelis de partibus animalium, Übers.: ev. Michael Scotus, vgl. S. 49

De generatione animalium = Epitome libri Aristotelis de generatione animalium, Übers.: anonym, vgl. S. 49

De substantia orbis = De substantia orbis, Übers.: anonym, vgl. S. 49

De extremis = De extremis in loco et medio, Übers.: anonym, vgl. S. 50

De motu = De motu gravis et levis, Übers.: anonym, vgl. S. 50

Abū Muḥammad 'Abdallāh/Sohn des Averroes

De coniunctione = De coniunctione intellectus agentis cum materiali o. Epistola de intellectu, Übers.: anonym, vgl. S. 50

IV. KATALOG DER ÜBERSETZUNGEN ARABISCHER PHILOSO-
PHISCHER WERKE IN BIBLIOTHEKEN UND SAMMLUNGEN
SPANIENS, FRANKREICHS UND ENGLANDS VON 1150–1400

1. Erläuterungen zum Katalog

Im folgenden wird in Katalogform eine Übersicht darüber gegeben, in welchen Sammlungen und Bibliotheken die im vorigen Kapitel aufgeführten Texte in dem von mir behandelten Zeitraum nachzuweisen sind. Dabei wäre in mancher Hinsicht vielleicht eine chronologische Ordnung wünschenswert gewesen, da an ihr eine eventuelle Entwicklung leichter abzulesen wäre. Da wir es in vielen Fällen aber nur mit ungefähren Daten zu tun haben, fällt allein deswegen eine solche Ordnung schwer. Zudem würden dadurch Quellen, die zu einer Sammlung gehören, aber zeitlich nicht aufeinander folgen, auseinandergerissen. Während sich im Großen auf Grund der Quellenlage, wie wir sehen werden, nur mit Vorsicht Entwicklungen ausmachen lassen, zeichnen sich bei einzelnen Sammlungen am ehesten Tendenzen ab. Es scheint mir daher für den Leser nützlicher, diese Quellen direkt miteinander vergleichen zu können. Die folgende Liste bietet in gewisser Weise einen Kompromiß, da sie zunächst die Orte, von denen Quellen mit Fundstellen vorliegen, alphabetisch aufführt. Unterhalb dieser Ebene werden wieder alphabetisch die an diesen Orten ansässigen Institutionen mit positivem Quellenbefund angeführt. Sollte es aber zu einer Sammlung mehrere Quellen geben, so sind diese in chronologischer Reihenfolge geordnet.

Der Katalog ist zunächst aufgeteilt in die drei großen behandelten Räume: Spanien, Frankreich (einschließlich des heutigen Belgiens) und England. Die Fundstellen zu jedem Land sind wiederum danach sortiert, ob es sich bei den in den Quellen genannten Sammlungen um die einer Institution (Kloster, Kapitel, Kolleg usw.) oder die einer einzelnen Person handelt. Da die Büchersammlungen von Privatpersonen im allgemeinen ihren Besitzern zu den einzelnen Stationen ihres Lebensweges folgen, lassen sich die meisten solcher Sammlungen nicht auf einen Ort festlegen und sollten daher innerhalb des Kataloges nicht in das starre Korsett einer räumlichen Sortierung gezwängt werden.

Wie oben ausgeführt, geben viele Quellen direkt oder indirekt Auskunft über mehrere Sammlungen. Testamente z.b. dokumentieren den Übergang von Gegenständen, hier Büchern, aus dem Besitz einer Person an eine andere bzw. an eine Institution. Um einen Überblick über die Verbreitung von Texten zu gewinnen, ist es wichtig, beide Sammlungen, die frühere und die spätere, zu dokumentieren. In folgendem Katalog werden daher manche Belege doppelt aufgeführt. Die ausführlichen Angaben und die Wiedergaben der Fundstellen werden jedoch nur bei einem der beiden Einträge gegeben, in der Regel beim ersten im Katalog erscheinenden, unter Umständen aber auch im umfassenderen Dokument. In beiden Fällen wird auf den ausführlichen Eintrag verwiesen. Überhaupt sind die Verweise zu beachten, da in vielen Fällen erst die Kombination von den aus verschiedenen Quellen gewonnenen Informationen zur Identifizierung einzelner Texte in einer Sammlung führte. Die Interdependenzen der zahlreichen Belege zu den Sammlungen des Collège de Sorbonne untereinander geben dafür ein gutes Beispiel ab. Wie man sehen wird, hat der Vergleich früherer Quellen mit späteren zu mehreren Identifikationen geführt, die bei der Beschränkung auf eine innerhalb einer Quelle bleibende Analyse nicht möglich gewesen wären. Natürlich tauchen auch z.T. die gleichen Texte in verschiedenen Quellen auf. Bestes Beispiel dafür sind die in einem Katalog aus der Mitte des 13. Jahrhunderts verzeichneten Handschriften Richards v. Fournival anführen, welche über Gerhard v. Abbeville an das Collège de Sorbonne kamen und dort im ersten und zweiten Viertel der 14. Jahrhunderts in verschiedenen Inventaren und Katalogen genannt werden. Selbstverständlich werden sie in unserem Katalog – mit Verweisen versehen – an beiden Stellen aufgeführt. Da in unserem Zusammenhang die zeitliche Komponente eine große Rolle spielt, werden einige wenige weitere Doppelungen innerhalb des Kataloges in Kauf genommen. Ein Beispiel möge den Sinn dieser Entscheidung verdeutlichen: Die von Richard v. Fournival in seiner Biblionomia verzeichneten Handschriften gingen an Gerhard v. Abbeville. Sie waren also vor der Mitte des 13. Jahrhunderts in Amiens, gingen dann im dritten Viertel des Jahrhunderts mit Gerhard nach Paris. Darüber geben uns mehrere Zeugnisse Auskunft: Zum einen Einträge in erhaltenen Handschriften, die darüber informieren, daß diese Handschrift aus dem Besitz Gerhards an das Collège de Sorbonne kam, zum anderen ähnliche Einträge aus dem Generalkatalog der Bibliothek des Collège de Sorbonne. Schließlich lassen sich auch Schlüsse daraus ziehen, daß Fournival bestimmte Handschriften besaß und diese sich in der Sorbonne-Bibliothek wiederfinden. Diese müssen demnach zwischenzeitlich im Besitz Gerhards gewesen sein. Gerhard starb 1271/72, worauf seine Bücher in den Besitz der Sorbonne übergingen. Der Generalkatalog stammt aber erst aus dem

Jahre 1338. Da es für unsere Fragestellung aber interessant ist zu wissen, daß bestimmte Texte schon fast 70 Jahre vor dem von dem ersten direkt auf die Sorbonne-Bibliothek bezogenen Zeugnis gegebenen Datum dort vorhanden waren, werden in vorliegendem Fall Fundstellen mehrfach unter verschiedenen Sammlungen notiert: Zunächst natürlich auf Grund der Belege bei Richard v. Fournival, erste Hälfte 13. Jahrhundert, dann auf Grund der oben beschriebenen Schlüsse bei Gerhard v. Abbeville, drittes Viertel 13. Jahrhundert.[282] Wegen der gleichen Argumentation werden sie nochmals für die Sorbonne ab dem letzten Viertel des 13. Jahrhunderts aufgeführt, um schließlich ausdrücklich z.b. im Generalkatalog der libraria parva von 1338 oder in weiteren Schriftstücken erwähnt zu werden. Bei dieser Vorgehensweise wurde darauf geachtet, so wenig wie möglich unnütze Textdoppelungen anzuführen. Der Leser sei daher nochmals darauf hingewiesen, daß die Verweise innerhalb des Kataloges eine wesentliche Rolle spielen und daß zum Teil nur durch deren Benutzung der Erkenntnisprozeß nachvollzogen werden kann.

Da, wie man sehen wird, die Bezeichnung der von uns gesuchten Werke in den Katalogen, Inventaren, Testamenten usw. oftmals undeutlich, wenn nicht sogar irreführend ist, hielt ich es für notwendig, den Text der entsprechenden Einträge in einer Kurzform zu bieten. Das völlige Weglassen der Einträge, in denen Werke arabischer Philosophen beschrieben werden, hätte hingegen zur Folge, daß in vielen Fällen der Leser, welcher sich die Mühe machte, meine Identifizierungen durch Einsicht in die Quelle zu überprüfen, ohne genaueste Stellenangaben kaum nachvollziehen könnte, auf Grund welcher Einträge ich zu meinen Ergebnissen gekommen bin. Zusätzlich hat die hier angewandte Vorgehensweise den Vorteil, daß zumindest ein kleiner Teil der unsere Texte in den Quellen umgebenden Werke für den Benutzer meines Kataloges sichtbar wird, auch wenn ich darauf verzichtet habe, andere als die gesuchten Werke zu identifizieren.[283]

---

[282] Es spielt dabei keine Rolle, daß Gerhard v. Abbeville offensichtlich ein geringeres Interesse an philosophischen Texten hatte, vgl. Rouse, *Manuscripts*, 258f u. vgl. das Testament Gerhards, ed. in Grand, *Le Quodlibet*, 214–218, in dem die philosophischen Handschriften nur summarisch genannt werden. Für uns ist wichtig, daß wir den Weg bestimmter Texte kennen.

[283] Munk-Olsen, *L'Étude*, schlägt einen anderen Weg ein, indem er keine Quellenauszüge gibt. Dies scheint mir bei der Menge seines Materials und für die von ihm gesuchten klassischen lateinischen Autoren auch richtig zu sein. Schon allein die Tatsache, daß es sich bei seinen Texten nicht um Übersetzungen handelt, macht im grossen und ganzen die Identifizierung eindeutig. Die Entscheidungen, daß in einer Quelle ein bestimmter Autor gemeint ist, wird daher meist ebenso eindeutig sein. Für die von uns gesuchten Texte ist die Lage, wie man sehen wird, um einiges komplizierter. Viele Identifizierungen sind daher nur auf Umwegen möglich. Um hier für den Benutzer Klarheit zu geben, wie es zu den einzelnen Zuweisungen kam, halte ich die Wiedergabe der Quellenauszüge für unverzichtbar.

Da nun aber sicherlich nicht jeder Leser genaue Informationen darüber sucht, wie die Texte arabischer Autoren in den mittelalterlichen Katalogen und Inventaren beschrieben wurden, sondern vielfach nur schnelle Auskunft darüber erhofft, welche Schriften zu welcher Zeit in bestimmten Sammlungen vorhanden waren, habe ich die Wiedergabe des Quellentextes von meinen Identifizierungen getrennt. Innerhalb der Belegzitate verweisen arabische Ziffern in eckigen Klammern auf die anschließend angeführte Liste der in der jeweiligen Quelle gefundenen Werke, die alphabetisch nach Autoren und Werken aufgeführt werden. Hinter nicht eindeutigen Identifizierungen steht die Abkürzung „(dub.)“. Konnte nur ein Autor ermittelt werden, aber kein spezieller Text von diesem, so steht die Verweiszahl direkt hinter dem Autorennamen. Da die normale Vorgehensweise darin bestehen wird, daß man zuerst in diese Liste schaut und dann, falls weiteres Interesse besteht, an Hand der dort aufgeführten Verweise in den Quellenausschnitt geht, wurden die Fundstellen in den Quellenausschnitten durchlaufend numeriert, um so das Auffinden der einzelnen Stellen zu erleichtern. Sollte zu bestimmten Quellenausschnitten oder Identifizierungen noch Erklärungsbedarf bestehen, wird wiederum unter Verwendung der Ziffern in eckigen Klammern im anschließenden Teil „Erläuterungen“ auf die entsprechenden Stellen verwiesen, wobei hier die fortlaufende Reihenfolge der Ziffern wie im Quellenausschnitt beibehalten wurde.

In den Fällen, in denen ich die Datierung und Lokalisierung auf Grund von Einträgen in erhaltenen Handschriften vorgenommen habe, bedarf es dieses Verweissystems natürlich nicht mehr, da die Identifizierungen dank moderner Handschriftenbeschreibungen vorgenommen wurden.

Verweise auf andere Fundstellen innerhalb des Katalogs werden im Quellentext direkt an der Stelle gegeben, auf die sie sich beziehen. Dabei wird zunächst ein Großbuchstabe (H=Hispania/Spanien, F=Frankreich oder E=England) für das entsprechende Land und dann die Nummer, unter der die betreffende Fundstelle innerhalb derjenigen eines Landes aufgeführt ist, angegeben. F15. bezieht sich somit auf die 15. der unter Frankreich eingeordneten Quellen.

Läßt sich eine Fundstelle mit einer erhaltenen Handschrift identifizieren, so ist diese direkt hinter der Stelle, auf die sie sich bezieht, unter Voranstellung der Abkürzung „Hs:“ angeführt.

Ließ sich ein bestimmter Text nicht direkt durch einen Eintrag in der Quelle, sondern nur indirekt – sei es durch eine andere Quelle, welche die gleiche Büchersammlung beschreibt, sei es durch eine moderne Handschriftenbeschreibung – identifizieren, so steht im Quellenausschnitt die Verweisziffer in eckigen Klammern direkt hinter der Informationsquelle, auf Grund derer die Identifikation vorgenommen wurde.

Die Zeitangaben in der Überschrift zur jeweiligen Sammlung geben meine zeitliche Zuordnung der Fundstellen für die jeweils behandelte Sammlung an und müssen auf keinen Fall identisch sein mit der Datierung der gesamten Quelle, aus der die Belege für arabische philosophische Werke nur einen Ausschnitt bilden. So gibt uns z.B. der Katalog der Sorbonne von 1338 (Datierung der Quelle) auch Auskunft darüber, welche Handschriften schon 1273 (meine zeitliche Zuordnung der Fundstelle) über Gerhard v. Abbeville in diese Sammlung gelangten. Die Datierung der gesamten Quelle wird am Ende der zweiten Zeile nach der Kurzbeschreibung der Quelle angegeben. Bei erhaltenen Handschriften wird damit deren Datierung angezeigt. Datierungen in runden Klammern vor oder innerhalb der Wiedergabe des Quellentextes gelten für den jeweiligen speziellen Eintrag. Besonders häufig kommt dies natürlich bei erhaltenen Handschriften vor, deren Entstehungsdatum nur in den seltensten Fällen mit der Datierung z.B. eines Besitzvermerkes übereinstimmt. Bezieht sich ein solcher Besitzvermerk noch auf einen früheren Donator, so kann es also dazu kommen, daß meine oben angeführte zeitliche Zuordnung der Fundstelle, das Entstehungsdatum der Handschrift (oder einer anderen Quelle) und die Datierung des Eintrages unterschiedlich sind. Datierungen, die auf einem paleographischen Befund beruhen, sind durch Anfügung der Abkürzung „pal." gekennzeichnet.

Die in Klammern in der Zeile der Kurzbeschreibung der Quelle gegebenen Angaben zur Anzahl der in der gesamten Quelle beschriebenen Volumen sind nur als Anhaltspunkte zu verstehen. Genauere Zahlen ließen sich oftmals nur nach einer eingehenden Studie der einzelnen Quelle machen.

Texteinfügungen in geschwungenen Klammern ({ }) stammen von den Editoren der benutzten Quellen, solche in eckigen ([ ]) von mir. Auslassungen werden durch drei Punkte in den entsprechenden Klammern gekennzeichnet ({...} resp. [...]).

Sofern vorhanden, habe ich die Numerierung der Einträge von früheren Editoren übernommen, um dem Benutzer gegebenenfalls eine leichte Orientierung in den Editionen zu ermöglichen. Sie gehören demnach nicht zum Text der Quelle und sind nicht in die den Quellentext umgebenden Anführungszeichen eingeschlossen. Nur wo eine Numerierung auch innerhalb der Anführungszeichen steht, gehört sie zum Originaltext.

Auf den Quellenausschnitt, die Identifizierungen und die Bemerkungen folgen noch knapp gehaltene Angaben zum Original, zu dessen Edition(en) und eventuell zu weiterführender Literatur. Liegen mehrere Editionen vor, so ist die erstgenannte die Grundlage des zitierten Ausschnittes. In der Regel handelt es sich dabei um die neueste bzw. beste Edition. Die weiterführenden Literaturangaben sind bewußt knapp gehalten. Sie sollen dem Benutzer vor allem ermöglichen, über die hier gegebenen Stellen an ausführlichere Literatur zu der einzelnen Quelle oder Handschrift zu gelangen. Wird von einem Eintrag in unserem Katalog generell auf einen anderen Eintrag verwiesen, so erfolgen die Angaben zur Quelle, zu den Editionen und zur Literatur nur bei einem der entsprechenden Einträge. Sie gelten gleichwohl für alle Einträge, auf die verwiesen wird.

Verwendete Abkürzungen sind im Abkürzungsverzeichnis am Beginn dieser Arbeit nachzuschlagen.

2. SPANIEN

a) Institutionen

1. Ripoll, Benediktinerkloster, 14. Jh. letztes Viertel

– Rückgabe von Büchern, welche zuvor Abt Ramon de Savarès hatte, durch Peter III. v. Aragon an das Kloster in Ripoll, 1381 (112. Art.):

35: „Item altre libre appellat quidam libri naturales Aristotelis."
Hs: Barcelona, Archivo de la Corona de Aragón Ripoll 115 (14. Jh.) [1]
Verweis: H4.

Texte:
Avicenna:
De congelatione: [1]

Erläuterungen:
[Allg.]: zur Zuordnung des Eintrags zur Handschrift vgl. Rubió I Balaguer, Els llibres, 234 u. Rubió I Lluch, II, 238, Anm. 1 (Rubió I Ballaguers Verweis auf Rubió I Lluch, II, 96 ist falsch.)

QUELLE: Arx. Cor. Aragón, perg. de Pere III, núm. 3056. EDITION: Rubió I Lluch, Documents II, Nr. 248. LITERATUR: AL 1171; Rubió I Balaguer, Els llibres, 230–237; Beer, Die Handschriften, Bd. II, 96; García Villada, Bibliotheca, passim; Fortuny, Ockhamismo, 44; Villanueava, Viage VIII, 15; IRHT.

b) Personen

2. Arnald v. Villanova, 14. Jh. 1. Viertel

– Besitzinventar nach Tod der Güter Arnalds v. Villanova (ca. 200 auf Bücher bezogene Einträge), 1318:

Beispiele möglicher Fundstellen:

1. „[...].VI. voluminibus pergamenis non quaternatis in quolibet quorum voluminum sunt .XV. opera sive libri edita sive composita per dictum Magistrum Arnaldum de Villanova. in quibus dictis .VI. voluminibus erant tantum .V. libri sive .V. opera literaliter composite. [...]"

46. „Item unus [...] Magistri scriptus de manu sua cum coopertura vitulina et pilosa."

54. „Item quaterni papirei scripti per manum Magistri tam in theologia quam in medicina."

Texte:
  Avicenna:
    De viribus cordis

Erläuterungen:
[Allg.] Mit großer Sicherheit verbirgt sich hinter den von Arnald v. Villanova verfaßten kursorisch genannten Werken auch ein Exemplar des 1306 von ihm übersetzten Traktates *De viribus cordis* Avicennas.

QUELLE: Archivo Metropolitano de Valencia, Pergamino 0.7430. EDITION: Fh 370; Chabás, Inventario de los libros, S.189–203. LITERATUR: Carreras y Artau, Arnau de Villanova, passim; ders., Historia, 80f; ders., La llibreria d'Arnau de Villanova, passim und Anm. 2 für weitere Lit.

3. Gonzalo García Gudiel

a) 1273

– Inventar der Bücher Gonzalo García Gudiels, seit 1262 Archidiakon in Toledo, aus Anlaß seines Wechsels nach Cuenca als dortiger Bischof angefertigt (ca. 48 Art.), 1273

38. „Todos los comentos de Avenrost fueras poco et es el primer original scripto de la mano del traslador [1], [2], [3]
Verweis: H3.b) (6), (7), (15)

Texte:
  Averroes:
    De caelo: [1]
    Metaphysica: [2]

Physica: [3]

Erläuterungen:

[Allg.] Als Nummer 15 wird noch „*Una Avicenna*" angegeben. In dieser allgemeinen Form ist aber meist Avicennas *Kanon der Medizin* gemeint. Die von Gudiel veranlaßten Übersetzungen der naturphilosophischen Schriften Avicennas wurden erst während seiner Amtszeit als Bischof von Burgos angefertigt, können hier also nicht gemeint sein.[284]

[1] – [3] Millás Vallicrosa, S.18, Anm. 1 u. S.19, sieht im „traslador" Michael Scotus. Dies kann auch schon durch den folgenden, 39. Eintrag: „*Siete Quadernos del libro de animalibus, scriptos de la mano del traslador*", als gesichert gelten. Um welche Kommentare des Averroes es sich hier handelt, läßt sich nur durch den Vergleich mit Gudiels Inventar von 1280 [H3.b)] feststellen. Dort wird einmal Averroes ausdrücklich genannt, zweimal werden aristotelische Schriften „*cum comento*" angeführt. Diese Bemerkungen beziehen sich wohl auch auf Averroes. Es ist gut möglich, daß Gudiel noch mehr Schriften des Kommentators besaß, relativ sicher lassen sich aber nur diese drei nachweisen.

QUELLE: Madrid, BN 13022, f.185r–186v. EDITION: Fh 1 u. Fh 603 – Fh 606; Alonso Alonso, Bibliotecas medievales, 303f; Beer, Nr.127 (Fh 1); Marina, Ensayo histórico-critico, Bd. 1, 7–10; Millàs Vallicrosa, Las traducciones orientales, 15–19. Beer und Marina verwechseln offensichtlich Gonzalo García Gudiel mit seinem Neffen Gonzalo Palomeque Gudiel. LITERATUR: Alonso Alonso, Bibliotecas medievales, 301–309; Burnett, The Translating Activity, 1047; Gonzálvez Ruiz, La biblioteca, 29–56; Haskins, Michael Scot in Spain, 129–134; Gonzálvez Ruiz, Noticias sobre códices mozárabes, 57–62; Millás Vallicrosa, Las traducciones orientales, 16–19; Morpugo, Le traduzioni, 170.

b) 1280

– Inventar der Bücher von Gonzalo García Gudiel, angefertigt bei seinem Wechsel vom Bischofssitz Burgos auf den Erzbischofsstuhl von Toledo (ca. 82 Art.), 1280:

(6) „liber fisicorum cum comento [1]"
Verweis: H3.a) [3]

---

[284] Vgl. an entsprechender Stelle im Kapitel II 2.

(7) „Item Metafisica cum comento [2]"
Verweis: H3.a) [2]

(15) „liber de celo et mundo cum comento Averrois [3]"
Verweis: H3.a) [1]

*(70) „Item translationes diversorum librorum naturalium in quaternis [4] [5] [6]
[7] [8]"*

Texte:
  Averroes:
    De caelo: [3]
    Metaphysica: [2]
    Physica: [1]
  Avicenna:
    De actionibus: [4] (dub.)
    De caelo: [5] (dub.)
    De generatione: [6] (dub.)
    Meteorum: [7] (dub.)
    Physica/2:   [8] (dub.)

Erläuterungen:
[1] – [3]: vgl. Erläuterungen [1] – [3] in H3.a)

[4] – [5]: Aus Vatikan, Urb. lat. 168 wissen wir, daß Gudiel während
seiner Zeit als Bischof von Burgos die Übersetzung der zweiten Phase
von Avicennas Physik und dessen *Liber de celo* veranlaßte, wahrscheinlich gehören die Übersetzungen von *De generatione, De actionibus* und
der *Meteora* auch in diesen Zusammenhang, vgl. oben Kapitel III 2.
Da wir von diesen Übersetzungen ansonsten keine Spur in seinem Inventar finden, es aber anzunehmen ist, daß er sie als Mäzen besaß, ist
es gut möglich, daß sie sich hinter diesem Eintrag verbergen. Die äußere Form („*in quaternis*") könnte darauf schließen lassen, daß er diese
Texte eben direkt von den Übersetzern entweder als Original oder als
Abschriften bekommen hat.

QUELLE: Madrid, BN Ms. 13022, f.163r–f.166v. EDITION: Fh 604; Alonso Alonso, Bibliotecas medievales, 305f. LITERATUR: s. Literatur bei H3.a) u. Avicenna latinus. Liber
tertius naturalium, 67*f.

4. Ramon de Savarès, 14. Jh. 3. Viertel

– Rückgabe von Büchern, welche zuvor Abt Ramon de Savarès hatte, durch Peter III. v. Aragon an das Kloster in Ripoll, 1381 (112. Art.):

vgl. H1.

Hs: Barcelona, Archivo de la Corona de Aragón Ripoll 115 [1]

Texte:
  Avicenna:
    De congelatione: [1]

5. Sancho de Aragón, nach 1275

– Inventar der Bücher von Erzbischof Sancho de Aragón, angefertigt nach seinem Tod (73 Art.), nach 1275:

(15) „Libro de algazel de philosophia [1] [2] [3]"

Texte:
  Algazali:
    Logica: [1] (dub.)
    Metaphysica: [2]
    Physica: [3]

Erläuterungen:
[1] – [3]: Entweder sind mit diesem Eintrag alle drei Teile der *Maqāṣid al-falāsifa* gemeint, die nur im Zusammenhang in den Handschriften als *Summa theoricae* bezeichnet werden, was der Bezeichnung im Inventar als *Libro de philosophia* entspräche, oder gemeint ist die Metaphysica, die in manchen Handschriften folgendermaßen beginnt: *Incipit liber Philosophie Algazelis* (z.B. Paris, BN lat. 16096). Im zweiten Falle dürfen wir aber auch noch auf die *Physik* schließen, denn wie oben gezeigt, treten diese beiden Teile bis auf wenige Ausnahmen immer zusammen auf.

QUELLE: Madrid, BN 13023 ff. 218r – 225r. EDITION: Fh 604, Alonso Alonso, Bibliotecas medievales, 298–300. LITERATUR: Alonso Alonso, Bibliotecas medievales, 298–301; Gonzálvez Ruiz, Noticias sobre códices mozárabes, 58; Millás Vallicrosa, Las traducciones orientales, 15f.

3. FRANKREICH

a) Institutionen

1. Avignon, Päpstliche Kurie

a) 1316–1334

– Liste der unter Johannes XXII. getätigten Ausgaben für Bücher, 1316–1334:

20.: „Die XIII mensis ianuarii {1334} pro tribus libris, videlicet de ape, et Gulliberti super Cantica Canticorum et libro Avicenne de sufficentia [1], pro domino nostro papa soluti sunt de mandato eiusdem Recuperio stationario – VIII flor.“

Texte:
  Avicenna:
    Physica/1:   [1]

Erläuterungen:
  [1] Zu dieser Namensform der Physica vgl. oben Kapitel III 2.

QUELLE: Vatikan, Arch. Vat. IE 13–136 passim u. RV Johannis XXII n.109. EDITION: Ehrle, Historia, Bd. I 136–137 u. 144–154; Vatikanische Quellen, Bd. II, 261–273; Vatikanische Quellen, Bd. III, 35. LITERATUR: BMMF 142; G 1208; W 334.9.

b) 1353

– 10 Listen im Inventar der päpstlichen Schatzkammer, bei denen keine Vorbesitzer genannt werden, 1353:

Spo. XXII. 79: „Sextus liber de naturalibus Avicenne [1], incipit ut supra: nos vocamus.“

Spo. XXVI. 8.: „Averrois [2] et probleumata Alexandri, incipientes ut supra: non pluri sunt.“

Texte:
    Averroes: [2]
    Avicenna:
      De anima: [1]
      (=> De viribus cordis)

QUELLE: Vatikan, RA 122, 195r–244v; Vatikan, RA 125, 208r–344v; Vatikan, RA 127, 290r–424v. EDITION: Ehrle, Historia, Bd. I, 193–246; Hoberg, Inventare, 163, 178–179. LITERATUR: BMMF 147; W 353.10–353.19.

c) 1369

– Inventar der päpstlichen Bibliothek in Avignon, erstellt unter Urban V., 1369:

415. „*Item libri phizicorum, de vegetabilibus et plantis, de causa longitudinis et brevitatis, ac aliis in eodem volumine cooperto corio rubeo, cum glosis, qui incipiunt in secundo folio in textu: sit, et fini{iun}t penultimo folio: marium et.*"
Verweis: F1.d) 422 [1].

641. „*Item commentum Averroys super libro methaphisice [2] et Linconiensis super libro posteriorum, coopertum corio albo, quod incipit in textu secundi folii: res, et finit in penultimo folio in glosa: floribus.*"
Hs: Vatikan, Borgh. 306
Verweis: F1.d), 438; Av. 138.

678. „*Item tractatus philosophie naturalis, coopertus postibus sine pelle, qui incipit in secundo folio: optimum, et finit in penultimo folio: cui y.*"
Hs: Vatikan, Borgh. 127 [3], [4]
Verweis: Av. 456.

775. „*Item libri naturales philosophie numero XXIX, in eodem volumine cooperto corio albo, qui incipiunt in secundo folio: non, et finiunt in penultimo folio: diligere.*"
Hs: Vatikan, Borgh. 126 [5]
Verweis: Av. 488.

2037. „*Item liber qui dicitur de problematibus Aristotilis, coopertus corio viridi, qui incipit in secundo folio: convenit, et finit in penultimo folio: eventabilis.*"
Hs: Vatikan, Borgh. 37 [6], [7], [8], [9], [10]
Verweis: Av. 117.

Texte:
  Algazali:
    Physica: [8]
  Ps.-Aristoteles:
    De proprietatibus: [1], [3], [5], [6]
  Averroes:
    Metaphysica: [2]
    De substancia: [7]
  Avicenna:
    De congelatione: [9]
  Costa ben Luca:
    De differentia: [4], [10]

Erläuterungen:
[Allg.]: Das Kürzel Av. bezieht sich auf die Numerierung des Katalogs der päpstlichen Bibliothek in Avignon von 1411, wie sie von Anneliese Maier, Der Katalog der päpstlichen Bibliothek, 95–157, vorgenommen wurde. Die Verweise auf eine Quelle nach 1400 wurden hier angegeben, weil sie zur Identifizierung von Texten in diesem Katalog beitragen.

QUELLE: Vatikan, Archiv. Avenion. n. 468, f.21r–f.106v. EDITION: Ehrle, Historia, 274–437; Faucon, La librairie des papes, Bd. I, 93–262. LITERATUR: AL 1721, 1729, 1730, 1741; Ehrle, Historia, 258–451 u. 655–663; Jullien de Pommerol/Monfrin, La bibliothèque pontificale, Bd. I, 5–8; Faucon, La librairie des papes, 62–89.

d) 1375

– Inventar der päpstlichen Bibliothek in Avignon, erstellt unter Gregor XI., 1375:

422: „*Item in volumine signato per XVIII libri physicorum, de vegetabilibus et plantis, de longitudine, de brevitate, de celo et mundo, de memoria, de reminiscentia, de proprietatibus elementorum [1].*"
Verweis: F1.c), Nr. 415.

438.: „*Item in volumine signato per XXXIIII commentum Averrois super libris metaphisice [2], Linconiensis super librum posteriorum.*"
Hs: Vatikan, Borgh. 306
Verweis: F1.c), Nr. 641; Av. 138.

Texte:

Averroes:

Metaphysica [2]

Ps.-Aristoteles:

De proprietatibus: [1]

Erläuterungen:

[Allg.]: Zur Abkürzung „Av." vgl. F1.c), Erläuterungen.

QUELLE: Vatikan, RA 231, 20r–95r; Vatikan, Coll. 469 B, 47r–48v (Fragment). EDITION: Ehrle, Historia, Bd. I454–560. LITERATUR: BMMF 151; G 633; Gu193, 225; W. 375.9 u. W. 394.7

2. Bonne-Espérance, St. Marien (Diöz. Tournai), 14. Jh.

– Besitzeintrag für das Zisterzienserkloster Sancta Maria in Bonne-Espérance, 14. Jh. (pal.):

Brüssel, Albertina II 2558 (2898)
f.2v {auf Rasur}: „Iste liber est ecclesie {Sancte Marie} de Bona Spe"

Texte:

Alkindi:

De ratione

De somno

Avicenna:

De congelatione

Gundissalinus:

De divisione

Costa ben Luca:

De differentia

LITERATUR: AL 175; AvLC 297; Van den Gheyn, Bd. IV, Nr. 2898; Wilcox, The transmission, 125 u. 192.

3. Cluny, 13. Jh. 3. Viertel

– Liste der unter Abt Yves I. geschriebenen Bücher (52 Art.), 1265–1275:

30. „Item libri logicales"
[...]
33. „Liber de spiritu et anima, in uno magno volumine [1]"
[...]
44. „Liber Rasin."
45. „Liber Aristotelis de animalibus."
46. „Item libri naturalis de anima et de unitate et uno, in uno volumine."
[...]
51. „Secreta Galieni a magistro Gerardo Cremonensi translata de arabico in latinum, et multa alia, in uno volumine."

Texte:
    Costa ben Luca:
        De differentia: [1]

Erläuterungen:
    [1] Auf Grund der diesen Text umgebenden anderen Schriften (aus dem Arabischen übersetzt: Nr. 44 u. Nr. 51, ev. auch Nr. 45. Nr. 46 meint die entsprechenden Texte von Dominicus Gundissalinus) ist anzunehmen, daß es sich hier eher um Costa ben Luca als um Ps.-Augustinus handelt.

QUELLE: Paris, BN lat. 10938, f.84r u. 93v. EDITION: BMMF 450; G 979, Delisle, Inventaire des manuscrits. Fonds de Cluny, 377–379; Delisle II, 483–485. LITERATUR: vgl. Ed.

4. Leuven, St. Martin, 13. Jh. letztes Viertel

– Besitzeintrag für das Kloster Sanctus Martinus Lovaniensis, 13. Jh. letztes Viertel (pal.):

Paris, Maz. 3462
f. 87v: „Est liber hic sancti Martini Lovaniensis"

Texte:
    Averroes:
        De anima

De memoria

LITERATUR: AL 525.

5. Montpellier, 1246 o. 1256

– Kolophon mit Ortsangabe, 1246 o. 1256:

Paris, BN lat. 2474 (12. Jh. letztes Viertel u. 13. Jh. 2.–3. Viertel)
f. 91v: „*Completus est liber Auicenne de animalibus ad exemplar magnifici imperatoris domini Frederici apud Montempessulanum. Laudes infinite sint Deo nostro, cuius misericordie super omnes existunt prophetas, et intemerate eius genitrici, gloriose virgini Marie. Terminata est scriptura, consummatumque opus istud VI° mensis maii anno Dominice Incarnationis M°.CC°.L.VI°*{zeitgleiche Korrektur:} *IIII no. iulii* {und} *M°.CC°.XL VI.*"
Verweis: F12.

Texte:
   Avicenna:
      De animalibus

LITERATUR: AL, 534; AvLC 28; d'Alverny, La tradition manuscrite, 76f.

6. Mont-Saint-Michel, 14. Jh.

– Besitzeintrag für das Benediktiner Kloster vom Mont-Saint-Michel, 14. Jh. (pal.):

Avranches, BM 232, 12.4/3.1:
f. 225v, 14.: „*Hic liber est de Monte Sancti Michaelis Abrincensis diocesis*"
Ebd.: „*Iste liber est John* {quod verbum erasum est} *abbacie Montis Sancti Michaelis in Periculo Maris, ordinis sancti Benedicti*"

Texte:
   Costa ben Luca:
      De differentia

Erläuterungen:
   [Allg.]: Judycka in Aristoteles, De generatione, xix, Burnett, Introduction/Great Britain, 25 u. ders., Magister Iohannes Hispalensis et

Limiensis, 149–151, scheinen davon auszugehen, daß die Handschrift auch schon am Ende des 12. Jahrhunderts auf dem Mont-Saint-Michel war. Sie nennen keinen Beleg dafür, und ich kann keinen erkennen, habe die Handschrift aber nicht eingesehen. Möglicherweise zählt sie damit zu den frühesten datier- und lokalisierbaren Fundstellen. Um uns aber auf sicherem Terrain zu bewegen, habe ich hier nur den Besitzeintrag des 14. Jahrhunderts gewertet.

LITERATUR: AL 408; Burnett, Introduction/Great Britain, 25; ders., Magister Iohannes Hispalensis et Limiensis, 149–151; d'Alverny, Les nouveaux apports, 870–872; dies., Notes et observations, 53; Aristoteles, De generatione (Edition Judycka), xix; Wilcox, The transmission, 125.

7. Paris, Collège des Dix-Huit, 1330

– In den Statuten des Collège des Dix-Huit aufgeführte Bücherliste (19 Bände), 1330:

16. „Item commentator supra librum de anima [1], de substantia orbis[2],"

Texte:
  Averroes:
    De anima: [1]
    De substancia   [2]

QUELLE: Paris, Arch. nat., M.12110. EDITION: BMMF 1282; Coyecque, Notice sur l'ancien Collège de Dix-Huit, 183f. LITERATUR: vgl. Ed.

8. Paris, Collège Dormans-Beauvais

a) 1375

– Inventar des Collège Dormans-Beauvais (ca. 100 Art.), 1375:

30. „Textus libri de anima cum libro de differentia spiritus et anime [1]"

Texte:
  Costa ben Luca:
    De differentia: [1]

QUELLE: Paris, Arch. Nat. H³ 2785¹ fol. 56–57. EDITION: BMMF 1285; Pellegrin, La bibliothèque de l'ancien Collège de Dormans-Beauvais, 102–110. LITERATUR: vgl. Ed.

b) 1396/97

– Rechnungsbücher des Collège Dormans-Beauvais, 1375 – 1400 (– 17. Jh.):

1396/97 wird der Text der aristotelischen Physik zusammengebunden „avecque le comment. de Averroy sur yceulx [1] et les probleumez d'aristote".

Texte:
  Averroes:
    Physica: [1]

Erläuterungen:
  [1] Wahrscheinlich handelt es sich um die schon 1390 von Jacquet de Prusse geschriebenen „questions et expositions de phisique".

QUELLE: Paris, Arch. Nat. H³ 2785⁴ fol. VIˣˣXI. EDITION: BMMF 1285; Pellegrin, La bibliothèque de l'ancien Collège de Dorman-Beauvais, 120 u. 130. LITERATUR: vgl. Ed.

9. Paris, Sorbonne

a) 1273

– Von Gerhard v. Abbeville an das Collège de Sorbonne legierte Handschriften, 1273

aa) Paris, BN lat. 16151 (13. Jh.):

s. F18.a)
Verweis: F9.e), X.f.; F9.j), D5; F18.a); F28.b).

Texte:
  Averroes:
    De anima
    De generatione
    De longitudine
    De memoria
    De sensu

De sompno
De substancia

ab) Paris, BN lat. 16155 (13. Jh.):

s. F18.b)
Verweis: F9.e), X.m.; F9.j), D4; F18.b); F28.b)

Texte:
　Averroes:
　　De caelo

ac) Paris, BN lat. 16602 (13. 2. oder 3. Viertel):

s. F18.c)
Verweis: F9.e), AD.k.; F9.j), A4; F18.c); F28.a), 70.

Texte:
　Abū Muḥammad 'Abdallāh:
　　De coniunctione
　Alfarabi:
　　De intellectu
　Alkindi:
　　De intellectu
　Averroes:
　　Metaphysica (Exzerpt)
　Avicenna:
　　Metaphysica

ad) Paris, BN lat. 16603 (13. Jh. 2. o. 3. Viertel):

s. F18.d)
Verweis: F9.f), XLVII.6.; F18.d); F28.a), 64.

Texte:
　Avicenna:
　　De anima
　　(=> De viribus cordis)

ae) Paris, BN lat 16604 (13. Jh. 2. oder 3. Viertel):

s. F18.e)
Verweis: F9.f), XLVII.3.; F18.e); F28.a), 63.

Texte:
 Avicenna:
  Physica/1
 Ḥunayn:
  De caelo

af) Paris, BN lat. 16605 (13.Jh.):

s. F18.f)
Verweis: F9.e), AD.c.; F9.j), A3; F18.f); F28.a), 68.

Texte:
 Algazali:
  Logica
  Metaphysica
  Physica
 Alkindi:
  De essentiis

ag) Paris, BN lat. 16613 (13. Jh. 2. o. 3. Viertel):

s. F18.g)
Verweis: F9.e), Z.t.; F9.f), LIII.17. als „deficit"; F18.g); F28.a), 66.

Texte:
 Alfarabi:
  De intellectu
 Alkindi:
  De intellectu
  De somno
 Costa ben Luca:
  De differentia

ah) Einträge in F9.f):

s. F9.f)
Verweis: F9.f), XLVII.7., XLVII.8., LIII.2., LIII.8.; F18.h); F28.b).

Texte:
  Alfarabi:
    De ortu zweimal
    De scientiis zweimal (davon einmal dub.)
  Alkindi:
    De essentiis zweimal (davon einmal dub.)
  Algazali:
    Logica
    Metaphysica
    Physica
  Ps.-Aristoteles:
    De proprietatibus
  Avicenna:
    De conuenientia
    Metaphysica (Exzerpt)
  Gundissalinus:
    De divisione

b) 1289/1291

  – Von Adenulf v. Anagni an das Collège de Sorbonne legierte Handschrift

Paris, BN lat. 16082 (13.Jh.):
s. F14.b)
Verweis: F9.f), XLVII.18.; F14.b).

Texte:
  Alkindi:
    De essentiis
  Ps.-Aristoteles:
    De proprietatibus
  Averroes:
    De sensu
  Avicenna:
    De congelatione

Ḥunayn:
De caelo
Costa ben Luca:
De differentia

c) ca. 1300

– Von Nichosius de Planca an das Collège de Sorbonne legierte Handschrift, ca. 1300:

s. F27.
Verweis: F9.e), AD.s.; F27.

Texte:
Costa ben Luca:
De differentia
Ps.-Aristoteles:
De proprietatibus

d) 1306/1309

– Von Gottfried v. Fontaines an das Collège de Sorbonne legierte Handschrift:

Paris, BN lat. 16096 (13. Jh. letztes Viertel):
s. F20.
Verweis: F9.e), X.h.; F20.

Texte:
Algazali:
Prologus
Logica
Metaphysica
Physica
Avicenna:
Metaphysica
De universalibus

e) zw. 1320 u. 1330

– Inventar und Repertorium der Libraria magna des Collège de Sorbonne (ca. 330 Art. = 1151 Texte), zw. 1320 und 1330

Inv.: „*Vigesimi Scamni V. [...] Multi libri tam medicinales quam logicales*"
Rep. 437: „*V.d. Liber Avicenne de viribus et medicinis. Creavit Deus ex concavitatibus cordis. [1]*"
Rep. 67: „*[...] [setze V.d.] Tractatus brevis de utili. Usus fuit ut cum hoc quandoque [2].*"

Inv.: „*Vigesimi Primi Scamni X. [...] Metaphysica commentata Aristotelis.*"
Rep. 154: „*[...] et X.d. Ejusdem [Ave.] super methaphisicam. Consideracio quidem in veritate difficilis est. [3]*"

Inv.: „*Vigesimi Primi Scamni X. [...] Libri naturales Aristotelis. De substantia orbis Averroys.*"
Rep. 108: „*[...] et X.e. De differencia spiritus et anime ejusdem [scil. Arist.]. Interrogasti me de differencia spiritus et anime [4].*"
Rep. 161: „*[...] et X.e. Item de substantia orbis. In tractatu isto intendimus [5].*"

Inv.: „*Vigesimi Primi Scamni X. [...] Commentum ejusdem [Ave.] de generacione, cum aliis.*"
Rep. 80: „*X.f. Item tres translaciones de anima cum commento Averroys [6a)].*"
Rep. 152: „*X.f. Item [Averroes De anima] cum textum duplici [6b)].*"
Rep. 157: „*[...] et X.f. Tractatus ejusdem [Ave.] de sensu et sensato. Virtutes quedam sensibiles, quedam sunt neccessarie[8].*"
Rep. 158: „*[...] X.f. [...] Tractatus ejusdem [Ave.] de memoria. Secundus tractatus incipit perscrutari [9].*"
Rep. 159: „*[...] et X.f. Item de sompno et vigilia. Et cum jam diximus [10].*"
Rep. 160: „*[...] et X.f. Item de morte et vita. Et in hoc tractatu perscrutatur [11]*"
Rep. 161: „*[...] X.f. [...] Item de substantia orbis. In hoc tractatu isto intendimus [12].*"
Rep. 162: „*[...] et X.f. Item de generacione et corrupcione. Intentio nostra in hoc libro [13].*"
Hs: Paris, BN lat. 16151
Verweis: F9.aa); F9.f), XLVIII.3 als „*cathenatus*"; F9.j), D5; F18.a); F28.b).

Inv.: „*Vigesimi Primi Scamni X. [...] Metaphisica Avienne [sic]. Tractatus quidam de utili, cum aliis.*"

Rep. 55: „*X.a [eigentlich X.h.] Item alia loyca Algazelis. Inquit Albuhanudin grates sint Deo [14].*"

Rep. 56: „*.... [setze X.h.] Loyca Avicenne [15].*"

Rep. 132: „*[...] et X.... [setze h.] Methaphisica Avicenne libri x. Postquam auxilio Dei implevimus tractatum de intencionibus [16].*"

Hs: Paris, BN lat. 16096 [17], [18], [19]

Verweis: F9.d); F20.

Inv.: „*Vigesimi Primi Scamni X. [...] Phisica Aristotelis commentata. Distinctio Albumazar super librum eundem[20].*"

Rep. 153: „*[...] et X.i. Ejusdem [Ave.] super librum phisicorum [21]. Quoniam autem disposicio sciencie et certitudinis.*"

Verweis: F9.j), D3.

Inv.: „*Vigesimi Primi Scamni X. [...] Libri celi et mundi commentati.*"

Rep. 155: „*[...] et X.m. ejusdem [Ave.] super librum de celo et mundo. Maxima cognicio nominatur et sciencia [22].*"

Hs: Paris, BN lat. 16155

Verweis: F9.ab); F9.f), XLVIII.2 als „*cathenatus*";F9.j), D4; F18.b); F28.b).

Inv.: „*Vigesimi Tercii Scamni Z. Omnia commenta Averroys cum commento.*"

Rep. 151: *Z.a. Commentum Averroys super librum de anima [23].*"

Rep. 153: „*Z.a. [...] Ejusdem [Ave.] super librum phisicorum. Quoniam autem disposicio sciencie et certitudinis [24].*"

Rep. 154: „*Z.a. [...] Ejusdem [Ave.] super methaphisicam. Consideracio quidem in veritate difficilis est [25].*"

Rep. 155: „*Z.a. [...] ejusdem [Ave.] super librum de celo et mundo. Maxima cognicio nominatur et sciencia [26].*"

Rep. 156: „*Z.a. Ejusdem [Ave.] super quartum mee rororum. Et debes scire quad non debes dubitare [27].*"

Rep. 157: „*Z.a. [...] Tractatus ejusdem [Ave.] de sensu et sensato. Virtutes quedam sensibiles, quedam sunt neccessarie [28].*"

Rep. 158: „*Z.a. [...] Tractatus ejusdem [Ave.] de memoria. Secundus tractatus incipit perscrutari [29].*"

Rep. 159: „*Z.a. [...] Item de sompno et vigilia. Et cum jam diximus [29].*"

Rep. 160: „*Z.a. [...] Item de morte et vita. Et in hoc tractatu perscrutatur [30]*"

Rep. 161: „*Z.a. [...] Item de substantia orbis. In hoc tractatu isto intendimus [31].*"

Rep. 162: „*Z.a.* [...] *Item de generacione et corrupcione. Intentio nostra in hoc libro [32].*"

Inv.: „*Vigesimi Tercii Scamni Z.* [...] *Libri Avicenne, scilicet phisicorum, de celo et mundo, de generacione, metheororum.*"
Rep. 126: „*Z.h. Liber Avicenne de celo et mundo. Capitulum in potenciis corporum simplicium [33].*"
Rep. 127: „*Z.h. Liber phisicorum ejusdem [*Avi.*]. Expedevimus nos Dei auxilio ab eo quod opus fuit [34] [35].*"
Rep. 128: „*Z.h. Liber de generacione ejusdem [*Avi.*] Jamque explemus [sic] computare et facere [36].*"
Rep. 129: „*Z.h. Liber metheororum ejusdem [*Avi.*]. Incipiamus amodo et primo verificemus modum[37].*"
Verweise: F9.j), B6 [38].

Inv.: „*Vigesimi Tercii Scamni Z.* [...] *Exposicio libri de animalibus.*"
Rep. 130: „*Z.i. Liber Avicenne de animalibus libri xix secundum translacionem Michaelis Scoti. Et animalium quidem existant in membris [39].*"
Rep. 135: „*Z.i. Liber ejusdem [*Avi.*] de vegetabilibus. Sequitur tractare utiliter de vegetabilibus [40].*"
Verweis: ev. F28.a), 65.

Inv.: –
Rep. 229: „*Z.t. Jacob Anselmi de causis sompni et vigilie. Tu qui Deus [41]*"
Rep. 231: „*Z..... De differencia spiritus et anime. In Dei nomine [42].*"
Rep. 232: „*......Item de intellectu et intellecto secundum Alpharabium. Dixit Alpharabius [43].*"
Hs: Paris, BN lat. 16613 [44]
Verweis: F9.ag); F9.f), LIII.17. als „deficit"; F18.g); F28.a), 66.

Inv. (dub.): „*Vigesimi Quarto Scamni AB.* [...] *Calcidius super librum Platonis et exerpta [sic] Calcidii. Sentencia brevis et divisio super librum de Consolacione. Glose arismetice cum tabulis et palma, cum multis aliis.*"
Rep. 161: „*[...] AB.h.* [...] *Item de substantia orbis. In tractatu isto intendimus [45].*"

Inv.: „*Ultimi Scamni Juxta Parietem AD xxvi.* [...] *Loyca aristotelis et methaphisica ejusdem, phisica ejusdem, liber de quinque essenciis.*"
Rep.54: „*AD.c. Loyca Algazelis. Capitulum de hiis que [46].*"
Rep. 139: „*AD.c. Methaphisica Algazelis. Usus fuit apud philosophos [47].*"
Rep. 140: „*AD.c. Phisica ejusdem [*Alg.*]. Jam diximus [48].*"

Rep. 141: „*AD.c. Tractatus ejusdem [Alg.] de quinque essenciis. Sapiens enim Aristoteles [49].*"
Hs: Paris, BN lat. 16605
Verweis: F9.af); F9.j), A3; F18.f); F28.a), 68.

Inv.: „*Ultimi Scamni Juxta Parietem AD. xxvi. [...] Thomas super librum de anima. Thomas super parvos libros naturales. Inpossibilia [sic] Sygeri.*"
Rep.: = entspricht den Einträgen *AD.f.*, unter diesen wird unser Text hier aber nicht aufgeführt
Verweis: F9.j), A7 [50].

Inv.: „*Ultimi Scamni Juxta Parietem AD. xxvi. [...] Questiones super librum de anima. Tractatus Egidii de pluralitate intellectus humani, cum aliis.*"
Rep.157: „*[...] AD.g. [...] Tractatus ejusdem [Ave.] de sensu et sensato. Virtutes quedam sensibiles, quedam sunt neccessarie [51].*"
Rep. 158: „*[...] AD.g. Tractatus ejusdem [Ave.] de memoria. Secundus tractatus incipit perscrutari [52].*"
Rep. 159: „*[...] AD.g. [...] Item de sompno et vigilia. Et cum jam diximus [53].*"
Rep. 160: „*[...] AD.g. [...] Item de morte et vita. Et in hoc tractatu perscrutatur[54].*"
Rep. 161: „*[...] AD.g. [...] Item de substantia orbis. In tractatu isto intendimus. [55].*"
Verweis: F9.j), B2 [56].

Inv.: „*Ultimi Scamni Juxta Parietem AD. xxvi. [...] methaphisica Avicenne, liber de primis et secundis substanciis et fluxu earum, liber Alpharabii de intellectu et intellecto, liber Alexandri de intellectu,* epistola Avicenne super questione et generacione, tractatus Alexandri de sensu, epistola ejusdem de augmento, tractatus ejusdem de intellectu et intellecto secundum sentencias Aristotelis.*"
Rep. 132 & 138: „*AD.k. [...] Methaphisica Avicenne libri x. Postquam auxilio Dei implevimus tractatum de intencionibus.*" „*AD.k. Item Avicenna de universali [57].*"
Rep. 136: „*AD.k. Epistola Avicenne de intellectu. Intencio nostra [58].*"
Rep. 137: „*..... Item epistola ejusdem [Avi.] super questione de creatione et generacione. Et nos dicemus [59].*"
Rep. 142: „*AD.k. Liber Alexandri de intellectu. Intelligo vel intellexi quod queris scribi [60].*"
Rep. 148: „*AD.k. Liber Alpharabii de intellectu et intellecto. Nomen intellectus dicitur multis modis[61].*"
Hs: Paris, BN lat. 16602
Verweis: F9.ac); F9.j), A4; F18.c); F28.a), 70.

Inv.: „*Ultimi Scamni Juxta Parietem AD xxvi. [...] De anima Avicenne.*"
Rep. 131: „*AD.m. Liber ejusdem* [Avi.] *de anima vel sextus naturalium. Jam autem explevimus in primo membro [62].*"

Inv. „*Ultimi Scamni Juxta Parietem AD xxvi [...] Naturalia Aristotelis ubi sunt xxii libri.*"
Rep. 108: „*AD.s. [...] De differencia spiritus et anime ejusdem* [scil. Arist.]. *Interrogasti me de differencia spiritus et anime [63].*"
Rep. 113: „*AD.s. De causis proprietatum elementorum. Postquam premissus est sermo a nobis in celo et mundo [64].*"
Hs: Paris, BN lat. 16088
Verweis: F9c); F27.

Texte:
   Abū Muḥammad 'Abdallāh:
      De coniunctione: [58]
   Alfarabi:
      Distinctio: [20]
      De intellectu: [43]; [61]
   Algazali:
      Logica: [17], [46]
      Metaphysica: [18], [47]
      Physica: [19], [48]
      Prologus: [14]
   Alkindi:
      De intellectu: [44]; [60]
      De essentiis: [49]
      De somno: [41]
   Ps.-Aristoteles:
      De proprietatibus: [64]
   Averroes:
      De anima: [6a) u. b)], [23]
      Caelo: [22], [26]
      De generatione: [13], [32], [56]
      De longitudine: [11], [30], [54]
      De memoria: [9], [28], [52]
      Metaphysica: [3], [25]
      Meteorum: [27]
      De ortu animalium: [59]
      Physica: [21], [24]

De sensu:	[8], [28], [51]
De sompno:	[10], [29], [53]
De substancia:	[5], [12], [31], [45], [55]

Avicenna:

De actionibus:	[38]
De anima:	[62]
(=> De viribus cordis)	
De animalibus:	[39]
De caelo:	[33]
De generatione:	[36]
Metaphysica:	[16], [57]
Meteorum:	[37]
Physica/1:	[34]
Physica/2:	[35]
De universalibus:	[2], [15]
De vegetabilibus:	[40]
De viribus:	[1]

Costa ben Luca:

De differentia:	[4], [42], [50], [63]

Erläuterungen:

[Allg.]: Im Inventar werden die auf Pulten aufgestellten Bände in der Reihenfolge ihres Auftretens auf den Pulten summarisch wiedergegeben. Die Pulte sind alphabetisch gekennzeichnet, wobei man nach Z wieder mit A anfing und einen zweiten Buchstaben anfügte, also „AB" usw. Im Repertorium sind (fast) alle in den Handschriften enthaltenen Texte thematisch sortiert wiedergegeben. Dabei verweist eine Signatur auf den Standort der Handschrift(en), in welcher/n der bestimmte Text vorkommt. Die Signatur besteht aus den Großbuchstaben die das Pult angeben (also z.B. „AB"), gefolgt von einem Kleinbuchstaben, aus welchem der Standort des Bandes auf dem Pult hervorgeht, vgl. unten Anm. 285.

Um die enge Beziehung zwischen diesen beiden Quellen aufzuzeigen und das zur Identifikation der einzelnen Einträge nötige ständige Wechselspiel zwischen beiden besser nachvollziehbar darstellen zu können, habe ich mich entschieden, die Quellenauszüge aus dem Inventar und dem Repertorium der libraria magna des Collège de Sorbonne zusammen wiederzugeben. Dabei folge ich der Reihenfolge des Inventars und habe diesem die entsprechenden Einträge aus dem Repertorium zugeordnet. Die Numerierung der Einträge des Repertoriums stammt nicht von Delisle. Wie bei Birkenmajer, La bi-

bliothèque, passim, sind auch hier einfach die Einträge bei Delisle
von mir durchnumeriert worden. Zum Verhältnis der beiden Quellen
untereinander vgl. Birkenmajer, La bibliothèque, 129–141; Delisle II,
182f u. Delisle III, 8; Rouse, The early library, 232–236; ders., Manuscripts, 254. Zur Datierung vgl. ders., The early library, 232–236.

[1] – [2]: Vor dem 67. Eintrag im Repertorium stehen Texte aus der
mit „AD.h." bezeichneten Handschrift. Der 68. Eintrag ist ohne Pult-
und Band-Angabe, darauf folgt als 69. Eintrag ein Text aus der
Handschrift „V.d." Die unter „AD.h." genannten Texte konnte auch
schon Birkenmajer, La bibliothèque, 129–141, keinen Zeilen auf Pult
AD im Inventar zuordnen. Die vorangehenden Einträge geben uns
daher keine Identifizierungshilfen für Nr. 67. Der 69. Eintrag „V.d."
hingegen bezieht sich auf die Zeilen 13 bis 14 der Beschreibung des
Pultes V im Inventar: „Multi libri tam medicinales quam logicales. Tacui-
mus". Damit sind die Einträge 437, 440–443, 1099 und ev. 444 und
445 gemeint. Nr. 437 ist Avicennas De viribus cordis. Wenn wir also
annehmen, daß Nr. 67 Avicennas De universalibus meint (vgl. unten
Erläuterungen zu [14] – [19]), läßt sich feststellen, daß dieser Text
durchaus in die mit „V.d." bezeichnete Handschrift paßt, und wir die
Lücke in Nr. 67 daher mit „V.d." zu ergänzen haben. Das gleiche
gilt, allerdings ohne Relevanz für unsere Fragestellung, dann wohl
auch für den logischen Text aus Nr. 68. Die Ergänzung der Lücke in
Nr. 67 mit „V.d." statt mit „X.h." wahrt auch besser die Reihenfolge
in der Rubrik der „Libri logicales Aristotelis et aliorum" (vgl. unten Erläuterungen zu [14] – [19]).

[6a) + b)]: Paris, BN lat. 16151 enthält zwei Versionen des Aristoteles
Textes in Spalten nebeneinander und damit abwechselnd den Averroes-Kommentar, vgl. AL 680. Diese Reihenfolge hat den Verfasser
des Repertoriums wohl so verwirrt, daß er bei Nr. 80, wo er die in
dieser Handschrift enthaltenen Werke von Aristoteles aufführen will,
drei De anima Texte angibt und damit also Averroes einschließt, ihn
dann aber doch noch extra nennt, so daß der Eindruck entsteht, die
Handschrift enthalte drei Aristoteles-Versionen und den Averroes-
Kommentar. Im Eintrag Nr. 152 dann soll der Averroes-Kommentar
nachgewiesen werden. Wiederum werden auch die Aristoteles-Versionen mit genannt, diesmal allerdings richtig als „textum duplici".

[6] – [13]: Glorieux, Bibliothèques de Maîtres parisiens. Gérard
d'Abeville, 159, identifiziert Paris, BN lat. 16151 mit den Einträgen

Z.a. im Repertorium. Dies ist aber falsch, wie durch Vergleich mit den unter Verweise angegebenen Fundstellen deutlich wird.

[14] – [19]: Das im Repertorium unter Nr. 55 gegebene Incipit gibt den Anfang des nur in einer Handschrift, Paris, BN lat. 16096, überlieferten Prologs Algazalis zu seinen *Maqāṣid* wieder. In der Handschrift folgen darauf alle drei Teile dieses Werkes, also die *Logik*, die *Metaphysik* und die *Physik*. Paris, BN lat. 16096 enthält einen Besitzeintrag der Sorbonne, aus dem hervorgeht, daß sie als 24. Band „*Inter mixta philosophorum*" in der Sammlung der Sorbonne eingereiht war und daß sie von Gottfried v. Fontaines legiert wurde, vgl. F9.d) und F20. Im Katalog der libraria parva [F9.f)] steht an dieser Stelle „*Deficit quia Cathenabitur*". D.h., daß im 55. Eintrag eben Paris, BN lat. 16096 gemeint ist. Die Tatsache, daß das Repertorium nur die *Logik* angibt und die beiden weiteren Teile verschweigt, ist nicht ungewöhnlich. Allerdings gibt das Repertorium als Signatur der Handschrift, in welcher der unter Nr. 55 angegebene Text sich befinden soll „X.a." an. Als weitere Einträge zu „X.a." finden wir im Repertorium unter der Nummer 271 ein „*Eustracius super librum ethicorum*" und unter 272 eine „*tabula omnium capiulorum decem librorum ethicorum*". Diese beiden Texte finden sich nicht in Paris, BN lat. 16096. Dies spricht aber nicht von vornherein gegen meine Identifizierung von Eintrag 55 mit Paris, BN lat. 16096, da Birkenmajer, La bibliothèque, 133, auch schon an anderen Stellen festgestellt hat, daß die im Repertorium angegebenen Signaturen manchmal falsch sind. Die folgende Argumentation wird zeigen, daß auch in diesem Falle die Kennzeichnung „X.a." falsch ist. Die Handschrift enthält neben anderen Texten auch Avicennas *De universalibus*. Dadurch wird auch der folgende Eintrag Nr. 56 erklärt, der im Repertorium ohne Pult- u. Bandangabe steht. Außerdem enthält Paris, BN lat. 16096 noch *De occultis* von Thomas v. Aquin. Dieser Text findet sich im Repertorium an 185. Stelle, wo ihm die Signatur „X.h." zugewiesen wird. Weitere „X.h."-Einträge finden sich im Repertorium nicht. Dafür steht bei Nr. 132 im Repertorium Avicennas *Metaphysik*. Als Signatur ist nur noch „X." zu erkennen, also ohne Angabe, in welchem Band auf Pult X dieses Werk enthalten ist. Paris, BN lat. 16096 enthält auch Avicennas *Metaphysik*. Gibt man nun allen bisher besprochenen Einträgen, also Nr. 55, Nr. 56 und Nr. 132 die Signatur „X.h.", so kommt das gut mit dem Eintrag im Inventar zu Pult X überein, denn dort, wo die Anga-

ben zu „X.h." zu erwarten sind[285], lesen wir wie oben angegeben
„*Methaphisica Avicenna*" und „*Tractatus quidam de utili, cum aliis*". Die erste Zeile bezieht sich eindeutig auf Avicennas *Metaphysik*. Die zweite
meint dessen *De universalibus*, denn unter Nr. 67 wird ohne Pult und
Band-Signatur ein „*Tractatus brevis de utili. Usus fuit ut cum hoc quandoque*"
angegeben, vgl. oben Erläuterungen [1] – [2]. Das Incipit von *De universalibus* lautet „*Usus fuit ut cum haec quinque*". Die Diskrepanz läßt sich
leicht durch eine falsche Aufschlüsselung der womöglich in der Handschrift verwendeten Abbreviaturen von *haec* und *quinque* durch den
Schreiber des Repertitoriums erklären. Daher ist mit dem *Tractatus
quidam de utili* im Inventar also Avicennas *De universalibus* gemeint, „*cum
aliis*" sind dann neben *De occultis* von Thomas die anderen in BN lat.
16096 enthaltenen Texte, darunter eben Algazalis *Logik*, *Metaphysik*
und *Physik*, die alle keinen Eintrag im Repertorium erhalten haben.
Warum meint der Eintrag „*Tractatus quidam de utili*" im Inventar dann
den 56. Eintrag im Repertorium und nicht den 67.? Die Einträge im
Repertorium in der Gruppe der *Libri logicales Aristotelis et aliorum* sind
im großen und ganzen so angelegt, daß die logischen Texte aus einer
Handschrift auch nacheinander aufgeführt sind, also zuerst Texte aus
X.g. usw. Dieses Prinzip ist nicht immer streng durchgehalten, aber
doch erkennbar. Daher ist es auch wahrscheinlich, daß die logischen
Texte aus der Handschrift X.h. beieinander stehen und auf die Logik
Algazalis in Nr. 55 der logische Avicennatext *De universalibus* in Nr. 56
folgt.

[22]: Die Namensform ,Abumazar' oder ,Abumazar Alpharabi'
taucht im Titel des hier identifizierten Werkes auf, vgl. o. in Kapitel
III.2. die Ausführungen zu Alfarabis *Distinctio*. Die Identifizierung
wird bestätigt durch den Vergleich mit F9.j), D3.

---

[285] Hierbei ist zu beachten, daß der Verfasser des Inventars die Bände auf den Pulten zum Teil
in umgekehrter alphabetischer Reihenfolge wiedergegeben hat. Ordnet man zum Beispiel
den Einträgen zu Pult AD die Band-Signaturen des Repertoriums zu, so ergibt sich folgende Reihenfolge: AD.v., AD.t., AD.r., AD.s., AD.q., AD.p., AD.o., AD.n., AD.m., AD.k.,
AD.i., AD.g., AD.f., AD.e., AD.d., AD.c., AD.a., AD.b., P.h. Dies hängt wahrscheinlich zusammen mit der Richtung, in der er die einzelnen Pulte zwecks Abfassung des Inventars ab-
schritt. So ließe sich auch der plötzliche Wechsel in der alpabetischen Reihenfolge bei der
Beschreibung von Pult X erklären. Die wahrscheinlich in zwei Etagen gelagerten Bücher
lief er für die erste Etage in die eine Richtung, für die zweite dann in die andere Richtung
ab und kam somit zu folgender Reihenfolge in seinen Notizen: X.a., X.b., X.c., X.d., X.e.,
X.f., X.g., X.h., X.i., X.q.(?), X.p., X.o., X.n.., X.l., X.k. Kleinere Abweichungen von der
alphabetischen Reihenfolge wie oben bei AD.b. und AD.a. lassen sich dadurch erklären,
daß Inventar und Repertorium nicht zur gleichen Zeit entstanden sind und daß zwischen
beiden durchaus Umstellungen auf den Pulten vorgenommen worden sein können.

[22]: Die Angabe „Michel Scot, De coelo et mundo" bei Glorieux, Bibliothèques de Maîtres parisiens. Gérard d'Abeville, 159, meint natürlich den Averroes-Kommentar.

[34] – [35]: Hier liegen die Übersetzungen von Gunsalvi und Salomon vor, vgl. oben Kapitel III 2. Daher ist anzunehmen, daß hier wie im einzig erhaltenen Textzeugen dieser Übersetzungen, Vatikan, Urb. lat. 186, auch die zweite Version der Physik-Übersetzung vorliegt, welche die erste fortsetzt.

[46] – [49]: Die Zuordnung von Paris, BN lat. 16605 zu „AD.k." in AvLC, 51, ist falsch.

[57]: Nach Einsicht in Paris, BN lat. 16602 scheint es sich bei Nr. 138 im Repertorium nicht um einen weiteren Avicenna-Text, sondern einfach um den neunten Traktat der *Metaphysik* Avicennas zu handeln, da auf f. 76r in den letzten zwei Zeilen das Explicit des 8. Traktats steht und auf f.76v dann gleich der erste Satz des 9. Traktats, während der Hinweis darauf auch noch auf der Vorderseite stand. So findet sich gleich in der ersten Zeile von f. 76v das Wort *universalitas*.

QUELLE: Paris, Arsenal Hist. fr. 855. EDITION: BMMF 1434; G 350 u. 351, Delisle III, 72–79 (Inv.) u. 79–114 (Rep.). LITERATUR: Für ältere Lit. vgl. Birkenmajer, La bibliothèque, Anm. 11–13; Delisle II, 181–200; Rouse, The early library, 232–241; Glorieux. Études sur la biblionomia; ders., Bibliothèques de Maîtres parisiens. Gérard d'Abeville; Birkenmajer, La bibliothèque de Richard de Fournival, 129f–141 u.155–204; Zu Avicenna, Physica/2 vgl. d'Alverny, L'introduction, 134ff u. dies., Les traductions latines d'Ibn Sina; ebenso dort zu Avicennas De Vegetabilibus; dies., Les traductions d'Avicenne. Quelques résultats, 155f.

f) 1338

– Katalog der Libraria parva der Sorbonne (1824 Art. einschließlich der libri cathenati und unlesbarer Angaben), 1338:

„*XXXVIII. – Originalia mixta sanctorum et philosophorum*"

XXXVIII.8.: „In uno volumine continentur isti libri : tractatus de correctione Biblie, Jeronimus de cognitione Dei in membris suis, Cassiodorus de anima, Augustinus de origine anime ad Vincencium Victorem, ad Jeronimum, ad Optatum episcopum, Jero-

nimus super quator ewangelia, canones ewangeliorum et prothemata quedam, exposicio
vocabulorum Biblie que vocatur centilogium, Anselmus de casu dyaboli a xii capitulo,
item de azimo, idem de sacramentis, item de incarnatione Verbi, idem proslogion, idem
de processu Spiritus sancti, idem de repugnancia liberi arbitrii, idem de libertate arbi-
trii, idem de conceptu virginali, idem de peccato originali, idem monologion, idem cur
Deus homo, Augustinus de spiritu et anima, Dyonisius de ecclesiastica ierarchia, Al-
pharabius de intellectu et intellceto sine principio [1], Alexander de intellecto et intel-
lectu, theoremata de articulis fidei, ecclesiastica historia libri ix, Bernardus ad Euge-
nium, Augustinus de decimis, idem de quantitate anime, theologica quarumdam ar-
borum, de viribus anime, Boetius de fide catholica, de Trinitate, de eubdomadibus, de
persona et natura, summa Johannis de Rupella de anima, liber sybille de tribulacioni-
bus mundi, diffiniciones, cronica et etates hominum, liber quidam in greco vel arabico
vel hebreo, Prudencius de sacrificio Christi. Incipit in 2° fol. qui pascebat, in pen.
ossa tegit. Precium lx sol.“

„*XLVII – Libri naturales non commentati*“

XLVII.1.: „*In uno volumine metaphisica Aristotelis de antiqua translacione libri xi,*
de celo et mundo libri iiii, liber phisicorum libri viii, de generacione et corrupcione libri
duo, metheororum libri quator, pars libri incipientis 'Invisibilia Dei,' de differencia
spiritus et anime [2], de vegetativis et plantis libri duo, de anima libri tres, parvi libri
naturales, de causis. Incipit in 2° fol. omnia, in pen. reditis. Precium vi l.“

XLVII.3.: „*In uno volumine phisica Avicenne, que intitulatur de causis et principiis*
rerum naturalium [3], collacio ejus de celo et mundo [4]. Incipit in 2° fol. a natura,
in pen. cum dico. ex legato magistri G. de Abbatisvilla. Precium xvi sol.“
HS: Paris, BN lat. 16604
Verweis: F9ae); F18.e); F28.a), 63.

XLVII.6.: „*Sextus naturalium Avicenne [5], ex legato magistri G. de Abbatisvilla.*
Incipit in 2° fol. iam explevimus, in pen. in libris. Precium XX sol.“
Hs: Paris, BN lat. 16603
Verweis: F9.ad); F18.d); F28.a), 64.

XLVII.7.: „*Alpharabius de primis principiis rerum quinque libri parciales [6], idem*
de ortu scienciarum [7], ex legato magistri G. de Abbatisvilla. Incipit in 2° fol. in
eas, in pen. nisi per. Precium xvi sol.“
Verweis: F9.ah); F18.h).

XLVII.8.: „*In uno volumine liber phisicorum, liber celi et mundi, de proprietatibus*
celi et mundi [7bis], de generacione et corrupcione, metheororum, de vegetativis et

plantis, de anima, de sensu et sensato, de memoria et reminiscencia, de sompno et vigilia, de morte et vita, ex legato magistri [G.] de Abbatisvilla. Incipit in 2° fol. iam contingere, in pen. omnibus existimus. Precium L sol."
Verweis: F9.ah); F18.h); F28.a), 61.

XLVII.18.: „In uno volumine metaphisica, phisica, liber de generacione et corrupcione, de anima, de sensu et sensato [8], de sompno et vigilia, liber metheororum, de celo et mundo, de vegetativis et plantis, de morte et vita, de differencia spiritus et anime [9], de causis, de unitate et uno, Algazel de quinque essentiis [10], de ymagine speculi, de proprietatibus elementorum [11], liber Avicenne de celo et mundo [12], Boetius de disciplina scolarium, idem de Trinitate, epistola Aristotelis ad Alexandrum, liber de articulis fidei, ex legato magistri Adenulphi, prepositi Sancti Odomari. Incipit in 2° fol. te magis esse, in pen. matrimonii causam. Precium vi l."
Hs: Paris, BN lat. 16082 [12bis]
Verweis: F9.b); F14.b).

XLVII.23.: „Liber de celo et mundo, liber de causis et de differencia spiritus et anime [13], ex legato magistri Laurencii de Quesnes, condam socci domus. Incipit in 2° fol. autem motus, in pen. quia corpus. Precium viii sol."

„LIII – Mixti Philosophorum"

LIII.2.: „In uno volumine tractatus Johannis de Ruppella de anima, methaphisica Agazelis [14], phisica ejusdem [15], tractatus ejusdem de quinque essenciis [16], liber de unitate et uno, pars metaphisice Avicenne [17]. Incipit in 2° fol. anima est substancia, in pen. prius tunc. Ex legato magistri G. de Abbatisvilla. Precium xx sol."
Verweis: F9.ah); F18.h); F28.b).

LIII.8.: „In uno volumine Agazel [sic] de intencionibus logicis [18], Alpharabius de distinctione scienciarum [19], liber Avicenne de causa et causato [20], liber ejusdem de demonstracione [21], liber Ag[azelis] de ortu scienciarum [22], liber Condisalvi [sic] de ortu omnium scienciarum [23], ex legato magistri G. de Abbatisvilla. Incipit in 2° fol. quod, in pen. et hoc. Precium xx sol."
Verweis: F9.ah); F18.h); F28.a), 15.

LIII.11.: „Metaphisica Avicenne [24], reportaciones super libros logic[al]es et naturales. Incipit in 2° fol. et si cum, in pen. horum cum hc geoa. Precium xx sol."

LIII.18.: „Methaphisica Agazelis [25] [26], cum scripto super Cantica. Incipit in 2° fol. omnia ars, in pen. pater et verbum. Precium xx sol."

LIII.19.: „*Liber de differencia spiritus et anime [27], cum quibisdam aliis. Incipit in 2° fol. claudi a se, in pen. amplius autem de motu. Precium v sol.*"

Texte:
  Alfarabi:
  De intellectu: [1]
  De ortu: [7], [22]
  De scientiis: [6] (dub.), [19]
  Algazali:
  Logica: [18]
  Metaphysica: [14], [25]
  Physica: [15], [26]
  Alkindi:
  De essentiis: [6] (dub.), [10], [16]
  Averroes:
  De sensu: [8]
  Avicenna:
  De congelatione: [12bis]
  De conuenientia: [21]
  De anima: [5]
  (=> De viribus cordis)
  Metaphysica: [17] (Exzerpt), [24]
  Physica/1:   [3]
  Gundissalinus:
  De divisione: [23]
  Ḥunayn:
  De caelo: [4], [12]
  Ps.-Aristoteles:
  De proprietatibus: [7bis], [11]
  Costa ben Luca:
  De differentia: [2], [9], [13], [27]

Erläuterungen:
[5]: Glorieux, Bibliothèques des Maîtres parisiens. Gérard d'Abeville, 159, identifiziert noch nicht mit F28.a), 64.

[7bis]: Vgl. Erläuterungen [8] bei F28.a). Die Identifikation Glorieuxs, La „biblionomia", 214, mit Paris, BN lat. 16142 ist schlichtweg falsch: Nicht nur findet sich in diesem Eintrag nicht das in der Handschrift enthaltene *De differentia* von Costa ben Luca, sondern diese Handschrift ist erst um die Mitte des 14. Jahrhunderts in die Samm-

lung des Collège de Sorbonne gelangt, kann also nicht mit dem Eintrag im Katalog von 1338 gemeint sein, vgl. F21.b).

[14] – [17]: Glorieux, Bibliothèques de Maîtres parisiens. Gérard d'Abeville, 160, identifiziert diesen Eintrag mit F28.a), 68. Dieser Eintrag bei Fournival ist von mir jedoch als Paris, BN lat. 16605 erkannt worden und entspricht im Repertorium der Sorbonne den Fundstellen unter AD.c., vgl. F9.af); F9.e), AD.c); F9.j), A3; F18.j) u. F28.a), 68.

[18] – [23]: Vgl. Erläuterungen zu F.28a) [1] – [6]

[24]: Glorieux, Bibliothèques de Maîtres parisiens. Gérard d'Abeville, 160, behauptet, diese Handschrift stamme auch von Gerhard v. Abeville. Diese Ansicht belegt er aber nicht und der Eintrag in der Quelle spricht dagegen, da in anderen Fällen das Legat Gerhards immer extra erwähnt wird, hier aber kein Legationsvermerk steht.

[25] – [26]: Vgl. Erläuterungen zu H5. [1] – [3].

[27]: Das hier angegebene Incipit stimmt mit dem Text Costa ben Lucas überein, vgl. Edition Wilcox, Version Iohannes Hispalensis, Zeile 91: „et iam a se non potest claudi".

QUELLE: früher Paris, Arsenal Hist. fr. 855; jetzt Paris, BN lat. nouv. acq. 99, 2v–353r. EDITION: BMMF 1434; G 349, Delisle III, 9–72. LITERATUR: Bédoret, Les premières traductions. Œuvres d'Avicenne, 383; Birkenmajer, La bibliothèque de Richard de Fournival, 129f–141 u.155–204; Delisle II, 181–200; Rouse, The early library, 232–236; ders., Manuscripts belonging to Richard de Fournival, 254; Glorieux, Aux origines de la Sorbonne. I. Robert de Sorbon; ders., Aux origines de la Sorbonne. II. Le cartulaire; ders., Bibliothèques de Maîtres parisiens. Gérard d'Abeville; ders., Études sur la „biblionomia", besonders 214 (fehlerbehaftet).

g) 14. Jh. 2. Viertel

– Legat Gerhards v. Utrecht (= de Trajecto) an das Collège de Sorbonne:

Paris, BN lat. 16222 (13. Jh.):
Vgl. F19.
Verweis: F19.

Texte:
  Averroes:
    De memoria
    De longitudine
    De sensu
    De sompno

h) 14. Jh. 2. Viertel

– Von Jacob v. Padua an das Collège de Sorbonne legierte Handschriften:

ha) Paris, BN lat. 16097 (13. letztes Viertel und 14. Jh. 1. Viertel):

s. F22.a)
Verweis: F22.a)

Texte:
  Alfarabi:
    Didascalia
  Averroes:
    De substancia
  Avicenna:
    Metaphysica

hb) Paris, BN lat. 16110 (14.Jh.):

s. F22.b)
Verweis: F22.b).

Texte:
  Averroes:
    De caelo (Fragment)
    De cerebro
    De corde
    De extremis
    De generatione animalium
    Metaphysica
    De motu
    De ortu animalium

De sensu
De sompno
Avicenna:
De animalibus (Fragment)

hc) Paris, BN lat. 16159 (13. Jh.):

s. F22.c)

Verweis: F22.c).

Texte:
Alfarabi:
De intellectu
Averroes:
De anima
De caelo
De cerebro
De generatione animalium
Metaphysica
Physica
Avicenna:
De animalibus (Fragment)

i) 1350 ca.

– Von Heinrich v. Leuven an das Collège de Sorbonne legierte Hand-schriften:

ia) Paris, BN lat. 16095 (14. Jh.):

s. F21.a)
Verweis: F21.a).

Texte:
Averroes:
De anima (Fragment)

ib) Paris, BN lat. 16142 (13. Jh.):

s. F21.b)
Verweis: F21.b).

Texte:
    Avicenna:
        De congelatione
    Costa ben Luca:
        De differentia

ic) Paris, BN lat. 16150 (13. bis 14. Jh.):

s. F21.c)
Verweis: F21c).

Texte:
    Averroes:
        Physica

id) Paris, BN lat. 16156 (13. Jh.):

s. F21.d)
Verweis: F21.d).

Texte:
    Averroes:
        De caelo
        De anima

ie) Paris, BN lat. 16601 (14. Jh.):

s. F21.e)
Verweis: F21.e)

Texte:
    Averroes:
        De anima

De generatione
De longitudine
De memoria
De sensu
De sompno
De substancia

j) 14. Jh. 3. Viertel

– Fragment eines Kataloges der Libraria magna der Sorbonne, geschrieben von Adalbertus Rankonis de Ericinio, Scholastiker aus Prag,
1355 Rektor der Pariser Universität (44 Art.), zw. 1345 u. 1376:

*A3: „Loyca Algazelis. P. Capitulum de hiis que debent. F. facere intelligi de loyca
[1]. Methaphisica eiusdem. P. Usus fuit apud philosophos, libri quinque F. deus autem plus novit quam hec [2]. Phisica ipsius libri 5. P. Jam diximus quod ea que
sunt. F. de scienciis philosophorum loycis divinis er naturalibus [3]. Item de 5 essenciis liber. P. Sapiens id est Aristoteles. F. ex eo est interfuturum [4]. Boecius de unitate. P. Unitas est. F. distat a principio.“*
Hs: Paris, BN lat. 16605
Verweis: F9.af); F9.e), AD.c.; F18.f); F28.a), 68.

*A4: „Methaphisica Avicenne libri 20. P. Postquam auxilio dei. F. vicarius dei in illo
[5]. Item de primis et secundis substanciis et de fluxu earum. P. Principium princi-
piorum [6]. Alpharabii liber de intellectu. P. Nomen intellectus dicitur. F. preter in-
tencionem nostram [7]. Alexander Affrodisii {!} de tempore. P. Sicut difficultas ser-
monum. F. disposicionem unam. Item eiusdem Alexandri de sensu. P. Postquam
consumavit Aristoteles. F. absque alteracione et motu omnino. Item epistola eius de
augmento. P. Aristoteles dicit. F. non in materia. Item tractatus eius de intellectu et
intellecto secundum sentencias Aristotelis. P. Dixit Alexander. F. sicut tum erat in nobis. Item tabula de metaphisica Avicenne.“*
Hs: Paris, BN lat. 16602 [8] [9] [10]
Verweis: F9.ac); F9.e), AD.k.; F18.c); F28.a) 70.

*A7: „Super de anima Thomas. P. Sicut philosophus docet. F. de anima ad presens
sufficiant. De Sensu et sensato. P. Sicut philosophus dicit. F. aliqua precognicio futu-
rorum. De memoria et reminiscencia. P. Sicut philosophus dicit 7 de hystoriis. F.
propter quantam. De morte et vita. P. De eo autem et ceteris in precedentibus libris. F.
a predictis in libro isto. De differencia spiritus et anime. P. Interroganti me superius
determinavit. F. essenciale non recipit [11]. In possibilia Sygeri. P. Convocatis sa-
pientibus. F. inpossibilia determinata.“*

Verweis: F9.e), AD.f.

B2: „*Questiones super de anima. Item Egidius de pluralitate intellectus humani. Item tractatus de divinacione sompniorum Boeccii Daci. Scripta roberti super librum de anima. Item liber de vasis Philonis. Questiones Thome de anima. Scripta Roberti super librum phisicorum. Tractatus Averroys de sensu et sensato [12]. Item eiusdem de memoria et reminiscencia [13]. Item de sompno et vigilia [14]. Item de morte et vita [15]. Item de substantia orbis [16]. Tractatus Alberti de nutrito et nutribili. Item tractatus de lapidibus. Item tractatus Averroys de generacione et corrupcione [17], de sensu et sensato commentarius. P. Virtutes quidem sensibilis, e memoria P. Secundus tractatus; de sompno et vigilia. P. Et cum iam diximus; Alberti de nutrito et nutribili. P. De anima secundum seipsam De lapidibus Alberti. P. Suponimus autem, Averroys de generacione et corrupcione P. Intencio nostra in hoc libro F. sub eodem movente [17bis].*"
Verweis: F9.e), AD.g.

B6: „*Liber phisicorum Avicenne. P. Expedivimus nos dei auxilio. F. cuius primo non sic prius, continet libros [Zahl fehlt] [18] [18bis]. Item eiusdem liber de celo. P. Capitulum inpotenciis corporum simplicium. F. sed condidit eum unum [19]. Item de generacione et corrupcione. P. Iamque complevimus. F. sicut elementa [20]. Item liber metheororum. P. Iam complevimus [21]. F. illud [oder istud] cogitacione et intellectu [22].*"
Verweis: F9.e), Z.h.

D3: „*8 libri metaphisice cum commento Averroys [23]. Item distinctio Alfarabii brevis de uno folio super phisicorum Aristotelis [24].*"
Verweis: F9.e), X.i.

D4: „*De celo et mundo cum commento. P. Tibi Stephano de Pruvino. F. finitus est liber [25].*"
Hs: Paris, BN lat. 16155
Verweis: F9.ab); F9.e), X.m.; F18.b); F28.b).

D5: „*De substantia orbis. P. In hoc tractatu. F. a precedentibus [26]. Item de anima cum commento. P. textus: Bonorum honorabilium, alius textus: Qui de rebus honorabilibus. P. commenti: Intendit per subtilitatem et est commentum duplicis translacionis [27]. Item commentum de generacione et corrupcione [28]. Item commentum super parvos libros naturales [29] [30] [31] [32].*"
Hs: Paris, BN lat. 16151
Verweis: F9.aa); F9.e), X.f.; F18.a); F28.b)

Texte:

Abū Muḥammad 'Abdallāh:
  De coniunctione: [8]
Alfarabi:
  Distinctio: [24]
  De intellectu: [7]
Algazali:
  Logica: [1]
  Metaphysica: [2]
  Physica: [3]
Alkindi:
  De intellectu: [10]
  De essentiis: [4]
Averroes:
  De anima: [27]
  De caelo: [25]
  De generatione: [17 = 17bis], [28]
  De longitudine: [15], [32]
  De memoria: [13], [30]
  Metaphysica: [9] (Exzerpt)
  Physica   [23]
  De sensu: [12], [29]
  De sompno: [14], [31]
  De substancia: [16], [26]
Avicenna:
  De actionibus: [21]
  De caelo: [19]
  De generatione: [20]
  Metaphysica: [5]
  Meteorum: [22]
  Physica/1:   [18]
Costa ben Luca:
  De differentia: [11] (dub.)

Erläuterungen:

[Allg.]: Adalbert ist zw. 1345 u. 1376 in Paris urkundlich nachzuweisen, 1355 war er Rektor der Universität, vgl. Lehmann, Mitteilungen aus Handschriften VII, 4–11 u. Weijers, Le travail intellectuel I, 23 f.

[11]: Hier scheinen zwei Incipits vermischt worden zu sein. „*Interroganti me*" (eigentl. *interrogasti*) ist tatsächlich Costa ben Luca, darauf

folgt wahrscheinlich Anfang und Ende eines anderen Werkes, welches medizinischen Inhalts sein könnte, vgl. Thorndike/Kibre, Incipits unter „*superius determinavit*".

[12] – [17bis]: Adalbert scheint am Ende des Eintrages noch einige Incipits und Explicits ergänzt zu haben, welche er an entsprechender Stelle vergessen hatte. Die Identifikation mit F9.e), AD.g. scheint nicht nur wegen der Averroes-Texte, sondern auch wegen der übrigen Übereinstimmungen plausibel (Aegidius im Repertorium Nr. 186, Robert 195 u. 201, Thomas 235, quaestio in *De anima* 233. Albert *De lapidibus* könnte 176 entsprechen, im Repertorium ist keine Signatur für diesen Eintrag erhalten. Albert *De nutribili* ist nach dem Repertorium 175 nur in AB.d. und X.c. enthalten, eventuell wurde hier AD.g. einfach vergessen).

[21] – [22]: Adalbert gibt das Incipit von Avicennas *De actionibus* und das Explicit von dessen *Meteorum*, nennt aber nur *Meteorum* als Titel. Wahrscheinlich beruht dieser Irrtum auf Eigenarten der zugrundeliegenden Handschrift, da diese auch schon im Repertorium der Sorbonne unter Z.h. ohne *De actionibus* beschrieben wird.

[23] – [24]: Lehmann, Mitteilungen aus Handschriften VII, 17, gibt hier, offensichtlich ohne sich näher mit dem Inventar und dem Repertorium beschäftigt zu haben, falsch als Signatur für das Repertorium Z.a. an. Unter den für Z.a. genannten Texten im Repertorium (Nummern 102, 147, 151, 153–162) findet sich aber der Alfarabi-Text nicht. Daß es sich bei dem Averroes-Text tatsächlich um die Physik und nicht um die Metaphysik handelt, geht zum einen aus dem Vergleich mit F9.e), x.i. hervor, denn nicht nur die Nennung von Alfarabis Distinctio, sondern auch die fast identische Umgebung, in der diese Einträge stehen, lassen vermuten, daß hier dieselbe Handschrift beschrieben wird. Zum anderen hat die Metaphysik des Aristoteles 12 Bücher (in der lat. Übersetzung z.T. nur 11), während die Physik in der Tat aus acht Büchern besteht. Der Ausdruck ,8 libri metaphisice' ist hier also hinsichtlich des ,meta' als Schreiberfehler zu erachten.

[25]: Auch diesen Eintrag identifiziert Lehmann, Mitteilungen aus Handschriften VII, 17, mit den Einträgen unter Z.a. im Repertorium. Einen Grund, warum Adalbert einzelne Texte einer Handschrift in getrennten Einträgen vermerkt haben sollte, gibt er nicht an. Da

Adalbert ansonsten bemüht zu sein scheint, die Inhalte der Manuskripte möglichst genau wiederzugeben, würde solche eine Ungenauigkeit in diesem Fall erstaunen. Aus dem gleichen Grunde scheint es auch eher zweifelhaft, daß Adalbert mit dem vorliegenden Eintrag Z.a. gemeint haben könnte, da sich dann die Frage stellt, warum er nicht wenigstens noch einige der übrigen 13 in dieser Handschrift enthaltenen Texte (im Repertorium die Nr. 102, 147, 151 und 153–162) vermerkt habe.

[26] – [32]: Der zweifach enthaltene Aristoteles-Text macht die Identifikation mit F9.e), X.f. mehr als wahrscheinlich. Lehmann stellt noch nicht die Verbindung zu Paris, BN lat. 16151 her.

QUELLE: Prag, Metropolitankapitel N. VIII (1522), f.42v–43r. EDITION: BMMF 1439, Lehmann, Mitteilungen aus Handschriften, 18–25. LITERATUR: Vgl. Ed. Neuere Lit.: Wijers, Le travail intellectuel I, 23f; vgl. auch Lit. bei F13.

10. Paris, St. Victor, 13. Jh. letztes Viertel

– Schenkungsnotiz Adenulfs v. Anagni an das Pariser Kloster St Victor, 13. Jh. letztes Viertel:

Paris, BN lat. 14379 (13. Jh.):
Vorblatt: „Istum librum dedit ecclesie sancti Victoris Parisiensis bone memorie Adenulphus de Anagenia {†1289/90} quondam prepositus sancti Audomari et canonicus atque electus Parisiensis, sub tali conditione quod abbas et conventus ejusdem ecclesie non possint illum alienare vel vendere sed tenentur etc."
f. 156v, (14. Jh): Hec 4ter sexterne inconjuncte commenti Averoys super libro De Anima Aristotelis pertinent sancto Victori prope Parisius.
Verweis: F14.a)

Texte:
    Averroes:
        De anima
        De substancia

11. Ter Doest, 1350

– Urkunde über den Verleih von Büchern an Lambrecht de But und
Verkauf dieser Bücher an die Zisterzienserabtei Ter Doest (15 Art.),
1346/1350

s. F26.

Verweis: F26.

Texte:
  Algazali:
    Logica (dub.)
    Metaphysica (dub.)
    Physica (dub.)
  Averroes:
    De anima

12. Tournai, 13. Jh. letztes Viertel

– Besitzeintrag für das Kloster S. Martin in Tournai, 13. Jh. letztes
Viertel (pal.):

*Paris, BN lat. 2474 (12. Jh. letztes Viertel und 13. Jh. 2.–3. Viertel):
f. 91v, (13. Jh. letztes Viertel): „Iste liber est de conuen. Sancti Martini <Torna-
censis> CXIII"*
Verweis: F5.

Texte:
  Avicenna:
    De animalibus

LITERATUR: AvLC 28; Delisle I, 306.

b) Personen

13. Adalbertus Rankonis, 14. Jh. 3. Viertel

– Besitzvermerk Adalbertus Rankonis, 14. Jh. 2. Hälfte:

Prag, Metropolitankapitel L.LIV (12. u. 13. Jh.)

f.65r: „Iste est liber mag. Adalberti ranconis de Ericinio de Boemia, canonici ecclesie Pragensis"

Texte:
Averroes:
De substancia

Erläuterungen:
Es ist davon auszugehen, daß Adalbertus während seiner Pariser Zeit (1345 – ca. 1376) in den Besitz dieses Kodex kam und ihn von dort mit nach Prag nahm. Zu seinem Leben vgl. Lehmann, Mitteilungen aus Handschriften VII, 4–10 u. Wijers, Le travail intellectuel I, 23f. Vgl. auch F9.j).

LITERATUR: AL 190 beschreibt nicht den ganzen Kodex; Lehmann, Mitteilungen aus Handschriften VII, 12; Chevalier, Bio-bibl. II, Sp. 3877; Denifle/Chatelain, Auctarium Chartularii, Bd.I, Sp. 262, weitere Stellen ebd. im Index unter Bohemia, de, Albertus (Adalbertus) und Bohemia, Albertus Ranconis; Kadlec, Leben und Schriften, 3–5; Wijers, Le travail intellectuel I, 23f; IRHT.

14. Adenulf v. Anagni, 13. Jh. letztes Viertel

– a) Schenkungsnotiz Adenulfs v. Anagni an das Pariser Kloster St Victor, 13. Jh. letztes Viertel:

Paris, BN lat. 14379 (13. Jh.):
Vorblatt: „Istum librum dedit ecclesie sancti Victoris Parisiensis bone memorie Adenulphus de Anagenia {† 1289/90} quondam prepositus sancti Audomari et canonicus atque electus Parisiensis, sub tali conditione quod abbas et conventus ejusdem ecclesie non possint illum alienare vel vendere sed tenentur etc. "
f. 156v, (14. Jh.): Hec 4ter sexterne inconjuncte commenti Averoys super libro De Anima Aristotelis pertinent sancto Victori prope Parisius
Verweis: F10.

Texte:
Averroes:
De anima
De substancia

LITERATUR: AL 633; Delisle II, 210, Anm. 8; Rouse, The early library, 58f u.63; Weijers, Le travail intellectuel, 32f; IRHT.

– b) Legat von Adenulf v. Anagni an das Collège de Sorbonne, letztes
Viertel 13. Jh:

Paris, BN lat.16082 (13.Jh.):
f. 2r: „*XVIII*" *inter libros naturales, non commentatus. Precium VI librarum parisiensium*"
Verweis: F9.b); F9.f), XLVII.18.

Texte:
    Alkindi:
        De essentiis
    Ps.-Aristoteles:
        De proprietatibus
    Averroes:
        De sensu
    Avicenna:
        De congelatione
    Ḥunayn:
        De caelo
    Costa ben Luca:
        De differentia

Erläuterungen:
    In AL, 658, wird der Averroes-Kommentar *De sensu* als Aristoteles-
Text angegeben. Vaux, La première entrée, 194, weist darauf hin,
daß es sich um Averroes handelt. Vgl. auch Théry, Autour du décret.
II. Alexandre Aphrodise, 85f.
    Bédoret, Les premières traductions. Œuvres d'Avicenne, 383, gibt
falsch Avicennas *De caelo* statt Ḥunayns an, vgl. AvLC 39f.

LITERATUR: AL 658; AvLC 39; Bédoret, Les premières traductions. Œuvres d'Avicenne,
383; Delisle II, 143 u. III, 58f; ders. Inventaire des manuscrits/Sorbonne, 36; Wilcox, The
transmission, 140 u. 192; Wijers, Le travail intellectuel, 32f; IRHT.

15. Anonym, 1304/1305

– Schreibernotiz, 1304/1305:

Leipzig, UB 1433 (14. Jh. 1. Viertel):

f.69v: „*Explicit commentum Averroys super libro de Anima scriptum Parisius inceptum in vico Angelicorum et finitum ibidem in vico Lotricum in die Veneris ante festum beate Lucie anno Domini M° CCC° quarto*"

f.203r: „*Explicit commentum Averroys super librum de Celo et Mundo scriptum et completum per manus roberti scolaris, Parisii anno domini M° CCC° quinto, XVI kalendas Augusti*"

Texte:
Averroes:
De anima
De caelo

Literatur: AL 992.

16. Bartholomäus v. Ledula, 1321

– Kolophon von Bartholomaus v. Ledula, 1321:

Cesena, Malatestiana Plut. XXIII Dextr. 6 (1320/21):

f.42r: „*Explicit Commentum Auer{roys} supra quartum Metheororum anno Natiuitatis Domini M°CCC°XXI, pontificatus Domini Iohannis pape XXII anno V. in manus Bartholomei de Ledula {eras.} die Veneris in festo sanctorum Iac. et Philipi prima die Maii in domo de Marmossetes in vico Bieurie Par{isius}.*"

Verweis: E19.

Texte:
Averroes:
De generatione
De memoria
Meteorum
De sensu
De sompno
Avicenna:
De anima
(=> De viribus cordis)

Erläuterungen:
Die „*domo de Marmossetes*" ist das Collège des Mamousets im Bievre genannten Teil von Paris, vgl. AvLC 62, Anm. 1.
Die beiden in der Handschrift folgenden Texte (*Liber de causis, Albert supra librum de generatione*) haben ein ähnliches Kolophon. Ansonsten

vgl. E16.: Averroes *Super IIII Meteororum* folgt auf die anderen 1320 in York geschriebenen Averroes-Texte, hier lagen also in Paris dann alle Texte vor.

LITERATUR: AL 1303; AvLC 61.

17. Georgius Limenachus, 1361

– Kaufnotiz eines Georgius Limenachus, 1361:

Paris, BN lat. 15453 (1243)
f.1: „M°III°LXI, die sexto mensis Iulii, ego Georgius Limenachus emi commenta ista
Averoys a. D. Augustino de Çatiis pro florenis XXI boni ponderis, coram domno pres-
bitero Augustino Butigell {o. Bictigella}, capellano ecclesie Sancti Trinitatis, qui dic-
tus Augustinus de Çatiis habebat in pignore ab heredibus condam magistri Iohannes de
Piceto, qui dictus liber iam fuerat patris mei, cuius affectione libentius emi.“

Texte:
  Averroes:
    De anima zweimal
    De caelo
    De generatione
    De longitudine
    De memoria
    Metaphysica
    Meteora
    Physica/Prolog zweimal
    De sensu
    De sompno
    De substancia

Erläuterungen:
  Auf f. 415r steht noch der Besitzvermerk eines Iohannes Fuselerii, welcher wahrscheinlich mit Jean le Fuselier, Arzt von Charles d'Orléans identisch ist und im 15. Jh. lebte: vgl. Delisle I, 3f, Anm.20 und ebd. II, 158, sowie Wickersheimer, Dictionnaire des médecins, 403.

LITERATUR: AL 654 (gibt die Kaufnotiz nicht wieder); Delisle I, 3f Anm.20; ders. II, 158 u. 378; IRHT.

18. Gerhard v. Abbeville, 13. Jh. 3. Viertel

– a) Legat Gerhards von Abbeville an das Collège de Sorbonne, 1273:

Paris, BN lat. 16151 (13. Jh.):
f.1v: „Iste liber est collegii pauperum magistrorum in theologica facultate studentium
Parisius, de legato magistri Geraudi de Abbatisvilla.“
Verweis: F9.aa); F9.e), X.f.; F9.j), D5; F28.b).

Texte:
Averroes:
De anima
De generatione
De longitudine
De memoria
De sensu
De sompno
De substancia

Erläuterungen:
Nach Rouse, Manuscripts belonging to Richard de Fournival, 258,
wird diese Handschrift zwar nicht in der Biblionomia genannt, hat
aber, wie äußerer Merkmale nahelegen, wahrscheinlich doch Fournival gehört. Glorieux's Zuschreibung, Bibliothèques de Maîtres parisiens, 159, zu Pult Z.a. ist falsch. Glorieux hat sich offensichtlich nicht
die Mühe gemacht, alle Z.a.-Texte aus dem Repertorium herauszu-
suchen, denn unter Z.a. werden noch weitere Averroes-Kommentare,
z.B. als Nr. 153 die *Physica* oder als Nr. 155 *De caelo*, genannt. Da diese aber nicht in Paris, BN lat. 16151 enthalten sind, muß seine Identifizierung falsch sein.

LITERATUR: AL 680; Delisle II, 148f; Glorieux, Bibliothèques de Maîtres parisiens.
Gérard d'Abeville, 159; Rouse, Manuscripts belonging to Richard de Fournival, 258; ders.,
The early library, 65; IRHT.

– b) Legat Gerhards von Abbeville an das Collège de Sorbonne, 1273:

Paris, BN lat. 16155 (13. Jh.):
f.1v: „Iste liber est collegii pauperum magistrorum in theologica facultate studentium
Parisius, de legato magistri Geraudi de Abbatisvilla“
Verweis: F9.ab); F9.e), X.m.; F9.j), D4; F28.b).

Texte:
Averroes:
De caelo

Erläuterungen:
Nach Rouse, Manuscripts belonging to Richard de Fournival, 258,
wird diese Handschrift zwar nicht in der Biblionomia genannt, gehörte aber wegen äußerer Merkmale wahrscheinlich doch zu Fournival.

LITERATUR: AL 681; Glorieux, Bibliothèques de Maîtres parisiens. Gérard d'Abeville,
159; Rouse, Manuscripts belonging to Richard de Fournival, 258.

– c) Legat Gerhards v. Abbeville an das Collège de Sorbonne, 1273:

Paris, BN lat. 16602 (13. Jh. 2. o. 3. Viertel):
f.122v: „Iste liber est pauperum magistrorum studentium Parisius in theologia ex le-
gato magistri Gerodi de Abbatisvilla"
Verweis: F9.ac); F9.e), AD.k.; F9.j); F28.a) 70.

Texte:
Abū Muḥammad 'Abdallāh:
De coniunctione
Alfarabi:
De intellectu
Alkindi:
De intellectu
Averroes:
Metaphysica (Exzerpt)
Avicenna:
Metaphysica

Erläuterungen:
Alkindi, *De intellectu* wird in der Handschrift anonym aufgeführt.

LITERATUR: AL 2078; AvLC 47.

– d) Legat Gerhards v. Abbeville an das Collège de Sorbonne, 1273:

Paris, BN lat. 16603 (13. Jh. 2. o. 3. Viertel):
f.89v: „Iste liber est Collegii pauperum magistrorum in theologia facultate Par{isius}
studentium ex legato magistri Girodi de Abbatisvilla"
Verweis: F9.ad); F9.f), XLVII.6.; F28.a), 64.

Texte:
Avicenna:
De anima
(=> De viribus cordis)

LITERATUR: AvLC 48; Glorieux, Bibliothèques de Maîtres parisiens. Gérard d'Abeville,
159.

– e) Legat Gerhards v. Abbeville an das Collège de Sorbonne, 1273:

Paris, BN lat 16604 (13. Jh. 2. o. 3. Viertel):
f.1r: „Iste liber est pauperum magistrorum in theologica facultate Parisius studentium
ex legato magistri Gyraudi de Abbatisvilla."
Ebd., etwas tiefer: „incathenetur"
Verweis: F9.ae); F9.f), XLVII.3.; F28.a), 63.

Texte:
Avicenna:
Physica/1
Ḥunayn:
De caelo

Erläuterungen:
Bédoret, La premiére entrée. Œuvres d'Avicenne, 383, gibt falsch
Avicennas *De caelo* statt Ḥunayns an.
Avicennas *Physica* bricht im 3. Kapitel ab, der Anfang von Avicennas
Metaphysik folgt direkt darauf.

LITERATUR: AvLC 49; Bédoret, Les premières versions, 383.

– f) Legat Gerhards von Abbeville an das Collège de Sorbonne, 1273:

Paris, BN lat. 16605 (13.Jh.):

f.74r: „Iste liber est pauperum magistrorum Paris{ius} in theologia facultate studentium ex legato magistri Geroudi de Abbatisvill"
Verweis: F9.af); F9.e), AD.c.; F9.j), A3; F28.a), 68.

Texte:
  Algazali:
    Logica
    Metaphysica
    Physica
  Alkindi:
    De essentiis

Erläuterungen:
Alkindis *De quinque essentiis* wird als Text von Algazali angegeben.

LITERATUR: AvLC 50; Salman, Algazel et les latines, 120.

– g) Legat Gerhards v. Abbeville an das Collège de Sorbonne, 1273:

Paris, BN lat. 16613 (13. Jh. 2.–3. Viertel):
f.102v: „Iste liber est collegii pauperum magistrorum studentium parisius in theologia ex legato magistri Gueroudi de Abbatisvilla. Precium XL sol."
Verweis: F9.ag); F9.e), Z.t.; F9.f), LIII.17. als *„difficit"*; F28.a), 66.

Texte:
  Alfarabi:
    De intellectu
  Alkindi:
    De intellectu
    De somno
  Costa ben Luca:
    De differentia

Erläuterungen:
Alkindis *De intellectu* wird als Alfarabi-Text aufgeführt.

LITERATUR: AvLC 51; Wilcox, The transmission, 192.

– h) Legat Gerhards v. Abbeville an das Collège de Sorbonne, 1273:

Einträge in F9.f)
Verweis: F9.ah); F9.f), XLVII.7., XLVII.8., LIII.2., LIII.8.; F28.a), 15,
61; F28.b).

Texte:
  Alfarabi:
    De ortu zweimal
    De scientiis zweimal (davon einmal dub.)
  Algazali:
    Logica
    Metaphysica
    Physica
  Alkindi:
    De essentiis zweimal (davon einmal dub.)
  Ps.-Aristoteles:
    De proprietatibus
  Avicenna:
    De conuenientia
    Metaphysica (Exzerpt)
  Gundissalinus.
    De divisione

Erläuterungen:
  In einem Fall (F9.f), XLVII.17.) liegt entweder Alfarabis *De Scientiis*
  oder Alkindis *De essentiis* vor.

19. Gerhard v. Utrecht (= de Trajecto), 14. Jh. 2. Viertel

  – Legat Gerhards v. Utrecht (= de Trajecto) an das Collège de Sorbonne, 14. Jh. 2. Viertel:

Paris, BN lat. 16222 (13. Jh.):
f.91v,: „Iste liber est pauperum scolarium de Sorbona ex legato magistri Gerardi de
Trajecto, precii 2 sol."
Verweis: F9.g)

Texte:
  Averroes:
    De memoria

De longitudine
De sensu
De sompno

Erläuterungen:
Auch bei Einbeziehung der übrigen in ihr enthaltenen Texte ist diese
Handschrift nicht in F9.e) oder F9.f) nachzuweisen, wahrscheinlich
verbirgt sie sich hinter einer der allg. Angaben oder Lücken in diesen
Quellen, vielleicht kam sie aber auch erst nach 1338 in die Sammlung
des Collège de Sorbonne.
Diese Handschrift enthält als einzige eine andere Version der lat.
Übersetzung der *Parva naturalia*-Paraphrasen, die sog. Versio Parisina,
vgl. oben Kapitel III 2.

LITERATUR: AL 688; Averroes, Averrois Cordubensis compendia librorum Aristotelis qui
Parva naturalia vocantur, XIV, XXVII u.3–44; Delisle II, 147f; Mabille, Les manuscrits
de Gérard d'Utrecht, 5f (zur Person) u. 17f (zur Hs); IRHT.

20. Gottfried v. Fontaines, 13. Jh. letztes Viertel

– Legat Gottfrieds v. Fontaines an das Collège de Sorbonne, 13. Jh.
letztes Viertel:

Paris, BN lat. 16096 (13. Jh. letztes Viertel):
f.1, (14. Jh. 1. Viertel): „Iste liber est collegii pauperum magistrorum de Sorbona
studentium in theologica facultate, ex legato magistri Godefredi de Fontibus. Precii xii.
libr. Kat. Sorbonne: Inter mixta philosophorum 24us – Cathenabitur"
Verweis: F9.d); F9.e), X.h.

Texte:
   Algazali:
      Prologus
      Logica
      Metaphysica
      Physica
   Avicenna:
      Metaphysica
      De universalibus

Erläuterungen:
Avicennas *De Universalibus* ist in der Handschrift anonym aufgeführt.
Einzige erhaltene Handschrift mit Algazalis *Prolog.*

LITERATUR: AvLC 40; Delisle II, 149f; Duin, La bibliothèque philosophique, 146f u. 151–160; Glorieux, Répertoire I, N° 198; IRHT

21. Heinrich v. Leuven, 14. Jh. 2. Viertel

– a) Legat von Henricus de Lewis an das Collège de Sorbonne, ca. 1350:

Paris, BN lat. 16095 (14. Jh.):
f.1: „Iste liber est collegii de Sorbona ex legato magistri Henrici Pistoris dicti de Lewis {† circa 1350}, magistri in theologia, canonici Leodiensis, quondam socii dicte domus, in quo continetur Averroys de Anima cum commento"
Verweis: F9.ia).

Texte:
Averroes:
De anima/Fragm

LITERATUR: AL 667; Delisle II, 154f; ders., Inventaire des manuscrits/Sorbonne, 38; IRHT.

– b) Legat Henricus de Lewis an das Collège de Sorbonne, ca. 1350:

Paris, BN lat. 16142 (13. Jh.):
f.235: „Iste liber est pauperum scholarium de Sorbona ex legato magistri Henrici de Lewis {† circa 1350} in Brabantia, canonici Leodjensis, magistri in sacra theologya, quondam socii de Sorbona"
Verweis: F9.ib).

Texte:
Avicenna:
De congelatione
Costa ben Luca:
De differentia

LITERATUR: AL 674.

– c) Legat von Henricus de Lewis an das Collège de Sorbonne, ca. 1350:

Paris, BN lat. 16150 (13. bis 14. Jh.):
f. 72v: „*Iste liber est pauperum scolarium de Sorbona ex legato magistri Henrici de Lewis {† circa 1350} in Brabantia, canonici Leodynensis, magistri in sacra theologia*"
Verweis: F9.ic).
Texte:
    Averroes:
        Physica

LITERATUR: AL 679.

– d) Legat Henricus de Lewis an das Collège de Sorbonne, ca. 1350:

Paris, BN lat. 16156 (13. Jh.):
f.261v: „*Iste liber est pauperum scolarium de Sorbona, ex legato magistri Henrici de Lewis in Brabantia, canonici Leodynensis, magistri in sacra theologya quondam socii de Sorbona*"
Verweis: F9.id).

Texte:
    Averroes:
        De caelo
        De anima

LITERATUR: AL 682; Delisle II, 155; ders., Inventaire des manuscrits/Sorbonne, 42; IRHT.

– e) Legat von Henricus de Lewis an das Collège de Sorbonne, ca. 1350:

Paris, BN lat. 16601 (14. Jh.):
f.84r: „*Iste liber est pauperum scolarium de Sorbona ex legato magistri Henrici de Lewis {† 1350) in Brabantia {canonici} Leodynensis, magistri in sacra theologia, quondam socii de Sorbona*"
Verweis: F9.ie).

Texte:
    Averroes:
        De anima

De generatione
De longitudine
De memoria
De sensu
De sompno
De substancia

LITERATUR: AL 700; Delisle II, 155; ders., Inventaire des manuscrits/Sorbonne, 153; IRHT.

22. Jakob v. Padua, 14. Jh. 2. Viertel

– a) Legat Jacobs de Padua an das Collège de Sorbonne, 14. Jh. 2. Viertel:

Paris, BN lat. 16097 (13. Jh. letztes Viertel u. 14. Jh. 1. Viertel):
f.237v: „Iste liber est collegii pauperum magistrorum de Sorbona ex legato magistri Iacobi de Padua {† kurz nach 1338} in artium, medicine et theologie facultatibus professoris. Precii 4 lb."
f.1: „Incatenetur in magna libraria Sorbone"
Verweis: F9.ha).

Texte:
  Alfarabi:
    Didascalia
  Averroes:
    De substancia
  Avicenna:
    Metaphysica

Erläuterungen:
  Jacob v. Padua wird in Paris, BN lat. 15438, f.93, für das Jahr 1343 genannt (IRHT).

LITERATUR: AL 668; AvLC 42; Delisle II, 156, Anm.4; IRHT.

– b) Legat Jacobs de Padua an das Collège de Sorbonne, 14. Jh. 2. Viertel:

Paris, BN lat. 16110 (14. Jh.):

f.1v, 14.: „Iste liber est collegii pauperum magistrorum de Sorbona ex legato magistri Jacobi de Padua, in artium, medicine et theologie facultatibus professoris, socii hujus domus. Precii 6 librarum."
Verweis: F9.hb).

Texte:
   Averroes:
      De caelo (Fragment)
      De cerebro
      De corde
      De extremis
      De generatione animalium
      Metaphysica (Fragmente)
      Motu gravis
      De ortu animalium
      De sensu
      De sompno
   Avicenna:
      De animalibus (Fragment)

Erläuterungen:
   Vgl. auch Erläuterungen F22.a).

LITERATUR: AL 671; AvLC 44; Delisle II, 156, Anm.4; IRHT.

– c) Legat Jacobs de Padua an das Collège de Sorbonne, 14. Jh. 2. Viertel:

Paris, BN lat. 16159 (13. Jh.):
f.385v: „Iste liber est pauperum magistrorum colegii de Sorbona, ex legato magistri Jacobi de Padua, in artibus medicina et theologia doctoris, socii hujus domus. Precii 4 librarum"
Verweis: F9.hc).

Texte:
   Alfarabi:
      De intellectu
   Averroes:
      De anima
      De caelo

De cerebro
De generatione animalium
Metaphysica
Physica
Avicenna:
De animalibus (Fragmente)

Erläuterungen:
Von *De generatione animalium* von Averroes werden Buch 2, Kap. 6 und Buch 4, Kap. 1 wiedergegeben. Vgl. auch Erläuterungen F22.a).

LITERATUR: AL 683; AvLC 46; Delisle II, 156, Anm.4; Vaux, La premiére entrée Averroès, 228; IRHT.

23. Jehan de Marigny, 14. Jh. 3. Viertel

– Einträge mit Herkunftsverweis im Inventar der Bibliothek Charles V. von 1373

316. „Egidius de predestinacione; Boecius de Trinitate et de summo bono; ciromancia pulchra; Alpharabius [1]; Ciromancia Alberti; physionomia magistri Petri de Padua; pronosticacio Pithagore, et alia.“

847. „Un livre de medecine nommé Liber de differencia spiritus et anime [2], qui fut de Jehan de Marrigny.“
Verweis: F25.

Texte:
  Alfarabi:
    (dub.):   [1]
  Costa ben Luca:
    Differentia: [2]

Erläuterungen:
[Allg.] Kopie des 18. Jahrhunderts des heute verlorenen Inventars von Gilles Malet aus dem Jahre 1373.
Jean de Marigny war Arzt des Königs, fiel in Ungnade, kam ins Gefängnis und seine Bücher wurden konfisziert. 1378 wurde er hingerichtet (Delisle, Recherche, t.1, 52, Anm. 17 u. 53, Anm.1). Seine Sammlung ging in die des Königs ein und läßt sich nach Delisle, ebd., durch Herkunftsverweise rekonstruieren, vgl. bei Delisle III, 114–170,

die Nummern A 690–691, 693–695, 697, 699–720, 780–805, 807–825, 827–831 und 833–840. Die Herkunftsverweise hat Delisle in seiner „gemischten" Edition offensichtlich nicht alle wiedergegeben.

[1] Erst in den Inventaren zur Bibliothek Charles V ab 1411 finden wir bei Delisle unter der Nummer 475 einen Alfarabi, De scientiis (Delisle III, 137), der aber nicht mit dem hier beschriebenen Text identisch ist.

[2] Jean de Marigny besaß eine große Anzahl medizinischer und naturwissenschaftlicher Werke arabischer Herkunft. Daher scheint die Zuweisung an Costa ben Luca hier gerechtfertigt.

QUELLE: Paris, BN fr. 2700, ff.2–37 (weitere Kopien vgl. BMMF 345). EDITION: BMMF 345; G 359, Delisle III, 114–170 (keine richtige Edition, Zusammenstellung mit allen übrigen den Louvre betreffenden Quellen. Das gleiche gilt auch für:) ders., Recherches sur la librairie, t.2., 3*–200*. LITERATUR: Vgl. Ed.

24. Johannes de Suesione, 1258

– Schreibernotiz von Iohannes de Suesione in Montpellier, 1258:

Erfurt, Amploniana q. 296 (13. Jh.):
f.144r: „Explicit liber de naturalibus animalium Auicenne scriptus a Iohanne de Suesione {Soisson?} nepote prespiteri S. Vedast de Basacla {Archicourt} iuxta Atrebatum {Arras} ad exemplar magistri Bernardi Columbi in Montepessulano A. D. M° CC° LVIII°, feria tertia post festum beati Nicholai completus fuit"

Texte:
  Avicenna:
      De anima
      (=> De viribus cordis)
      De animalibus

Erläuterungen:
  Dieselbe Handschrift wir auch im Katalog der Sammlung des Amplonius Ratinck in Erfurt von 1410–1412 als „Philos. nat. 18" genannt, vgl. Lehmann (Hrsg.), Mittelalterliche Bibliothekskataloge, 34.

LITERATUR: AL 904; AvLC 207; IRHT.

25. Karl V., 1372

– Inventar der Bibliothek Charles V., 1372

s. Jehan de Marigny, 13.4, F23.

Texte:
   Alfarabi:
      (dub.)
   Costa ben Luca:
      Differentia

26. Lambrecht de But, 1346

– Urkunde über den Verleih von Büchern an Lambrecht de But (15 Art.), 1346

11. „Item, een volumen ende es commentum Averruis super de anima." [1]

14. „Item, een volumen heet Alghasel." [2], [3], [4]
Verweis: F11.

Texte:
   Algazali:

Logica:	[2] (dub.)
Metaphysica:	[3] (dub.)
Physica:	[4] (dub.)

   Averroes:

De anima:	[1]

Erläuterungen:
[2] – [4]: Da der Eintrag keine genaueren Angaben enthält (i. Ggs. zu H5) gibt es drei Möglichkeiten, welche Texte Algazalis gemeint sein könnten: a) alle drei zusammen, b) Metaphysica und Physica, c) nur Logik

QUELLE: Brügge, Archief van het Grootseminarie Nr. 1816. EDITION: Derolez I, Nr. 59. LITERATUR: Vgl. Ed.

27. Nichosius de Planca, 13. Jh. letztes Viertel

– Legat von Nichosius de Planca an das Collège de Sorbonne, ca. 1300:

Paris, BN lat.16088 (13. Jh.):
f.189v: „Liber magistri Nychosii de Plank, clerici"
f.190v: „Iste liber est pauperum magistrorum domus de Sorbona studentium in theolo-
gia ex legato magistri nichosii de Planca {† ca. 1300} flamingi, precio X librarum.
Cathenabitur"
Verweis: F9.c); F9.e), AD.s.

Texte:
Ps.-Aristoteles:
De proprietatibus
Costa ben Luca:
De differentia

Erläuterungen:
flamingi = flämisch, vgl. Du Cange, Glossarium o. Latham, Revised
Medieval Latin.

LITERATUR: AL 663.

28. Richard v. Fournival, zw. 1243 und 1260

– a) Katalog der Sammlung Richards de Fournival, Kanzler der Kathedrale von Amiens (162 Art.), zwischen 1243 und 1260

„Tabula secunda areola phylosophica, libros dyalecticos continens in hunc modum :"

15. „Abuhanudin Algazelin avunculi et nutritoris principis Albohali Aviscenni liber
logicorum [1]. Item Alpharabii Abunazer liber de divisione scienciarum [2]. Item
dicti Aviscenni epystola de causa et causato [3] et epystola de demonstratione logica
[4]. Item dicti Algazelin liber de ortu scienciarum [5]. Item Gundissalini [sic] liber
de divisione scienciarum [6]. In uno volumine cujus signum est littera B."
Verweis: F9.ah); F9.f), LIII.8.; F18.h).

„Tabula sexta areole philosophice, libros physicos et metaphysicos continens in hunc
modum."

61. „Aristotelis medici perypathetici domini phylosophorum libri naturales, videlicet liber de physico auditu sive de physico negotio, qui est de causis et principiis naturalium. Liber de celo et mundo. Liber de proprietatibus celi et mundi [8]. Liber de generatione, corruptione et mixtione. Liber de metheoris. Liber de vegetabilibus et plantis. Liber de anima. Libelli de sensibus et sensibilibus, memoria et reminiscentia, de sompno et vigilia, et de morte et vita viteque longitudine, ex translatione Boetii. In uno volumine cujus signum est littera G."
Verweis: F9.ah); F9.f), XLVII.8.; F18.h).

63. „Principis Albohali Aviscenni liber de causis et principiis naturalium [9], et ejusdem liber celi et mundi [10], in uno volumine cujus signum est littera G."
Hs: Paris, BN lat. 16604
Verweis: F9.ae); F9.f), XLVII.3.; F18.e).

64. „Ejusdem liber de anima [11], in quo simul habetur quod dicendum erat de sensu et sensatu et de intellectu et intellecto, in uno volumine cujus signum est littera G."
HS: Paris, BN lat. 16603
Verweis: F9.ad); F9.f), XLVII.6.; F18.d).

65. „Ejusdem liber in cognitione naturarum animalium [12], in uno volumine cujus signum est littera H."
Verweis: ev. F9.e), Z.i.

66. „Gondisalvi liber de anima. Jacobi Alkindii liber de sompno et visione [13]. Constabile liber de differentia spiritus et anima [14]. Almedi [sic] liber de motu cordis, et Alpharabii liber de intellectu et intellecto [15]. In uno volumine cujus signum est littera H."
Hs: Paris, BN lat. 16613 [16]
Verweis: F9.ag); F9.e), Z.t.; F9.f), LIII.17 als „difficit"; F18.g).

68. „Algazelis liber de divina scientia quam preponit sciencie naturali [17], et post eum liber ejusdem de naturalibus [18]. Item ejusdem libellus de quinque essentiis [19], et alius Boetii de unitate et uno. In uno volumine cujus signum est littera H."
Hs: Paris, BN lat. 16605 [20]
Verweis: F9.af); F9.e), AD.c.; F9.j), A3; F18.f).

70. „Dicti principis Albohaly Aviscenni liber de prima phylosophya scilicet metaphysica [21], et ejusdem liber de primis et secundis substantiis et de fluxu earum [22]. Item epistola Alpharabii de intellectu [23]. Item epistola Alexandri Affrodisii de eodem. Item epystola Aviscenni de eodem [24], et ejusdem epistola super questione de creatione et generatione [25]. Item dicti Alexandri tractatus de tempore, et ejusdem

tractatus de sensu secundum intensionem Aristotelis, et ejusdem tractatus in hoc quod augmentum et incrementum fiunt in forma et non in yle, et ejusdem de intellectu et intellecto secundum sententias Platonis et Arystotelis [26]. In uno volumine cujus signum est littera H."
Hs: Paris, BN lat. 16602
Verweis: F9.ac); F9.e), AD.k.; F9.j), A4; F18.c).

Texte:
   Abū Muḥammad 'Abdallāh:
      De coniunctione   [24]
   Alfarabi:
      De intellectu: [15], [23]
      De ortu: [5]
      De scientiis: [2]
   Algazel:
      Logica: [1], [20]
      Metaphysica: [17]
      Physica   [18]
   Alkindi:
      De intellectu: [16], [26]
      De essentiis: [19]
      De somno: [13]
   Averroes:
      Metaphysica: [25] (Exzerpt)
   Avicenna:
      De conuenientia: [4]
      De anima: [11]
      (=> De viribus cordis)
      De animalibus: [12]
      Metaphysica: [21]
      Physica/1:   [9]
   Gundissalinus:
      De divisione: [6]
   Ḥunayn:
      De caelo: [10]
   Ps.-Aristoteles:
      De proprietatibus: [8]
   Costa ben Luca:
      De differentia: [14]

Erläuterungen:

[Allg.]: Die Biblionomia, wie Fournival seinen Katalog selbst nennt, muß nach 1243 verfaßt worden sein, da sie als Nr. 78 „*Quorumdam Alexandinorum abbreviata compilatio Ethicorum*" angibt. Hierbei handelt es sich um die 1243 von Hermannus Alemannus übersetzte *Summa Alexandrinorum* (eine arab. Zusammenfassung der aristotelischen Ethik) aus Paris, BN lat. 16581. Vgl. Hinweis darauf bei Rouse, Manuscripts, 257, Anm.4. 1260 ist das wahrscheinliche Todesjahr von Richard v. Fournival.

[1] – [6]: Vgl. die völlig unkritische Übernahme der Angaben Fournivals durch Glorieux, Études sur la biblionomia, 219, der u.a. einfach die Formulierung „le *De ortu scientiarum* d'Algazel" wiedergibt, obwohl hier offensichtlich Alfarabi gemeint ist.

[8]: Der ungewöhnliche Titel für *De proprietatibus* ist vielleicht auf die Anfangszeile „*Postquam premissus est sermo a nobis in celo et in mundo...*" (nach AL I, Specimina 85) zurückzuführen. Außerdem kam dieser Text auch unter dem Titel *De proprietatibus elementorum et planetarum* vor (vgl. Schmitt/Knox, Pseudo-Aristoteles, Nr. 14). Ein anderes Werk kommt nicht in Frage. Direkt davor wird *De celo et mundo* von Aristoteles genannt und *De proprietatibus* gehört in das Corpus aristotelicum, daher ist die Zuordnung sicher.
Die Identifikation Glorieuxs, Études sur la biblionomia, 214, mit Paris, BN lat. 16142 ist falsch; nicht nur findet sich in diesem Eintrag nicht das in der Handschrift enthaltene *De differentia* von Costa ben Luca, sondern diese Handschrift ist erst um die Mitte des 14. Jahrhunderts in die Sammlung des Collège de Sorbonne gelangt, kann also nicht mit dem Eintrag im Katalog von 1338 gemeint sein, vgl. F21.b).

– b) Handschriften Richards von Fournival

Paris, BN lat. 16151 [1] [2] [3] [4] [5] [6] [7]
Verweis: F9.aa); F9.e), X.f.; F9.j), D5; F18.a).

Paris, BN lat. 16155 [8]
Verweis: F9.ab); F9.e), X.m.; F9.j), D4; F18.b).

Eintrag in F9.f), XLVII.7. [9], [10]
Verweis: F9.ah); F9.f), XLVII.7.; F18.h).

Eintrag in F9.f), LIII.2. [11], [12], [13], [14]
Verweis: F9.ah); F9.f), LIII.2; F18.h).

Texte:
Alfarabi:
    De ortu: [9]
    De scientiis: [10] (dub.)
Algazel:
    Metaphysica: [11]
    Physica   [12]
Alkindi:
    De essentiis: [10] (dub.), [13]
Averroes:
    De anima: [1]
    De caelo: [8]
    De generatione: [2]
    De longitudine: [3]
    De memoria: [4]
    De sensu: [5]
    De sompno: [6]
    De substancia: [7]
Avicenna:
    Metaphysica: [14] (Exzerpt)

Erläuterungen:
[1] – [7]: nach Rouse, Manuscripts, 258, Anm. 3, auf Grund äußerer
Merkmale Richard zugeschrieben. Rouse nimmt aber noch nicht die
Zuordnung dieser Handschrift zu F9.aa), F9.e), X.f. u. F9.j), D5 vor.

[8]: nach Rouse, Manuscripts, 258, Anm. 3, auf Grund äußerer
Merkmale Richard zugeschrieben. Rouse nimmt aber noch nicht die
Zuordnung dieser Handschrift zu F9.ab), F9.e), X.m. u. F9.j), D4 vor.

[9] – [14]: Da alle anderen Handschriften Gerhards v. Abbeville mit
arabischen philosophischen Texten entweder durch Eintrag in die
Biblionomia [F28.a)] oder durch äußere Merkmale ([1] – [8]) für Richard v. Fournival nachgewiesen werden konnten und Rouse, Manuscripts, 258, eben damit gezeigt hat, daß Richard nicht alle seine

Texte in der Biblionomia aufgeführt hat, ist auch in diesen beiden Fällen anzunehmen, daß Gerhard sie aus dem Besitz Richards erhielt. Vielleicht handelt es sich um Handschriften, die Richard erst nach Abfassung der Biblionomia erwarb.

QUELLE: Nach Delisle: Sorbonne ms. I., II, i., unkorrekte Kopie aus dem Anfang des 15. Jh. EDITION: BMMF 1631, Delisle II, 520–535; Rouse, The early library, 48–51; Birkenmajer, La bibliothèque, 155–204. LITERATUR: d'Alverny, La tradition manuscrite, 73f.; dies., Les traductions d'Avicenne. Quelques résultats, 156; Birkenmajer, La bibliothèque; Delsile II, 518–520; Glorieux, Études sur la „Biblionomia" (fehlerbehaftet); ders., Bibliothèques de Maîtres parisiens. Gérard d'Abeville; ders., Aux origines de la Sorbonne; Pingree, The Diffusion, 66 u. 80–88 u. Appendix A; Rouse, Manuscripts, passim; ders., The early library of the Sorbonne (Lit.: 48–51); ders., The A Text; Seidler, Die Medizin in der 'Biblionomia' des Richard de Fournival; Ullman, The Manuscripts of Propertius; ders., Geometry in the medieval; Vleeschauwer, La „Biblionomie".

29. Wilhelm de Poperinghes, 14. Jh. 2. Viertel

– Besitzvermerk von Wilhelm de Poperinghes, 1333, und Kaufnotiz mit Bezug auf Iohannes de Wasia, in Paris bis 1392:

Erfurt, Amploniana f. 351 (14. Jh. 1. Viertel):
f.IIr: „Iste liber est Wilhelmi de Poperinghes, scolaris Parisiensis, precii XI florenorum de Florencia quod emit 1333..."
Ebd., auf Rasur: „Iste liber est magistri Amplonii de Berka, qui emit eum ab executoribus magistri Io. de Wasia prumpto auro, anno siquidem 1402 in mense Marcio"

Texte:
    Averroes:
        De anima
        De caelo
        De generatione
        Physica

Erläuterungen:
    Iohannes de Wasia hielt sich Ende des 14.Jh.'s in Paris auf, 1392 ging er nach Köln, wo er 1395 starb. Dort kaufte Amplonius die Handschrift sieben Jahre später, vgl. Cock/Pattin, Joannes de Wasia, 344–351.

LITERATUR: AL 886; Cock/Pattin, Joannes de Wasia, 344–351.

4. ENGLAND

a) Institutionen

1. Cambridge, Minoritenkonvent, 13. o. 14. Jh.

– Besitzeintrag des Minoritenkonvents in Cambridge, 13. oder 14. Jh.:

Vatikan, Ottob. lat. 2048 (13. Jh.):
f.1r, engl. Hand (13. – 14. Jh.): „Liber almar [mit Kürzungsstrich über dem „r"]
fratrum minorum Cantebr{igie}"

Texte:
  Averroes:
    De anima (Fragmente)

LITERATUR: AL 1762; Averroes, Averrois cordubensis Commentarium Magnum in Aristotelis De Anima, XV; Ker, 24f.

2. Cambridge, Pembroke College, 1385

– Liste der Donation mehrerer Magistri an das Pembroke College (ca. 50 Art.), 1364–1396 (–1487):

„Ex dono Magri [sic] De Tinmew {† 1385}"
19. u. 20. „Item, Commentatorem super Libros Physicorum [1]: sanctum Thomam
super Libros Physicorum."
Verweis: E21.

Texte:
  Averroes:
    Physica: [1]

QUELLE: Vgl. Cambr. Ant. Soc. Proc. II, 13f (1860): einzige Angabe: old register belonging to Pembroke College. EDITION: James, A descriptive catalogue/Pembroke College, XIII–XIV; Corrie, A list of books, 11–23. LITERATUR: Ker², 27 u. vgl. Ed.

3. Canterbury, Christ Church, vor 1331

– Katalog der Kathedrale Christ Church, Benediktiner (1831 Art.), vor 1331:

„*Liber I. de Bokkingg.* {*ca. 1250*}"

1362.: „*Liber de Anima*
In hoc uol. cont.:
Commentarium super librum de anima.
Liber de celo et mundo.
Auerois super librum de sensu et sensato [1].
Idem super librum de sompno et uigilia [2].
Idem super librum de memoria et reminiscentia [3]."
Verweis: E24.

„*Libri Thome Prioris.* {*1274–1285*}"

1443.: „*Liber de naturis animalium.*
In hoc uol. cont.:
Liber Auicenne de anima [4].
Liber Aristotelis de causis.
Libellus Clementis de racionibus fidei.
Auicenna de proprietatibus elemtorum [5]."
Verweis: E33.

„*Libri Willelmi de Refham.* {*c. 1250*}"

1465.: „*Metaphisica Auicenne [6].*"
Verweis: E37.

1466.: „*Physice eiusdem [7].*"
Verweis: E37.

1467.: „*Liber de diuisione philosophie [8].*"
Verweis: E37.

1473.: „*Liber Avicenne de anima.*" *[9]*
Verweis: E37.

1476.: „*Logica uetus.*
In hoc uol. cont.:

Liber Elencorum Aristotelis.
Philosophia Aristotelis.
Liber de morte et uita.
Liber de causa et causato.
Liber de sompno et uigilia.
Liber de sensu et sensato.
Liber metheororum.
Liber de plantis.
Auerois super librum de sensu et sensato [10]."
Verweis: E37.

Texte:
Averroes:
De memoria: [3]
De sensu: [1], [10]
De sompno: [2]
Avicenna:
De anima: [4], [9]
(=> zweimal De viribus cordis)
Metaphysica: [6]
Physik/1:   [7]
Gundissalinus:
De divisione: [8]
Ps.-Aristoteles:
De proprietatibus: [5]

Erläuterungen:
[Allg.]: Die eingefügten Daten stammen aus dem Index von James,
The ancient libraries. Die ebd. für 'I. de Bokkingg neben 'ca. 1250'
als Alternative gegebene Datierung 'ca. 1187' kann wegen der folgenden Texte nicht stimmen.

[6] – [9]: Nach James, The ancient libraries, 124, Anm. 1, könnten
seine Nummern 1464–1473 auch einen Band gebildet haben, er be-
zweifelt es aber.

[7]: Wegen der Lebensdaten des Donators ist Physica/1 wahrscheinlicher als Physica/2

QUELLE: Cotton Collection, Galba E. iv., ff. 128 – 147. EDITION: G 451; James, The ancient libraries, 13–142; auch in: Edwards, Memoirs of libraries, 122–235. LITERATUR: Ker, 29–40 u. vgl. Ed.

4. Canterbury, St. Augustine, 14. Jh. 1. Viertel

– Mehrere Schreibernotizen/Iohannes de Londonia, 14. Jh. 1. Viertel:

Oxford, Bodleian Bodl. 679 (13. Jh. 2. Hälfte):
f. 108r. „Collectiones Iohannis de London. de librario monasterii sancti Augustini Cantuarie-Clemens Canterbury"

Texte:
Gundissalinus:
De divisione

Erläuterungen:
[Allg.]: Über diesen Johannes v. London weiß man wenig, vgl. Knorr, Johannes v. London. Er ist wohl nicht mit dem gleichnamigen Schüler Roger Bacons und auch nicht mit dem am Anfang des 13. Jahrhunderts in Oxford tätigen Magister identisch. Ker², 244, konnte einige seiner Handschriften datieren, andere enthalten datierbare Notizen, daher ist die ungefähre Datierung auf 14. Jh. 1. Viertel möglich. Clemens v. Canterbury war Bibliothekar in St. Augustine im 15. Jh.

LITERATUR: AvLC 304; Callus, Introduction, 15; Cavanaugh, A study, 540; Emden, Donors of books,11f; Ker², 46 u. 244; Knorr, Johannes von London; Madan, Summary Catalogue II (1), 443f; IRHT.

5. Chichester, Kathedrale, 1324

– Pfändungsvermerk in einer Handschrift, 1324

Durham, Chapter Library C. III. 16 (14. Jh. 1. Viertel):
f.89r: „Caucio {...} exposita in cista Cicestrie die sabati proxima post festum Lucie anno Domini M°CCC° vicesimo quarto"

Texte:
Averroes:
De anima

De generatione
De longitudine
De memoria
Meteorum
De sensu
De sompno
De substancia

Erläuterungen:
[Allg.]: Auf dem Vorblatt und auf f.1r undatierte Besitzvermerke der Kathedrale von Durham.

LITERATUR: AL 274; Ker, 50f.

6. Durham, Kathedralkloster

a) 12. Jh. 2. Hälfte

– Liste der von Magister Herbert, Medicus, stammenden Bücher, 12. Jh. 2. Hälfte

Nach B 117.: *„HII SUNT LIBRI QUOS MAGISTER HEREBERTUS MEDICUS DEDIT SANCTO CUTHBERTO."*
458. *„liber febrium Ysaac, qui dicitur liber Constantini de febribus"*
Hs: Edinburgh, National Library of Scotland Advoc. MS. 18.6.11 (Mitte 12. Jh.) [1]
Verweis: E23.

Texte:
  Costa ben Luca:
    De differentia: [1]

Erläuterungen:
[Allg.]: Nach Wilcox, The Transmission, 119, frühester erhaltener bekannter Text Costas. Dazu d'Alverny, Translations and Transla- tors, 446: „These widely diffused tracts are found in a mid-twelfth- century manuscript brought to England by a physician, master Her- bert, who bequeathed his books to the Durham chapter."

QUELLE: Durham Cathedral, MS B.IV.24, f.2r. EDITION: B 117; G 460; Raine, Catalogi veteres, 1–10. LITERATUR: AL 1913; d'Alverny, Translations and Translators, 446; Burnett, Introduction/British Schools, 46; ders., Magister Iohannes Hispaliensis et Limiensis, 226; Ker², 60–76; Mynors, Durham cathedral manuscripts, 62; Wilcox, The transmission, 119.

b) 14. Jh.

– Besitzeintrag eines Frater de Wessyngton, Mönch des Kathedralklosters St. Cuthbert, 14. Jh. (pal.):

Durham, Chapter Library C. III. 17. (13. Jh.):
f.1r, (14.): „Liber fratris de Wessyngton, monachi Dunelmensis"

Texte:
    Avicenna:
        De congelatione
    Costa ben Luca:
        De differentia

LITERATUR: AL 275; Ker, 70.

c) 1391

– Katalog der Bücher 'infra spendimentum' (ca. 400 Art.), von 1391:

„Isti libri infra scripti inventi fuerunt in communi armariolo Dunelmi infra spendimentum"
[...]
„Librii philosophici et logici"
[...]
„E. Textus PHYSICORUM de Sensû et Sensato; de Memoriâ et Remeniscentiâ: de Longitudine et Brevitate Vitae : Differentiâ Spiritûs et Animae [1]: De sompno et Vigiliâ ; De Vegetabilibus, de Celo et Mundo. II fo., 'aut aliorum'."

Texte:
    Costa ben Luca:
        De differentia: [1]

QUELLE: Durham, Chapt. Libr. MS B. IV. 46. EDITION: Raine, Catalogi veteres, 10–34.
LITERATUR: Vgl. Ed.; Ker², 60–76; Mynors, Durham Cathedral, 1–10.

d) 1395

– Katalog der Bibliothek des Kapitels von Durham (über 100 Art.), 1395:

„LIBRI PHISICAE"

„A. Libri VIII. Phisicorum. Libri tres de Coelo et Mundo. Libri duo de Generacione et Corrupcione. Libri tres de Animâ. Libri de Memoriâ et Reminiscentiâ. Liber de Differentiâ Spiritûs et Animae [1]. Libri IIII. Metheorum. Liber de Vegetabilibus. Liber de Sensu et Sensato. Libri de Sompno et Vigiliâ, et Liber de Longitudine et Brevitate Vitae. II fo., 'aut passionem esse non contingit'."

„B. COMMENTATOR super diversos Libros Phisicae, scilicet Super VIII. Libros Phisicorum [2], Super Quator Libros de Coelo et Mundo [3], Super Tres Libros de Animâ [4], Super Librum de Sensu er Sensato [5], Super Librum de Sompno et Vigiliâ [6]. De longitudine et Brevitate Vitae [7]. De Generacione et Corrupcione [8], Super Librum Metheorum[9], et Super Librum de Substantiâ Orbis [10] II. fo., 'carum sicut'."
Hs: Durham, Chapter Library C. I. 17 ? [11]

„C.Commentator Super Librum de Generacione et Corrupcione [12], et Super Librum Metheorum, Super Librum de Animâ [13], de Memoriâ et Reminiscentiâ [14], de Morte et Vitâ [15], de Sensu et Sensato[16], de Sompno et Vigiliâ [17]; de Vegetabilibus, de Causis. Clemens de Articulis Fidei, et de Substantiâ Orbis [18] II. fo., 'divisi non sequitur semper'."
Hs: Durham, Chapter Libr. C. III. 15

„D. Commentum MICHAELIS Scoti super Librum Coeli et Mundi [19], super Librum Methafisice [20], et super Librum Metheorum [21]. II.fo. 'incepit dicere'."
Hs: Durham, Chapter Library C.I.18

„E. COMMENTATOR super Libros Phisicorum cum Prologo. AVEROYZ super Librum Phisicorum Aristotelis in principio [22]. II. fo., 'et o₃ necessario'."

Texte:
  Averroes:

De anima:	[4], [13]
De celo:	[3], [19]
De generatione:	[8], [12]
De longitudine:	[7], [15]
De memoria:	[11] (dub.), [14]

Metaphysica:	[20]
Meteora:	[9], [21]
Physica:	[2]; [22]
De sensu:	[5], [16]
De sompno:	[6], [17]
De substancia:	[10], [18]
Costa ben Luca:	
De differentia:	[1]

Erläuterungen:

[2] – [11]: Raine, Catalogi veteres, identifizierte diesen Eintrag mit Durham, Chapter Libr. C. I. 17. Nach AL 269 u. AL 270 handelt es sich dabei aber um zwei einzelne Manuskripte (C. I. 17a u. C. I. 17b), die eng zusammenhingen und Anfang des 15. Jahrhunderts geschrieben worden seien. Ob die beiden Teile ursprünglich eine Einheit bildeten und somit mit diesem Eintrag identifiziert werden können, oder ob die beiden Durham-Handschriften möglicherweise Abschriften des hier beschriebenen Kodex sind, kann nur durch eine eingehende Autopsie der Originale festgestellt werden.

[12] – [20]: Die Zuschreibungen des *Meteora-Kommentares*, des *Liber de vegetabilbus* und des *Liber de causis* an Averroes sind falsch, vgl. AL 273.

[22]: Blakiston, Some Durham College Rolls, 38 Anm. 12, setzte diesen Eintrag mit dem im Verzeichnis des Durham College von 1315 gleich, vgl. E10.a). Dazu äußert sich Raine, Catalogi veteres, 78, skeptisch und auch mir scheinen die Einträge zu verschieden, als daß man hier mit Sicherheit auf Identität schließen könnte, zumal Blakiston die Frage offen ließ, warum die Handschrift 1395 wieder in Durham und nicht mehr in Oxford sei.

QUELLE: Durham, Chapter Libr. MS B.IV.46. EDITION: Raine, Catalogi veteres, 46–80. LITERATUR: Vgl. Ed.; AL 269, 270, 271 u. 273; Blakiston, Some Durham College Rolls, 38; Ker², 60–76; Mynors, Durham Cathedral, 1–10.

7. Glastonbury, Benediktiner, 1342–1375

– Liste der unter Abt Walter de Monington für das Benediktiner Kloster von Glastonbury erworbenen Bücher (99 Art.), 1342–1375:

„De philosophia"

63: „Commentatorem super libros physicorum, secundo folio incipiente [1]"
66: „Textum metaphysice cum exposicione magistri Iohannis Rous [2] in uno uolu-
mine, secundo folio incipiente"
67: „Commentatorem super libros de anima, secundo folio incipiente [3]"
68: „Commentatorem super libros celi et mundi, secundo folio [4]"

Texte:
 Averroes:
  De anima: [3]
  De caelo: [4]
  Metaphysica: [2] (dub.)
  Physica: [1]

Erläuterungen:
 [2]: In der Edition CB 4, B43, Anm. zu Nr. 66b, steht „John Rous
has not been identified", ebenso in Carley/Coughlan, An edition of
the list, 509, Anm. zu Nr. 66. Es ist aber gut möglich, daß hier durch
einen Abschreibefehler oder eine falsche Auflösung einer Abkürzung
einer selteneren latinisierten Form von Ibn Rušd aus Ibn Iohannes
wurde, während die Form „Rous" anderen Umschreibungen wie in
Auerois o. Aueroyz nahekommt (vgl. die latinisierten Formen Ibn
Rušds in AvLC, im Index unter Averroès).

QUELLE: Cambridge, Trinity College, MS R.5.16, pp.227–229 (1.Quelle, in CB 4 nicht
gedruckt, aber identisch mit:) ebd., pp. 246–250. EDITION: CB 4, B43; beide Listen Car-
ley/Coughlan, An edition of the list, 502–514. LITERATUR: Vgl. Ed.; Carley (Ed.), John of
Glastonbury, IIf; Carley/Coughlan, An edition of the list, 498–502; Ker, 90f.

8. London, Dominikaner

a) 1336/1339

 – Kaufnotiz Richard de Wynkels, Provinzial, 1336/1339:

Oxford, Bodleian Digby 217 (13.3/4 u. 14.1)
f.179v (14. Jh.): *„De perquisito fratris Ric{ard}di de Wynkel"*

Texte:
 Alfarabi:

De intellectu
Algazali:
  Logica
Alkindi:
  De intellectu
  De intellectu
  De ratione
  De essentiis
Averroes:
  De substancia
Avicenna:
  De anima
  (=> De viribus cordis)
  Metaphysica
  Physica/1
  De universalibus
Lautere Brüder:
  Liber introductorius

Erläuterungen:
[Allg.]: Zur Zuweisung vgl. Jeauneau, Gloses, 365f.
Enthält auf f.1v ein Inhaltsverzeichnis des 14. Jahrhunderts, aus dem hervorgeht, daß der Kodex u.a. auch noch Costa ben Lucas *De differentia* enthalten haben muß. Da aber nicht sicher ist, ob dieser Teil zur Zeit, in der der oben angeführte Eintrag geschrieben wurde, noch bzw. schon enthalten war, wurde dieser Text hier nicht als Fundstelle gewertet.

LITERATUR: AvLC 141; Jeanneau, Gloses,365f; Ker, 124; Madan, Summary Catalogue II (i), 76; IRHT.

b) 1339

– Fragment eines Inventares für das Londoner Dominikanerkloster, geschrieben von Richard de Wynkel, Provinzial (13 Art.), 1339:

5: „Robertus Kylwarby super Sententias, de ortu scientiarum, de conscientia, de sacramento altaris, de predicamento relationis, de causis, de differentia spiritus et anime [1]."

Texte:
  Costa ben Luca:
    De differentia: [1]

Erläuterungen:
  [Allg.]: Kopie Bales (16. Jh.) in Auszügen

QUELLE: Oxford, Bodleian Selden supra 64 (3452), f.191. EDITION: CB 1, D7. LI-TERATUR: Ker, 124 u. vgl. Ed.

9. Oxford, Balliol College

a) 14. Jh. 3. Viertel

− Besitzeintrag Balliol College, 14. Jh. 3. Viertel:

Oxford, Balliol College 94 (14. Jh.):
f.Iv: „Liber Aule Balioli Oxon{iensis} in communi libraria ejusdem et ad usum communem sociorum ibidem studencium, cathenandus ex dono venerabilis patris domini Wilhelmi... episcopi Cicestr{iensis}. Oretis igitur pro eodem et benefactoribus ejusdem ac fidelium animabus a purgatorio liberandis."
Verweis: E29.a); E35.a).

Texte:
  Averroes
    Physica

LITERATUR: AL 341; Ker, 144f; Ker, Le biblioteche, 175f.

b) 14. Jh. letztes Viertel

− ba) Eintrag der Bibliothekssignatur des Balliol College, 14. Jh. letztes Viertel:

Oxford, Balliol College 106 (13. Jh. letztes Viertel):
f.2r, (14. Jh. letztes Viertel): „13° commentator philosophie pret. xi^q"

Texte:
  Averroes:
    Physica

Erläuterungen:
[Allg.]: Zur Identifizierung und Datierung dieser Bibliothekssignatur vgl. Mynors, Balliol College, XVf.

LITERATUR: AL 344; Mynors, Balliol College, XVf u. 88f; Ker, 144f.

– bb) Eintrag der Bibliothekssignatur des Balliol College, 14. Jh. letztes Viertel:

Oxford, Balliol College 112 (14. Jh. 1. Viertel):
f.3r, (14. Jh. letztes Viertel): „3° commentator"

Texte:
Averroes:
De generatione
De longitudine
De memoria
Metaphysica
De sensu
De sompno
De substancia

Erläuterungen:
[Allg.]: Zur Identifizierung und Datierung dieser Bibliothekssignatur vgl. Mynors, Balliol College, XVf.

LITERATUR: AL 345; Mynors, Balliol College, XVf u. 89–91; Ker, 144f.

– bc) Eintrag der Bibliothekssignatur des Balliol College, 14. Jh. letztes Viertel und Donationsvermerk, 14. Jh.:

Oxford, Balliol College 114 (14. Jh. 1. Viertel):
f.1v, (14. Jh.): „Commentum Phisicorum Aristotelis legatus domui de Balliolo per magistrum Laurencium de Thornhill" [1]
f.2r, (14. Jh. letztes Viertel): „12° commentator" [2]
Verweis: E28.

Texte:
Averroes:
De generatione

De longitudine
De memoria
Meteora
Physica
De sensu
De sompno
De substancia

Erläuterungen:
[1]: Die Lesart in AL „*domini de Wallo*" statt „*domui de Balliolo*" ist offensichtlich falsch.

[2]: Zur Identifizierung und Datierung dieser Bibliothekssignatur vgl. Mynors, Balliol College, XVf.

LITERATUR: AL 347; Mynors, Balliol College, XVf u. 92f; Ker, 144f.

– bd) Eintrag der Bibliothekssignatur des Balliol College, 14. Jh. letztes Viertel:

Oxford, Balliol College 232A (14. Jh.):
f.218r: „4° textus philosophie"

Texte:
Alfarabi:
De ortu
Ps.-Aristoteles:
De proprietatibus
Costa ben Luca:
De differentia

Erläuterungen:
[Allg.]: Zur Identifizierung und Datierung dieser Bibliothekssignatur vgl. Mynors, Balliol College, XVf.

LITERATUR: AL 349; Mynors, Balliol College, XVf u. 247–250; Ker, 144f.

– be) Eintrag der Bibliothekssignatur des Balliol College, 14. Jh. letztes
Viertel:

Oxford, Balliol College 232B (14. Jh. letztes Viertel):
f.1r, (14. Jh. letztes Viertel): „{..tex}tus philosophie"

Texte:
 Costa ben Luca:
  De differentia

Erläuterungen:
 [Allg.]: Zur Identifizierung dieser Bibliothekssignatur als Ballioll College 14.4 vgl. Mynors, Balliol College, XVf.

LITERATUR: AL 350; Mynors, Balliol College, XVf u. 250–252; Ker, 144f.

– bf) Eintrag der Bibliothekssignatur des Balliol College, 14. Jh. letztes
Viertel:

Oxford, Balliol College 244 (14. Jh. 1. Viertel):
f.2r, (14. Jh. letztes Viertel): „17° commentator"
Verweis: E36.

Texte:
 Averroes:
  De caelo

Erläuterungen:
 [Allg.]: Zur Identifizierung und Datierung dieser Bibliothekssignatur
 vgl. Mynors, Balliol College, XVf.
 AL gibt für die Datierung der Handschrift falsch „Saec. XV in." an.

LITERATUR: AL 352; Mynors, Balliol College, Xvf u. 265f; Ker, 144f; Ker, Le biblioteche,
175f.

10. Oxford, Durham College

a) 1315

– Katalog der Bibliothek des Durham College der Benediktiner von Durham (37 Art.), 1315:

S. 37 „Item libri naturales Auicenne et Algazel in uno volumine" [1], [2], [3], [4]
Verweis: E10.b) [5]

Texte:
Algazali:

Logica:	[1] (dub.)
Metaphysica:	[2] (dub.)
Physica:	[3] (dub.)

Averroes:

Physica:	[5]
Avicenna:	[4]

Erläuterungen:
[1]–[3]: vgl. Erläuterungen H5.

QUELLE: Durham College Rolls B. EDITION: Blakiston, Some Durham College Rolls, 35–38. LITERATUR: Vgl. Ed.; Pantin/Richardson/Salter (Hrsg.), Formularies, 240–245; Ker, 145f.

b) 1390–1400

– Katalog der Bibliothek des Durham College der Benediktiner von Durham (109 Art.), 1390–1400:

51 „Libri Avicenni [1] cum libris Algazel [2][3] [4] Commentator super libros phisicorum [5]"
Verweis: E10.a)

Texte:
Algazali:

Logica:	[2] (dub.)
Metaphysica:	[3] (dub.)
Physica:	[4] (dub.)

Averroes:

Physica:	[5]

Avicenna: [1]

Erläuterungen:
[2]–[4]: Vgl. Erläuterungen H5.

QUELLE: Durham, Kathedrale 2a 6e Ebor. No.5. EDITION: Pantin/Richardson/Salter (Hrsg.), Formularies, 240–245. LITERATUR: Pantin/Richardson/Salter (Hrsg.), Formularies, 240–245; Ker, 145f.

11. Oxford, Merton College

a) ab 1325

– Katalog der Bibliothek des Merton College (85 Art.), 1325 u. später:

„Libri philosophie de aula de Merton"

1 „prec. xvis Commentum libri Phisicorum [1] cum paruis libris naturalibus [2][3] [4][5] in vno volumine. incipit in secundo folio, et digni quoquomodo"
Verweis: E11.c), B.18.3; E11.e), C. 6.5; Powicke 79.

2 „prec. xvs Commentum celi et mundi [6] et commentum de sensu et sensato [7] et de anima [8], de generacione [9], de causis longit{udinis} et br{euitatis} vite [10]. in vno volumine, in secundo folio, autem...quo modo."
Verweis: E11.c), B.4.4; E11.e), C.11.5; Powicke 80 u. 482.

15 „prec. xxd Exposicio super libro Meteororum, in albis coopertoriis, vna cum exposicionibus de bona fortuna et Auerroys de substancio orbis [11] et de generacione [12] cum aliis paruis libris naturalibus [13][14][15][16]. et incipit in secundo folio, habentis virtutem."

34 „prec. xvis Commentum Metha[phisi]ce [17], ex legato M. Willelmi Burnel."
Verweis: E11.c), B.13.4; E11.e), C.10.6; Powicke 14 u. 470.

35 „prec. xxiiis Commentum Phisicorum [18], ex legato eiusdem [Willelm Burnel]. et incipit in secundo folio, quanto magis. in membra vitulina."
Verweis:E11.c), B.1.4; E11.e), C.7.5; Powicke 15.

37 „prec.> vxis Commentum celi et mundi [19] in membrana vitulina in nudis asseribus, in secundo folio, et dicimus. et continet commentum e causis et partem commenti de anima [20]."

Verweis: E11.c), B.21.3; E11.e), C.12.5; Powicke 82.

„Libri mathematicalles"

41 „iiiis De ortu scienciarum [21] cum Algorismi et aliis in vno volumine, et continet Alfag{?}ium. in secundo folio, omnia que a primeua."

„Libri philosophie ex legato magistri Bricii de Scharstede [† 1327]"

59 „xviiis Commentum metha{phisi}ce [22] et commentum libri de anima in nudis asseribus [23], et incipit in secundo folio, diffiniciones rerum."
Verweis: E11.c), B.20.3; E11.e), C.7.6; E20.; Powicke 106.

63 „vs Liber Metheor{or}um, de sompno, de memoria, de sensu, de lineis, de inundacione Nili, de bona fortuna, de longitudine et br{euitate} vite, de v{it}a {et morte}, de pomo, de proprietatibus elementorum [24]."
Verweis: E20.

„Ex legato magistri Iohannis de Sandwyco"

68 „Textus phi{sico}rum de noua translacione cum comentis phi[soco]rum [25], de substantia orbis [26], de generacione [27], de sensu et sensato [28], de memoria [29], de sompno [30], de longitudine et breuitate vite [31a)], in vno volumine. Incipit secundum folium, Vunum sunt."

74 „Item commentum super {...} et librum de anima in vno volumine. Incipit secundum folium, i utrum habeat."
Verweis: E11.c), B.19.3 [31 b)]; E11.e), C.13.4 [31c)]; Powicke 149.

„Libri philosophie ex legato magistri Stephani de Grauesend, quondam episcopi Londoniensis [† 1338]"

76 „Item commentum {..} commentum de substantia [32] commentum de generacione [33] in tresdecim quaternis. Incipit s {...} fo {...}, e decalaracio est."
Verweis: E31.

79 „Item Metha [a hochgestellt] Auicene [34]. Commentum de causis. Alfarabium de diuisione scienciarum [35], et idem de {...} m {...} cum aliis libris paruis {...} incipit s {...} fo"
Verweis: E31.

80 „Item commentum {...} super libros de anima in duobus quaternis [36]"
Verweis: E31.

„Ex legato magistri Rogerii de Crosbÿ"

82 „ Commentum super libros phisicorum [37] Incipit s fo medio in quo"

Texte:
    Alfarabi:

De ortu:	[21] (dub.)
De scientiis:	[35] (dub.)

    Averroes:

De anima:	[8], [20] (Exzerpt) (dub.), [23], [31b)], [36]
De caelo:	[6], [19], [31c)]
De generatione:	[9], [12], [27], [33]
De longitudine:	[2], [10], [13], [31a)]
De memoria:	[3], [14], [29]
Metaphysica:	[17], [22]
Physica:	[1], [18], [25], [37]
De sensu:	[4], [7], [15], [28]
De sompno:	[5], [16], [30]
De substancia:	[11], [26], [32]

    Avicenna:

Metaphysica:	[34]

    Ps.-Aristoteles:

De proprietatibus:	[24]

Erläuterungen:
    [Allg.]: Die Angabe Powicke und Nummer bezieht sich auf den Katalog der Merton Handschriften in Powicke, Medieval books of Merton College, 95–183. Sind bei Powicke zwei Nummern angegeben, so handelt es sich um ein und dieselbe Handschrift, die bei Powicke noch als zwei verschiedene gesehen werden. Die hier wiedergegebene Zuordnung stammt von Ker, The books of philosophy, 384–392.
    Wenn die genannten Donatoren nicht datierbar sind, wird die Fundstelle nur für das Merton College gewertet und die Donatoren werden nicht noch einmal extra aufgeführt.

QUELLE: Oxford, Merton College, Sacristy F.I.I. EDITION: Powicke, Medieval Books of Merton College, 47–51. LITERATUR: Vgl. Ed.; Ker², 147f; Ker, Le biblioteche, 174; Powicke, Medieval Books of Merton College, 95–183.

b) letztes Viertel 14. Jh

– ba) Donation Wilhelm Redes an das Merton College, 14. Jh. letztes Viertel:

Oxford, Merton College 227 (14. Jh. 1. Viertel):
f.IIv, (15.Jh.): *„Liber Domus scolarium de Merton. in Oxon. in communi libraria eiusdem et ad usum communem sociorum ibidem studencium cathenandus, ex dono venerabilis patris domini Wilhelmi tercii episcopi Cicestrie. Orate igitur pro eodem..."*
Verweis: E29.b); E35.b).

Texte:
    Avicenna:
        De animalibus [Exzerpt]
        De viribus cordis

Erläuterungen:
    [Allg.]: Zu William Rede und Nicholas v. Sandwich vgl. Parkes, Scribes, Scripts and Readers, 303f: „Wykeham's specil attention to the regulation of the library at New College seems to have stimulated an astonishing reaction from William Rede. In 1374 Rede [...] had given 99 books to Merton. By his will in 1385 he left not only another 100 books to Merton but also 100 books to New College, 20 to Exeter College, and 10 each to Balliol College, Oriel College, and Queen's College. He also left sums of money to Exeter, Queen's, Oriel, and Balliol to ensure that these Books were chained in their libraries [...] As a young man Rede had enjoyed the enlightened patronage of Nicholas of Sandwich who provided him with books and the money to buy books, and Rede may have felt obliged to extend similar patronage to others."

LITERATUR: AL 364; AvLC 149; Ker², 147f; Ker, Le biblioteche, 177f; Parkes, Scribes, Scripts and Readers, 303f.

– bb) Donation Wilhelm Redes an das Merton College, 14. Jh. letztes
Viertel:

Oxford, Merton College 282 (14. Jh. 1. Viertel):
f.1v: „Liber Domus scolarium de Merton. in Oxon. in communi libraria eiusdem et
ad usum communem sociorum ibidem studencium cathenandus, ex dono venerabilis
patris domini Wilhelmi tercii episcopi Cicestrie. Orate igitur pro eodem..."
Verweis: E29.c); E35.c).

Texte:
  Averroes:
    De anima
    De generatione
    De longitudine
    De memoria
    Meteora
    De sensu
    De sompno
    De substancia
  Avicenna:
    De anima
    Isagoge
    Metaphysica
    Physica/1
  Ḥunayn:
    De caelo

Erläuterungen:
  [Allg.]: Bédoret, Les premières versions. Œuvres d'Avicenne, 383,
  gibt falsch Avicenna *De Caelo* an statt Ḥunayns Werk.

LITERATUR: AL 371; AvLC 151; Bédoret, Les premières versions, 383; Ker², 147f; Ker,
Le biblioteche, 177f; Parkes, Scribes, Scripts and Readers, 303f.

c) 1372

– Election list des Merton College (137 Art.), 1372:

B.1.4 „Item commentator phisicorum secundo fo quanto magis [1]"
Verweis: E11.a), 35; E11.e), C.7.5; Powicke 15.

B.1.5 „Item commentum de anima [2] et textus de plantis secundo fo debemus"
Verweis: E11.e), C.8.6; Powicke 423.

B.2.4 „Item commentum phisicorum secundo fo uniuersaliori [3]"

B.2.6 „Item commentum ce et M' secundo fo necesse est [4]"
Verweis: E11.d), C.2.7; Powicke 481.

B.2.7 „Item expo' logica Algal' [5] cum libris Auicenne [6] secundo fo sed quia hoc est"

B.3.6 „Item commentum methaphisice secundo fo et veritatis [7]"
Verweis: E11.d), C.6.6; Powicke 420.

B.4.4 „Item commentum ce et M' secundo fo autem recipit [8]"
Verweis: E11.a), 2 [9] [10] [11] [12]; E11.d), C.11.5; Powicke 80 u. 482.

B.4.5 „Item commentum phisicorum {secundo fo...} [13]"

B.5.4 „Item commentum methaphisice secundo fo {...} [14]"

B.6.4 „Item commentum methaphisice secundo fo {...}[15]"

B.7.4 „Item commentum methaphisice secundo fo p{...}[16]"
Verweis: ev. E11.e), C.1.5 oder C.5.5.

B.7.5 „Item {commentum de anima secundo fo} scire deffinicionem [17]"
Verweis: E11.e), C.13.5; Powicke 476.

B.8.4 „Item commentum methaphisice secundo fo li et si geosius [18]"
Hs: Oxford, Merton College 269.
Verweis: E11.e), C.12.4, Powicke 391.

B.8.5 „Item commentum de anima {?} secundo fo uniuersaliter {?} [19]"
Verweis: ev. E11.e), C.1.7; Powicke 473.

B.9.4 „Item commentum de Anima secundo fo que sit [20]"
Verweis: E11.e), C.2.5; Powicke 424.

B.9.5 „Item commentum methaphisice secundo fo {...} [21]"
Verweis: Powicke 420A.

B.10.4 „*Item commentum de Anima secundo fo endi{lechi}a [22]*"
Verweis: E11.e), C.9.6; Powicke 425.

B.10.5 „*Item commentum methaphisice secundo fo per secundum species [23]*"
Verweis: E11.e), C.3.6; Powicke 421.

B.11.4 „*Item commentum de Anima secundo fo solli{citaretur} [24]*"
Verweis: E11.e), C.4.5; Powicke 474.

B.11.5 „*Item commentum ce et M' secundo fo duarum quantitatum [25]*"
Verweis: E11.e), C.14.5; Powicke 442.

B.12.4 „*Item commentum de celo secundo fo in aliam magnitudinem [26]*"
Verweis: ev. E11.e), C.2.6; Powicke 427, ev. = 480.

B.12.5 „*{Item commentum} ce et M' secundo fo perfectum [27]*"
Verweis: E11.e), C.15.5; Powicke 107.

B.13.4 „*Item commentum methaphisice secundo fo cum {?} dixit [28]*"
Verweis: E11.a), 34; E11.e), C.10.6; Powicke 14 u. 470.

B.13.5 „*Item commentum {...}iam [29]*"

B.13.6 „*Item expo' de anima secundo fo que sit*"
Verweis: E11.e), C.3.7 als „*comment' de anima*" [30]; Powicke 436.

B.14.3 „*Item commentum phisicorum secundo fo ligibile uniuersaliter [31]*"
Verweis: E11.e), C. 15.4; Powicke 428.

B.14.4 „*Item auic' super methaphisicam [32] et sextum {...} [33] fo consideracio {?}*"
Verweis: E11.e), C.9.8; Powicke 452.

B.15.3 „*Item commentum phisicorum secundo fo quoniam illa [34]*"
Verweis: E11.e), C.10.5; Powicke 429 u. 646.

B.16.3 „*Item commentum methaphisice secundo fo de principiis [35]*"
Verweis: E11.e), C.4.6; Powicke 422.

B.17.3 „*Item commentum phisicorum secundo fo in postremo deficit prec' xvi s' [36]*"

Verweis: E11.e), C.12.9; Powicke 430.

B.18.3 „Item commentum phisicorum secundo fo et dixit [37]"
Verweis: E11.a), 1 [38] [39] [40] [41]; E11.e), C.6.5; Powicke 79.

B.19.3 „Item commentum de anima secundo fo et utrum [42]"
Verweis: E11.a), 74; E11.e), C.13.4 [42bis]; Powicke 149.

B.20.3 „Item commentum de anima secundo fo diffiniciones rerum [43]"
Verweis: E11.a), 59 [44]; E11.e), C.7.6; E20.; Powicke 106.

B.21.3 „Item commentum ce et M' secundo fo et dicimus [45]"
Verweis: E11.a), 37 [46]; E11.e), C.12.5; Powicke 82.

B.22.3 „Item commentum de anima secundo fo bis et amplius [47]"
Verweis: Powicke 426.

Texte:
  Algazali:
    Logica: [5]
  Averroes: [29]
    De anima: [2], [10], [17], [19] (dub.), [20], [22],
                        [24], [30] (dub.), [42], [43], [46] (Ex-
                        zerpt), [47]
    De caelo: [4], [8], [25], [26], [27], [42bis], [45]
    De generatione: [11]
    De longitudine: [12], [41]
    De memoria: [39]
    Metaphysica: [7], [14], [15], [16], [18], [21], [23],
                        [28], [35], [44]
    Physica: [1], [3], [13], [31], [34], [36], [37]
    De sensu: [9], [38]
    De sompno: [40]
  Avicenna: [6]
    De anima: [33]
    (=> De viribus cordis)
    Metaphysica: [32]

Erläuterungen:
  [Allg.]: Zu den Angaben Powicke + Nummer vgl. Erläuterungen
  [Allg.] bei E11.a).

Daß mit den hier aufgeführten *commenta* wirklich Averroes gemeint ist, geht nicht nur daraus hervor, daß Ker jeweils das sec. folio in den Editionen überprüft hat, sondern auch daraus, daß die in Eintrag 8.4 beschriebene Handschrift erhalten ist (Oxford, Merton College 269) und wirklich die Metaphysica von Averroes enthält. Die Identifizierungen mit den Powicke-Angaben bestätigen dies ebenfalls. Allerdings ist auch Vorsicht geboten: der Eintrag 3.4 (=E11.e), C3.5) läßt zunächst einen *Ethikkommentar* von Averroes vermuten, aus E11.e) wird aber deurlich, daß es sich hier um Eustratius handelt. Nachzuvollziehen ist das Mißverständnis bei Eintrag 1.5, bzw. E11.e). In der zweiten Liste wird nur ein *Commentatorem de plantis* genannt. Solch ein Werk gibt es von Averroes nicht, aus E11.c), B1.5 wird aber deutlich, daß die Handschrift sowohl *De Anima* von Averroes als auch *De plantis* des Nicolaus Damascenus in der Übersetzung von Alfred v. Sareshel enthielt. In E11.e) wurde der Inhalt also verkürzt wiedergegeben und dadurch der Eindruck erweckt, Averroes sei der Autor von *De plantis*.

QUELLE: Oxford, Merton College Q.I.II. EDITION: Ker, The books of philosophy, 360–366; Powicke, The medieval books, 60–63. LITERATUR: Ker², 147f; Ker, Le bibliteche, 175; Ker, The books of philosophy, 347–375; Parkes, Scribes, Scripts and Readers, 299–312; Powicke, The medieval books, 60–63.

d) 1374

– Donation William Rede's, Bischof von Chichester, an das Merton College (99 Art.), 1374:

„*Preterea, de phisicis et naturalibus*"
21. „*Item comentum averois super libr' De Anima [1] et aliis, cum libr' Avicenne [2], secundo folio meliorum.*"
Verweis: E35.d); Powicke 569.

Texte:
Averroes:
    De anima: [1]
    Avicenna: [2]

QUELLE: Original verloren; Fotos im Merton College. EDITION: Garrod/Highfield, An indenture, 14–19. LITERATUR: Garrod/Highfield, An indenture, 9–14; Hunt, The medieval library, 319f; Ker²,147f; Ker, Le biblioteche, 177f; ders., The books of philosophy,

347–375; Leach, Wykeham's Books, 221f u. 223–244; Parkes, Scribes, Scripts and Readers, 299–312; Powicke, The medieval books, 60–63.

e) 1375

– Election list des Merton College (134 Art.), 1375:

C.1.5 „Item comment' Methaphisice {secundo f} paucioribus [1]"
Verweis: ev. E11.c), B.7.4.; Powicke 468.

C.1.6 „Item coment' phisicorum secundo fo monstratiue [2]"
Verweis: Powicke 477

C.1.7 „Item comment' de anima secundo fo uniuersale [3]"
Verweis: ev. E11.c), B.8.5; Powicke 473.

C.1.12 „Item libros auicenne cart' de librario secundo fo esse suum [4]"
Verweis: election list von 1410 = Powicke D.7.5 [5]; Powicke 494.

C.2.5 „Item comment' de anima secundo fo que sit [6]"
Verweis: E11.c), B.9.4; Powicke 424.

C.2.6 „Item coment {…} de ce et mundo {secundo} fo {…} a {…} [7]"
Verweis: ev. E11.c), B.12.4, Powicke 427 u. 480.

C.2.7 „Item comment' celi et mundi secundo fo necesse est [8]"
Verweis: E11.c), B.2.6; Powicke 481.

C.3.6 „Item coment' methaphisice secundo fo per secundum [9]"
Verweis: E11.c), B.10.5; Powicke 421.

C.3.7 „Item comment' de anima secundo fo que sit [10]"
Verweis: E11.c), B.13.6 als „expo' de anima"; Powicke 436.

C.4.5 „Item comment' de anima secundo fo solicitaretur [11]"
Verweis: E11.c), B.11.4; Powicke 474.

C.4.6 „Item comentatorem methaphisice secundo fo de principiis [12]"
Verweis: E11.c), B.16.3; Powicke 422.

C.4.7 „Item comment' phisicorum {secundo fo …} [13]"

C.5.5 „Item comment' cum aliis secundo fo propter fortunam [14]"
Verweis: ev. E11.c), B.7.4; Powicke 469.

C.5.6 „Item comentatorem 2° fo {diese beiden Wörter ausgestrichen} de anima 2° fo {...} [15]"
Verweis:= Powicke 475.

C.6.5 „Item comment' phisicorum secundo folio et dixit quoquomodo [16]"
Verweis: E11.a), 1 [17] [18] [19] [20]; E11.c), B.18.3; Powicke 79.

C.6.6 „Item comentatorem 2° fo {diese beiden Wörter ausgestrichen} methaphisice 2° fo veritatis [21]"
Verweis: E11.c), B.3.6; Powicke 420.

C.7.5 „Item comment' phisicorum secundo fo quanto magis [22]"
Verweis: E11.a), 35; E11.c), B.1.4; Powicke 15.

C.7.6 „Item comentatorem 2° fo {diese beiden Wörter ausgestrichen} de anima secundo fo diffiniciones [23]"
Verweis: E11.a), 59 [24]; E11.c), B.20.3; E20.; Powicke 106.

C.8.5 „Item comment' phisicorum secundo fo composicionis [25]"
Verweis: Powicke 478.

C.8.6 „Item comentatorem de plantis 2° fo debemus"
Verweis: E11.c), B.1.5 [26]; Powicke 423.

C.9.5 „Item me {ausgestrichen} comment' methaphisice secundo fo ab ista causa [27]"
Verweis: Powicke 483.

C.9.6 „Item coment' de anima secundo fo endilechia [28]"
Verweis: E11.c), B.10.4; Powicke 425.

C.9.8 „Item methaphisicam auicenne 2° fo consideracio [29]"
Verweis: E11.c), B.14.4 [30]; Powicke 425.

C.10.5 „Item comment' phisicorum secundo fo quoniam illa [31]"
Verweis: E11.c), B.15.3; Powicke 429 u. 646.

C.10.6 „Item commentum Methaphisice secundo fo {...} dixt {t hochgestellt} [32]"

Verweis: E11.a), 34; E11.c), B.134.

C.11.5 „Item comment' celi et mundi secundo fo autem recipit [33]"
Verweis: E11.a), 2 [34] [35] [36] [37]; E11.c), B.4.4; Powicke 80 u. 482.

C.11.6 „Item commentum methaphisice secundo fo idem est omni [38]"
Verweis: Powicke 471.

C.12.4 „Item comment' metaphisice secundo fo li' et si gerosius [39]"
HS: Oxford, Merton College 269.
Verweis: E11.c), B.8.4; Powicke 391.

C.12.5 „Item commentum de ce et mundo secundo fo et dicimus [40]"
Verweis: E11.a), 37 [41] [C]; E11.c), B.21.3; Powicke 82.

C.12.9 „Item commentatorem phisicorum 2° fo in postremo [42]"
Verweis: E11.c), B.17.3; Powicke 430.

C.13.4 „Item comment de a {ausgestrichen} celi et mundi secundo fo et utrum [43]"
Verweis: E11.a), 74; E11.c), B.19.3 [44]; Powicke 149.

C.13.5 „Item commentum de anima secundo fo scire diffinicionem [45]"
Verweis: E11.c), B.7.5; Powicke 476.

C.13.8 „Item comment' methaphisice secundo fo et eciam [46]"
Verweis: Powicke 473.

C.14.4 „Item comment' phisicorum secundo fo hoc nomine [47]"
Verweis: Powicke 479.

C.14.5 „Item comment' celi et mundi secundo fo uarum quan{titatum} [48]"
Verweis: E11.c), B.11.5; Powicke 442.

C.15.4 „Item comment' phisicorum secundo fo ligibile [49]"
Verweis: E11.c), B.14.3; Powicke 428.

C.15.5 „Item commentum celi et mundi secundo fo ad quem [50]"
Verweis: E11.c), B.12.5; Powicke 107.

Texte:
  Algazali:

Logica: [5] (dub.)
Averroes:
    De anima: [3], [6], [10] (dub.), [11], [15], [23],
                           [26], [28], [31], [35], [41] (Exzerpt),
                           [44], [45], [47]
    De caelo: [7], [8], [33], [40], [43], [48], [50]
    De generatione: [36]
    De longitudine: [20], [37]
    De memoria: [18]
    Metaphysica: [1], [9], [12], [14], [21], [24], [27], [32],
                           [38], [39], [46]
    Physica: [2], [13], [16], [22], [25], [42], [49]
    De sensu: [17], [34]
    De sompno: [19]
Avicenna: [4]
    De anima: [30]
    (=> De viribus cordis)
    Metaphysica: [29]

Erläuterungen:
[Allg.]: Zu den Angaben Powicke + Nummer vgl. Erläuterungen
[Allg.] bei E11.a).

[21]: In der Konkordanz von Ker, The books of philosophy, 393,
muß es bei „C.6.6. (M)" entsprechend „B.3.6" statt „B.13.6" heißen.

QUELLE: Oxford, Merton College Q.I.II. EDITION: Ker, The books of philosophy, 375–
385; Powicke, The Medieval books, 64–67. LITERATUR: Ker², 147f; Ker, Le bibliteche,
178; Ker, The books of philosophy, 347–375; Parkes, Scribes, Scripts and Readers, 299–
312; Powicke, The medieval books, 60–63.

12. Oxford, New College, 14. Jh. letztes Viertel

– Donation von Willam Wykeham, Bischof von Winchester, an das New
College (ca. 240 Art.), 14. Jh. letztes Viertel:

f.7 „Libri Facultatis Philosophiae de dono Domini fundatoris
praedicti"
„Commentator super libros phisicorum [1] [sec. f.:] ater qua [Preis:] 13s. 4d."
Verweis: E38.

„Commentator super libros De Anima [2], et super libros Metaphysicae [3] [sec. f.:] nibus verbi gratia [Preis:] 10s. 0d."
Verweis: E38.

„Commentator super libros Caeli et Mundi [4] [sec. f.:] quantitates unum [Preis:] 5s. 0d."
Verweis: E38.

„Commentator super libros De Anima [5], et aliis multis [sec. f.:] similibus et si [Preis:] 10s. 0d."
Verweis: E38.

„Commentator Physicorum abbreviatus, cum aliis, in quaterno [6] [sec. f.:] non separabile [Preis:] 20d."
Verweis: E38.

„Quaternus cum Commentatore super quosdam libros Phisicorum [7] [sec. f.:] sit si autem [Preis:] 20d."
Verweis: E38.

„Quaternus cum Commentatore super libros Phisicorum [8] [sec. f.:] universis de vita [Preis:] 20d."
Verweis: E38.

„Unus Commentator Caeli et Mundi [9] [sec. f.:] ligere [kein Preis]"
Verweis: E38.

Texte:
    Averroes:

De anima:	[2], [5]
De caelo:	[4], [9]
Metaphysica:	[3]
Physica:	[1], [6] (Abbrevatio), [7] (dub.), [8]

Erläuterungen:
[Allg.]: Zur Person Wykehams vgl. Parkes, Scribes, Scripts and Readers, 303: „The first Oxford or Cambridge college in which a purpose-built library was part of the original plan was New College, founded by William Wykeham in 1379. The library was completed in 1386. William of Wykeham provided his new foundation with a total of 246 books over a period of several years, and laid down careful re-

gulations concerning the preservation, housing, and use of books in his statues."

QUELLE: Oxford, New College, Liber Albus ff. 4, 5, 7, 13 u. 17. EDITION: Leach, Wyke-ham's Books at New College, 223–244. LITERATUR: Hunt, The medieval library, 317–345; Ker², 148; Ker, Le biblioteche, 178; Leach, Wykeham's Books at New College, 213–220; Parkes, Scribes, Scripts and Readers, 303f; Rashdall, Medieval universities III, 213–223.

13. Oxford, Oriel College, 1368

– Eintrag im Testament Simons de Bredon, Kanoniker von Chichester, 1368:

f.122v: „*Item lego librum sentenciarum Aule regis Oxonie [= Oriel College] et eidem Aule lego quemdam librum sine asseribus in quo continetur liber collectorii et de viri-bus cordis [1] [2] [3] [4] qui fuit Magistri Iohannis de Staunton quondam socii Aule Regis sed volo quod ipsi liberent dictum librum dicto magistro Iohanni si viuat.*"
Hs: Oxfor, Oriel College 61.
Verweis: E32.

Texte:
  Averroes:
    De generatione: [2]
    Physica: [3], [4] (Fragment)
  Avicenna:
    De viribus cordis: [1]

Erläuterungen:
  [Allg.]: Der im Eintrag genannte *liber collectorii* könnte das in der Handschrift enthaltene medizinische Werk *Colliget* von Averroes be-zeichnen.

QUELLE: Lambeth, Reg. Whittlesey, ff. 122–123. EDITION: Powicke, Medieval Books of Merton College, 82–86. LITERATUR: Vgl. Ed.; AL 378; Cavanaugh, A study, 127 u. 133; Coxe, Catalogue of manuscripts I, 22; Ker², 148f; Ker, Le biblioteche, passim; IRHT.

14. Ramsey, Benediktinerabtei, 14. Jh. 2.–3. Viertel

– Katalogfragment der Abtei Ramsey (609 Art.), 14. Jh. 2.–3. Viertel:

„Libri magistri Ade de Sancto Albano" [nicht identifizierbar]

419: „Philosophia Gundessalini [1]"

„Libris fratris Walteri de Lilleford, quondam prioris Sancti Ivonis, quos contulit communitati Rameseye"

558: „Commentum Aueroys super xij. libros methaphisice [2], et comentum Auerei de uegetabilibus Aristotelis, et commentum super tres libros de causis, in uni uolumine."
Verweis: E34.

Texte:
    Averroes:
        Metaphysica: [2]
    Gundissalinus:
        De divisione: [1]

Erläuterungen:
[Allg.]: In CB 4 werden für die Kataloge B43, B103, B406 und B428 an mehreren Stellen die *„libri naturales Arist."* angegeben, und dabei wird umstandslos angenommen, daß damit jeweils auch Costa ben Luca gemeint sei. Abgesehen davon, daß es sich nach meiner Meinung bei B406 nicht einmal mit Sicherheit um Aristoteles handelt, ist auch die selbstverständliche Subsumierung von Costa ben Lucas Werk unter das *corpus vetustius* zwar oft richtig, aber nicht immer zwingend. Als Gegenbeispiele können folgende Handschriften angeführt werden: AL 385, 865, 1026, 1442, 1477, 1607 und 1835.
Der Eintrag 138 *„Auicenna"* meint wohl in seiner allg. Aussage den *Canon* der Medizin Avicennas.

[2] Zu Walter de Lilleford heißt es in CB4, B68, vor Nr. 547: „This is the only known reference to Walter de Lilleford, who must have been prior of the tiny cell at St Ives in the early 14th cent. He is not given the title 'master', yet his books form by far the best scholastic collection in the catalogue."

QUELLE: London, British Library MS Cotton rolls II, 16. EDITION: CB 4, B68; Teiledition: Halliwell, Walter de Lilleford's, 455–457. LITERATUR: Vgl. Ed.; Ker², 153f.

15. Rochester, Kathedralkloster

a) 13. Jh. letztes Viertel

– Besitzeintrag, 13. Jh. letztes Viertel:

London, British Museum Regii 12.G.II (13. Jh.):
f.1v: „Volumen... de Claustro Roffensi per Johannem priorem"
Verweis: E22.; E26.a).

Texte:
Avicenna:
De congelatione
Costa ben Luca:
De differentia

Erläuterungen:
[Allg.]: Vgl. AL 312 u. AL 318
Zur Datierung vgl. Parkes, Scribes, Scripts and readers, 22 u. 300: „The book was subsequently given to Rochester Cathedral Priory by a Prior John, probably John de Renham, prior 1263–1283 and 1292–1294." Vgl. Erläuterungen E.22.

LITERATUR: AL 317; Burnett, Introduction/Great Britain, 40; Callus, Introduction, 42; Emden, BRUO, 269; Ker, The books of philosophy, 355 u. 357; Ker², 161–164; Parkes, Scribes, Scripts and Readers, 22 u. 300.

b) 13. Jh. letztes Viertel

– Donation des Prior Iohannes an das Kathedralkloster in Rochester, 13. Jh. letztes Viertel:

London, British Museum Regii 12.G.III (13. Jh.):
f.2v, (13. Jh.): „Volumen De Naturalibus Aristotilis de Claustro Roffensi per Johannem priorem Roffensem. Hunc librum quicumque alienaverit, ab hoc claustro alienatum celaverit vel hunc titulum in fraudem deleverit, dampnationem incurrit anathemati lati singulis annis a priore et toto cetu capituli Roffensis".
Verweis: E26.b)

Texte:
Avicenna:
De congelatione
Costa ben Luca:
De differentia

LITERATUR: AL 318; Callus, Introduction, 42f; Ker², 161–164.

c) 14. Jh. 3. Viertel

– Donation von Iohannes de Stapeya an das Kloster von Rochester, 14.
Jh. 3. Viertel:

London, British Museum Regü 12.D.XIV (13. Jh.):
f.1, (14. Jh.): „Liber de Claustro Roffensi {Rochester} per magistrum Johannem de
Stapeya priorem {1333–1352}."
Verweis: E27.

Texte:
Averroes
Metaphysica

Erläuterungen:
[Allg.]: Die Handschrift enthält noch den Liber de causis und nennt als
dessen Autor Alfarabi.

LITERATUR: AL 312; British Library (Hrsg.), The Benedictines, 110, n° 103; Ker², 161–
164; IRHT.

16. St. Albans, Benediktinerkloster

a) 13. Jh. 1. Hälfte

– Besitzeintrag St Albans, 13. Jh. 1. Hälfte [pal.]:

Oxford, Bodleian Selden Supra 24 (12. Jh. 2. Hälfte u. 13. Jh. 1. Viertel):
f.3v oben und f.84r: „Hic est liber Sancti Albani quem qui ei abstulerit aut titulum
deleverit anathema sit. amen."

Texte:
Avicenna:

De congelatione (Exzerpt)
Ḥunayn
De caelo
Erläuterungen:
[Allg.]: Enthält auch den *Liber de Causis* mit der Verfasserangabe Avendauth. Burnett hat Beziehungen zu Avranches, BM 232 festgestellt, vgl. Burnett, Introduction/Great Britain, 26 u. 30f.

LITERATUR: AL 340; AvLC 145; d'Alverny, Les nouveaux apports, 872f; Burnett, Introduction/Great Britain, 26 u. 30f; ders., Introduction/British Schools, 50f; CB II, 225; Hunt, The library, 267; Ker², 161–164; Madan, Summary cataogue I, 622f; Pattin, Over de schrijver, 333 u. 514; Thomson, Manuscripts from St. Alban, Bd.I, 110f, Nr.56; IRHT.

b) 14. Jh. 1. Viertel

– Ein das Benediktinerkloster St Albans betreffender Eintrag im Registrum Anglie, 14. Jh. 1. Viertel:

88 „AVICENNA Super commento Aristotelis super methafisicam [1] 15"

Texte:
Avicenna:
Metaphysica: [1]

Erläuterungen:
[Allg.]: Die „15" ist innerhalb des Registrums der Verweis auf St. Albans.

QUELLE: Oxford, Bodleian MS Tanner 165, ff. 103r–120v; Cambridge, Peterhouse 169.I, 54v–61v; London, Brit.Mus., Regalis 3.D.I, ff. 106r–112v u. 233r–234v. EDITION: CB 2, vgl. 225 u. 256–259. LITERATUR: Vgl. Ed; Ker², 161–164.

17. Titchfield, St. Mary and St. John the Evangelist, 1400

– Katalog der Praemonstratenser Abtei St Mary and St John the Evangelist (241 Art.), 1400:

26: „.B.XXII. / Walterus Magalonens{is} episcopus de Flore Psalterij tamen imperfecte. Sermones cuiusdam religiosi. Tractatus qui dicitur Liber celi et mundi [1].

Tractatus super quibusdam psalmis. Sermones cuiusdam religiosi. Notabilia diuersa ex decretis per modum alphabeti collecta.“
Hs: Oxford, Bodl. MS Laud misc. 357.

115: „.K.VIII. / Duo libri Alpharabij in quaterno [2] [3]“

177: „N.XVII. / Liber bestiarum, uolatilium, serpencium et lapidum. Liber de sensu et sensatu. Tractatus de substantia orbis [4]. Liber de sensibus er sensibilibus. Liber compendij logicis. Liber de animacione. Concordancie decretalium et decretorum. Ars computandi secundum algorismum. Regule ad cognoscendum quot pollices et pedes acra terre continet et practica mensurandi diuersa. Fractiones et proporciones de arte algorismi. Tabula capitulorum et literarum in omnibus libris moralium beati Gregorij. Concordancie omeliarum beati Gregorij super Ezechielem. Concordancie de Moralibus beati Gregorij. Sermo beati Augustini de fide sancte trinitatis. Tractatulus de dilectione proximi et inimici.“

189: „.O.IX. / Liber Ar{istotelis} de spiritu et anima in quaterno [5]. Liber de sompno et uigilia continens .ij. libros. Liber de morte et uita. Liber metheororum alias de impressionibus superioribus continens .iij. libros.“

Texte:

Alfarabi:	[2], [3]
Averroes:	
De substancia:	[4]
Ḥunayn:	
De caelo:	[1]
Costa ben Luca:	
De differentia:	[5]

Erläuterungen:
[Allg.]: Hinter dem Eintrag *„Liber elementorum Rolandini“*, S. *116,* vermutet der Herausgeber Ps.-Aristoteles *De proprietatibus.* Diese Zuordnung scheint mir aber wegen des medizinischen Umfeldes eher unwahrscheinlich.

QUELLE: London, British Libr. MS Add. 70507. EDITION: CB 3, P6. LITERATUR: Vgl. Ed.; Ker², 190.

18. York, Augustiner-Eremiten, 1372

– Katalog des Augustiner-Eremiten Klosters (646 Art.), 1372:

„Postille"

58: „U" „Postille super Genesim vique ad 27 capitulum inclusiue. super exodum ad 30m [hochgestellt] capitulum. Egidius de gradibus formarum. Extracciones commenti Aueroys super xj libros metaphisice abreuiate a fratre W. lincolniensi [1]."

„Originalia"

149: „X" „Augustinus de spiritu et anima. liber de causis. De differentia spiritus et anime [2]. Epistola Aristotelis ad Alexandrum. De breuitate {et} longitate vite. Tractatus conpilatus ex auctoritatibus sanctorum."

„Logicalia et philosophia cum scriptis et commentis"

266: „F" „Textus de anima 2° fo. quantum est rectum multa. Item de memoria et reminiscencia. Item de sompno et vigilia. Item de morte et vita. Item de differencia spiritus et anime [3]. Item de generacione et corrupcione. Item textus metheororum. Item textus phisicorum. Item textus de celo et mundo."

269: „I" „Textus methafisice cum commento 2° fo.essencia [4]. Item de causis cum commento. Item commentum de sensu et sensato [5]. Item de memoria et reminiscencia [6]. Item de sompno et vigilia [7]."

270: „K" „Commentator super 8 libros phisicorum 2° fo. et sic potest intendere [8]. Item super libros celi et mundi [9]."

„Logica et philosophia cum scriptis et commentis"

279: „T" „Auctor de causis 2° fo. intelligencie. Item declaraciones Egidii super librum {de} generacione. Item questiones super libros de anima. Item questiones super libros de generacione. Item summa super 8 libros phisicorum. Item notule Egidii super libros de anima cum dubitationibus eiusdem et de generacione. Item summa super 10 libros methaphysice. Item summa abreuiata super libros phisicorum. Item egidius de pluralitate et gradibus formarum. Item Thomas de esse et essentia. Item Boecius de vnitate et vno. Item libellus Ysaac de anima. Item epistole Ypocratis de quatuor humoribus. Item compilatio propositionum libri phisicorum cum exposicione earundem. Item commentum metaphysice abreuiatum [10]. Item tabula super libros de animalibus."

„Philosophia"

288: „AB" „Comentum super octo libros phisicorum 2° fo. cum declaravit [11]."

„Philosophia"

297: „[...]/AL" „Commentum super libros celi et mundi 2° fo. non est manifestum [12]. Item commentum super libros de anima [13]. Item commentum de generacione et corupcione [14]. Item auctor de causis cum commento."

„Philosophia"

298: „[...]\\AM" „Commentum super libros de anima 2° fo. monstrare ea [15]. Item de substantia orbis [16]. Item de sensu et sensato [17]. Item de memoria et reminiscencia [18]. Item de sompno et vigilia [19]."

„Philosophia Fratris Johannis Erghome doctoris Philosophica Aristotelis"

312: „A" „Textus phisicorum Aristotelis octo libri. Aristotelis de celo et mundo quattuor libri. Aristotelis de differentia spiritus et anime [20]. Aristotelis de sensu et sensato. Aristotelis de causis. Aristotelis de sompno et vigilia libri tres. Aristotelis de vegetabilibus et plantis. Aristotelis de anima libri tres. Aristotelis de memoria et reminiscencia. Aristotelis de generacione et corupcione libri duo."
Verweis: E25.

313: „B"""" Aristotelis in libris metheororum in libris quatuor [20bis]. Aristotelis de morte et vita. Aristotelis de vegetabilibus libri duo. Aristotelis de sompno et vigilia 3. Aristotelis de differencia spiritus et anime [21]. libri Alquindi de intellectu et intellecto [22]. Aristotelis de causis. Algazel de intellectu et intellecto [23]. Aristotelis de anima libri tres. Aristotelis de memoria et reminiscencia. Aristotelis de generacione et corupcione. Avicenne de intellectu et intellecto [24]. liber de motu cordis."
Verweis: E25.

„Philosophia"

318: „F" „Comentum super 8 libros phisicorum [25]."

320: „H" „Comentum Aueroys de anima [26]."

„Philosophia"

324: „M" „Octo libri phisicorum, de generacione et corupcione duo libri, de anima tres libri, de celo et mundo tres libri. Metheororum libri quatuor, de vegetabilibus et plantis duo libri, de sensu er sensato, de sompno et vigilia libri tres, de differentia spiritus et anime [27], de vita et morte."
329: „R" „Commentum Aueros super 8 libros phisicorum [28] et duodecim libros metaphisice [29]."

330: „S" „Tractatus Algazelis in metaphisica [30]. Liber Joachim de summis pontificibus, tractatus de musica, liber Procli Platonici incompletus, glose super Ysaiam incomplete".

„Philosophia"

332: „V 2m [hochgestellt]" „[...] Exposicio Egidii super libros de anima. Tractatum Burley de phisionomia Aristotelis. Tractatus Aueroys super de sensu et sensato [31]. Tractatus eiusdem de memoria et reminiscencia [32]. Tractatus eiusdem de sompno et vigilia [33]. Tractatus eiusdem de generacione et corrupcione [34]. Tractatus eiusdem de longitudine et breuitate vite [35]. Tractatus eiusdem de substantia orbis [36]. Tractatus eiusdem super libros metheororum [37]."

„Prophecie et supersticiosa
Libri magistri Johannis Erghome"

362: „B" „Liber sompniarii Ybin Cyrin' in 8 partibus et pars in cifra, liber qui intitulatur de iudiciis astrorum, 9 ymagines extracte de libro veneris, breuis tractatus quatuor capitulis de sompno et visione [38], tratatus de operibus et occultis actionibus naturalium liber Hermetis de celo et mundo distinctus in 6 partes, theorica artis magice in 56 capitulis, flores coniunctionis veritatis geomancie distinctus in theoricam et practicam, introductorium ad geomanciam docens terminos artis, tratatus de penthagono Salomonis, tractatus ad inclusionem spiritus in speculo, opus capitis magni cumaliis capitibus pertinencibus, tractatus ymaginum Gyrgit filie Circis de opere ymaginum distinctus in theoricam et practicam, Hermes de ymaginibus, idem in alio tractatu de ymaginibus, tractatus Hyllonii de arte ymaginum, tractatus de nominibus angelorum et effectubus [sic!] eorum, vinculum Salomonis, tractatus de valeriana, tractatus de spiritu cibille, tractatus de capite Saturni, liber Honorii diuisus in 5 tractatus, tractatus ad habendam loquelam cum spiritu et effectum eternum, aliud opus preciosum ad magnum effectum, liber rubeus qui aliter dicitur sapiencia nigromancie, experimentum bonum sortis, tractatus Fortunati Eleazari de arte euthontica ydaica et epytologica, tractatus de nominibus angelorum ordine forma et potestate et mansione, tractatus de Floron, tractatus qui dicitur secretum philosophorum diuisum in 7 partes secundum quod pertractat 7 artes, liber veneris in tres partes diuisus, liber ymaginum Aristotelis,

tractatus Hermetis de ymaginibus, alius tractatus ymaginum, excepciones horarum a Ptholomeo descripte, fforme ymaginum in singulis signorum faciebus, ffinis artis notorie veteris, ars notoria noua completa, multa experimenta."
Verweis: E25.
„Libri magistri Johannis Erghome"

373: „D" „Astrologia Marciani. Lincolniensis de spera. Theorica planetarum. Canones et theorica Rogeri Herfordensis. Tractatus moralis de numeris. Thomede uniuersalibus tractatus. Eiusdem de esse et essentia. Item eiusdem tractatus contra Aueroys de vnitate intellectus. Commentum Aueroys super librum de morte et vita [39]. Commentum eiusdem super de sensu et sensato [40]. Commentum eiusdem super de memoria et reminiscencia [41]. Probatio 6 opinionum dampnatarum Oxonie contra cancellarium Parysiensem. Tractatus de motu cordis."
Verweis: E25.

„Arsmetrica Musica Geometria Perspectiua magistri Johannis Erghome"

641: „D" „Perspectiua Peccham continens tres partes, epistola Messalach continens 12 capitula, Alkindus de impressionibus in aere 5 capitula, Semisse {-abbatis} [...]/Profacii Iudei\, Tractatus qui incipit Cum essem, tractatus Auicenne de ortu scienciarum [42], Alpharabius de intellectu et intellecto [43], Lincolniensis de mixtione elementorum, Lincolniensis de colore, Boecius de ebdomadibus, Willelmus de Tilbury de luminosis, almanch omnium planetarum, Kalendarium Odyngton cum equacione planetarum, Summa eiusdem de etate mundi, Tabula super Huguccionem Pysanum, tractatus Egidii iudiciarius, Sentencia libri de anima [a] capitulio 7 secundi usque ad finem, tractatus de arte pedicandi."
Verweis: E25.

642: „E" „Textus geometrie Euclidis completus, edicio Adam Bathoniensis super eundem completa, textus Euclidis cum commento Abelardi vsque ad actauum, quadratura circuli, methaphisica Auicenne [44], alia notabilia pertinentia ad geometriam."
Verweis: E25.

Texte:
   Alfarabi:
      De intellectu: [23] (dub.), [43]
      De ortu: [42]
   Algazali:
      Metaphysica: [30]

Alkindi:
    De somno: [38] (dub.)
    De intellectu: [22] (dub.)
Averroes:
    De anima: [13]; [15], [26]
    De caelo: [9], [12]
    De generatione: [14], [34]
    De longitudine: [35], [39]
    De memoria: [6] (dub.), [18], [32], [41]
    Metaphysica: [1] (Exzerpt), [4], [10] (dub.), [29]
    Meteora: [37]
    Physica: [8], [11], [25], [28]
    De sensu: [5], [17], [31], [40]
    De sompno: [7], [19], [33]
    De substancia: [16], [36]
Avicenna: [24]
    De congelatione: [20bis]
    Metaphysica: [44]
Costa ben Luca:
    De differentia: [2], [3], [20], [21], [27]

Erläuterungen:
[1]: ev. ist William of Lincoln, OCarm, gemeint, vgl. Emden, BRUC 370.

[20bis]: Da in dieser Handschrift offensichtlich Übersetzungen aus dem Arabischen vorliegen, ist auch an dieser Stelle an den in den meisten Handschriften beigefügten Avicenna-Text zu denken.
[23]: Von Algazali existiert kein Text unter diesem Titel, häufiger kommen in den Handschriften die Intellekt-Schriften Alkindis u. Alfarabis gemeinsam vor, deshalb ist wahrscheinlich auch hier Alfarabi gemeint.

QUELLE: Dublin, Trinity College Ms 359, ff.5r–48v. EDITION: CB 1, A8. LITERATUR: Vgl. Ed; Ker², 218.

b) Personen

19. Bartholomeus de Ledula 1320

– Mehrere Kolophone von Bartholomeus de Ledula, 1320/21:
Cesena, Malatestiana Plut. XXIII Dextr. 6 (1320/21):
f.24v: „Consumatur liber de anima Auicene filii regis Abuchali arabici anno ab In-
carnatione Domini nostri Ihesu Christi M°CCC°XX° die Iouis XII. Id. Nouembris
pontificatus Domini Iohannis pape XXII. anno IIII. per manus Bartholomei de Le-
dula condam de domo Bonorum Puerorum hora prandii in villa Eboyc. in domo que
sedet iusta {verbum erasum} que respicit occidentem, tunc {...} Henr{ici} de Ca-
lam{en} draua {?}, eiusdem loci canonici, cuius socius eram. De gratias. Deo gra-
tias".
ähnliche Kolophone auf den ff. 35r, 36v, 37v u. 39r.
Verweis: F16.

Texte:
    Averroes:
        De generatione
        De memoria
        De sensu
        De sompno
    Avicenna:
        De anima
        (=> De viribus cordis)

Erläuterungen:
    [Allg.]: Der ebenfalls in dieser Handschrift enthaltene Averroes-Text
    der *Meteora* wurde erst 1321 in Paris kopiert, vgl. F16.

<small>LITERATUR:</small> AL 1303; AvLC 61.

20. Bricius de Scharstede, 14. Jh. 1. Viertel

– Einträge im Katalog der Bibliothek des Merton College's ab 1325 u.
später:

Vgl. E11.a), 59. u. 63.
Verweis: E11.a); E11.c); E11.e).

Texte:
  Ps.-Aristoteles:
    De proprietatibus
  Averroes:
    De anima
    Metaphysica

21. De Tinmew, Magister, 14. Jh. 3. Viertel

  – Erwähnung in Donatorenliste des Pembroke College's, 1364–1396:

Vgl. E2.
Verweis: E2.

Texte:
  Averroes:
    Physica

22. Henricus de Renham, 13. Jh. 2. Hälfte

  – Schreibernotiz Henricus de Renham, 13. Jh. 2. Hälfte – 14. Jh. 1. Viertel (pal.):

London, British Museum Regü 12.G.II (13. Jh.):
f.1v (spätestens 14. Jh. 1. Viertel): „...quem librum scripsit Henricus de Renham et
audivit in scolis Oxonie et emendavit et glosavit audiendo"
Verweis: E15.a); E26.a).

Texte:
  Avicenna:
    De congelatione
  Costa ben Luca:
    De differentia

Erläuterungen:
  [Allg.]: Vgl. AL 312 u. AL 318
  Die Datierung des Besitzeintrages ist nicht ganz sicher. Dazu Burnett,
  Introduction/Great Britain, 40: „which implies that Henry of Ren-
  ham first wrote out the texts of Aristotele's natural science neatly, and
  then attended the lectures on these texts in the Oxford Schools and

corrected the text and wrote in glosses as he listened to the magister. Of Henry of Renham's dates, however, we are not sure, but most evidence seems to point to the end of the thirteenth century" Parkes, Scribes, Scripts and readers, 22 u. 300 datiert den Eintrag von Henricus de Renhams ebenfalls auf 13. Jh. 2. Hälfte: „Nothing is known about Henry de Renham (i.e. from Rainham, Kent) [...]. The book was subsequently given to Rochester Cathedral Priory by a Prior John, probably John de Renham, prior 1263–1283 and 1292–1294". Außerdem vgl. Callus, Introduction, 42–44 u. Emden, BRUO, sub nomine. Möglicherweise etwas später datiert Ker, The books of philosophy, 357: „Here is [...] a student making a book for his own use and then apparently passing it on to a cathedral library." Ebd., Anm 42: „Renham is Rainham, Kent, a few miles east of Rochester. BRUO has seven people under the spelling Reynham, six of them fellows of Merton in the fourteenth century. A Henry de Reynham is recorded as fellow of Merton in 1321 and only in that year. Royal 12 G.ii mihgt be, but is not very likely to be, as late as 1321." Ker scheint die Daten für Prior John nicht zu berücksichtigen, daher scheint mir die von Parkes und Burnett vorgeschlagene Datierung begründeter. Vgl. Erläuterungen E15.a).

LITERATUR: AL 317; vgl. oben Literatur in Erläuterungen.

23. Herbert, magister, 12. Jh. 3. Viertel

– In der Bücherliste von Durham, Kathedralkloster, 12. Jh. 2. Hälfte, enthaltene, von Magister Herbert, Medicus, stammende Bücher, 12. Jh. 3. Viertel:

Nach B 117.: *„HII SUNT LIBRI QUOS MAGISTER HEREBERTUS MEDICUS DEDIT SANCTO CUTHBERTO."*
„liber febrium Ysaac, qui dicitur liber Constantini de febribus"
Hs: Edinburgh, National Library of Scotland Advoc. MS. 18.6.11 [1]
Verweis: E6.a).

Texte:
   Costa ben Luca:
      De differentia: [1]

Erläuterungen:
   [Allg.]: Vgl. E6.a).

QUELLE: Durham Cathedral, MS B.IV.24, f.2r. EDITION: B 117; G 460; Raine, Catalogi veteres, 1–10. LITERATUR: AL 1913; d'Alverny, Translations and Translators, 446; Burnett, Magister Iohannes Hispaliensis et Limiensis, 226; ders., Introduction/British Schools, 46; Mynors, Durham cathedral manuscripts, 62; Wilcox, The transmission, 119.

24. I. de Bokkingg, 13. Jh. 2. Viertel

– Eintrag im Katalog der Kathedrale Christ Church, Benediktiner (1831 Art.), vor 1331:

Vgl. E3., Nr. 1362

Texte:
    Averroes:
        De sensu
        De sompno
        De memoria

Erläuterungen:
    [Allg.]: Die Datierungen stammt aus dem Index von James, The ancient libraries. Die ebd. für 'I. de Bokkingg neben 'ca. 1250' als Alternative gegebene Datierung 'ca. 1187' kann wegen der folgenden Texte nicht stimmen, vgl. E3.

25. Johannes Erghome, 14. Jh.

– Einträg im Katalog des Augustiner-Eremiten Klosters von York, 1372:

Vgl. E18., Nr. 312, 313, 362, 373, 641 u. 642

Texte:
    Alfarabi:
        De intellectu zweimal (davon einmal dub.)
        De ortu
    Alkindi:
        De intellectu (dub.)
        De somno (dub.)
    Averroes:
        De longitudine
        De memoria

De sensu
Avicenna:
(dub.)
De congelatione
Metaphysica
Costa ben Luca:
De differentia zweimal

26. Johannes, Prior, 13. letztes Viertel

– a) Besitzeintrag des Klosters in Rochester mit Donationsvermerk 14.
Jh. 3. Viertel:

London, British Museum Regii 12.G.II (13. Jh.):
Vgl. E15.a)
Verweis: E15.a); E22.

Texte:
Avicenna:
De congelatione
Costa ben Luca:
De differentia

– b) Besitzeintrag des Klosters in Rochester mit Donationsvermerk, 14.
Jh. 3. Viertel:

London, British Museum Regii 12.G.III (13. Jh.):

Vgl. E15.b)

Texte:
Avicenna:
De congelatione
Costa ben Luca:
De differentia

27. Iohannes de Stapeya, 14. Jh. 2. Viertel

– Donation von Iohannes de Stapeya an das Kloster von Rochester, 14.
Jh. 3. Viertel:

London, British Museum Regii 12.D.XIV (13. Jh.):
Vgl. E15.c)

Texte:
    Averroes:
        Metaphysica

28. Laurencius de Thornhill, 14. Jh. 1. Viertel

– Pfandvermerke und Donationseintrag 14. Jh. 1. Viertel u. 14. Jh.:

Oxford, Balliol College 114 (14. Jh. 1. Viertel):

f.1r, 14. Jh. 2. Viertel: „{*Caucio magistri*} *Laurencii de Thornhill exposita in cista*
*de Gildeford pro ...marcis in die sancti Edmundi regis et martiris A.D. m° ccc*ᵐ*° xx*ᵐ*°*
quarto."

f. 186r, 14. Jh. 1. Viertel: „*Caucio magistri Laurencii de Thornhill exposita in cista*
Vaghan...die lune proxima...A.D. m° ccc° xxviij; Memorandum quod {?}...us {Ro-
gerus?} de Wakefeld solvit pro isto libro de pecunia propria unam marcam; caucio
magistri Laurencii de Thornhill exposita in cista Vychan...die...proxima post festum
translacionis sancti Thome martiris A.D milesimo ccc° vicesimo septimo et habet sup-
plememntum et tradatur eidem vel magistro...herford{?}"

f.1v, 14. Jh.: „*Commentum Phisicorum Aristotelis legatus domui de Balliolo per ma-*
gistrum Laurencium de Thornhill" *[1]*
Verweis: E9.bc)

Texte:
    Averroes:
        De generatione
        De longitudine
        De memoria
        Meteora
        Physica

De sensu
De sompno
De substancia

Erläuterungen:
[1]: Die Lesart in AL *„domini de Wallo"* statt *„domui de Balliolo"* ist offensichtlich falsch.

LITERATUR: AL 347; Ker², 144f; Mynors, Balliol College, 92f.

29. Nicholas v. Sandwich, 14. Jh. 1. Hälfte

– a) Besitzeintrag Wilhelm Rede, Bischof von Chichester, und Donationsvermerk, 14. Jh. 3. Viertel:

Oxford, Balliol College 94 (14. Jh.):
f.Iv: „Liber M. Wilhelmi Red ex dono magistri Nicholai de Sandwycs"
Verweis: E9.a); E35.a)

Texte:
   Averroes
      Physica

LITERATUR: zusätzlich: Chevalier, Répertoire, Bd. II Sp. 3352

– b) Besitzeintrag Wilhelm Rede, Bischof von Chichester, und Donationsvermerk, 14. Jh. 3. Viertel:

Oxford, Merton College 227 (14. Jh. 1. Viertel):
f.IIv, 15.: „Liber magistri Wilhelm Red, ex dono magistri Nicholai de Sandwyco.
Oretis igitur pro utroque"
Verweis: E11.ba); E35.b)

Texte:
   Avicenna:
      De animalibus
      De viribus cordis

– c) Besitzeintrag Wilhelm Rede, Bischof von Chichester, und Donationsvermerk, 14. Jh. 2.–3. Viertel:

Oxford, Merton College 282 (14. Jh. 1. Viertel):

f.1v: „Liber magistri Wilhelm Red, ex dono magistri Nicholai de Sandwyco. Oretis igitur pro utroque"

Verweis: E11.bb); E35.c).

Texte:
  Averroes:
        De anima
        De generatione
        De longitudine
        De memoria
        Meteora
        De sensu
        De sompno
        De substancia
  Avicenna:
        De anima
        (=> De viribus cordis)
        Isagoge
        Metaphysica
        Physica/1
  Ḥunayn:
        De caelo

30. Richard Campsale, 14. Jh.

  – Besitzeintrag Richard Campsales, 14. Jh.:

London, British Museum Regii 12.E.XXV (14. Jh. 1. Viertel):
f.2: „Liber scolarum {...} in Oxonia {...} legatu magistri Ricardi de {...} sel est Augustinus de spiritu et anima cum..."

Texte:
  Averroes:
        De longitudine
        De memoria

De sensu

LITERATUR: AL 313 (beschreibt nicht den ganzen Codex); Cavanaugh, A study, 163; IRHT.

31. Stephan de Gravesend, 14. Jh. 1. Hälfte

– Einträge im Katalog der Bibliothek des Merton College's, ab 1325:

Vgl. E11.a), Nr. 76, 79, 80

Texte:
   Alfarabi:
      De scientiis (dub.)
   Averroes:
      De anima
      De generatione
      De substancia
   Avicenna:
      Metaphysica

32. Simon de Bredon, Kanoniker v. Chichester, 14. Jh. 3. Viertel

– Eintrag in Simons de Bredon Testament, Kanoniker von Chichester, 1368:

Vgl. E13.
Hs: Oxford, Oriel College 61

Texte:
   Averroes:
      De generatione
      Physica
      Physica (Fragment)
   Avicenna:
      De viribus cordis

33. Thomas, Prior der Kathedrale von Canterbury, 13. Jh. 2. Hälfte

– Einträge im Katalog der Kathedrale Christ Church von vor 1331:

Vgl. E3., Nr. 1443

Texte:
  Avicenna:
    De anima
    (=> De viribus cordis)
  Ps.-Aristoteles:
    De proprietatibus

34. Walter de Lilleford, Prior v. St. Ives, 14. Jh. 1. Viertel

– Eintrag in Katalog der Benediktinerabtei von Ramsey, 14. Jh. 2.–3. Viertel:

Vgl. E14., Nr. 558

Texte:
  Averroes:
    Metaphysica

35. William Rede, 14. Jh. 3. Viertel

NB: Die Datierung aller Einträge für William Rede orientiert sich an dem von E35.d) gegebenen Datum.

– a) Besitzeinträge Wilhelm Rede's, Bischof v. Chichester, und des Balliol College's, 14. Jh. 3. Viertel:

Oxford, Balliol College 94 (14. Jh.):
Vgl. E9.a); E29.a)

Texte:
  Averroes
    Physica

– b) Besitzeintrag und Donationsvermerk, 14. Jh. 3. Viertel:

Oxford, Merton College 227 (14. Jh. 1. Viertel):
Vgl. E11.ba); E29.b)

Texte:
   Avicenna:
      De animalibus
      De viribus cordis

– c) Besitzeintrag Wilhelm Rede, Bischof von Chichester, und Merton College, 14. Jh. 3. Viertel:

Oxford, Merton College 282 14. Jh. 1. Viertel:
Vgl. E11.bb); E29.c).

Texte:
   Averroes:
      De anima
      De generatione
      De longitudine
      De memoria
      Meteora
      De sensu
      De sompno
      De substancia
   Avicenna:
      De anima
      (=> De viribus cordis)
      Isagoge
      Metaphysica
      Physica/1
   Ḥunayn:
      De caelo

– d) Donation William Rede's, Bischof von Chichester, an das Merton College (99 Art.), 1374:

Vgl. E11.d)

Verweis: E11.d); Powicke 569

Texte:
Averroes:
    De anima
Avicenna

36. William de Mundham, Magister, 1308

– Schreibernotiz Richards de Maincestria/Mamcestria, der die Handschrift für William de Mundham schrieb, 1308:

Oxford, Balliol College 244 (1308):
f.134v: „Iste liber scriptus fuit ad opus magistri Willelmi de Mundham. anno domini
MCCC octavo per manus Ricardi de Maincestria, quem Deus commendet in eternum.
Amen.“
Verweis: E9.bf)

Texte:
Averroes:
    De caelo

Erläuterungen:
[Allg.]: Zu Richard de Maincestria vgl. Ker, The books of philosophy, 357, Anm. 41: „In 'Oxford College librarie before 1500', The
Universities in the late Middle Ages, ed. J. Ijsewijn and J. Paquet
(Louvain, 1978), p. 300, I suggested that Richard of Manchester was
a professional scribe. I now doubt this: his book does not look parti-
cularly professional. Probably I underrated there the importance of
the student in the production of the books of philosophy.“

LITERATUR: AL 352; Ker, Oxford colleges, 300; ders., The books of philosophy, 356
Anm. 35 und 357 Anm. 41.

37. William de Refham, 13. Jh. 2. Viertel

– Einträge im Katalog der Kathedrale Christ Church von vor 1331:

Vgl. E3., Nr. 1465, 1466, 1467, 1473, 1476

Texte:
  Averroes:
    De sensu
  Avicenna:
    De anima
    (=> De viribus cordis)
    Metaphysica
    Physica/1
  Gundissalinus:
    De divisione

Erläuterungen:
[Allg.]: Wegen der Lebensdaten des Donators ist Physica/1 wahrscheinlicher als Physica/2.

38. William Wykeham, Bischof v. Winchester, 14. Jh. 2. Hälfte

– Donationen von William Wykeham, Bischof von Winchester, an das New College, 14. Jh. letztes Viertel

Vgl. E12.

Texte:
  Averroes:
    De anima
    De celo zweimal
    Metapysik
    Physica viermal (davon einmal Abbrevatio und einmal dub.)

V. DIE ÜBERSETZUNGEN ARABISCHER PHILOSOPHISCHER WERKE IN MITTELALTERLICHEN BÜCHERSAMMLUNGEN (AUSWERTUNG)

Die stärkste Aussagekraft haben die im Katalog aufgeführten Fundstellen natürlich für die jeweilige Sammlung, über die sie uns informieren. Der Bibliothekshistoriker wird dort einige Identifikationen in bibliotheksgeschichtlichen Quellen gefunden haben, die nur durch den speziellen Blickwinkel dieser Studie möglich wurden. Derjenige, der sich für die Rezeption arabischer philosophischer Werke interessiert, konnte dem Katalog konkrete Angaben darüber entnehmen, wann und an welchem Ort welche Übersetzungen aus dem Arabischen vorhanden waren. Die im Katalog im einzelnen vorgestellten Ergebnisse bilden den eigentlichen oder engen Zweck solch einer Arbeit. Im folgenden soll zusätzlich der Versuch unternommen werden, darüber hinaus einige allgemeinere Schlußfolgerungen über die Verbreitung und Verteilung der Übersetzungen arabischer philosophischer Werke zu ziehen.

1. Die arabische Philosophie in mittelalterlichen Büchersammlungen

Den Katalogteil zusammenfassend ist festzustellen, daß wir 197 Handschriften aus der Zeit von 1150 bis 1400 lokalisieren konnten. Dabei handelt es sich um 52 erhaltene Handschriften, auf deren Aufenthaltsorte wir zu einem bestimmten Zeitpunkt während dieses Zeitraumes schließen konnten. Die übrigen 145 Handschriften existieren heute (wahrscheinlich) nicht mehr, konnten aber aus den Quellen erschlossen und ebenso einer bestimmten Sammlung zugeordnet werden. Diese 197 Handschriften enthalten bzw. enthielten 449[286] aus dem Arabischen übersetzte Texte philosophischen Inhalts, d.h., 449mal konnten wir je eines der im Kapitel III 2. vorgestellten Werke in unseren Quellen nachweisen. Davon sind 201 Texte noch in heute erhaltenen Handschriften zu finden, während die damalige Exi-

---

[286] Rechnet man einige Texte hinzu, bei denen nicht ganz sicher ist, ob es sich um die gleichen Exemplare eines Textes, die aber in mehreren Quellen genannt werden, oder um je verschiedene Exemplare handelt, kommt man auf die Anzahl von 455 Texten. Im folgenden wird von der geringeren Anzahl ausgegangen.

stenz der übrigen 248 nur noch über die bibliotheksgeschichtlichen Quellen
feststellbar ist.

Um die Bedeutung dieser Zahlen und der Angaben des Katalogteiles besser im Zusammenhang sehen zu können sowie um ein Bild der geleisteten
Arbeit geben zu können, müssen wir zunächst noch einige weitere Zahlen
anführen. Diese dürfen aber nur als Verständnishilfe gesehen werden. Sie
wollen auf keinen Fall irgendwelche statistischen Angaben über die Verbreitung arabischer philosophischer Werke im Mittelalter geben oder gar
eine „Bibliométrie"[287] mittelalterlicher philosophischer Texte betreiben. Wie
schon im quellenkritischen Teil aufgezeigt wurde, ist dazu die Quellenlage
viel zu uneinheitlich und die Quellenüberlieferung in höchstem Maße vom
Zufall abhängig. Ein wenig wird dieser Nachteil durch die Menge des
durchgesehenen Materials aufgehoben, so daß bei aller Vorsicht sich vielleicht schon aus den bloßen Zahlen Tendenzen ablesen lassen. Auf jeden
Fall geben sie einen ersten Eindruck vom Anteil der arabischen Philosophie
in den Bibliotheken Spaniens, Frankreichs und Englands während des Mittelalters.

Um die Zahlen für die einzelnen behandelten Räume angeben zu können, ist es nötig, die Angaben zu den als Quelle gewerteten erhaltenen
Handschriften von denen anderer Quellentypen zu trennen, da wir erstere,
solange sie keine genaueren Hinweise enthalten, nicht von vornherein einem bestimmten Raum zuordnen können. Das bedeutet, daß wir Handschriften erst nach unserer Untersuchung, falls wir einen Hinweis auf einen
mittelalterlichen Aufenthaltsort in ihnen finden sollten, einem unserer drei
Untersuchungsräume (Spanien, Frankreich, England) zuordnen können,
während sich die Zahl der z.B. für Frankreich untersuchten übrigen Quellen
(Bibliothekskataloge, Inventare usw.) genau angeben läßt. Wir wollen mit
den letzteren beginnen.

Insgesamt wurden 639 Zeugnisse untersucht.[288] Von diesen zeugten 184
von Büchersammlungen in Spanien, 332 von solchen in Frankreich und 123
von solchen in England, wobei sich durchaus mehrere Zeugnisse auf eine
Sammlung beziehen können. In Spanien ließen sich in vier Zeugnissen die
von uns gesuchten Texte nachweisen, in Frankreich in 14, in England in 17.

---

[287] So der Titel eines Aufsatzes von Genet, *Essai de bibliométrie médiévale: l'histoire dans les bibliothèques médiévales anglaises.*

[288] Um die Bibliographie nicht unnötig aufzublähen, wurde im Anhang 2 auf die genaue
Auflistung der Fundorte bzw. Editionen aller untersuchten Zeugnisse verzichtet. Um dem
Leser aber doch die Möglichkeit zu geben, auch die Zeugnisse zu überprüfen, die im Katalogteil nicht vorkamen, da ich in ihnen keine Belege für das Vorhandensein arabischer philosophischer Werke finden konnte, sind im Anhang 2 alle untersuchten Quellen unter Verweis auf die Nummern oder Siglen angegeben, unter denen sie in den Regestenwerke und
Sammeleditionen aufgeführt sind.

Der Anhang 1 enthält 676 Handschriften, die eines oder mehrere der im Kapitel III 2. beschriebenen Werke enthalten. Von diesen Manuskripten lassen sich 51 einer oder mehreren bestimmten Sammlungen während des behandelten Zeitraumes zuordnen, und zwar in folgender Weise: eine für Spanien, 30 für Frankreich und 21 für England.[289] Die 30 für Frankreich geben Einblick in 21 Sammlungen, die 21 für England in 18 und die eine Spanien betreffende Handschrift informiert uns über zwei Büchersammlungen.

Nimmt man nun beide Quellengruppen, die allgemeinen bibliotheksgeschichtlichen Zeugnisse und die besonderen Quellen der Handschrifteneinträge, zusammen und beachtet dabei, daß für viele Bibliotheken beide Quellengruppen relevant sind, so kommen wir auf insgesamt 73 Sammlungen, in welchen sich die von uns gesuchten Texte nachweisen lassen: fünf in Spanien, 30 in Frankreich und 38 in England.

Kaum überraschend ist die erste Feststellung zur Verbreitung arabischer philosophischer Werke, die auf Grund des Verhältnisses zwischen untersuchten Quellen und denjenigen, in denen sich solche Texte aufzeigen lassen, zu machen ist: Ein Massenphänomen war die Beschäftigung mit arabischer Philosophie nicht. Im überwiegenden Teil der damaligen Büchersammlungen war offensichtlich kein philosophisches Werk eines arabischen Autors vorhanden. Dabei sind allerdings zwei weitere Überlegungen in Betracht zu ziehen. Zum einen müssen wir damit rechnen, daß sich aus einem gewissen Teil der Quellen auf Grund ihrer Eigenheiten nicht alle Texte rekonstruieren lassen, die damals tatsächlich vorhanden waren. Zum anderen bestehen mittelalterliche Büchersammlungen zum überwiegenden Teil aus einer größeren Gruppe an liturgischen, patristischen und theologischen Standardtexten, zu denen im Laufe der Zeit noch die wichtigsten juristischen Werke hinzukamen. Jede Betrachtung einer Literaturgattung in mittelalterlichen Bibliotheken, die nicht zu diesen Texten gehört, wird daher immer zu dem Schluß kommen, daß ihr Anteil im Vergleich zu diesen Standardwerken relativ gering ausfällt. Selbst ein so eminent wichtiger Autor wie Aristoteles erreicht bei weitem nicht den Anteil, welchen die Werke des heiligen Augustin in mittelalterlichen Büchersammlungen einnahmen. Unter diesem Aspekt ist die Menge der im Katalog aufgeführten Fundstellen sogar recht beachtlich. Im übrigen kann es, bei aller Beschränkung des Aussagewertes solcher „Zahlenspielchen", nicht schaden, sich diese Verhältnisse vor Augen zu führen. Da jede geistesgeschichtliche Forschung dazu neigt, die Höhepunkte der von ihr untersuchten Disziplin überzubeto-

---

[289] Die Handschrift Cesena, Malatestiana Plut. XXIII Dextr. 6 läßt sich zunächst 1320 in England, dann 1321 in Frankreich nachweisen, weshalb die Summe der Quellen mit Fundstelle 52 statt 51 Handschriften ergibt. Vgl. im Katalogteil F16. u. E19.

nen, kann die Aufgabe solcher bibliotheksgeschichtlicher Studien auch darin
liegen, den Blick für die gesamte kulturelle Landschaft einer bestimmten
Zeit zu schärfen. Die Gipfel der hervorragenden Leistungen können so erst
richtig in ihrem Zeitbezug verstanden werden.

Als nächstes fällt ins Auge, daß wir kaum Fundstellen aus dem Land
nachweisen können, in dem doch ein großer Teil der Übersetzungen angefertigt wurde.[290] Die fünf Fundstellen in Spanien, aus denen wir auf höchstens 14 arabische philosophische Texte schließen können (drei Kommentare des Averroes zur *Physik*, *Metaphysik* und zu *De caelo*, Avicennas *De congelatione* und *De viribus cordis*, wahrscheinlich der zweite Teil seiner *Physik* und die
drei libri *de generatione*, *de actionibus* und *Meteorum*, sowie Algazels *Metaphysik*,
Physik und eventuell auch seine *Logik*, vgl. H1. – H5.), sind beinahe zu ver-
nachlässigen, da aus einer so geringen Anzahl von Fundstellen keine verall-
gemeinerbaren Aussagen möglich sind. Interessant werden die beiden Inventare des Bischofs Gudiel [H3.a) u. H3.b)] dadurch, daß er die späten
Übersetzungen der bis dahin unübersetzten *libri naturales* der Enzyklopädie
Avicennas veranlaßte. Sein Interesse an der von uns behandelten Materie ist
durch diese Tatsache belegt. Sein erstes Inventar kann diese Übersetzungen
nicht enthalten, da es angefertigt wurde, als er auf den Bischofssitz von
Burgos wechselte, er aber erst als solcher Iohannes Gunsalvi und Salomon
mit der Übersetzung betraute. Dafür zeigen aber andere Einträge dieses
Inventars von 1273 sein Interesse an arabischer Wissenschaft. Neben dem
Eintrag „*Una Avicenna*", bei dem es sich wahrscheinlich um den Kanon der
Medizin Avicennas handelt, geht dies auch aus Vermerken wie „*Alfagrano
[…] de Geometria*" oder „*Un libro de aravigo, con figuras y puntos de oro*" hervor,
die sich so oder ähnlich in beiden Inventaren finden. Wenn auch im Katalogteil die Identifizierung des Eintrages im Inventar von 1280 „*translationes
diversorum librorum naturalium*" mit den Avicenna-Übersetzungen der Arbeitsgruppe Gunsalvi/Salomon noch mit Fragezeichen versehen ist, so ist es
doch mehr als wahrscheinlich, daß der Initiator dieser Übersetzungen auch
deren Abschriften besaß. Gudiels Interesse an arabischer Philosophie vor-
ausgesetzt, verwundert es daher nicht allzusehr, daß er offensichtlich Originale der Averroes-Übersetzungen durch Michael Scotus besaß. Ob diese

---

[290] Besonders das Fehlen Toledos in unserem Katalog wird manchen verwundern. Dazu muß
aber festgestellt werden, daß a) der größte Teil des Bibliotheksbestandes vor dem 14. Jh.
verloren gegangen zu sein scheint und die noch erhaltene Sammlung hauptsächlich auf der
Schenkung des Erzbischofs Pedro Tenorio (14. Jh.) beruht, und b) der früheste erhaltene
Katalog der Kapitelbibliothek aus dem Jahre 1455 stammt und somit nicht bei unserer
Untersuchung berücksichtigt wurde, vgl. Carreras y Artau, *Historia*, 75; vgl. auch d'Alverny,
Notes, 346. Zu anderen Verzeichnissen, die Toledo betreffen, aber keine der uns interessierenden Werke enthalten vgl. Gonzálvez Ruiz, *Noticias*, 50f. Im übrigen haben wir auch von
den spanischen Universitäten erst Quellen aus dem 15. Jh. Von der Sammlung Alfons' X.
ist bedauerlicher Weise gar kein Zeugnis erhalten, vgl. Carreras y Artau, *Historia*, 77f.

noch seit Michaels dortigem Wirken in Toledo verblieben waren (was allerdings bedeutete, daß eine neue Chronologie der Übersetzungen Michaels zu
bedenken wäre), oder ob Gudiel sie bei einem seiner Aufenthalte in Italien,
Michaels späterem Aufenthaltsort, erwarb, muß dahingestellt bleiben. Jedenfalls sind dies die interessantesten Fundstellen für Spanien. Da wir immerhin 184 Quellen (ohne erhaltene Handschriften) untersucht haben und
nur eine der untersuchten erhaltenen Handschriften sich in Spanien mit
Sicherheit lokalisieren ließ, kann man wohl den Schluß ziehen, daß dort
zwar auf der Ebene der Übersetzung eine rege Auseinandersetzung mit
arabischer Philosophie stattfand, ansonsten aber Spanien nicht zu den Gebieten gehörte, in denen man diese Übersetzungen stark rezipierte. Ein
Grund dafür mag die späte Entwicklung der Universitäten in Spanien gewesen sein.[291] Gründliche Untersuchungen der volkssprachlichen Handschriften und der mittelalterlichen Bibliotheken, die solche enthielten, könnten
außerdem interessant sein und unter Umständen zeigen, daß so mancher
arabische wissenschaftliche Text nicht in seiner lateinischen, sondern in
seiner kastilischen Übersetzung rezipiert wurde. Ähnliches gilt für die Bibliotheken spanischer Juden, die durchaus hebräische Übersetzungen arabischer Texte enthielten.[292]

Liegen für Spanien somit überraschend wenig Fundstellen vor, so gilt das
gleiche für den Süden Frankreichs. Im unmittelbaren Einflußbereich Spaniens lassen sich nur zwei Handschriften mit Avicenna-Texten für Montpellier um die Mitte des 13. Jahrhunderts (F5./F24.) nachweisen. Daneben läßt
sich im Süden etwa ein halbes Jahrhundert später nur die Bibliothek der
Päpste in Avignon anführen (F1.a). Dabei ist sicherlich die ungünstige
Quellenlage in Betracht zu ziehen, die uns unter anderem kein Verzeichnis
des 13. oder beginnenden 14. Jahrhunderts aus dem südfranzösischen Uni-
versitätsmilieu hinterließ. Andererseits wurden circa 120 Quellen (ohne
erhaltene Handschriften) bearbeitet, die sich zumindest grob dem südfranzösischen Raum zuordnen lassen und in denen – außer in den Avignon
betreffenden Quellen; die beiden Fundstellen für Montpellier sind durch
Einträge in erhaltenen Handschriften belegt – keine Texte arabischer Philosophie aufzufinden waren. Sieht man dieses Ergebnis im Kontrast zu der
Menge der Fundstellen in Nordfrankreich, liegt zumindest die Vermutung
nahe, daß Südfrankreich, ebenso wie Spanien, nicht zu den Gegenden gehörte, in denen die arabische Philosophie in starkem Maße rezipiert wurde.

Dagegen hebt sich der nördliche Bereich Frankreichs durch die Menge
der Fundstellen besonders ab. Dies ist zunächst wenig überraschend, wenn
man die Pariser Quellen mit für uns positivem Befund in die Rechnung mit

---

[291] Carreras y Artau, *Historia*, 77; Vones, *Bibliotheken*.
[292] Vgl. z.B. Hillgarth, *Readers and books*, Bd. II, Dokument Nr. 96.

einbezieht. Gerade an der Universität von Paris fanden im 13. Jahrhundert
die großen Auseinandersetzungen um das neue, durch die Wiederentdek-
kung des größten Teiles der aristotelischen Werke angeregte Wissenschafts-
verständnis statt, bei denen die arabischen Kommentierungen und eigenständigen Werke eine große Rolle spielten. Daß wir hier also im universitären Milieu in 14 verschiedenen Sammlungen (F7.–F10., F13.–F15., F18.–
F22., F27. u. F29.) eine Menge der von uns gesuchten Texte nachweisen
konnten, war zu erwarten. Doch selbst wenn man diese und die übrigen,
nicht der universitas der Studierenden zuzurechnenden Fundstellen in vier
weiteren Pariser Sammlungen (F16., F17., F23. u. F25.) beiseite läßt, konnten doch immer noch in sieben anderen nordfranzösischen Sammlungen
unsere Texte belegt werden (F2., F.4–F.6, F.11, F.12, F.26 u. F.28). Darunter ist gerade der heute zu Belgien gehörende Raum gut vertreten. Diese
Betonung des Untersuchungsraumes nördlich von Paris wird noch verstärkt,
wenn man sich vor Augen führt, daß mehrere der Angehörigen der Pariser
Universität, in deren Büchersammlungen arabische philosophische Texte
aufgezeigt werden konnten, ebenfalls aus dieser Gegend kamen (F10., F19.–
F21. u. F29) und daß ein großer Teil der von uns in der Bibliothek der Sorbonne nachgewiesenen Texte eben ursprünglich aus der Sammlung Richards v. Fournival im nord-westfranzösichen Amiens stammte und über
Gerhard v. Abbeville nach Paris gelangte.

Einen überraschend starken Anteil an den gesamten Fundstellen haben
die Büchersammlungen Großbritanniens. Obwohl wir im Vergleich zu
Frankreich bedeutend weniger Quellen bearbeiten konnten (ohne die erhaltenen Handschriften 123 Quellen für England statt 332 für Frankreich),
ließen sich in 17 dieser Quellen von uns gesuchte Texte aufzeigen. Zusammen mit den Informationen aus den erhaltenen Handschriften waren wir
dadurch in der Lage, Auskunft über 38 verschiedene Sammlungen zu geben
(30 in Frankreich). Im Verhältnis untersuchter Quellen zu den tatsächlichen
Fundstellen liegt Großbritannien somit weit vorn.[293] Dies ist um so erstaunli-
cher, wenn man bedenkt, daß in Frankreich, besonders in Paris und an der
Sorbonne, eine viel größere Kontinuität gegeben war und somit günstige
Voraussetzungen für den Erhalt von Handschriften bestanden. In welchem
Ausmaß hingegen die Dissolution am Anfang des 16. Jahrhunderts zur
Zerstörung vieler, auch scholastischer Handschriften führte, läßt sich ahnen,

---

[293] Nicht um fundierte Aussagen zu machen, aber um sich doch ein besseres Bild von diesen
Verhältnissen zu machen, ist es recht anschaulich, wenn man die prozentualen Anteile der
Fundstellen an der Anzahl der pro Land untersuchten Quellen (ohne erhaltene Hand-
schriften) betrachtet: in Spanien wurden demnach in etwa 2% der untersuchten Quellen
Übersetzungen arabischer philosophischer Texte angegeben, in Frankreich in 4% und in
England in 14%. Das Verhältnis aller Fundstellen zu den gesamten untersuchten Quellen
beträgt dann ungefähr 6%.

wenn man so manchen mittelalterlichen englischen Bibliothekskatalog mit dem heute noch vorhandenen Manuskriptbestand dieser Sammlungen vergleicht.[294] Bei allen Schwierigkeiten, die unsere Quellen für eine zusammenfassende Auswertung bieten, läßt sich doch auf Grund der vorgestellten Ergebnisse ein besonders starkes Vorkommen arabischer philosophischer Texte in englischen Bibliotheken des 13. und 14. Jahrhunderts konstatieren.

Unsere Ergebnisse lassen sich aber noch weiter im Detail analysieren. So ist die Konzentration der Fundstellen in Frankreich auf Paris und vor allem auf das Collège de Sorbonne auffällig. In England hingegen sind unsere Fundstellen auf mehrere Sammlungen verteilt. Sicherlich sind auch hier gerade die Collegien Oxfords gut vertreten, zugleich war aber in Sammlungen anderer Institutionen einiges an arabischen philosophischen Texten zu finden. Dabei ist vor allem hervorzuheben, daß viele dieser anderen Einrichtungen auch nicht in direktem, zumindest nicht institutionellem Zusammenhang mit dem universitären Milieu standen. Gerade einige englische Klöster oder Kathedralklöster wie York, Canterbury, Durham, Rochester und St. Albans (E3., E6., E15., E16., E18.) haben interessante Fundstellen vorzuweisen. Auch diese Tatsache läßt auf ein breites Interesse an den Übersetzungen arabischer Philosophie in England schließen.

Diese Tendenz wird durch einen Blick auf die zeitliche Komponente der Fundstellen bestätigt. Zunächst aber eine allgemeine Überlegung: Der größte Teil unserer Fundstellen in den bibliotheksgeschichtlichen Quellen ohne erhaltene Handschriften stammt aus dem 14. Jahrhundert (ca. 28), eine ansehnliche Anzahl stammt aus dem 13. (ca. 6) und nur eine Fundstelle, die freilich auf zwei Sammlungen hinweist, konnte für das 12. Jahrhundert aufgeführt werden. Auch wenn man dazu noch die datierten und lokalisierten erhaltenen Handschriften rechnet oder man sich die zeitliche Verteilung der im Katalogteil beschriebenen einzelnen Sammlungen anschaut, spiegelt sich darin in etwa das gleiche Verhältnis der zeitlichen Verteilung wieder wie in der Gesamtmenge der untersuchten Quellen (ohne erhaltene Handschriften: circa 420 Quellen des 14., ca. 150 des 13. und ca. 60 des 12. Jahrhunderts).[295] Die unterschiedliche zeitliche Verteilung der Fundstellen

---

[294] Vgl. z.B. die wenigen erhaltenen Handschriften für den Konvent der Austin friars in York, Ker², 218, mit dem reichhaltigen Katalog dieses Konventes von 1372 (CB I, A8, vgl. oben E18.), vgl. Watson, *Bibliotheken*; Ker, *The migration*, 6f. Zur Dissolution: Gneuss, *Englands Bibliotheken*, 113, gibt folgende Geschichte wieder, die erahnen läßt, welche Katastrophe die Dissolution aus der Sicht des Mediävisten darstellt: „(Richard) Layton berichtet stolz aus Oxford (an Edward VI.), was die Visitatoren dort bei ihrem zweiten Besuch im New College sahen: Der Wind blies Duns Scotus-Blätter in alle Ecken des Collegehofes, und Mister Greenfield aus Buckinghamshire sammelte solche Blätter ein, um – wie er sagte – Vogelscheuchen und Zaunhindernisse für die Jagd daraus zu machen."

[295] Wegen der ungenauen Datierung mancher Quelle und auf Grund der Tatsache, daß manche Quellen einen längeren Zeitraum umspannen, bzw. um die Jahrhundertwenden

erklärt sich daher schon aus dem zu Grunde liegenden Material und ist
wenig überraschend. Es läßt sich höchstens eine geringe Unterrepräsentie-
rung der Fundstellen im 12. Jahrhundert und ein überproportional hohes
Maß derselben im 14. Jahrhundert feststellen. Daraus dürfen aber keine
weiteren Schlüsse auf die Verteilung arabischer philosophischer Werke gezogen werden. Neben der größeren allgemeinen Schreibkenntnis im 14.
Jahrhundert und den günstigeren Bedingungen für die Erhaltung der Handschriften aus dieser Zeit muß hier vielmehr die bibliotheksgeschichtliche
Entwicklung in Betracht gezogen werden. Insgesamt hat die Verzeichnung
von Büchern in Listen, Inventaren, Katalogen und ähnlichem in der Zeit
vom 12. bis zum 14. Jahrhundert stark zugenommen. Parallel damit verlief
die Ausformung immer genauerer Katalogisierungsmethoden.[296] So läßt sich
verallgemeinernd sagen, daß die Wahrscheinlichkeit, bestimmte Texte zu
finden, in einem Katalog des 14. Jahrhunderts generell größer ist als in
einem zweihundert Jahre älteren Verzeichnis. Diese Tatsache spiegelt sich
in der zeitlichen Verteilung unserer Fundstellen wieder.

Daher ist nun das zeitliche Auftreten von Fundstellen zwischen den einzelnen Ländern zu vergleichen. Sofort ins Auge fällt dabei, daß wir für das
12. Jahrhundert nur an zwei Stellen in England von uns gesuchte Texte
nachweisen konnten [E6.a) u. E23., die sich beide auf dieselbe Quelle be-
ziehen]. In Spanien und Frankreich war in diesem Zeitraum keine Übersetzung arabischer philosophischer Werke aufzufinden. England ist auch in der
ersten Hälfte des 13. Jahrhunderts gut vertreten (E16., E24. u. E37.), während die ersten Fundstellen für Frankreich erst ab etwa der Mitte (F5., F25.
u. F28.) und für Spanien erst im letzten Viertel (H3. u. H5.) dieses Jahrhunderts auftreten. Spanien kann man wegen der geringen Menge der Fundstellen ansonsten außer acht lassen. In Frankreich konnten dann hingegen
für das späte 13. Jahrhundert recht viele Sammlungen identifiziert werden,
welche arabische philosophische Texte enthielten. Der größte Teil der englischen Fundstellen stammt aus dem 14. Jahrhundert und gerade gegen
Ende unseres Untersuchungszeitraumes konnten wir dort noch eine Menge
uns interessierender Werke nachweisen. Wiederum darf man wegen der
uneinheitlichen und von Zufällen bestimmten Quellenlage keine zu weit
reichenden Schlüsse über die zeitliche Verbreitung ziehen. Aber auch diese
Ergebnisse legen die Vermutung nahe, daß englische Institutionen und Gelehrte bei der Rezeption arabischer Philosophie eine besondere Rolle spielten.

---

herum zu datieren sind, lassen sich nur schwerlich genaue Zahlenangaben machen. Da wir
aber keine genaue Statistik betreiben wollen und können, reichen diese Zahlen durchaus,
um einen Eindruck von der zeitlichen Verteilung zu erhalten.

[296] Derolez, 27–51; Nebbiai-Dalla Guarda, passim, eine schematische Übersicht ebd., 70.

Bevor wir uns die Verbreitung der einzelnen Texte anschauen, wollen wir die bisher formulierten Ergebnisse zusammenfassen. Obwohl der größte Teil der von uns gesuchten Werke im Laufe des 12. Jahrhunderts und zu Beginn des 13. Jahrhunderts in Spanien übersetzt wurde, haben wir sowohl dort als auch im Süden Frankreichs kaum Spuren dieser Übersetzungen entdecken können. Innerhalb Frankreichs war eindeutig der Norden stärker betont, vor allem Paris und die Sorbonne. Wenn auch keine Sammlung in England einen so starken Anteil an den von uns gesuchten Texten aufweist wie die von Richard v. Fournival/Gerhard v. Abbeville, so konnten wir hingegen dort mehr Sammlungen identifizieren, in denen arabische philosophische Texte vorhanden waren, als in Frankreich. Außerdem ließen sich in England solche Werke auffällig früher finden als in Frankreich. Wenn vieles an diesem Bild auch wahrscheinlich mehr die Lage der Quellenüberlieferung als die tatsächliche Situation wiedergibt, so scheint die Vermutung doch nicht völlig abwegig, daß in großen Zügen viele der Übersetzungen zuerst in England ihre interessierten Leser fanden, und daß möglicherweise von dort aus der Norden Frankreichs beeinflußt wurde. Weitere Forschungen könnten an diesem Punkt ihren Ausgang nehmen, um zu überprüfen, ob die Ergebnisse meiner Untersuchung tatsächlich in dieser Weise zu interpretieren sind. Doch wie auch der Weg der Verbreitung im einzelnen gewesen sein mag, die im Vergleich wichtige Rolle, die arabische philosophische Texte in englischen Bibliotheken spielten, scheint mir durch meine Ergebnisse eindrücklich belegt.

2. Einzelne Texte in mittelalterlichen Büchersammlungen

Nach diesen allgemeineren Überlegungen über die Verteilung der Sammlungen, die Übersetzungen arabischer philosophischer Werke enthielten, wollen wir uns nun anschauen, welche Texte wie oft, wo und wann von uns in mittelalterlichen Büchersammlungen bis 1400 nachgewiesen werden konnten.

Zunächst seien die negativen Befunde genannt, nämlich die Texte, die während des Untersuchungszeitraumes in keiner der untersuchten Quellen vorkamen, bzw. deren heute noch erhaltene Textzeugen keinen Hinweis auf ihren Aufenthaltsort zwischen 1150 und 1400 enthalten. Dabei fällt besonders das Fehlen der von Wilhelm de Luna und Hermannus Alemannus angefertigten Übersetzungen der Kommentare des Averroes auf, d.h., der Averroes-Werke zum Organon und zur Poetik, Rhetorik und Ethik des Stagiriten. Folglich konnte auch das Fragment aus der Rhetorik Avicennas, welches Hermann in seine Averroes-Übersetzung einfügte, nicht nachgewie-

sen werden.[297] Die Vermutung, die sich schon aus der geringen Anzahl der
erhaltenen Handschriften ergab, daß diese Werke kaum Verbreitung und
Beachtung fanden, wird daher von unseren Ergebnissen bestätigt. Das gleiche gilt für den letzten nicht nachgewiesenen Averroes-Text: der *Liber de
animalibus et de naturali diversitate* in der Übersetzung des Pierre Galego.

Aus eben diesen Gründen verwundert es auch nicht, daß wir drei Werke
Alfarabis – *Fontes*, *Liber exercitationes* und die *Nota ex logica* – und die Übersetzung des Prologs von Avicennas al-Shifā' nicht finden konnten. Letzterer
z.B. ist auch nur noch in drei Handschriften erhalten.[298]

Alle übrigen 51 oben vorgestellten Texte arabischen philosophischen Inhalts tauchen immerhin mindestens einmal in unseren Quellen auf und
lassen sich während des Untersuchungszeitraumes in einer bestimmten
Büchersammlung lokalisieren.

Bei den folgenden Zahlenangaben gebe ich zuerst die absoluten Zahlen
an, d.h., die Anzahl der ermittelten, verschiedenen konkreten Texte, in
Klammern folgen dann die Anzahl der davon nicht mit völliger Sicherheit
identifizierten Texte (dub.), die Anzahl der Fragmente an der Gesamtzahl
(Fragm.) und schließlich die Anzahl der diesen Text betreffenden Fundstellen (Fss), die oftmals höher als die zu Anfang genannte Gesamtzahl sein
wird, da dieselben Handschriften und damit dieselben Texte in verschiedenen Quellen auftauchen können. Auf welche Fss sich die Zahlenangaben
beziehen, läßt sich aus dem Werkindex ersehen.

Eindeutig am reichsten in unseren Quellen vertreten sind die beiden gro-
ßen Kommentare von Averroes zu *De anima* mit 38 – 39 nachgewiesenen
Texten (dub. 3, Fragm. 3, Fss 73) und zur *Physik* mit 39 (dub.1, Fragm. 3,
Fss 57). Aber auch die anderen beiden übersetzten großen Kommentare,
nämlich zu *Metaphysik* mit 27 – 29 (dub. 2, Fragm. 2, Fss 51) und zu *De caelo*
mit 22 – 23 Texten (Fragm. 1, Fss 43) sind zahlreich vertreten. Weitere
Averroes-Texte, die in unseren Quellen recht häufig auftraten, sind die
Paraphrasen zu den *Parva naturalia*, im einzelnen: *De sensu* 24 (Fss. 45), *De
memoria* 21 (dub. 1, Fss. 36), *De sompno* 19 (Fss. 34) und *De longitudine* 17 (Fss.
32), des weiteren das eigenständige Werk *De substantia orbis* 23 (Fss. 35) sowie
der mittlere Kommentar zu *De generatione* 18 (Fss. 32).

Neben diesen Übersetzungen der Werke des Averroes ließ sich in unseren Quellen nur die Schrift *De differentia* von Costa ben Luca vergleichbar oft
belegen: 28 (Fss. 44).

Schon deutlich weniger Fundstellen weisen unsere Quellen für die folgenden Schriften Avicennas auf: seine *Metaphysik* 12 (Fragm. 1, Fss. 28), sein
Liber sextus naturalium de anima 10 (Fss. 19) und seine unter der Überschrift *De*

---

[297] Vgl. Kapitel III 2.
[298] Vgl. Anhang 1.

congelatione et conglutinatione zusammengefaßten drei kürzeren Kapitel zur Steinkunde 10 (Fragm. 1, Fss. 18).

Ebenso oft konnten wir <u>Ps.-Aristoteles</u> *De proprietatibus elementorum* finden: 11 (Fss. 21). Spiegelten die zuvor genannten Zahlen im großen und ganzen noch die Mengenverhältnisse der erhaltenen Handschriften wieder, wie sie oben in Kapitel III 3. dargestellt wurden, fällt bei dieser zuletzt genannten Schrift die Diskrepanz zwischen der Menge der noch erhaltenen Textzeugen und unseren Fundstellen auf. Die Erklärung für diesen Unterschied ist darin zu sehen, daß *De proprietatibus* als Werk des Aristoteles angesehen wurde und dem Corpus seiner naturphilosophischen Schriften beigefügt wurde. Gerade diese Werkgruppe jedoch wird in den mittelalterlichen Inventaren und Katalogen häufig nur summarisch genannt. Mit großer Wahrscheinlichkeit war es daher in mittelalterlichen Büchersammlungen öfter vertreten, läßt sich aber in den Quellen nur schlecht nachweisen.

Über **zehnmal** waren also neben Costa ben Lucas Werk *De differentia* und dem anonymen *De proprietatibus* nur Texte Averroes und Avicennas nachzuweisen, wobei das Übergewicht eindeutig bei dem sogenannten *Kommentator* lag. Alle Werke der übrigen von uns gesuchten Autoren sind mit weniger als zehn im Untersuchungszeitraum lokalisierbaren Textzeugen in unserem Katalog vertreten. Im Überblick handelt es sich zunächst um folgende Texte: Von <u>Algazel</u> die drei Teile seiner *Maqāṣid*, nämlich die *Logik* mit 8 – 9 (dub. 3, Fss. 20) und die *Metaphysik* sowie *Physik* mit jeweils 8 (dub. 2, Fss. 19) belegten Texten. Des weiteren: <u>Alfarabis</u> *De intellectu* 7 (dub. 1, Fss. 16) und sein *De ortu scienciarum* 5 (dub. 1, Fss. 12), der mittlere Kommentar des <u>Averroes</u> zur *Meteora* 7 (Fss. 10), <u>Avicennas</u> *De animalibus* 6 (Fragm. 1, Fss. 11) und die frühere Übersetzung seiner *Physik* 6 (Fss. 12), <u>Hunayns</u> Paraphrase zu *De caelo* 5 (Fss. 13), <u>Alkindis</u> *De quinque essenciis* 5 (dub. 1, Fss. 16) und sein *De intellectu* in der anonymen Übersetzung 5 (dub. 1, Fss. 13). Genauso viele Textzeugen konnten wir für *De divisione philosophiae* des <u>Dominicus Gundissalinus</u> nachweisen, wodurch gleichzeitig längere Passagen aus <u>Alfarabis</u> *De ortu scientiarum* und *De scientiis*, vor allem aber das Kapitel *De conuenientia et differentia scientiarum* aus <u>Avicennas</u> Werk zu den *Zweiten Analytiken* lokalisiert werden konnten.

Vier Textzeugen ließen sich von <u>Avicennas</u> *De viribus cordis* in der Übersetzung des Arnaldus de Villanova finden (Fss. 6), wobei aber immer bedacht werden muß, daß ein größerer Teil dieser Schrift auch in der früheren Übersetzung des *Liber sextus naturalium* des persischen Philosophen verbreitet war.

Dreimal finden sich in unserem Katalog: <u>Avicennas</u> *De universalibus* (Fss. 5), <u>Alfarabis</u> *De scientiis* (dub. 2, Fss. 10) und <u>Alkindis</u> *De somno et vigilia* (dub. 1, Fss. 7).

Noch **zweimal** konnten im Untersuchungszeitraum lokalisiert werden: von Averroes die Schriften *De generatione animalium* (Fss. 4), *De ortu animalium* (Fss. 3) und *De cerebro* (Fss. 4), von Avicenna die Übersetzungen Iohannes Gunsalvis und Salomons (Rest der *Physik* sowie *De generatione*, *De actionibus*, *De caelo* und die *Meteora*, alle (dub.) 1, Fss. 3) und Alkindis *De intellectu* in der Übersetzung des Gerhard v. Cremona (Fss. 2).

Nur **einmal** gefunden werden konnten schließlich: von Averroes die Opuscula *De motu* (Fss. 2), *De extremis loco* (Fss. 2), *De corde* (Fss. 2), von Abū Muḥammad 'Abdallāh *De coniunctione* (Fss. 5), Avicennas *De vegetabilibus* (Fss. 1), die Passage aus seiner *Isagoge* (Fss. 3) und das Kapitel *De conuenientia et differentia scientiarum* (Fss. 4) unabhängig von *De divisione philosophiae* des Dominicus Gundissalinus, Algazalis Prolog zu seinen *Maqāṣid* (Fss. 3), der *Liber introductorius* der 'Lauteren Brüder' (Fss. 1) sowie Alfarabis *Didascalia* und *Distinctio* (beide: Fss. 2).

Die nicht nachweisbaren Texte wurden schon genannt. Außer der ebenfalls oben angesprochenen Diskrepanz zwischen der großen Menge der erhaltenen Handschriften von Avicennas *De congelatione* und der geringeren Anzahl der auf dieses Werk bezogenen Fundstellen in unseren Quellen fällt beim Vergleich dieser beiden Gruppen ansonsten auf, daß allgemein die Menge der erhaltenen Handschriften mit Avicenna-Texten mehr Funde dieser Schriften in den bibliotheksgeschichtlichen Quellen hätte erwarten lassen. Da die meisten Avicenna-Fundstellen, die vorliegen, recht eindeutig den Autor nennen, kann hierfür nicht die gleiche Erklärung wie für *De congelatione* gelten. Andere Gründe für diese – im ganzen nicht zu starke – Diskrepanz sind für mich zur Zeit nicht ersichtlich. Es gilt daher, diese Tatsache zunächst nur zu vermerken. Alle weiteren Unterschiede, die ein Vergleich zwischen der Anzahl der erhaltenen Textzeugen und den Fundstellen mit diesen Texten ergeben, dürfen wegen der geringen Menge sowohl der vorhandenen Manuskripte als auch der Fundstellen nicht überbewertet werden und lassen daher keine weiterführenden Schlüsse zu.

Informativ ist hingegen ein Blick auf die räumliche Verteilung der Fundstellen. Dabei können die Spanien betreffenden Angaben auf Grund der wenigen positiven Befunde außer acht gelassen werden, um so aufschlußreicher ist der Vergleich zwischen England und Frankreich. Auch wenn man dabei zunächst die zeitliche Komponente außen vor läßt, sind deutliche Unterschiede zu erkennen. Ich will dabei nicht mehr wie oben im Gesamtüberblick alle einzelnen Zahlen zu den Texten angeben, interessant sind für uns nur einige markante Werte.

Besonders hervorzuheben sind die Unterschiede in der Verteilung der Texte von Averroes. Zählt man alle nachgewiesenen Schriften des andalusischen Philosophen, kommt man auf 267 – 271 einzelne Textzeugen (dub. 8,

Fragm. 9, Fss. 472). Davon fallen nur 97 (Fragm. 3, Fss. 185) auf Frankreich, aber 167 – 171 (dub. 8, Fragm. 6, Fss. 281) auf England. Während
sich die Fundstellen in Frankreich auf 18 verschiedene Averroes-Texte ver-
teilen und somit dort auch die kleineren Texte wie *De cerebro*, *De corde*, *De
generatione animalium*, *De motu* u.a. einbezogen sind, konzentrieren sich die
englischen Fundstellen auf elf Werke. Besonders häufig kamen in unseren
Quellen die vier großen Kommentare vor: *De anima* 24 – 25 (dub. 3, Fragm.
2, Fss. 48), *Physik* 29 (dub. 1, Fragm. 3, Fss. 45), *Metaphysik* 20 – 22 (dub. 2,
Fragm. 1, Fss. 36) und *De celo* 13 – 14 (Fss. 26). Auch stark vertreten sind der
mittlere Kommentar zu *De generatione* 12 (Fss. 19), die *Parva naturalia*-Para-
phrasen *De sensu* 16 (Fss. 26), *De memoria* 14 (dub. 1, Fss. 21), *De sompno* 12
(Fss. 18) und *De longitudine* 11 (Fss. 19) sowie das eigenständige Werk *De
substantia orbis* 11 (Fss. 15). Dagegen fallen die vier Fundstellen für den mittleren Kommentar zu den *Meteora* (Fss. 7) stark ab. Weitere Averroes-Texte
konnten nicht nachgewiesen werden. Ohne die Zahlen hier im einzelnen
aufzuführen, kann man trotz des Vorhandenseins mehrerer unterschiedli-
cher Schriften des Andalusiers eine in der Tendenz ähnliche Konzentration
auf diese Averroes-Texte auch in Frankreich feststellen. In dieser Deutlich-
keit ragt dort aber nur der *De anima*-Kommentar mit 14 (Fragm. 1, Fss. 25)
gefundenen Texten heraus.

Auf Texte, die durch ihre hohe Anzahl an Fundstellen in Frankreich gegenüber denjenigen in England herausstechen, läßt sich aus einem solchen
Zahlenvergleich kaum schließen. Hinzuweisen wäre in diesem Zusammenhang vielleicht auf die anonyme Schrift *De proprietatibus*, welche in Frankreich siebenmal nachgewiesen wurde (Fss. 15), in England hingegen nur
dreimal (Fss. 5) und auf Avicennas *Tierkunde*, die in England nur einmal in
den Quellen auftauchte (Fss. 2), während wir sie in Frankreich sechsmal im
Untersuchungszeitraum belegen konnten (Fragm. 2, Fss. 11). Unter Umständen könnte dies damit zu tun haben, daß Michael Scotus diese Übersetzung in Italien anfertigte. Ich werde später darauf zurückkommen.

Auch wenn man die Gesamtzahl der nachgewiesenen einzelnen Texte
nach den beiden Gebieten differenziert, fällt in den englischen Quellen eine
stärkere Konzentration auf bestimmte Texte auf. Insgesamt konnten wir 51
der 66 in Kapitel III 2. genannten Werke in den Quellen aufzeigen.[299] In
Frankreich ist nun mit 49 dieser Texte nahezu das ganze Spektrum vertreten, während in England nur 34 Übersetzungen arabischer philosophischer
Werke zu finden waren. Nur in England und nicht in Frankreich kamen der
Liber introductorius der 'Lauteren Brüder' und die Teilübersetzung aus Avi-

---

[299] Diese Zählung geht auf die kleinsten zusammenhängenden Textteile zurück, zählt daher
z.B. auch die beiden Teilübersetzungen *De cerebro* und *De corde* aus dem Kommentar zur
Tierkunde von Averroes als jeweils eigenständige Texte.

cennas *Isagoge* vor. Dafür liegen für England außer den überhaupt nicht nachgewiesenen Übersetzungen keine Fundstellen von folgenden Schriften vor: Alfarabis *Didascalia*, Avicennas Kapitel *De conuenientia* unabhängig von *De divisione philosophiae* des Dominicus Gundissalinus, die Avicenna-Übersetzungen von Iohannes Gunsalvi und Salomon (*Physik, De caelo, De generatione, De actionibus* und sein Buch zu den *Meteora*) sowie dessen *Liber septus naturalium de vegetabilibus*, der Prolog Algazalis zu seinen *Maqāṣid*, von Averroes *De ortu animalium, De cerebro, De corde, De generatione animalium, De extremis loco* und *De motu* sowie von seinem Sohn der Traktat *De coniunctione*. Das häufige Vorkommen bestimmter Texte in England, vor allem von Averroes, wird durch diesen Befund um so signifikanter.

Schließlich soll auch die Verteilung der einzelnen Texte unter dem zeitlichen Aspekt betrachtet werden. Dabei wird der Befund bezüglich Spaniens aus schon oben genannten Gründen unberücksichtigt gelassen. Der Leser kann sich im übrigen im Katalogteil schnell selbst einen Überblick über die Fundstellen in Spanien und damit über die Zeitpunkte des Vorkommens der entsprechenden Texte machen. Daß für England die frühesten Fundstellen vorliegen, haben wir schon oben festgestellt.[300] Welche Schriften enthalten die Fundstellen des 12. und frühen 13. Jahrhunderts in England? Der früheste Beleg aus dem dritten Viertel des 12. Jahrhunderts bezeugte das Vorkommen von Costa ben Lucas *De differentia inter spiritu et animae* (E23.). Dieser Traktat gehört auch während des 13. Jahrhunderts zu den am häufigsten genannten Texten in England: in fünf verschiedenen Sammlungen kam er während dieses Zeitraumes vor [E6.a), E15.a) u. b), E22., E23. u. E.26], wobei es sich um drei Textzeugen handelte, die siebenmal in den Quellen zu den genannten Sammlungen auftauchten. Ähnlich sieht es bei Avicennas *De congelatione* aus. Bis zum Ende des 13. Jahrhunderts finden sich in vier Sammlungen Belege für diese Schrift [E16.a), E22., E.26 u E33.], in denen sie sechsmal genannt wird und welche sich auf drei einzelne Textzeugen beziehen. Beide Texte wurden meistens in Manuskripten zusammen mit Texten des Corpus aristotelicum überliefert, so daß sich hier ein Hinweis auf die enge Beziehung zwischen dem Eindringen arabischer philosophischer Werke und dem der Schriften des Stagiriten sehen läßt. Mehrere Texte Avicennas ließen sich zum ersten Mal in England im zweiten Viertel des 13. Jahrhunderts nachweisen (E37.), und zwar dessen *De anima, Metaphysik* und seine *Physik*, letztere natürlich in der früheren Übersetzung. Von Averroes treten uns während dieses frühen Zeitraumes nur vier Textzeugen seiner Paraphrasen zu den *Parva naturalia* in zwei Sammlungen entgegen

---

[300] Dieser Befund deckt sich mit dem von Burnett festgestellten frühen Auftreten mathematischer, astronomischer und medizinischer Werke aus dem arabischen Bereich in England, vgl. Burnett, *Introduction / England*, bes. 28.

(E24.u. E37.). Daß diese Texte also schon im zweiten Viertel des 13. Jahrhunderts in einer englischen Sammlung nachweisbar waren, könnte bei der
Diskussion um die Verfasserschaft dieser Übersetzungen interessant sein.[301]
Ohne hier näher auf diese Frage eingehen zu wollen, sei der Hinweis erlaubt, daß diese Übersetzungen sehr schnell Verbreitung gefunden hätten,
sollten sie von Michael Scotus stammen. Die Möglichkeit, daß Gerhard von
Cremona der Übersetzer gewesen sein könnte, wird durch unsere Ergebnisse etwas wahrscheinlicher.

Im übrigen sind die *Parva naturalia*-Paraphrasen die einzigen Averroes-
Texte, die wir bis zum Ende des 13. Jahrhunderts in England finden konnten. Gehäuft konnten wir seine Werke erst in Quellen des 14. Jahrhunderts
finden [z.B. E5., E11.a) – e), E19., E28. u. E29.a) – c)]. Dabei spielen nun
auch die mittleren und großen Kommentare, welche wahrscheinlich von
Michael Scotus übersetzt wurden[302], eine größere Rolle. Die *Parva naturalia*
sind aber weiterhin gut vertreten, genauso wie der Traktat *De substantia orbis*.
Für den weiteren zeitlichen Verlauf sei nur auf die vielen Averroes-Belege in
Oxford in der zweiten Hälfte des 14. Jahrhunderts [vor allem E11. a) – e)]
hingewiesen.

Ähnlich interessant wie in Frankreich die Linie Richard v. Fournival –
Gerhard v. Abbeville – Collège de Sorbonne in unserem Zusammenhang ist
in England die Weitergabe von Handschriften mit arabischen philosophischen Werken von Nicolaus de Sandwich über Wilhelm Rede an das Merton bzw. Balliol College zu verfolgen. Beide genannten Personen scheint ein
besonderes Interesse an den von uns gesuchten Werken zu verbinden. Dieser Eindruck verstärkt sich durch die Tatsache, daß wir innerhalb dieses
Stranges die einzige Handschrift ermitteln konnten, welche die Teilübersetzung aus Avicennas *Isagoge* enthielt.

Schließlich sei als ein Hinweis darauf, welche Detailinformationen mit-
unter in den Quellen liegen, noch einmal an den Katalog des Kapitels von
Durham aus dem Jahre 1395 erinnert [E6.d)]. Unter der Signatur „D."
wird dort die noch erhaltene Handschrift Durham, Cathedral Libr. C. I. 18
aufgeführt, in der die Kommentare zu *De caelo*, *De meteora* und zur *Metaphysik*
enthalten sind. Vom Verfasser des Kataloges werden sie als Commenta
„Michaelis Scoti" bezeichnet. Dies könnte trotz des zeitlichen Abstandes
immerhin doch als Bestätigung für die Meinung verstanden werden, welche
in der nicht ganz geklärten Autorenfrage der *Meteora*- und *Metaphysik*-
Übersetzung für die Autorschaft Michaels plädiert.[303]

---

[301] Vgl. Kapitel III 2.
[302] Ebd.
[303] Ebd.

Für Frankreich insgesamt ergibt sich gegenüber England ein etwas anderes Bild. Die frühesten Fundstellen stammen aus der Mitte des 13. Jahrhunderts (F5., F24. u. F28.). Besonderes Augenmerk verdient hierunter die
Sammlung Richards v. Fournival. In seiner reichhaltigen Bibliothek befan-
den sich zahlreiche Übersetzungen arabischer philosophischer Werke. Es
fällt auf, daß er, bis auf den *Liber introductorius* der 'Lauteren Brüder', Texte
von allen von uns gesuchten Autoren besaß. Schaut man sich die Verteilung
der Texte auf die verschiedenen arabischen Philosophen an, ergibt sich ein
recht ausgewogenes Bild. Es herrscht hier nicht, wie in vielen anderen Quellen, ein Übergewicht Averroes' oder Avicennas, sondern es ist im Gegenteil
ein erstaunlich hoher Anteil der Schriften Alkindis, Alfarabis und Algazalis
mit jeweils sechs Textzeugen (bei Alkindi und Alfarabi jeweils dub. 1) zu
konstatieren. Außer in den Sammlungen Gerhards v. Abbeville und der
Sorbonne, die nacheinander Richards Bücher erbten, konnten wir in keiner
anderen Sammlung eine solche Menge an Texten dieser Autoren feststellen.
Bemerkenswertes fördert ein Vergleich der Sammlung Fournivals und jener
der Sorbonne zutage, wie sie die Quellen aus der ersten Hälfte des 14. Jahrhunderts darstellen [F9.e) u. F9.f)]. Nicht nur die bekannte Tatsache, daß
die von Fournival gesammelten Handschriften in die Bibliothek der Sorbonne übergingen, ist bemerkenswert, sondern auch, daß die inhaltliche
Vorgabe Fournivals, d.h. die Auswahl der vorkommenden Übersetzungen
arabischen philosophischen Inhalts, in der Sorbonne fast identisch mit der
Fournivals ist. Hinzugekommen sind neben den Avicenna-Übersetzungen
Iohannes Gunsalvis und Salomons und dem von Arnald v. Villanova über-
tragenem *De viribus cordis*, die Richard v. Fournival noch nicht besessen
haben konnte, nur Alfarabis *Distinctio* und der große *Physik*-Kommentar von
Averroes, sein mittlerer zur *Meteora* und der kurze, *De ortu animalium* genannte Ausschnitt aus der *Metaphysik*. Natürlich wurde die Anzahl der
Textzeugen der übrigen, auch schon von Fournival gesammelten Werke,
vermehrt, andere Schriften kamen aber nicht hinzu. War Fournivals Sammlung nur Ausdruck des typischen Interesses der Zeit? Hat er sozusagen den
Geschmack in Frankreich getroffen und wurden seine Vorgaben deswegen
nicht erweitert, oder hat er prägend auf eines der wichtigsten Zentren der
Beschäftigung mit arabischer Philosophie gewirkt? Diese Fragen sind auf
Grund unseres Materials noch nicht zu beantworten. Es scheint mir aber
deutlich geworden zu sein, daß eine verstärkte Beschäftigung mit diesem
Gelehrten in Hinblick auf die Rezeption arabischer Philosophie fruchtbar
sein könnte. Dieser Eindruck verstärkt sich, wenn man sich vor Augen führt,
daß Richard v. Fournival nicht nur ein Buchliebhaber war, der alle mögli-

chen Bücher um ihrer selbst willen sammelte, sondern ein Kenner der Materie, der genau wußte, was er inhaltlich wollte. Dafür spricht nicht nur das fast vollständige Corpus der zu seiner Zeit existierenden Übersetzungen arabischer philosophischer Werke in seiner Sammlung, sondern es zeigt sich auch an einigen Bemerkungen in seiner Biblionomia, daß er über den Inhalt der von ihm gesammelten Werke gut informiert war.[304]

Die beiden anderen frühen Quellen in Frankreich geben uns Hinweise auf das Vorhandensein von Avicennas *De animalibus* und *De anima* im Süden Frankreichs um die Mitte des 13. Jahrhunderts. Die Tierkunde wurde von Michael Scotus wahrscheinlich in Italien übersetzt.[305] Ist es Zufall, daß sie uns hier in zwei recht frühen Fundstellen in Frankreich begegnet oder deutet sich hier der Weg an, den die Übersetzungen Michaels genommen haben? Lassen sich hier unter Umständen Unterschiede zwischen den Verbreitungswegen der in Spanien und der in Italien erstellten Übersetzungen vermuten? Das von uns untersuchte Material erlaubt nicht mehr, als diese Fragen zu formulieren, und zu hoffen, daß weitere Forschungen durch solche Hinweise angeregt werden.

Betrachtet man die weitere zeitliche Entwicklung in den französischen Quellen, so ist zu konstatieren, daß der größte Teil der in Frankreich unabhängig von Fournival nachgewiesenen Averroes-Texte erst in der ersten Hälfte des 14. Jahrhunderts in den Bibliotheken seine Spur hinterließ [F9.e), F17., F21.a) u. c) – e), F22.a) – c) u.a.]. Auf das starke Gewicht des *De anima*-Kommentares wurde schon oben hingewiesen. Auffällig ist weiterhin, daß es neben Fournival und der Sorbonne keine Fundstellen gibt, in denen in solch starkem Maße Texte Alkindis und Alfarabis auftraten. Dort, wo sie noch zu finden sind [F2.; F22.a) u. c)], ließen sich höchstens zwei Schriften dieser Philosophen aufdecken. Jacob v. Padua ist im übrigen noch deshalb erwähnenswert, weil sich einige der kleineren Texte von Averroes, nämlich *De ortu animalium*, *De extremis loco*, *De cerebro*, *De corde*, *De generatione animalium* und *De motu* nur bei ihm (und durch sein Legat dann in der Sorbonne) ermitteln ließen, zum Teil sogar in zwei unterschiedlichen Handschriften. Für eine

---

[304] Als gutes Beispiel dafür, wie sehr Richard bemüht war, genaue Informationen zu den von ihm gesammelten Texten zu erlangen, läßt sich der 149. Eintrag in seiner *Biblionomia* zitieren: „*Haly Tabernarii, filii Abbas, discipuli Abymahel, pars theorica libri quem srcipsit ad regem magnum Sarracenorum de dispositione medicine, et vocavit eum dispositionem regalem. Sed Constantinus Affricanus, Montis Cassinensis monacus, eum interpretans, sibi ipsum temere presumpsit ascribere, im plerisque corrumpens, utpote male mutans et minuens sed non addens de suo. Et ne quid deesset usurpationi perfecte alieni laboris, nescio qua confidentia seu impudentia, non solum nomen auctoris tacuit, sed et mutavit titulum, vocans eum Panteigny, quod sonat tota ars. ...*" zitiert nach Delisle II, 534, wobei dahingestellt sei, inwieweit Richards Informationen stimmen. Auch Rouse, *Manuscripts*, 255, weist darauf hin, daß Richard „probably acquired new works as they appeared."

[305] Vgl. Kapitel III. 2

nähere Beschäftigung mit jenen Übersetzungen könnte diese Tatsache interessant sein.

VI. ZUSAMMENFASSUNG

1. Die Ergebnisse der Untersuchung

Nur mit Vorsicht sind allgemeine Schlüsse aus den im Katalogteil dargebotenen Daten über die Verbreitung arabischer philosophischer Werke zu ziehen. Mehrere Hinweise ergaben sich aus unserem Material auf die interessante und so bisher noch nicht eindeutig erkannte wichtige Rolle, welche die Übersetzungen arabischer Philosophie in englischen Büchersammlungen spielten. Hier schlossen sich vereinzelt Überlegungen über den Weg, den zumindest einige Übersetzungen von Spanien aus genommen haben könnten, an. Sichere Antworten konnten wir nicht geben, unsere Ergebnisse führten aber immerhin dazu, solche Fragen zu stellen und einer möglichen späteren Beantwortung gesichertes Material aus bibliotheksgeschichtlichen Quellen zur Verfügung zu stellen. Unsere Resultate lassen weiterhin den Schluß zu, daß in spanischen Bibliotheken, zumindest während des behandelten Zeitraumes, die dort übersetzten Werke kaum Eingang fanden. Gleiches gilt für den Süden Frankreichs. Demgegenüber konnten wir viele Fundstellen in Nordfrankreich und im heutigen Belgien anführen. Die Vermutung, daß hier eine Verbindung zu dem starken Vorkommen arabischer philosophischer Texte in England zu sehen ist, liegt zumindest nahe.[306] Das auch schon an anderer Stelle festgestellte starke Interesse in England an arabischer Wissenschaft konnte somit auf dem engeren Gebiet der Philosophie bestätigt werden.[307]

Ließen sich, bedingt durch die Lage der Quellenüberlieferung, auch keine lückenlosen Verbreitungswege nachzeichnen, so konnten wir doch immerhin auf einige interessante Stationen auf diesem Weg hinweisen. Gerade die Frühphase direkt nach der Übersetzung der meisten von uns gesuchten Schriften wurde durch unsere Quellen wenig erhellt. Zum einen mag das an der ungünstigen Quellenlage für das 12. und beginnende 13. Jahrhundert liegen, zum anderen denkt man aber auch an die schon oben zitierten

---

[306] Diese Vermutung wird gestützt durch den Befund Burnetts, der für die Verbreitung arabischer wissenschaftlicher Texte (Astronomie, Mathematik u. Medizin) einen Einfluß Chartres, Orléans und Lothringens feststellen konnte, vgl. Burnett, *Introduction/England*, 16.

[307] Vgl. z.B. Burnett, *Introduction/British Schools*, 45 u. ders., *Introduction/England*, bes. Kap. I u. Kap. III.

Überlegungen d'Alvernys und Birkenmajers.[308] So liegt auch hier der schon von Callus hinsichtlich der Aristoteles-Übersetzungen gezogene Schluß nahe, daß, ebenso wie die lateinischen Versionen des Stagiriten, auch die Übersetzungen arabischer Philosophie nicht unmittelbar nach deren Übersetzung an die Schulen gelangten.[309] Es ist gut vorstellbar, daß die Texte arabischen philosophischen Inhalts zunächst von einzelnen, vornehmlich von naturphilosophisch oder medizinisch interessierten Studierenden und Gelehrten verbreitet wurden, bevor sie in die Bibliotheken von Institutionen oder höhergestellter Persönlichkeiten eindrangen. Die Büchersammlungen solcher Gelehrter sind aber kaum in den Quellen dokumentiert. So könnte die im ganzen doch eher unterdurchschnittliche Präsenz arabischer philosophischer Texte in unseren frühen Zeugnissen erklärt werden. Weitere Hinweise in unseren Ergebnissen stützen diese Theorie. Zum einen deutet die Präferenz für naturphilosophische Texte unter frühen Belegen in diese Richtung, zum anderen kann man auch in unserem frühesten Beleg ein Indiz für die Richtigkeit dieser These sehen, da der schon im dritten Viertel des 12. Jahrhunderts lebende Magister Herbert, der Costa ben Lucas *De differentia inter spiritum et animam* an die Sammlung der Kathedrale von Durham legierte (E6.a) u. E23.), als *Medicus* bezeichnet wird. Somit liefern unsere Ergebnisse für diese bisher im wesentlichen nur behauptete These erste quellengesicherte Fakten.

Auf die einzelnen Autoren und deren Texte bezogen, wurde im großen und ganzen das Bild der Rezeption, wie es sich aus den erhaltenen Handschriften ergibt, bestätigt. Einige Nuancierungen, z.B. im Verhältnis der Verteilung von Averroes- und Avicenna-Texten konnten vorgenommen werden. Eindrücklich unterstrichen wurde die Rolle, die offensichtlich die bisher weniger beachteten, kleineren und sozusagen „handlicheren" Texte wie Costa ben Lucas *De differentia*, Ps.-Aristoteles *De proprietatibus*, Avicennas *De congelatione* und *De substantia orbis* von Averroes spielten, Texte, denen gemeinsam ist, daß sie keine Kommentare sind. Als Indiz dafür, daß diese Texte nicht nur einfach, zumeist im Zusammenhang mit Aristoteles, mit abgeschrieben wurden, kann die ausdrückliche Erwähnung dieser Schriften in unseren Quellen gewertet werden.

Neben diesen allgemeineren Überlegungen kann aber als wichtiges Ergebnis unserer Arbeit die Identifizierung, Lokalisierung und Datierung von 145 heute wahrscheinlich nicht mehr erhaltenen Handschriften arabischen philosophischen Inhalts gelten. Weiteren Forschungen zur Übersetzung und Rezeption arabischer Philosophie im lateinischen Westen wird damit bisher nicht zugängliches Material zur Verfügung gestellt.

---

[308] Vgl. oben Kapitel III 3.
[309] Callus, *Introduction*, 4.

2. Bibliotheksgeschichte und philosophiehistorische Rezeptionsforschung
Abschließende Überlegungen zur Methode

Die im Katalogteil enthaltenen Details und die im vorangegangenen Unterkapitel zusammengefaßten Ergebnisse belegen, daß die Betrachtung bibliotheksgeschichtlicher Quellen unter dem Blickwinkel einer speziellen Werkgruppe zu weiterführenden Ergebnissen kommen kann. Allerdings haben sich auch die Beschränkungen unserer Quellentypen gezeigt. Auf Grund bibliotheksgeschichtlicher Dokumente läßt sich keine lückenlose Übersicht über die Verbreitung arabischer Philosophie geben und bezüglich vieler mittelalterlicher Sammlungen läßt sich nur feststellen, daß aus den vorhandenen Quellen zwar keiner der von uns gesuchten Texte zu ermitteln, das Vorhandensein von Übersetzungen arabischer Philosophie in dieser Sammlung damit aber nicht ausgeschlossen ist. Die in vorliegender Arbeit eingeschlagene Methode führt aber zu Ergebnissen, die Hinweise darauf geben, wo weitere Untersuchungen zur Rezeptionsgeschichte ansetzen könnten.

Für die Betrachtung der einzelnen Sammlungen hat sich gezeigt, daß ein so spezieller Blickwinkel wie der hier gewählte durchaus auch aus der Sicht der Bibliotheksgeschichte sinnvoll ist. Dem Historiker, der sich mit dem Inhalt einer ganzen Sammlung befaßt, wird es oftmals nicht möglich sein, über alle darin enthaltene Literatur genauestens informiert zu sein. Beschränkt man sich aber auf bestimmte Werke, kann man, wie wir gesehen haben, auf Grund von Detailkenntnissen so manche Einträge in den bibliotheksgeschichtlichen Quellen besser entschlüsseln und dadurch wiederum Beziehungen zwischen verschiedenen Dokumenten oder Sammlungen herstellen.[310] Wie nötig für Detailfragen eine gute Kenntnis besonderer Literaturgattungen ist, wird aus den z.T. völlig unzutreffenden Zuschreibungen deutlich, die Glorieux, Bibliothèques de Maîtres parisiens. Gérard d'Abeville, 169–171 vornimmt. Ohne die zum großen Teil überholten Auffassungen Glorieux' im einzelnen wiederholen zu wollen[311], seien als Beispiele nur seine Zuweisungen des *Liber de avencebron, id est fontis vite* als Alfarabi-Text oder seine Behauptung, es gäbe einen *Liber de sensu et sensato* von Avicenna [auch der hier angesprochene Eintrag = F28.a), 64 meint Avicennas *Liber de anima* und stellt nur fest, daß darin auch über *sensu et sensato* gehandelt wird] sowie seine Feststellung, Fournival habe keine Averroes-Texte besessen, genannt.[312] Im übrigen ist Glorieux's Erstaunen darüber, wie jemand in der

---

[310] Vgl. z.B. manche, meines Wissens hier zum ersten Mal hergestellten Verbindungen zwischen dem von Adalbetus Ranconis de Ericinio verfaßten Katalogfragment [F9.j)] und den anderen die Sorbonne betreffenden Quellen.

[311] Vgl. zum neueren Stand Rouse, *Manuscripts*.

[312] Ähnliche Fehler auch in ders., *Études sur la Biblionomia*, besonders 214f, 219, 226 u. 228; vgl. F28.a), Erläuterungen [1] – [6].

Provinz zu einer solchen Büchersammlung kommen konnte[313], eine indirekte
Bestätigung für unsere Ergebnisse, da das Bild, das unsere Quellen zeichnen, darauf hindeutet, daß man sich von der Fixierung auf die großen Zentren trennen sollte und den nordfranzösischen Raum in seiner Gesamtheit
als intellektuell aktives Gebiet im Zusammenhang mit England sehen muß.
Neben der Rezeptionsforschung profitiert also auch die Bibliotheksgeschichte von Untersuchungen wie der vorliegenden.

Bewährt hat sich ebenfalls die Vorgehensweise, eigentlich bibliotheksgeschichtliche Quellen wie Inventare oder Kataloge, andere Quellentypen wie
z.b. Testamente und die Informationen, die wir aus den erhaltenen Handschriften ermitteln können, zu kombinieren. Vielfach war es gerade das
Wechselspiel zwischen den Einträgen in erhaltenen Handschriften und den
übrigen Quellen, welches Identifizierungen ermöglichte.[314]

Auch die Entscheidung, möglichst viele Quellen zu untersuchen und
nicht schon eine auf Hypothesen beruhende Vorauswahl des zu behandelnden Materials zu treffen, war richtig. Zum einen ließ nur der Vergleich
zwischen allen untersuchten Quellen – also 634 bibliotheksgeschichtlichen
Zeugnissen und 686 Handschriften – und denjenigen, in denen wir fündig
wurden und die daher im Katalogteil dokumentiert sind, verallgemeinerba-
re Schlüsse über den Anteil arabisch-philosophischer Werke in mittelalterlichen Büchersammlungen zu. Zum anderen wäre manche Quelle, in der wir
Belege für arabische philosophische Texte aufzeigen konnten, nicht berücksichtigt worden, hätte man sich z.B. auf Dokumente des universitären Mi-
lieus beschränkt. So gut begründbar auch diese Vorgehensweise gewesen
wäre, Fundstellen wie Cluny, Bonne-Espérance, Lambrecht de But und die
besonders interessanten Belege in Bibliotheken englischer Klöster und Ka-
thedralen wären dann wohl nicht bemerkt worden.[315]

Schließlich hat sich auch die Erweiterung des Corpus der Übersetzungen
arabischer philosophischer Werke bewährt. Gerade die hinzugekommenen
Texte wie Costa ben Lucas *De differentia* oder Ps.-Aristoteles' *De proprietatibus*
ließen sich besonders häufig nachweisen. Da diese Schriften außerdem in

---

[313] Glorieux, *Études sur la Biblionomia*, 231.

[314] Vgl. z.B. die in F9.e) u. F20. vorgenommene Zuordnung von Paris, BN lat. 16096 und
Einträgen im Repertorium der Sorbonne.

[315] Als Beispiel, daß man auch an gänzlich unerwarteter Stelle auf solch spezialisierte Literatur
stoßen kann, sei das Inventar eines Töpfers auf Mallorca von 1396 angeführt, in dem
Schriften logischen Inhalts und das pseudo-aristotelische *Secretum Secretorum* genannt werden
(Hillgarth, *Readers and Books*, Nr. 137 der 'private libraries'), oder das Inventar eines Notars
auf Mallorca von 1370, in dem sich Kommentare zu den Kategorien und zur Isagoge finden. (Hillgarth, *Readers and Books*, Nr. 77 der 'private libraries'). Zwar waren in diesen
Sammlungen keine arabischen philosophischen Texte nachweisbar, aber das Vorkommen
dieser (pseudo-)aristotelischen Schriften mahnt zur Vorsicht davor, bestimmte Quellen
schon auf Grund oberflächlicher Merkmale (z.B. Beruf des Besitzers) von der Untersuchung
auszuschließen.

den Quellen zumeist im Kontext mit den übrigen, traditionell unter der Überschrift „arabische Philosophie" behandelten Übersetzungen auftraten, läßt sich auch nach der hier vorgenommenen Erweiterung immer noch von einem zusammenhängenden Corpus sprechen.

Insgesamt läßt sich festhalten, daß die in dieser Arbeit verfolgte Methode in ihren Detailergebnissen und in den daraus zu ziehenden Schlüssen sowohl zur Bibliotheksgeschichte als auch zur Rezeptionsforschung durchaus einen sinnvollen Beitrag zu leisten vermag. Andererseits läuft man bei Arbeiten, die zwischen mindestens zwei Forschungszweigen angesiedelt sind – hier die reine Bibliotheksgeschichte, dort die Philosophiegeschichte, im vorliegenden Fall kommt zum Teil noch die Orientalistik dazu – immer Gefahr, letztlich den berechtigten, speziellen Anforderungen jeder einzelnen Disziplin nicht völlig gerecht werden zu können. Der Wunsch, einen größeren Überblick geben zu wollen, zwingt zudem oftmals zu Verallgemeinerungen. Oft mußte der Bibliothekshistoriker seinen Anspruch, so manche Quelle noch eingehender zu behandeln, zurückstecken, da sonst nicht die für den Überblick notwendige Menge an Material in einer noch zu rechtfertigenden Zeitspanne hätte bearbeitet werden können. An vielen Stellen wurde mir aber auch bewußt, daß Spezialisten der europäischen und islamischen Philosophiegeschichte vieles genauer, besser und wohl auch richtiger hätten sagen können. Wollte man ein solches Projekt wie das hier angefangene weiterführen, wäre dies letztlich nur in einer Zusammenarbeit von Spezialisten der verschiedenen genannten Fachrichtungen möglich. Sollte meine Arbeit zur Erkenntnis beitragen, daß solch eine Zusammenarbeit wünschenswert und sinnvoll wäre, hätten sich, trotz all der Mängel, die meiner Untersuchung noch anhaften, die Mühe und der Mut, ein so weitführendes Projekt anzugehen, gelohnt.

VII. ANHÄNGE

1. Die erhaltenen Handschriften

I. Alkindi (gest. 870)

1. a) De intellectu / b) De ratione

Handschriften erste Version:

Baltimore, The Walters Art Gallery: Cod. 66 (de Ricci, Walters 428)

Cava Dei Tirreni: SS Trinitatis 31

Cesena, Malatestiana: Plut. XXII Dextr. 3

Erfurt, Amploniana: f.29; f.40; q.15

Florenz, BN Centr. Conv. Soppr.: I.IV.23

Graz, UB II: 482

Kopenhagen, Kongelige Bibliotek: Thott 164 fol.

Laon, BM: 412

Lilienfeld, Zisterzienserstift: 144

Lissabon, BN: F.G.2299

München, Staatsbibliothek: Clm 8001

Oxford, Bodleian: Digby 217

Oxford, Merton College: 228

Paris, BN: lat. 6325; lat. 6443; lat. 16602; lat. 16613

Rom, Angelica: 242 (C.4.10)

Uppsala, Kungl. Universitets-Bibliotek: C.595

Vatikan: Urbin. lat. 220

Venedig, BN Marciana: lat. 39

Wien, NB: 1772

Worcester, Chapter Library: Q.81 (Fragment).

Handschriften Version Gerhard von Cremona:

Admont, Stiftsbibliothek: 578

Brügge, BM: 424

Brüssel, Albertina: II 2558 (2898)

Florenz, BN Centr. Conv. Soppr.: G.4.345

Oxford, Bodleian: Digby 217

Paris, BN: lat. 6443

Rom, Angelica: 242 (C.4.10)

Vatikan: Vat. lat. 2186; Vat. lat. 4426

2. De somno et uisione

Admont, Stiftsbibliothek: 578

Angers, BM: 435 (450)

Baltimore, The Walters Art Gallery: Cod. 66 (de Ricci, Walters 428)

Brüssel, Albertina: II 2558 (2898)

Cesena, Malatestiana: Plut. XXII Dextr. 4

Kremsmünster, Stiftsbibliothek: 123

Oxford, Magdalen College: 175 (als Ishaq Israeli)

Oxford, Oriel College: 7 (als Ishaq Israeli)

Paris, BN: lat. 6443; lat. 16613

Reims, BM: 864

Schlägl, Stiftsbibliothek: 173 Cpl (457) 15

Vatikan: Ottob. lat. 1870; Reg. lat. 1870

Venedig, BN Marciana: lat. VI, 55 (2665; früher Cl.X, 171) (als Themistius de somno et uigilia)

3. De quinque essentiis

Berlin, Staatsbibliothek: lat. fol. 662

Erfurt, Amploniana: f.286

Florenz, Laurentiana: S. Crucis Plut. XI Sin. 5

Lissabon, BN: F.G.2299

Olmütz, Statni Archiv: C O 536

Oxford, Bodleian: Digby 217

Paris, BN: lat. 9335 (als *De quinque substantiis);* lat. 14700; lat. 16082; lat. 16605

Prag, Metropolitankapitel: L.LXXVII (1323)

Rom, Angelica: 242 (C.4.10)

Schlägl, Stiftsbibliothek: 173 Cpl (457) 15

Vatikan: Ottob. lat. 1870; Vat. lat. 210; Vat. lat. 2186

Wien, Dominikanerkloster: 151 (früher 121)

II. Ḥunayn Ibn Isḥāq (808 – 873/877)

De caelo et mundo

Berlin, Staatsbibliothek: lat. fol. 456

Cambridge, Gonville & Caius College: 504/271

Dubrovnik, Dominikaner: 20 (36-V-5)

Erfurt, Amploniana: f.31; q.295

Erlangen, UB: 205 (Irm 411)

Göteborg, UB: (Stadsbibliotek) lat. 8

Kopenhagen, Kongelige Bibliotek: Thott 164 fol.

Laon, BM: 412

Mailand, Ambrosiana: T. 91 sup.

Neapel, BN: VIII.E.19

Oxford, Balliol College: 173A; 284

Oxford, Bodleian: Bodl. 463; Digby 76; Selden Supra 24

Oxford, Merton College: 282

Paris, BN: lat. 6443; lat. 16082; lat. 16604

Paris, Maz.: 3472; 3473

Salamanca, UB 2671 (früher: Madrid, Palacio Nacional: 150)

Vatikan: Vat. lat. 2186; Vat. lat. 4428

III. Costa ben Luca (~ 820 – 912)

De differentia inter spiritum et animam

Handschriften der Übersetzung durch Iohannes Hispaliensis:

Admont, Stiftsbibliothek: 126; 254

Assisi, BC: 283; 298 (Fragment); 663

Avranches, BM: 232

Baltimore, The Walters Art Gallery: Cod. 66 (de Ricci, Walters 428)

Barcelona, UB: 7.2.6.

Basel, UB: F.IV.23

Berlin, Staatsbibliothek: lat. fol. 662; lat. qu. 341

Bologna, BC dell'Archiginnasio: A. 127

Bologna, UB: lat. 1180 (2344)

Bordeaux, BM: 421

Brügge, BM: 478

Brügge, Grootseminarie: 102/125

Brüssel, Albertina: 2772-89; II 2558 (2898)

Budapest, Nemzeti Muzeum: lat. 64

Cambridge, Gonville & Caius College: 109/78; 452/379; 506/384

Cambridge, Peterhouse: 157

Cambridge, UB: Ii. 2.10

Cava Dei Tirreni: SS Trinitatis 31

Cesena, Malatestiana: Plut. I Sin. 4

Chantilly, Musée Cond.: 280 (1051)

Clermont-Ferrand, BM: 168

Douai, BM: 698

Durham, Chapter Library: C.III.17; C.IV.18

Edinburgh, National Library of Scotland: Advoc. MS. 18.6.11

Erfurt, Amploniana: f.32; f.335; o.28

Escorial: f.II.4

Evreux, BM: 79

Florenz, BN Centr.: Conv. Soppr. I.IV.22

Florenz, Laurentiana: Ashburnham 1674; Plut. LXXXIV 3; S. Crucis Plut XIII Sin.4; S. Crucis Plut. XIII Sin.5; S. Crucis Plut. XIV Sin.1; S. Crucis Plut. XV Sin.1

Genf, BM: 76

Gotha, Herzogl. Bibliothek: I Membr. 124

Kremsmünster, Stiftsbibliothek: 123

Leipzig, UB: 1392; 1395; 1397

Lissabon, BN: F.G.2299

London, British Museum: Arundel 325; Harley 3487; Regii 12.G.II; Regii 12.G.III; Sloane 2454

Madrid, BN: 1427; 1428; 9726

Madrid, Palacio Nacional: 255

Madrid, UB: 2241

Mailand, Ambrosiana: C. 148 Inf.; F. 146 Sup.; S. 70 Sup.

Mailand, BN: Braidense cod. A.D. IX 25

Melk, Klosterbibliothek: 529 = Chicago, Newberry Libr.: 23

Montecassino, Biblioteca dell'Abbazia: cod. 8 VV (ext. 8 et 292)

Montpellier, Med. Fac.: 177

München, Staatsbibliothek: Clm 18917; Clm 9676

Neapel, BN: VIII.E.24; VIII.F.12; VIII.F.35

Nürnberg, Stadtbibliothek: Cent. V. 59

Oxford, Balliol College: 232A; 232B

Oxford, Corpus Christi College: 111; 114

Padua, Antoniana: Scaff. XVII 370

Pamplona, Biblioteca de la Santísima Iglesia Catedral: 8

Paris, BN: lat. 6296; lat. 6319; lat. 6322; lat. 6323; lat. 6323 A; lat. 6325; lat. 6567 A; lat. 6590; lat. 12953; lat. 14393; lat. 14717; lat. 14718; lat. 15452; lat. 16082; lat. 16083; lat. 16088; lat. 16142; lat. 16490; lat. 16613

Paris, Maz.: 3456; 3457; 3460; 3461

Paris, UB: 119; 567

Prag, Metropolitankapitel: L.XXXV

Prag, UB: IV.D.6

Reims, BM: 864; 865; 868

Rom, Casanatense: 87

Rom, Convento Dominicano della Minerva: (sine numero)

Rouen, BM: 920 (I.15)

Salamanca, UB: 2706.

Saint-Omer, BM: 625

Schlägl, Stiftsbibliothek: 10 Cpl. (456b) 20; 173 Cpl (457) 15

Sevilla, Colombina: 7.6.2; Capitular
81.7.7

Tipperary, GPA Bolton Library of
Cashel: Ms 1

Toledo, Cabildo: 47.15; 94.18

Tours, BM: 681

Uppsala, Kungl. Universitets-
Bibliotek: C.625; C.647

Vatikan: Barb. lat 165; Borgh. 37;
Borgh. 127; Borgh. 308; Chisiani
H.VII. 238; Urbin. lat. 206; Vat. lat.
725; Vat. lat. 2071; Vat. lat. 2072;
Vat. lat. 2074; Vat. lat. 2984; Vat.
lat. 4426; Vat. lat. 6747; Vat. lat.
7096; Vat. lat. 10803

Venedig, BN Marciana: lat. VI, 33
(2462)

Vercelli, Archivio Capitolare: Eusebiano CXIII (160)

Volterra, Biblioteca Guarnacci: 6366
(LVII, 8, 5)

Wien, NB: 87; 113

Wolfenbüttel, Herzogliche Bibliothek: 577 Helmst.; 1105 Helmst.

Worcester, Chapter Library: Q.81

*Handschiften mit der anonymen Über-
setzung:*

Assisi, BC: 298 (Fragment)

Leipzig, UB: 1341 (jetzt Genf, Bodmer ohne Nummer)

Neapel, BN: VIII.F.31 (Fragment).

IV. Ps.-Aristoteles (9. Jh.)

*De causis proprietatum (et) elemento-
rum / De proprietatibus elementorum et
planetarum / De elementis*

Assisi, BC: 283

Baltimore, The Walters Art Gallery:
Cod. 66 (de Ricci, Walters 428)

Basel, UB: F.IV.23

Berlin, Staatsbibliothek: lat. fol. 662;
lat. fol. 676; lat. qu. 341

Bologna, BC dell'Archiginnasio: A.
127

Bologna, Collegio di Spagna: 161

Boulogne-sur-Mer, BM: 109

Brügge, BM: 478

Brüssel, Albertina: 812-27 (2894)

Cambridge, Fitzwilliam Museum:
Mc Clean 154

Cambridge, Peterhouse: 121

Cambridge, UB: Ii. 2.10

Cava Dei Tirreni: SS Trinitatis 31

Cesena Malatestiana: Plut. VII Sin. 1

Chantilly, Musée Cond.: 280 (1051)

Erfurt, Amploniana: f.31; f.328

Florenz, BN Centr.: II VI 54

Florenz, Laurentiana: Ashburnham
1674; Leop. Med. Fesul. 167; Plut.
LXXXIV 3; Plut. LXXXIV 4; S.
Crucis Plut XIII Sin.4; S. Crucis
Plut. XIII Sin.8; BN Marciana: 61

Gotha, Herzogl. Bibliothek: I
Membr. 124; I Membr. 94

Graz, UB: III 93

Heiligenkreuz, Stiftsbibliothek: 40

Klosterneuburg-bei-Wien, Stiftsbibliothek: 1052

Krakau, Jagellonica: 2595; 503; 506;
507

Laon, BM: 434

Leipzig, UB: 1338; 1339; 1341 (jetzt
Genf, Bodmer ohne Nummer); 1395

Madrid, BN: 1427; 1428

Madrid, Palacio Nacional: 255

Mailand, Ambrosiana: E. 71 Sup.; F.
146 Sup.

Mailand, Biblioteca Trivulziana: cod.
764

(jetzt: Musaeo Civico Mediolanensi)

Mainz, Stadtbibliothek: Abteil. II 194

Melk, Klosterbibliothek: 529 = Chicago, Newberry Libr.: 23

Montpellier, Med. Fac.: 177

München, Staatsbibliothek: Clm 162; Clm 22297; Clm 2604; Clm 527; Clm 8003; Clm 9676

Neapel, BN: VIII.E.21; VIII.E.24; VIII.F.12; VIII.F.35

Nürnberg, Stadtbibliothek: Cent. IV. 1; Cent. V. 67

Oxford, Balliol College: 232A

Oxford, Bodleian: Canon lat. class. 291; Auct. F.5.28 (3623)

Paris, Arsenal: 748; 749

Paris, BN: lat. 478; lat. 6286; lat. 6320; lat. 6325; lat. 14700; lat. 14717; lat. 14719; lat. 16082; lat. 16088

Paris, Maz.: 3459; 3460; 3461

Paris, UB: 119; 567; 569

Pavia, UB: Aldini 329

Prag, Metropolitankapitel: L.XXXV

Prag, UB: IV.D.6; VIII.f.23

Reims, BM: 868

Rom, Angelica: 242 (C.4.10); 560

Rom, BN: Fondo Vittorio Emanuele 796

Rouen, BM: 920 (I.15)

Saint-Omer, BM: 592

Toledo, Cabildo: 94.18

Toulouse, BM: 733; 679

Vatikan: Barb. lat 165; Borgh. 126; Borgh. 127; Borgh. 308; Borgh. 37; Reg. lat. 1311; Vat. lat. 718; Vat. lat. 725; Vat. lat. 2072; Vat. lat. 2074; Vat. lat. 2075; Vat. lat. 2083; Vat. lat. 2084; Vat. lat. 4549; Vat. lat. 6747; Vat. lat. 10452

Vendôme, BM: 105

Venedig, BN Marciana: lat. VI, 33 (2462); Z.L. 234 (1754)

Vercelli, Archivio Capitolare: Eusebiano CXIII (160)

Volterra, Biblioteca Guarnacci: 6366 (LVII, 8, 5)

Wien, NB: 87; 195; 2291; 234

V. Alfarabi (gest. 950)

1. De ortu scientiarum

Bordeaux, BM: 426

Brügge, BM: 424

Cava Dei Tirreni: SS Trinitatis 31

Florenz, Laurentiana: Plut. LXXXI-II 27

Kues, Hospital: 205

Lissabon, BN: F.G.2299

München, Staatsbibliothek: Clm 527

Neapel, BN: VIII.E.19

Oxford, Balliol College: 232A

Oxford, Bodleian: Auct. F.5.28 (3623)

Oxford, Corpus Christi College: 86

Paris, BN: lat. 6298; lat. 6443; lat. 14700; lat. 15449

Prag, Metropolitankapitel: L.LXXVII (1323)

Schlägl, Stiftsbibliothek: 231 Cpl (817) 154

Sevilla, Colombina: 7.6.2

Toledo, Cabildo: 47.15; 98.28

Vatikan: Ottob. lat. 1814; Vat. lat. 4426

Venedig, BN Marciana: lat. VI, 53 (3264); Z.L. 290 (1936); 1766

Wien, Dominikanerkloster: 151 (früher 121)

Wien, NB: 2473

2. *Flos Alpharabii secundum senten-*
tiam Aristoteles/Fontes quaestionum

Rom, Angelica: 242 (C.4.10)

Vatikan: Vat. lat. 2186

3. *De intellectu et intellecto*

Admont, Stiftsbibliothek: 487 = New
York, Pierpont Morgan: M 857

Erfurt, Amploniana: f.40

Erlangen, UB: 210 (Irm. 379)

Escorial: h.II.I

Graz, UB: II 482

Kynzvart (Tschechei): ms.80

Lissabon, BN: F.G.2299

München, Staatsbibliothek: Clm
317; Clm 8001

Neapel, BN: VIII.F.12

Oxford, Bodleian: Digby 217

Oxford, Oriel College: 7 (Exzerpte)

Paris, BN: lat. 6325; lat. 6443; lat.
8802; lat. 16159; lat. 16602; lat.
16613

Paris, Maz.: 732 (429)

Reims, BM: 864; 865

Sevilla, Colombina: 7.6.2

Vatikan: Vat. lat. 2186; lat. 4426

4. *Didascalia in Rhetoricam Aristotelis*
ex glosa Alpharabii/Declaratio com-
pendiosa super rhetoricorum libris
Aristotelis

Paris, BN: lat. 16097

5. *Liber exercitationis ad viam felicita-*
tis

Brügge, BM: 424

Lilienfeld, Zisterzienserstift: 152

Paris, BN: lat. 6286

6. *De scientiis*

Admont, Stiftsbibliothek: 578

Brügge, BM: 486

Erfurt, Amploniana: f.32; q.295

Graz, UB: II 482

Lissabon, BN: F.G.2299

London, British Museum: Cott.
Vesp. B-X

Paris, BN: lat. 9335

Todi, BC: 55

Wien, Dominikanerkloster: 151
(früher 121)

Worcester, Chapter Library: Q.81

7. *Nota ex logica Alpharabii quedam*
sumpta

Brügge, BM: 424

8. *Distinctio Alfarabii super librum*
Aristotelis de naturali auditu/Distinctio
sermonis Abuinazar Alpharabi super
librum audditus naturalis

Assisi, BC: 663

Graz, UB: II 482

Leipzig, UB: 1341 (jetzt Genf, Bodmer ohne Nummer)

München, Staatsbibliothek: Clm
9559

Sevilla, Colombina: 5.6.14.

VI. Mahomet discipulus Alquin-
di/'Lautere Brüder' (10.Jh.)

Liber introductorius in artem logicae
demonstrationis

Oxford, Bodleian: Digby 217

Paris, BN: lat. 6443
Sevilla, Colombina: 7.6.2
Vatikan: Vat. lat 2186

VII. Avicenna (gest. 1037)

A) Sufficentia

1. Prolog

Brügge, BM: 510
Cordoba, Arch. Bibl. Cap.: 52
Vatikan: Vat. lat. 4428

2. Isagoge

a) Isagoge / Capitulum de excitando ad scientias / Capitulum de intrando apud scientias

Brügge, BM: 510
Cordoba, Arch. Bibl. Cap.: 52
Graz, UB: II 482
Neapel, BN: VIII.E.33
Oxford, Merton College: 282
Paris, BN: lat. 6443
Vatikan, Vat. lat. 2186; Vat. lat. 4428

b) De universalibus

Brügge, BM: 510
Cordoba, Arch. Bibl. Cap.: 52
Dubrovnik, Dominikaner: 63 (36-V-6)
Graz, UB: II 482
Oxford, Bodleian: Digby 217
Oxford, Oriel College: 7
Paris, BN: lat. 16096
Rom, Angelica: 242 (C.4.10)
Vatikan: Vat. lat. 2186; Vat. lat. 4428

3. De conuenientia et differentia scientiarum

s. Dominicus Gundissalinus

4. Rhetorik-Fragmente

Paris, BN: lat. 16673
Toledo, Cabildo: 47.15

5. Physica / Sufficentia Physicorum / Collectio secunda naturalium

a) Erste Phase:

Berlin, Staatsbibliothek: Hamilton 634
Dubrovnik, Dominikaner: 20 (36-V-5)
Göteborg, UB (Stadsbibliotek): lat. 8
Graz, UB: II 482
Kues, Hospital: 205
Laon, BM: 412
Mailand, Ambrosiana: T. 91 sup.
München: CLM 9559 (Exzerpt)
Neapel BN: VIII.E.33; XI.AA.49 (2)
Oxford, Balliol College: 284
Oxford, Bodleian: Digby 217
Oxford, Merton College: 282
Paris, BN: lat. 6443; lat. 14854; lat. 16604
Paris, Maz.: 3473
Todi, BC: 90
Toledo, Cabildo: 47.15
Vatikan: Reg. lat. 1958; Urb. lat. 186; Vat. lat. 2089; Vat. lat. 4428; Vat. lat. 4481
Venedig, BN Marciana: lat. VI, 55 (2665; früher Cl.X, 171)
Worcester, Chapter Library: Q.81.

b) Zweite Phase:

Vatikan: Urb.lat. 186

6. De caelo et mundo

Vatikan: Urb.lat. 186

*7. De generatione et corruptione / Liber
tertius naturalium*

Vatikan: Urb.lat. 186

*8. De actionibus et passionibus quali-
tatum primarum / Liber quartus naturalium*

Vatikan: Urb.lat. 186

*9. Liber meteorum / Liber quintus
naturalium*

*a) De congelatione et conglutinatione
lapidum / Liber de congelatis / De
mineralibus*

Admont, Stiftsbibliothek: 623

Assisi, BC: 283; 298

Baltimore, The Walters Art Gallery:
Cod. 66 (de Ricci, Walters 428)

Barcelona, Archivo de la Corona de
Aragón: Ripoll 115

Berlin, Staatsbibliothek: lat. fol. 662;
lat. fol. 676 (Exzerpt); lat. qu. 24; lat.
qu. 341

Bologna, BC dell'Archiginnasio: A.
127

Bologna, UB: lat. 1180 (2344)

Bordeaux, BM: 421

Brügge, Grootseminarie: 102/125

Brüssel, Albertina: II 2558 (2898)

Cambridge, Gonville & Caius Coll-
ge: 452/379; 506/384

Cambridge, Trinity College: O.2-18
(1122); O.8-25 (1400)

Cambridge, UB: Ee. 2.31

Cava Dei Tirreni: SS Trinitatis 31

Chantilly, Musée Condé: 327 (642)

Clermont-Ferrand, BM: 168

Danzig, Marienkirche: Q. 25

Durham, Chapter Library: C.III.14;
C.III.17; C.IV.18

Erfurt, Amploniana: f.29; f.31; f.32

Escorial: f.II.4

Evreux, BM: 79

Florenz, BN Centr.: Conv. Soppr.
I.IV.22; Conv. Soppr. J.2.10; Magliab. Cl.XVI.114; Palt. 981

Florenz, Biblioteca Riccardiana: 524;
849

Florenz, Laurentiana: Leop. Strozzi
22; S. Crucis Plut. XIII Sin. 4; S.
Crucis Plut. XIII Sin. 5; S. Crucis
Plut. XIII Sin. 7; S. Crucis Plut. XIII
Sin. 12; S. Crucis Plut. XV Sin.1

Genf, BM u. UB: 76

Kettering, Brudenell Library: IV.a.6

Klosterneuburg-bei-Wien, Stiftsbibliothek: 737

Krakau, Jagellonica: 1927; 2595

Leipzig, UB: 1288; 1341; 1348;
1392; 1397; 1482

London, British Museum: Harley
3487; Regii 12.G.II; Regii 12.G.III;
Regii 12.G.V

Madrid, BN: 1428; 9726

Mailand, Ambrosiana: C. 148 Inf.;
E. 51 Sup.; E. 71 Sup.; S. 70 Sup.

Mailand, Biblioteca Trivulzina: cod.
764 (nunc: Musaeo Civico Mediolanensi)

Melk, Klosterbibliothek: 529 =
Chicago, Newberry Libr.: 23

Montecassino, Biblioteca dell'Abbazia: cod. 8 vv (ext. 8 et 292)

München, Staatsbibliothek: Clm 540a; Clm 2604; Clm 18404; Clm 22297; Clm 540A; Clm 9676

Neapel, BN: VIII.E.21; VIII.F.12

New York, Medical Academy: 6

Nürnberg, Stadtbibliothek: Cent. V. 59

Oxford, Bodleian: Selden Supra 24 (Exzerpt)

Oxford, Corpus Christi College: 111; 114

Oxford, Magdalen College: 262

Padua, Antoniana: Scaff. XX 428

Paris, BN: lat. 6319; lat. 6322; lat. 6323 A; lat. 6325; lat. 6326; lat. 6569; lat. 12953; lat. 14005; lat. 14718; lat. 15452; lat. 16082; lat. 16142

Paris, Maz.: 3456

Paris, UB: 567

Pisa: UB: ms. 677

Prag, Metropolitankapitel: L.XXXV

Reims, BM: 864; 865

Rom, Convento Dominicano della Minerva: (sine numero)

Rom, Lancisiana: 329

Saint-Omer, BM: 625

Salamanca, UB: 189; 2706 (früher Madrid, Palacio Nacional 152)

Schlägl, Stiftsbibliothek: 10 Cpl (456b) 20; 173 Cpl (457) 15

Sevilla, Colomb.: 81.7.7

Strasbourg, UB: 293 (latin 245)

Toledo, Cabildo: 94.18; 94.20; 96.32 (Fragment)

Tours, BM: 681

Trenta, BC: 1780

Trier, Bischöfliches Seminar: MS. 43

Uppsala, Kungl. Universitets-Bibliotek: C. 625

Vatikan: Borgh. 37; Urbin. lat. 206; Vat. lat. 2071; Vat. lat. 2075; Vat. lat. 2984; Vat. lat. 4428; Vat. lat. 6747

Venedig, Museo Civico Correr: Raccolta Cicogna 1903

Venedig, BN Marciana: lat. VI, 47 (3464); lat. VI, 57 (2822)

Vercelli, Archivio Capitolare: Eusebiano CXIII (160)

Washington, The Folger Shakespeare Library: Ms. Smedley, n.3

Wien, NB: 234; 3513; 4698

Wilmette, Library of Coella L. Rikketts: 213

Wolfenbüttel, Herzogliche Bibliothek: 577 (Helmst.); 1105 (Helmst.)

Yale, University Medical Library: Admont 126 (Cushing 12)

b) De diluviis

Erfurt, Amploniana: q.15

Graz, UB: II 482

Krakau, Jagellonica: 1718

Melk, Klosterbibliothek: 529 = Chicago, Newberry Libr.: 23

München, Staatsbibliothek: Clm 8001

Neapel, BN: XI.AA.49 (2)

Nürnberg, Stadtbibliothek: Cent. V. 21

Palermo, BC: Qq.G.31

Sevilla, Colombina: 5.6.14

Vatikan: Vat. lat. 4426; Vat. lat. 725.

c) Liber meteorum

Vatikan: Urb. lat. 168

10. Liber de anima seu sextus de naturalibus / Liber sextus naturalium / Liber sextus de collectione naturalium

Brügge, Grootseminarie: 99/112

Angers, BM: 435 (450)

Basel, UB: D.III.7

Berlin, Staatsbibliothek: lat. fol. 456

Brügge, BM: 510; 516

Cambridge, Gonville & Caius College: 497/996

Cambridge, Peterhouse: 157

Cesena, Malatestiana: Plut. XXIII Dextr. 6

Dubrovnik, Dominikaner: 20 (36-V-5)

Erfurt, Amploniana: f.335; q.296

Escorial: f.II.6

Florenz, Laurentiana: Plut. LXXXIV 17

Göteborg, UB (Stadsbibliotek): lat. 8

Kues, Hospital: 205

Laon, BM: 412

Leiden, UB: B.P.L. 191 A (336)

Mailand, Ambrosiana: H. 43 Inf.; P. 208 sup.

Neapel, BN: VIII.E.19

Nürnberg, Stadtbibliothek: Cent. V. 21; Cent. V. 67

Oxford, Bodleian: Bodl. 463; Digby 217

Oxford, Merton College: 282

Padua, UB: 1438

Paris, Arsenal: 703

Paris, BN: lat. 684; lat. 6286; lat. 6443; lat. 6932; lat. 8802; lat. 14854; lat. 16133; lat. 16603

Paris, Maz.: 629

Paris, UB: 1032; 584

Rom, Casanatense: 957 (B.IV.22)

Salamanca, UB: 2237

Schaffhausen, Eisenbibliothek: ohne Nummer

Todi, BC: 90

Vatikan: Palat. lat. 1122; Reg. lat. 1958; Urb. lat. 187; Vat. lat. 2089; Vat. lat. 2419; Vat. lat. 2420; Vat. lat. 4428

Vendôme, BM: 111

Venedig, BN Marciana: Clas. XIV, 20 (Z.L. 318; 1960); lat. VI, 55 (2665; früher Cl.X, 171); lat. VI, 57 (2822); Z.L. 321 (1961) (als *De visu*)

Worcester, Chapter Library: Q.81.

12. Liber de animalibus / Octavus naturalium

Brügge, Grootseminarie: 99/112

Bologna, UB: lat. 1340 (693)

Brügge, BM: 464; 516

Cesena, Malatestiana: Plut. XXII Dextr. 4; Plut. XXVI Dextr. 2

Erfurt, Amploniana: f.335; q.296

Florenz, Laurentiana: S. Crucis Plut. XIII Sin.9

Leipzig, UB: 1288

Madrid, BN: 3340

Montpellier, Med. Fac.: 44

Oxford, All Souls College: 72

Oxford, Bodleian: Canon. misc. 562

Oxford, Merton College: 227

Paris, Arsenal: 703

Paris, BN: lat. 2474; lat. 6443; lat. 16110; lat. 16159

Paris, UB: 1031

Pommersfelden, Schlossbibliothek: 159 (2709); 253/ Nachtrag 4; 253/ Nachtrag 4

Sevilla, Colombina: 5.6.14

Vatikan: Barb. lat. 305; Chisiani
E.VIII. 251; Urbin. lat. 187; Vat. lat.
2420; Vat. lat. 4428; Vat. lat. 7096

Vendôme, BM: 111

Venedig, BN Marciana: lat. VI, 55
(2665; früher Cl.X, 171); lat. VI, 56
(2666)

Würzburg, UB: Mp. Med. f.3.

*13. Metaphysica / Liber de philosophia
prima sive scientia divina / Collectio
quarta de scientia divina*

Admont, Stiftsbibliothek: 485

Admont, Stiftsbibliothek: 487 = New
York, Pierpont Morgan: M 857

Basel, UB: D.III.7; UB F.I.4

Berlin, Staatsbibliothek: lat. fol. 456

Cesena, Malatestiana: Plut. XXII
Dextr. 4

Dubrovnik, Dominikaner: 63 (36-V-
6)

Erfurt, Amploniana: f.331

Florenz, BN Centr.: Magliab.
Cl.V.45

Kues, Hospital: 205

Laon, BM: 412

Neapel, BN: VIII.E.33

Nürnberg, Stadtbibliothek: Cent. V.
21

Oxford, Bodleian: Digby 217

Oxford, Merton College: 282

Padua, UB: 1438

Paris, BN: lat. 14854; lat. 15114; lat.
16096; lat. 16097; lat. 16602; lat.
6443; lat. 6655

Paris, Maz.: 3473

Salamanca, UB: 189

Todi, BC: 90

Toledo, Cabildo: 47.15

Uppsala, Kungl. Universitets-
Bibliotek: C.647

Vatikan: Ottob. lat. 2186; Reg. lat.
1958; Urb. lat. 187; Vat. lat. 2186;
Vat. lat. 2419; Vat. lat. 4428; Vat.
lat. 4481

Venedig, BN Marciana: lat. VI, 28
(2546; cod. 173 chart.); lat. VI, 55
(2665; früher Cl.X, 171); lat. VI, 57
(2822).

*B) De viribus cordis / De medicinis
cordialibus*

Oxford, All Souls College: 72

Oxford, Merton College: 227

Oxford, Oriel College: 61

Paris, BN: lat. 15362

Paris, UB: 1031

Pommersfelden, Schlossbibliothek:
159 (2709)

Vatikan: Vat. lat. 2416.

VIII. Algazel (gest. 1111)

*Summa theorice philosophie / De philo-
sophorum intentionibus*

Handschrift mit dem Prolog:

Paris, BN: lat. 16096

Handschriften mit der Logik:

Assisi, BC: 663

Berlin, Staatsbibliothek: lat. qu. 546

Edinburgh, UB: 134 (D.b.II.7)

Florenz, BN Centr.: Conv. Soppr.
G.4.345; Magliab. Cl.V.45

Graz, UB: II 482

Kues, Hospital: 205

Laon, BM: 412

London, British Museum: Regii 15.B.IV

Oxford, Bodleian: Digby 217

Oxford, Merton College: 285

Paris, BN: lat. 6443; lat. 6655; lat. 14700; lat. 16096; lat. 16605

Vatikan: Ottob. lat. 2186; Reg. lat. 1870; Vat. lat. 2186

Venedig, BN Marciana: lat. VI, 28 (2546; cod. 173 chart.)

Wien, NB: 2529

Worcester, Chapter Library: Q.81

Zwettl, Zisterzienserkloster: 89

Handschriften mit der Metaphysik:

Assisi, BC: 663

Basel, UB: D.III.7

Edinburgh, UB: 134 (D.b.II.7)

Erfurt, Amploniana: f.331; q.291

Florenz, BN Centr.: Magliab. Cl.V.45

Göteborg, UB (Stadsbibliotek): lat. 8

Graz, UB: II 482

Kues, Hospital: 205

Laon, BM: 412

Mailand, Ambrosiana: T. 91 sup.

Paris, BN: lat. 6443; lat. 6552; lat. 6655; lat. 14700; lat. 16096; lat. 16605

Rom, Angelica: 242 (C.4.10)

Todi, BC: 90

Toledo, Cabildo: 47.15

Uppsala, Kungl. Universitets-Bibliotek: C.647

Vatikan: Ottob. lat. 2186; Reg. lat. 1870; Vat. lat. 4481

Venedig, BN Marciana: lat. VI, 28 (2546; cod. 173 chart.); lat. VI, 55 (2665; früher Cl.X, 171)

Worcester, Chapter Library: Q.81

Handschriften mit der Physik:

Admont, Stiftsbibliothek: 487 = New York, Pierpont Morgan: M 857

Basel, UB: D.III.7

Edinburgh, UB: 134 (D.b.II.7)

Erfurt, Amploniana: f.331

Florenz, BN Centr.: Magliab. Cl.V.45

Göteborg, UB (Stadsbibliotek): lat. 8

Graz, UB: II 482

Kues, Hospital: 205

Laon, BM: 412

Oxford, Merton College: 285

Paris, BN: lat. 6443; lat. 6552; lat. 6655; lat. 14700; lat. 16096; lat. 16605

Prag, Metropolitankapitel: L.LXXVII (1323)

Rom, Angelica: 242 (C.4.10)

Uppsala, Kungl. Universitets-Bibliotek: C.647

Vatikan: Borgh. 37; Ottob. lat. 2186; Reg. lat. 1870; Vat. lat. 4481

Venedig, BN Marciana: lat. VI, 28 (2546; cod. 173 chart.); lat. VI, 55 (2665; früher Cl.X, 171); lat. VI, 57 (2822)

Worcester, Chapter Library: Q.81.

IX. Dominicus Gundissalinus (~ 1110 – ~1190)

De divisione philosophiae

Brüssel, Albertina: II 2558 (2898)

Cambridge, UB: Hh. 4.13

Canterbury, Saint-Augustine: 1175 (verloren)

Kynzvart (Tschechei); ms.80

Lissabon, BN: F.G.2299

London, British Museum: Sloane 2461; Sloane 2946

Neapel, BN: VIII.F.20

Oxford, Bodleian: Bodl. 679; Digby 76

Oxford, Corpus Christi College: 86

Paris, BN: lat. 14700

Vatikan: Reg. lat. 1870; Vat. lat. 2186; Vat. lat. 4481.

X. Averroes (1126 – 1198)

1. De anima, Commentarium magnum

Admont, Stiftsbibliothek: 480; 578

Basel, UB: F.III.39

Brügge, BM: 514

Cambridge, Gonville & Caius College: 486/482

Cambridge, Peterhouse: 56; 126

Chicago, UB: Cod.3 (Exzerpt)

Durham, Chapter Library: C.I.17(B); C.III.15; C.III.16

Erfurt, Amploniana: f.178; f.318; f.337; f.340; f.351

Florenz, BN Centr.: Conv. Soppr. G.4.345

Florenz, Laurentiana: Leop. Med. Fesul. 160

Kynzvart (Tschechei): ms.80

Leipzig, UB: 1433

Madrid, Palacio Nacional: 187

Mailand, Ambrosiana: H. 43 Inf.

Montpellier, Med. Fac.: 33

München, Staatsbibliothek: Clm 9531

Neapel, BN: VIII.E.36

Oxford, Balliol College: 105

Oxford, Merton College: 282

Oxford, Oriel College: 7

Padua, Antoniana: Scaff. XIX 406; Scaff. XVII 378

Paris, BN: lat. 6301; lat. 6504; lat. 6506; lat. 14379; lat. 14385; lat. 15453; lat. 16095; lat. 16151; lat. 16156; lat. 16159; lat. 16601; lat. 17155

Paris, Maz.: 3462; 3473

Pesaro, Oliveriana: 1236

Salamanca, UB: 2671 (früher: Madrid, Palacio Nacional: 150)

Vatikan: Ottob. lat. 2048 (Exzerpt); Ottob. lat. 2215; Urbin. lat. 220; Vat. lat. 2079; Vat. lat. 2435; Vat. lat. 2437; Vat. lat. 2438

Venedig, BN Marciana: lat. VI, 35 (3064); lat. VI, 52 (3018); Z.L. 249 (1641); Z.L. 250 (1755)

Wien, NB: 1633; 2318

Worcester, Chapter Library: Q.34; Q.81.

2. Physica, Commentarium magnum

Admont, Stiftsbibliothek: 452

Assisi, BC: 279; 287

Basel, UB: F.III.38

Berlin, Staatsbibliothek: lat. fol. 440

Bordeaux, BM: 426

Cambridge, Gonville & Caius College: 485/481; 486/482

Cambridge, Peterhouse: 66

Cesena, Malatestiana: Plut. XXVI Sin. 4

Durham, Chapter Library: C.I.17(A); C.IV.16

Erfurt, Amploniana: f.350; f.351; f.352

Florenz, BN Centr.: Conv. Soppr. I.IV.25

Florenz, Laurentiana: Leop. Med. Fesul. 162

München, Staatsbibliothek: Clm 10264

Neapel, BN: VIII.E.36

Osimo, Collegio Campana: 39

Oxford, Balliol College: 106; 114; 94

Oxford, Oriel College: 61

Padua, Antoniana: Scaff. XVII 378

Padua, UB: 1065

Paris, BN: lat. 14385; lat. 15453; lat. 16150; lat. 16159; lat. 17155; lat. 6504; lat. 6505

Paris, Maz.: 3473

Rom, Angelica: 127

Salamanca, UB 2671 (früher: Madrid, Palacio Nacional: 150)

Sevilla, Provincial y Universitaris: 330.154

Toledo, Cabildo: 97.1; 97.2

Vatikan: Barb. lat. 165; Borgh. 128; Ottob. lat. 1924; Palat. lat. 1035; Urbin. lat. 220; Vat. lat. 2076; Vat. lat. 2077; Vat. lat. 2079; Vat. lat. 2435; Vat. lat. 6765

Vendôme, BM: 167

Venedig, BN Marciana: lat. VI, 246 (2468); Z.L. 247 (1630)

Wien, NB: 2334

Worcester, Chapter Library: F.96; Q.81.

3. Metaphysica, Commentarium magnum

Admont, Stiftsbibliothek: 480

Assisi, BC: 279; 286

Avranches, BM: 220

Basel, UB: F.III.37

Berlin, Staatsbibliothek: Phillipps 1781

Cambridge, Pembroke College: 132

Cambridge, Peterhouse: 22

Chicago, UB: Cod.3

Durham, Chapter Library: C.I.18

Erfurt, Amploniana: q.285

Erlangen, UB: 198

Folignio, Biblioteca Jacobilli: 555 (D. I. 38)

Graz, UB: II 482

Leipzig, UB: 1381; 1382

London, British Museum: Regii 12.D.XIV

Lyon, BM: 1508

Madrid, BN: 1375

Neapel, BN: VIII.E.36

Oxford, Balliol College: 112; 113; 118; 278

Oxford, Merton College: 269

Oxford, New College: 284

Oxford, Oriel College: 7

Padua, UB: 1065

Paris, Arsenal: 702

Paris, BN: lat. 6300; lat. 6504; lat. 14385; lat. 15453; lat. 16084; lat. 16109; lat. 16110; lat. 16159; lat. 16602

Paris, Maz.: 3467; 3473

Saint-Omer, BM: 595

Salamanca, UB: 2671 (früher: Madrid, Palacio Nacional: 150)

Toledo, Cabildo: 95.12

Vatikan: Borgh. 306; Ottob. lat. 2215; Urbin. lat. 220; Vat. lat. 2080; Vat. lat. 2081; Vat. lat. 2090

Venedig, BN Marciana: lat. VI, 309 (2495); lat. VI, 45 (3065); lat. VI, 53 (3264); Z.L. 248 (1504)

Wien, NB: 185

Worcester, Chapter Library: F.18; F.4; F.42

Würzburg, UB: Mp. Med. f.3.

bis) De ortu animalium / De generatione animalium

Paris, BN: lat. 16110; lat. 16602; lat. 6510

Wien, NB: 2302

Würzburg, UB: Mp. Med. f.3.

Venedig, BN Marciana: lat. VI, 53 (3264).

4. De caelo / Commentarium magnum

Admont, Stiftsbibliothek: 480

Assisi, BC: 279

Basel, UB: F.I.31

Cambridge, Gonville & Caius College: 486/482

Cambridge, Peterhouse: 126

Durham, Chapter Library: C.I.17(B); C.I.18

Erfurt, Amploniana: f.337; f.351

Graz, UB: II 482

Kynzvart (Tschechei): ms.80

Leipzig, UB: 1433

Montpellier, Med. Fac.: 33

Neapel, BN: VIII.E.36

Oxford, Balliol College: 243; 244

Oxford, Bodleian: Canon. lat. class. 287

Paris, BN: lat. 6504; lat. 14385; lat. 15453; lat. 16110; lat. 16155; lat. 16156; lat. 16159; lat. 17155

Paris, Maz.: 3473

Paris, UB: 601

Salamanca, UB: 2671 (früher: Madrid, Palacio Nacional: 150)

Toledo, Cabildo: 98.22

Vatikan: Ottob. lat. 2215; Urbin. lat. 221; Vat. lat. 2089; Vat. lat. 2184; Vat. lat. 2436

Venedig, BN Marciana: lat. VI, 52 (3018); lat. XIV, 259 (4611)

Würzburg, UB: Mp. Med. f.3.

5. Isagoge / Commentarium medium

Erfurt, Amploniana: f.318

Florenz, BN Centr.: Conv. Soppr. I.III.6

Vatikan: Urbin. lat. 221

Venedig, BN Marciana: lat. VI, 53 (3264).

6. Kategorien / Praedicamenta / Commentarium medium

Erfurt, Amploniana: f.318

Florenz, BN Centr.: Conv. Soppr. I.III.6

Vatikan: Urbin. lat. 221

Venedig, BN Marciana: 1766

7. De interpretatione / Commentarium medium

Erfurt, Amploniana: f.318

Vatikan: Urbin. lat. 221

Venedig, BN Marciana: lat. VI, 53 (3264).

8. Analytica priora / Commentarium medium

Erfurt, Amploniana: f.318

Vatikan: Urbin. lat. 221.

9. Analytica posteriora / Commentarium medium

Erfurt, Amploniana: f.318
Sevilla, Colombina: 7.6.2
Vatikan: Urbin. lat. 221.

10. Poetica, Commentarium medium

Erfurt, Amploniana: f.35; o.16
Krakau, Jagellonica: 502
Leipzig, UB: 1338
Madrid, BN: 1413; 2872
Madrid, Palacio Nacional: 259
Modena, Estense: Fondo Campori 104 (χ 0.5.6)
Neapel, BN: Vindob. 3160 (=Martini 57)
Oxford, Balliol College: 245
Oxford, Bodleian: Bodl. 300 (2474)
Paris, BN: lat. 16673; lat. 16709
Paris, UB: 1032
Ravenna, BC: Classense 182
Saint-Omer, BM: 598
St. Petersburg, Publichnaia biblioteka: Class. lat. Q.3
Valencia, Cabildo: 32
Vatikan: Chisiani: E.VIII. 254; Urbin. lat. 1392; Urbin. lat. 221
Venedig, BN Marciana: lat. XI, 5 (3810)
Wolfenbüttel, Herzogliche Bibliothek: 488 Helmst.; 593 Helmst.

11. Rhetorica / Commentarium medium

Florenz, Laurentiana: Gadd. Plut. LXXXX Sup. 64
Paris, BN: lat. 16673
Toledo, Cabildo: 47.15.

12. Nikomachische Ethik / Commentarium medium

Florenz, BN Centr.: Conv. Soppr. G.4.345
Florenz, Laurentiana: Gadd. Plut. LXXXIX Sup. 49; Plut. LXXIX 18
Toledo, Cabildo: 94.14.

13. De generatione et corruptione, Commentarium medium

Admont, Stiftsbibliothek: 480
Basel, UB: F.III.18
Berlin, Staatsbibliothek: lat. fol. 440
Bordeaux, BM: 426
Cambridge, Gonville & Caius College: 486/482
Cambridge, Peterhouse: 126
Cesena, Malatestiana: Plut. XXIII Dextr. 6
Durham, Chapter Library: C.I.17(B); C.III.15; C.III.16
Erfurt, Amploniana: f.351; f.79
Florenz, BN Centr.: Conv. Soppr. G.4.345
Graz, UB: II 482
Kynzvart (Tschechei): ms.80
Laon, BM: 412
Leiden, UB: B.P.L. 1760
Montpellier, Med. Fac.: 33
München, Staatsbibliothek: Clm 8001
Neapel, BN: VIII.E.36
Oxford, Balliol College: 112; 114
Oxford, Magdalen College: 112
Oxford, Merton College: 282
Oxford, Oriel College: 7; 61
Padua, Antoniana: Scaff. XVII 378

Paris, BN: lat. 6506; lat. 14385; lat. 15453; lat. 16151; lat. 16601

Paris, Maz.: 3473

Saint-Omer, BM: 595

Salamanca, UB: 2671 (früher: Madrid, Palacio Nacional: 150)

Siena, BC: L.III.21

Uppsala, Kungl. Universitets-Bibliotek: C.595

Vatikan: Urbin. lat. 221; Vat. lat. 2079; Vat. lat. 2089; Vat. lat. 3070

Venedig, BN Marciana: lat. VI, 52 (3018); Z.L. 250 (1755).

14. Liber Meteorum (liber IV), Commentarium medium

Bordeaux, BM: 426

Cambridge, Gonville & Caius College: 486/482

Cesena, Malatestiana: Plut. XXIII Dextr. 6

Durham, Chapter Library: C.I.17(B); C.I.18; C.III.16

Neapel, BN: VIII.E.36

Oxford, Balliol College: 114; 243

Oxford, Merton College: 282

Paris, BN: lat. 14385; lat. 15453

Salamanca, UB: 2671 (früher: Madrid, Palacio Nacional: 150)

Vatikan: Urbin. lat. 221; Vat. lat. 2089; Vat. lat. 2416

Venedig, BN Marciana: lat. VI, 52 (3018); lat. VI, 53 (3264).

15. Parva naturalia

a) De sensu et sensato / Epitome

Admont, Stiftsbibliothek: 487 = New York, Pierpont Morgan: M 857

Assisi, BC: 279; 663

Bordeaux, BM: 426

Cambridge, Gonville & Caius College: 486/482

Cesena, Malatestiana: Plut. XXIII Dextr. 6

Durham, Chapter Library: C.I.17(B); C.III.15; C.III.16

Erfurt, Amploniana: f.79; q.342

Fabriano, BC: 195 (187) n° 2

Florenz, BN Centr.: Conv. Soppr. G.4.345

Florenz, Laurentiana: S. Crucis Plut. XV Sin.9

Graz, UB: II 482

Kynzvart (Tschechei): ms.80

Laon, BM: 412

London, British Museum: Regii 12.C.XV; Regii 12.E.XXV

Madrid, Palacio Nacional: 430

Magdeburg, Domgymnasium: 201

Montpellier, Med. Fac.: 33

Neapel, BN: VIII.E.36

Oxford, Balliol College: 105; 112; 114

Oxford, Bodleian: Digby 104; Digby 55

Oxford, Merton College: 282

Oxford, Oriel College: 7

Padua, Antoniana: Scaff. XVII 378

Paris, BN: lat. 6506; lat. 14385; lat. 15453; lat. 16082; lat. 16110; lat. 16151; lat. 16222; lat. 16601

Paris, Maz.: 3473

Paris, UB: 569

Salamanca, UB: 2671 (früher: Madrid, Palacio Nacional: 150)

Siena, BC: L.III.21

Toledo, Cabildo: 95.12

Vatikan: Palat. lat. 1033; Urbin. lat. 221; Vat. lat. 3070

Venedig, BN Marciana: lat. VI, 17 (2543); lat. VI, 21 (2461); lat. VI, 52 (3018); Z.L. 250 (1755)

Würzburg, UB: Mp. Med. f.3.

b) De memoria / Epitome

Admont, Stiftsbibliothek: 487 = New York, Pierpont Morgan: M 857

Assisi, BC: 663

Bordeaux, BM: 426

Cambridge, Gonville & Caius College: 486/482

Cambridge, Peterhouse: 126

Cesena, Malatestiana: Plut. XXIII Dextr. 6

Durham, Chapter Library: C.I.17(B); C.III.15; C.III.16

Erfurt, Amploniana: f.79; q.342

Fabriano, BC: 195 (187) n° 2

Florenz, BN Centr.: Conv. Soppr. G.4.345

Florenz, Laurentiana: S. Crucis Plut. XV Sin.9

Graz, UB: II 482

Kynzvart (Tschechei): ms.80

Laon, BM: 412

London, British Museum: Regii 12.C.XV; Regii 12.E.XXV

Madrid, Palacio Nacional: 430

Magdeburg, Domgymnasium: 201

Montpellier, Med. Fac.: 33

Neapel, BN: VIII.E.36

Oxford, Balliol College: 105; 112; 114

Oxford, Bodleian: Digby 104; Digby 55

Oxford, Merton College: 282

Oxford, Oriel College: 7

Padua, Antoniana: Scaff. XVII 378

Paris, BN: lat. 6506; lat. 14385; lat. 15453; lat. 16151; lat. 16222; lat. 16601

Paris, Maz.: 3462; 3473

Salamanca, UB: 2671

Siena, BC: L.III.21

Toledo, Cabildo: 95.12

Vatikan: Palat. lat. 1033; Urbin. lat. 221

Venedig, BN Marciana: lat. VI, 17 (2543); lat. VI, 21 (2461); lat. VI, 52 (3018); Z.L. 250 (1755)

Wien, NB: 1633; 2438.

c) De sompno / Epitome

Admont, Stiftsbibliothek: 487 = New York, Pierpont Morgan: M 857

Assisi, BC: 663

Berlin, Staatsbibliothek: lat. fol. 456

Bordeaux, BM: 426

Brüssel, Albertina: 812-27 (2894)

Cambridge, Gonville & Caius College: 486/482

Cambridge, Peterhouse: 126

Cesena, Malatestiana: Plut. XXIII Dextr. 6

Durham, Chapter Library: C.I.17(B); C.III.15; C.III.16

Erfurt, Amploniana: f.79; q.342

Fabriano, BC: 195 (187) n° 2

Florenz, BN Centr.: Conv. Soppr. G.4.345

Florenz, Laurentiana: S. Crucis Plut. XV Sin.9

Graz, UB: II 482

Kynzvart (Tschechei): ms.80

Laon, BM: 412

London, British Museum: Regii 12.C.XV

Madrid, Palacio Nacional: 430

Magdeburg, Domgymnasium: 201

Montpellier, Med. Fac.: 33

Neapel, BN: VIII.E.36

Oxford, Balliol College: 105; 112; 114

Oxford, Bodleian: Digby 104; Digby 55

Oxford, Merton College: 282

Oxford, Oriel College: 7

Padua, Antoniana: Scaff. XVII 378

Paris, BN: lat. 6506; lat. 14385; lat. 15453; lat. 16110; lat. 16151; lat. 16222; lat. 16601

Paris, Maz.: 3473

Rom, Angelica: 508

Salamanca, UB: 2671 (früher: Madrid, Palacio Nacional: 150)

Siena, BC: L.III.21

Toledo, Cabildo: 95.12

Vatikan: Palat. lat. 1033; Urbin. lat. 221

Venedig, BN Marciana: lat. VI, 21 (2461); lat. VI, 52 (3018); Z.L. 250 (1755)

Wien, NB: 2438

Würzburg, UB: Mp. Med. f.3.

d) De causis longitudinis et brevitatis vitae / Epitome

Admont, Stiftsbibliothek: 487 = New York, Pierpont Morgan: M 857

Assisi, BC: 663

Bordeaux, BM: 426

Cambridge, Gonville & Caius College: 486/482

Cesena, Malatestiana: Plut. XXII Dextr. 3

Durham, Chapter Library: C.I.17(B); C.III.15; C.III.16

Erfurt, Amploniana: f.32; f.79; q.342

Fabriano, BC: 195 (187) n° 2

Florenz, BN Centr.: Conv. Soppr. G.4.345

Florenz, Laurentiana: S. Crucis Plut. XV Sin.9

Graz, UB: II 482

Kynzvart (Tschechei): ms.80

Laon, BM: 412

Leipzig, UB: 1228

London, British Museum: Regii 12.C.XV; Regii 12.E.XXV

Madrid, Palacio Nacional: 430

Magdeburg, Domgymnasium: 201

Montpellier, Med. Fac.: 33

München, Staatsbibliothek: Clm 374

Neapel, BN: VIII.E.19; VIII.E.36; VIII.F.31; VIII.F.35

Oxford, Balliol College: 105; 112; 114

Oxford, Bodleian: Digby 55

Oxford, Magdalen College: 112

Oxford, Merton College: 282

Oxford, Oriel College: 7

Padua, Antoniana: Scaff. XVII 378

Paris, BN: lat. 6506; lat. 6530; lat. 14385; lat. 14714; lat. 15453; lat. 16151; lat. 16222; lat. 16601

Paris, Maz.: 3473

Pommersfelden, Schlossbibliothek: 176 (2824)

Rom, Angelica: 508

Salamanca, UB: 2671 (früher: Madrid, Palacio Nacional: 150)

Schaffhausen, Eisenbibliothek: ohne Nummer

Siena, BC: L.III.21

Toledo, Cabildo: 95.12

Vatikan: Borgh. 128; Palat. lat. 1033;

Urbin. lat. 220; Urbin. lat. 221; Vat. lat. 2416

Venedig, BN Marciana: lat. VI, 21 (2461); lat. VI, 52 (3018); Z.L. 250 (1755)

Wien, NB: 1633; 2438.

16. De partibus animalium, Epitome

a) Liber de animalibus et de naturali diversitate

Vatikan: Vat. lat. 1288.

b) De cerebro / De corde

Handschriften mit De cerebro:

Florenz, BN: Centr. Conv. Soppr. G.4.345

Paris, BN: lat. 16110; lat. 16159

Würzburg, UB: Mp. Med. f.3.

Handschriften mit De corde:

Fabriano, BC: 195 (187) n° 2

Graz, UB: II 482

Paris, BN: lat. 14385; lat. 16110

Venedig, BN Marciana: lat. VI, 20 (3063)

Würzburg, UB: Mp. Med. f.3.

17. De Generatione Animalium, Epitome

Fabriano, BC: 195 (187) n° 2

Graz, UB: II 482

Paris, BN: lat. 14385; lat. 16110; lat. 16159

Venedig, BN Marciana: lat. VI, 20 (3063)

Würzburg, UB: Mp Med. f.3

18. De substantia orbis

Admont, Stiftsbibliothek: 487 = New York, Pierpont Morgan: M 857

Angers, BM: 435 (450)

Baltimore, The Walters Art Gallery: Cod. 66 (de Ricci, Walters 428)

Bamberg, Staatsbibliothek: Naturales 3 (H.J.V, 17)

Barcelona, UB: 7.2.6.

Basel, UB: F.I.26; F.III.18; F.IV.23

Berlin, Staatsbibliothek: lat. fol. 456; lat. fol. 662

Budapest, UB: ohne Nummer

Cambridge, Gonville & Caius College: 486/482; 497/996

Cambridge, Peterhouse: 126

Cambridge, UB: Ii. 2.10

Durham, Chapter Library: C.I.17(B); C.III.15; C.III.16

Erfurt, Amploniana: f.340; f.363; f.79; q.220; q.310; q.316

Erlangen, UB: 210 (Irm. 379)

Florenz, BN Centr.: Conv. Soppr. I.IV.22

Florenz, Laurentiana: Ashburnham 1674; Plut. LXXXIV 12; S. Crucis Plut. XV Sin.9

Graz, UB: II 482

Innsbruck, UB: 461

Krakau, Jagellonica: 2595

Kynzvart (Tschechei): ms.80

Laon, BM: 412

Leipzig, UB: 1397

Lissabon, BN: F.G.2299

London, British Museum: Regii 12.C.XV

Lüneburg, Ratsbücherei: Theol. 2° 19

Melk, Klosterbibliothek: 529 = Chicago, Newberry Libr.: 23

Montpellier, Med. Fac.: 33

München, Staatsbibliothek: Clm 317; Clm 22297

Neapel, BN: VIII.E.19; VIII.E.36

Oxford, Balliol College: 112; 114

Oxford, Bodleian: Digby 217; Digby 55

Oxford, Magdalen College: 112

Oxford, Merton College: 282

Oxford, Oriel College: 7

Padua, Antoniana: Scaff. XVII 378

Paris, BN: lat. 6296; lat. 6298; lat. 6318; lat. 6443; lat. 6506; lat. 6510; lat. 10151; lat. 12953; lat. 14379; lat. 14385; lat. 15453; lat. 16097; lat. 16151; lat. 16601

Paris, Maz.: 3473

Pommersfelden, Schlossbibliothek: 176 (2824)

Prag, Metropolitankapitel: L.LIV; L.LXII; M.LXIII

Saint-Omer, BM: 595; 604

Salamanca, UB: 2671 (früher: Madrid, Palacio Nacional: 150)

Toledo, Cabildo: 95.12

Uppsala, Kungl. Universitets-Bibliotek: C.595; C.647

Vatikan: Barb. lat 165; Borgh. 37; Chisiani H.VII. 238; Urbin. lat. 221; Vat. lat. 2089; Vat. lat. 2984

Venedig, BN Marciana: lat. VI, 38 (3214); lat. VI, 52 (3018); Z.L. 232 (1637); Z.L. 250 (1755); Z.L. 291 (1632)

Wien, Dominikanerkloster: 151 (früher 121)

Wien, NB: 195

Worcester, Chapter Library: Q.34.

19. De extremis in loco et medio

Graz, UB: II 482

Paris, BN: lat. 14385; lat. 16110

Würzburg, UB Mp. Med.: f.3.

20. De motu gravis et levis

Paris, BN: lat. 14385; lat. 16110.

Abū Muḥammad 'Abdal-lāh/Sohn des Averroes

De coniunctione intellectus agentis cum materiali / Epistola de intellectu

Paris, BN: lat. 6510; lat. 14385; lat. 16602.

Vatikan: Vat. lat. 2090

Venedig, BN Marciana: lat. VI, 52 (3018); lat. VI, 53 (3264).

2. Das bearbeitete Quellenmaterial

Bei der großen Menge des verwendeten Quellenmaterials würde es den Umfang dieser Arbeit unnötig steigern, wollte man alle Quellen und deren Editionen einzeln aufführen, in denen nach Werken arabischer Philosophen gesucht wurde. Daher werden, wo dies möglich ist, in diesem Anhang nur die Nummern angegeben, unter welchen die Quellen in den in Kapitel II.3. besprochenen Quellensammlungen und -verzeichnissen aufgeführt werden.[316] Über diese Hinweise lassen sich leicht die nötigen bibliographischen Angaben aus den entsprechenden Werken ermitteln. Um Doppelungen zu vermeiden, werden in den Fällen, in denen Quellen in mehreren Verzeichnissen vorkommen, nur die Nummern der neuesten Veröffentlichungen wiedergegeben. In diesen findet man die Verweise auf ältere Publikationen. Daraus folgt, daß z.B. Gottlieb in nachstehender Liste nicht vorkommt, da seine Angaben z.B. in BMMF übernommen wurden.

Unveröffentlichtes Material:

In Paris war es mir möglich, in der Bibliothèque nationale einige bisher unveröffentlichte Quellen einzusehen. Um welches Material es sich dabei handelt, geht aus der folgenden Liste hervor, in der die untersuchten originalen Quellen durch **Fettdruck** und **Asteriskus** gekennzeichnet sind.

Zusätzlich gewährten mir Madame Nebbiai-Dalla Guarda und Monsieur Genest im IRHT freundlicherweise Einsicht in einige unveröffentlichte Abschriften bibliotheksgeschichtlicher Quellen. Diese sind durch **Fettdruck** und hochgestelltes '+' gekennzeichnet.

Daneben wurden von mir noch folgende Handschriften zur Klärung einzelner Fragen eingesehen:

- Paris, BN lat. 16082
- Paris, BN lat. 16096
- Paris, BN lat. 16602

Editionen:

Beer (Nr.):
22; 51; 130; 163; 218; 385

---

[316] Vgl. a. das Literaturverzeichnis/Quellen.

BMMF (Nr.):

2; 23; 29; 35; **35⁺**; 40; 48; 50; 53; 54; 55; 56; 62; 63; **84⁺**; 99; **100⁺**; 103; 105; 114; 126; 132; 142; 143; 144; 145; 147; 148; 149; 151; 176; **188⁺**; 203; 204; **226⁺**; **229⁺**; 230; 236; **241⁺**; 248; 249; 250; 253; **257⁺**; **260⁺**; 293; 295; 318; 345; 346; 347; 355; 356; **362⁺**; 363; 379; 386; 415; 418; 419; 436; 437; 442; 448; 449; 450; 482; 483; 500; 501; 504; **510⁺**; 514; 527; **559⁺**; **562⁺**; 579; 583; 590; **611⁺**; 619; **620⁺**; 621; **623⁺**; **631⁺**; 639; **640⁺**; 661; **663⁺**; 666; **674⁺**; 675; 684; 686; **687⁺**; **690⁺**; **691⁺**; **693⁺**; 697; **698⁺**; **704⁺**; 706; 713; 721; 722; 730; 732; 734; 742; 751; 752; 755; **756⁺**; 756; 770; 776; **790⁺**; **791⁺**; 792; **793⁺**; 794; 806; 818; 830; **834⁺**; 835; **836⁺**; 841; 844; 847; 851; **852⁺**; **856⁺**; 878; 884; 913; 952; 953; 954; 955; 956; 957; 966; 973; 975; 976; 977; 978; 979; 987; 1010; 1011; 1022; 1033; 1036; 1038; 1041; 1042; 1060; 1102; **1132⁺**; 1139; 1163; 1164; 1172; 1174; 1175; 1179; 1196; 1210; 1282; 1285; 1286; 1287; 1292; 1293; 1336; 1337; 1338; 1377; 1395; **1406⁺**; **1407⁺**; 1417; 1426; 1427; 1428; 1429; 1433; 1434; 1435; 1436; 1437; 1438; 1439; **1482⁺**; 1485; **1488⁺**; 1489; 1491; 1492; 1496; **1497⁺**; 1498; **1499⁺**; 1500; 1503; 1504; 1505; 1506; 1508; 1509; 1520; **1521⁺**; **1522⁺**; **1528⁺**; 1531; 1536; **1537⁺**; 1557; **1565⁺**; 1566; **1575⁺**; **1576⁺**; 1591; **1594⁺**; 1596; **1598⁺**; 1606; 1631; 1645; 1653; **1654⁺**; 1662; 1667; 1670; 1677; 1700; 1711; 1739; 1754; 1769; **1780⁺**; **1788⁺**; 1790; 1812; 1835; 1861; 1873; 1878; 1879; 1898; 1899; 1917; 1919; 1936; **1937⁺**.

CB 1 (Nr.):
A3, A8, C1, C3, D7, F3, F5

CB 2:
S. 225 u. S.256–259

CB 3 (Nr.):
P2, P6, P9, Z2, Z14, Z16, Z19, Z20, Z25, Z7

CB 4 (Nr.):
B10, B11, B13, B17, B18, B21, B23, B24, B27, B29, B30, B33, B37, B38, B39, B40, B41, B42, B43, B46, B47, B48, B53, B57, B58, B67, B68, B69, B71, B72, B75, B76, B79, B80, B81, B82, B83, B85, B92, B100, B102, B104, B105, B106, B107, B109

CB 5:
Dover Priory

CB 6 (Nr.):
A1, A4, A16, A17, A27, A38, A41

Derolez I (Nr.):
7, 16, 17, 18, 24, 25, 33, 34, 35, 36, 37, 53, 54, 55, 56, 57, 58, 59, 61; 62, 63, 64, 68, 70, 73, 76, 89

Derolez II (Nr.):
2, 5, 8, 9, 21, 24, 25, 27, 28, 39, 41, 42, 52, 53, 60, 67, 87, 91

Fh (Nr.):
(Faulhaber ist kein Quellenregister, sondern gibt nur Literatur an, in der Editionen enthalten sind, das bedeutet, daß in manchen der von ihm angebenen Werke mehrere Editionen enthalten sind. In diesen Fällen steht in Klammern nach der Nummer bei Faulhaber die Anzahl der Quellen, die ich aus den entsprechenden Werken untersucht habe.)
1 (5); 14; 27; 30; 36; 51 (2); 54; 55; 56; 93 (2); 103 (3); 121 (11); 144; 150; 153; 157; 162; 168 (2); 178(2); 189; 254; 256 (3); 257 (2); 260; 275; 306; 325; 331; 340; 344; 367 (3); 370; 419 (3); 423; 425 (10); 466 (4); 475; 503 (2); 504; 511; 520; 540 (8); 541 (8); 542 (8); 543; 544; 562 (2); 565; 566 (4); 579; 580; 584; 588; 595 (4); 597; 600 (2); 602; 603; 604 (5); 605; 606; 609.

Hillgarth Bd. II:
S.:
328–333; 341; 342f; 375f; 385; 391; 393; 396; 396; 397; 403; 410.
405; 406; 409; 413; 431; 447; 451; 453.
Private Libraries, Nr.:
1; 8; 12; 19; 20; 23bis; 46; 47; 53; 59; 60; 61; 65; 66; 74; 77; 81; 91; 92; 99; 100; 103; 113; 114; 115; 116; 129; 131; 133; 137.

Willimann (Nr.):
330.7; **333.9[+]**; **335.6[+]**; **339.2[+]**; 340.1; 340.8; 340.9; 343.4; 344.8; 345.7; 346.5; **346.7[+]**; 347.5; **347.8[+]**; 347.9; 348.25; 348.64; 348.78; 349.8; 349.9; 350.8; 352.9; 353.76; 353.77; 355.6; 355.7; **360.2[+]**; **361.9[+]**; 363.2; 364.2; 364.5; **368.3[+]**; 368.5; 368.8; 369.4; **369.8[+]**; 370.7; 371.3; 375.4; 378.2; 378.9; **379.5[+]**; 391.9; 394.6;

Einzelveröffentlichungen, in denen bibliotheksgeschichtliche Quellen ediert sind, die aber in keinem der oben genannten Quellenverzeichnisse genannt werden:

BLAKISTON, Herbert E. D. (Hrsg.), Some Durham College Rolls, in: Montague Burrows (Hrsg.), Collectanea III, Oxford 1896 (Oxford Historical Society 32).

CALLEBAUT, A., Relevé de 1302 des manuscrits prêtés par le Couvent d'Auxerre, in: Archivum Franciscanum Historicum 24, 1931, 400–402.

CORRIE, G. E., A catalogue of the books given to Trinity Hall, Cambridge, by its founder, in: Cambridge Antiquarian Society/Communications 2, 1864, 74–78.

COURTENAY, William J. (Hrsg.), The Fourteenth-Century Booklist of the Oriel College Library, in:Viator 19, 1988, 182–190.

DOLBEAU, François, Un nouveau catalogue des manuscrits de Lobbes au XIe et XIIe siècles, in: Recherches Augustiennes 13, 1978, 3–36.

EMDEN, A.B., A Biographical Register of the University of Oxford to A.D. 1500, 3 Bde., Oxford 1957–59.

ESPINAS, G., La vie urbaine de Douai au Moyen Age. Bd.3: Pièces justificatives 11e–13e siècles, Paris 1913 (Nr. 570).

GARCÍA Y GARCÍA, A. u. J., La bibliotec del Arzobispo de Compostela Bernard II (†1240), in: Antonianum 61; 1986, 540–568.

GARROD, H.W. u. J.R.L. HIGHFIELD, An indenture between William Rede, Bishop of Chichester and John Bloxham and Henry Stapelton, fellows of Merton College, Oxford. London, 22 october 1374, in: Bodleian Library Record 10, 1978–1982, 9–19.

HUNTER, Joseph, English Monastic Libraries, London 1931.

JAMES, M. R., A descriptive Catalogue of Manuscripts in the Library of Jesus College, Cambridge, Cambridge 1895.

– Descriptive Catalogue of the Manuscripts in the Library of Corpus Christi College, Cambridge, 2 Bde., Cambridge 1912.

– Descriptive Catalogue of the Manuscripts in the Library of Pembroke College, Cambridge, Cambridge 1905.

– Lists of Manuscripts formerly in Peterborough Abbey Library, in: Transactions of the Bibliographic Society suppl. V, 1926, 20–26 u. 29–81.

– The ancient libraries of Canterbury and Dover, Cambridge 1903.

– The earliest Inventory of Corpus Christi College, in: Cambridge Antiquarian Society/Proceedings 16, 1912, 89–104.

JESUS DA COSTA, Avelino de, A biblioteca e o tesouro da sé Coimbra nos séculos XI a XVI, in: Boletin de la Biblioteca da Universidad de Coimbra 38, 1983, 1–220.

KER, Neil R., Books at St Paul's Cathedral before 1313, in: Studies in London History presented to P.E. Jones, hg. v. Albert E.J. Hollaender u. William Kellaway, London 1969.

– The Books of Philosophy Distributed at Merton College in 1372 and 1375, in: Medieval Studies for J.A.W. Bennett (Aetatis Suae LXX), hg. v. P.L. Heyworth, Oxford, 1981, 347–394.

LEACH, Wykeham's Books at New College, in: Montague Burrows (Hrsg.), Collectanea III, Oxford 1896, 223–244 (Oxford Historical Society 32).

LEGG, John Wickham u. W.H. ST. JOHN HOPE, Inventories of Christ Church, Canterbury, London 1902.

MAGRATH, J.R., The Queens College, in: The Stonor Letters and Papers, Bd. I, hg.
v. Charles L. Kingsford, o.O. 1919 (Camden Third Series, XXIX).

NASCIMENTO, A.A., Livros e Claustro no séc. XIII em Portugal: O Inventáio da
Livraria de S. Vincente de Fora, en Lisboa, in: Didaskalia 15, 1985, 229–242.

NEBBIAI-DALLA GUARDA, Donatella, La bibliothèque de l'abbaye de Saint-Denis du
IXe au XVIIIe siècles, Paris 1985.

NICHOLS, John, Royal Wills, London 1780 (Nachdr. New York 1969).

PANTIN, Wilhelm Abel, H.G. RICHARDSON u. H.E. SALTER (Hrsg.), Formularies
which bear on the History of Oxford 1204–1420, Oxford 1942, 240–245 (Oxf.
Hist. Soc., NS IV)

POWICKE, F.M., Medieval Books of Merton College, Oxford 1931.

PYCKE, J., Matériaux pour l'histoire de la bibliothèque Capitulaire de Tournai au
Moyen Age, in: Scriptorium 33, 1979, 76–83.

RAINE, J., The history and antiquities of North Durham, London 1852.

RICKERT, E., Chaucer at School, in: Modern Philology 29, 1932, 257–274.

RUBIO VELA, Augustín u. Mateu Rodrigo LIZONDO, Els beguins de València en el
segle XIV. La seua casa-hospital i els seus llibres, in: Miscellània Sanchis Guarner
= Quaderns de filologia 1984, 327–341 (Estudios en memorial del professor Manuel Sanchis Guarner).

SAYLE, C.E., King's Hall Library, in: Cambridge Antiquarian Society/Proceedings
24, 1923, 64–70.

SHADWELL, C.L., in: Montague Burrows (Hrsg.), Collectanea I, Oxford 1895, 66–70
(Oxford Historical Society 31).

SHARPE, R.R., Calendar of Wills proved and enrolled in the Court of Husting, 1889,
Bd. 1, 344.

SUÁREZ BELTRÁN, Soledad, Bibliotecas eclesiásticas de Oviedo en la Edad Media,
siglos XIII–XIV–XV, in: Hispania 46, 1986, 477–501.

WOOLLEY, Reginald M., Catalogue of the Manuscripts of Lincoln Cathedral Chapter Library, Oxford 1927.

OMONT, H., Anciens catalogues de Bibliothèques anglaises (XIIᵉ–XIVᵉ), in: Zeitschrift für Bibliothekswesen 9, 1892, 207–222.

3. Ausblick auf die Entwicklung in den deutschsprachigen Gebieten

Auch wenn es nicht zum eigentlichen Ziel dieser Arbeit gehört, sei noch ein kurzer Blick auf die Entwicklung während des Untersuchungszeitraumes in deutschsprachigen Gebieten geworfen. Dabei sei aber klargestellt, daß sich dieser kurze Ausblick von seiner Materialgrundlage her in keiner Weise mit den vorangegangenen Untersuchungen zu Spanien, Frankreich/Belgien und England vergleichen läßt. Als Materialsammlung für Kataloge, Inventare u. ä. dienen hierfür nur die Veröffentlichungen der *Mittelalterlichen Bibliothekskataloge Deutschlands und der Schweiz*[317] (MBKDS) und der *Mittelalterlichen Bibliothekskataloge Österreichs*[318] (MBKÖ), verdienstvolle bibliotheksgeschichtliche Editionsunternehmen, von denen allerdings zumindest das erstere noch nicht seinen ursprünglich geplanten Abschluß gefunden hat. Ergänzend wurden noch die Editionen der die Heidelberger Universität betreffenden Kataloge durch Toepke herangezogen.[319] Informationen über Besitzvermerke u. ä. kommen im folgenden nur aus den handschriftenbeschreibenden Bänden des *Aristoteles Latinus* und des *Avicenna Latinus*. Außerdem muß einschränkend ergänzt werden, daß die hier angedeuteten Ergebnisse auf zeitlich früheren Untersuchungen beruhen, bei denen noch nicht das erweiterte Corpus arabisch-philosophischer Werke berücksichtigt wurde, sondern im wesentlichen nur nach Übersetzungen der Werke von Alkindi, Alfarabi, Avicenna, Algazel und Averroes gesucht wurde.

Den einzigen Hinweis auf das Vorhandensein arabisch-philosophischer Texte, der sich auf Grund dieses Materials im deutschsprachigen Raum für das ausgehende 12. oder beginnende 13. Jahrhundert aufweisen läßt, findet sich in der Handschrift *Zwettl, Zisterzienserkloster 89*, welche offensichtlich in Österreich, unter Umständen in Zwettl selbst, in drei Stufen entstanden ist.[320] In der letzten Entstehungsschicht befindet sich die *Logik* aus Algazels *Summa theorice philosophie*. Weil diese Handschrift der einzige so frühe Zeuge im deutschsprachigen Raum ist, ragt sie aus den weiteren Befunden heraus.

In dem hier ausgewerteten Material treten dann erst wieder im 14. Jahrhundert Fundstellen auf. So werden im 1347 angelegten Katalog der Re-

---

[317] *Mittelalterliche Bibliothekskataloge Deutschlands und der Schweiz*, hg. v. der Bayerischen Akademie der Wissenschaften/München, 4 Bde., München 1918–1979. Die Bände sind nach den alten Diözesen geordnet: Bd. I Konstanz und Chur, Bd. II Mainz u. Erfurt, Bd. III Augsburg, Eichstädt u. Bamberg, Bd. IV Passau, Regensburg, Freising und Würzburg.

[318] *Mittelalterliche Bibliothekskataloge Österreichs*, hg. v. der (kaiserl.) Österreichischen Akademie der Wissenschaften, Wien 1915–1971. Die Bände sind geographisch geordnet: Bd. I u. Bd. Ia Niederösterreich, Bd. III Steiermark, Bd. IV Salzburg u. Bd. V Oberösterreich. Bd. II enthält das Register zu Bd. I.

[319] Toepke, Gustav, *Die Matrikel der Universität Heidelberg von 1386 bis 1662. Erster Theil von 1386 bis 1553*, Heidelberg 1884.

[320] AvLC 183–185.

gensburger Benediktinerabtei St. Emmeram[321] zwei Handschriften beschrieben, die beide Averroes-Texte enthalten.[322] In der ersten befindet sich neben anderen Texten der Kommentar zu *De anima*, in der zweiten die Kommentare zu *De anima, De caelo, De generatione, De sensu, De memoria, De sompno, De longitudine* sowie zu den *Meteora*, zur *Metaphysik* und das eigenständige Werk *De substantia orbis*. Nicht nur Averroes-Texte finden wir in der für ihren großen Bestand an scholastischer Literatur berühmten[323] Stiftsbibliothek des Benediktinerklosters Admont in Österreich. Im 1380 angelegten Katalog des Klosters[324] trifft man zunächst auf eine Handschrift mit den Averroes-Kommentaren zu *De caelo, De anima, De generatione* und zur *Metaphysik*[325], dann auf einen Beleg für Avicennas *Metaphysik*[326] und schließlich auf eine Handschrift mit Alkindis *De ratione* und *De somno*, Alfarabis *De scientiis* und Auszügen aus dem Kommentar zu *De anima* von Averroes.[327] Bleiben wir bei der zeitlichen Grenze 1400, lassen sich aus den Katalogen nur noch einige Einträge in den von Toepke veröffentlichten Katalogen der Universität von Heidelberg ergänzen. Das Vermögensverzeichnis von 1396[328] führt einen Band mit dem Kommentar zur *Physik*[329] von Averroes und einen weiteren mit dessen Kommentar zu *De generatione* und sein *De substantia orbis* auf. Der Accessionskatalog der Heidelberger Universität, der über den Zuwachs an Texten in den Jahren 1396 bis 1432 Zeugnis abgibt[330], führt zwei Bände aus dem Nachlaß des Marsilius von Inghen, also des 1396 verstorbenen ersten

---

[321] MBKDS Bd. IV, 152–161.
[322] MBKDS Bd. IV, 159, Zeile 280 und ebd., 160, Zeilen 295–299.
[323] Christ, *Das Mittelalter*, 417f.
[324] MBKÖ Bd. III, 37–63.
[325] MBKÖ Bd. III, 60, Zeile 10–13. Frau Möser-Mersky identifiziert in ihrer Einführung zum Admonter Katalog, ebd., 10f, diesen Eintrag mit der ehemaligen Admonter Handschrift 452, jetzt *New York, Pierpont Morgan Library M. 858*, dies ist jedoch nicht richtig, vgl. AL 31und in AL, Supplementa altera, S. 228.
[326] MBKÖ Bd. III, 61, Zeile 3. Unter Umständen handelt es sich um die noch erhaltene Handschrift *Admont, Stiftsbibliothek 485*; vgl. AvLC, 168, allerdings stellt d'Alverny diesen Zusammenhang nicht her.
[327] MBKÖ Bd. III, 62, Zeilen 11–13. Mit diesem Eintrag liegt wieder ein schönes Beispiel dafür vor, wie irreführend die Angaben in mittelalterlichen Katalogen sein können, lautet er doch (zumindest in der Edition der MBKÖ): „Item questiones grammatice, incipit ‚Secundum quod vult', in eodem liber Alpharabii de divisione scienciarum et Althuidus de sompno et vigilia et Alpharabius de accepcione huius nomine racio." Nur weil es sich hierbei offensichtlich um die erhaltene und von d'Alverny, AvLC 172f, beschriebene Handschrift *Admont, Stiftsbibliothek 578* handelt, können wir verstehen, welche Texte mit diesem Eintrag gemeint sein sollen; d'Alverny nimmt allerdings nicht die Identifizierung der Handschrift mit dem Eintrag im Katalog von 1380 vor.
[328] Toepke, Anhang III.
[329] Es handelt sich um die erhaltene Hs *Vatikan, Pal. lat. 1035*, vgl. AL 1789.
[330] Toepke, Anhang IV.

Rektors der Universität, an[331]: einer enthält die Averroes-Kommentare zu *De anima, De caelo, De generatione* und zur *Metaphysik*, der andere dessen *De substantia orbis.*
Von den erhaltenen Handschriften lassen sich folgende dem deutschsprachigen Raum während des 14. Jahrhunderts zuordnen:

In Deutschland allg.:

> Leipzig, UB 1397: Costa ben Luca, *De differentia*, Avicenna, *De congelatione* u. Averroes, *De substantia orbis*[332]

In Erfurt:

> Brüssel, Albertina 812-27 (2894): Averroes, *De sompno* u. Ps.-Aristoteles, *De proprietatibus* [333]

> Erfurt, Amploniana f.35: Averroes, *Poetica*[334]

In Köln:

> Erfurt, Amploniana f.351: Averroes, *De anima, De caelo, De generatione* und *Physica*[335]

> Nürnberg, Stadtbibliothek Cent. V. 67: Ps.-Aristoteles, *De proprietatibus* und Avicenna, *De anima*[336]

In Oberaltaich:

> München, Staatsbibliothek Clm 9531: Averroes, *De anima*[337]

---

[331] Vgl. Walz, Dorothea, *Marsilius von Inghen*, in: Marsilius von Inghen. Werk und Wirkung. Akten des zweiten Internationalen Marsilius-von-Inghen-Kongresses, hg. v. S. Wielgus, Lublin 1993, 31–71.
[332] Vgl. AL 985.
[333] Vgl. AL 165.
[334] Vgl. AL 871
[335] Vgl. oben F29 und AL 886.
[336] Vgl. Al 1092 und AvlC 215–217.
[337] Vgl. AL 1039; ev. war diese Handschrift auch schon im 13. Jahrhundert im Kloster Oberaltaich.

In Regensburg:

> München, Staatsbibliothek Clm 14147: Glossen aus Aver-
> roes, *De anima*[338]

Eventuell noch im 14., auf jeden Fall aber im 15. Jahrhundert lassen sich
zuordnen:

> In Deutschland allg.:
>
>> Erfurt, Amploniana f.31: Hunayn ibn Ishaq, *De caelo*, Ps.-
>> Aristoteles, *De proprietatibus* und Avicenna, *De congelatione*[339]
>>
>> Erfurt, Amploniana f.79: Averroes, *De generatione, De sensu,
>> De memoria, De sompno, De longitudine* und *De substantia orbis*[340]
>
> In Wien:
>
>> Wien, Dominikanerkloster 151 (früher 121): Alkindi, *De
>> essentiis*, Alfarabi, *De ortu* und *De scientiis*, Averroes, *De sub-
>> stantia orbis*[341]

Wenigstens ein Detailergebnis unser Spanien, Frankreich/Belgien und
England betreffenden Studien läßt sich durch diesen unvollständigen Ausblick auf deutschsprachige Gebiete bestätigen: Auch hier treffen wir immer
wieder auf den Averroes-Text *De substantia orbis*, wie überhaupt in den angeführten Beispielen Averroes die größte Rolle spielt. Weiterführende
Schlüsse auf Grund des hier gebotenen Materials ziehen zu wollen, wäre
unredlich. Die Tatsache, daß aus dem immerhin doch recht reichhaltigen
Material der genannten Editionen nur relativ wenig Fundstellen aufgezeigt
werden können und diese im wesentlichen auch erst das späte 14. Jahrhundert betreffen, legt jedoch den Schluß nahe, daß für eine detaillierte Untersuchung deutschsprachiger Gebiete eine Erweiterung des Untersuchungszeitraumes bis mindestens in das 15. Jahrhundert hinein nötig wäre. In
diesem Fall würde z.B. auch die für unsere Zwecke besonders interessante

---

[338] Vgl. AL 1053.
[339] Vgl. Al 867 und AvLC 195–197.
[340] Vgl. AL 875. Die beiden zuletzt genannten Erfurter Handschriften waren am Anfang des
15. Jahrhunderts mit Sicherheit in Erfurt, da ihr Besitzer Amplonius Ratinck de Berka war.
Für das 14. Jahrhundert ist ihr Aufenthaltsort aber wohl besser als ‚in Deutschland‘ anzu-
geben, da nicht sicher ist, wann Amplonius sich von Köln nach Erfurt begab.
[341] Vgl. AvLC 180–183.

Sammlung des Amplonius Ratinck von Bercka in Erfurt in den Blick kommen.[342] Für die Untersuchung der Verbreitung der Übersetzungen arabisch-philosophischer Werke in der Früh- und ersten Hochphase der Beschäftigung mit diesen Texten, wie es die vorliegende Studie anvisierte, scheinen jedenfalls die Quellen aus dem deutschsprachigen Raum wenig Material zu liefern. Eine Studie, die sich mit der Ausbreitung besonders der Texte des Averroes im 15. Jahrhundert beschäftigte, dürfte nach meiner Kenntnis der Quellen aber keinesfalls auf die Erforschung der deutschen Büchersammlungen verzichten.

---

[342] Vgl. den Katalog dieser Sammlung in MBKDS Bd. II, Nr. 1 und Speer, Andreas (Hrsg.), *Die Bibliotheca Amploniana. Ihre Bedeutung im Spannungsfeld von Aristotelismus, Nominalismus und Humanismus*, Berlin 1995 (MM 23).

Schon in Kapitel 2 habe ich darauf hingewiesen, daß es mit Recht wünschenswert gewesen wäre, den Kanon der gesuchten Werke auch auf den
Liber de causis auszuweiten. Allein die Tatsache, daß Taylor in seiner Liste
237 erhaltene Handschriften auflistet[343], macht deutlich, daß hier eine eige-
ne Untersuchung gerechtfertigt wäre. Hinzu kommt die Schwierigkeit, daß
der Liber de causis oft im Zusammenhang der *libri naturales* des Aristoteles
überliefert wurde[344], diese aber meist in unseren Quellen nur summarisch
wiedergegeben werden, ohne daß wir deswegen mit Sicherheit sagen können, in welcher tatsächlichen Zusammenstellung die Texte in der beschriebenen Handschrift vorlagen.[345] Eingehende Studien der erhaltenen Handschriften und zur Corpus-Überlieferung müßten also einer bibliotheksge-
schichtlich angelegten Studie zur Verbreitung des Liber de causis vorausge-
hen. In diesem Anhang soll jedoch zumindest das Material (179 bibliotheksgeschichtliche Zeugnisse) angegeben werden, daß in einem zweiten Gang
noch einmal bewußt auf das Vorkommen des Liber de causis untersucht
wurde. Die Materialauswahl ist dabei eher willkürlich, da es sich hauptsächlich um mir in Kopien vorliegende Editionen handelt. Es mag allerdings für
weitergehende Forschungen von Vorteil sein, daß hier schon ein großer Teil
der Spanien behandelnden Quellen untersucht wurde (ohne allerdings Funde vorweisen zu können), da die Editionen dieser Quellen in vielen Bibliotheken nicht vorhanden sind. Die Art der Angabe der benutzten Quellen
entspricht der im Anhang 2, die Begründung der gewählten Vorgehensweise ist daher dort nachzulesen, die Titel der Sammeleditionen sind im Abkürzungsverzeichnis nachzuschlagen.

In 12 der 179 untersuchten Zeugnisse wurden Hinweise auf den Liber de
causis gefunden:

– Katalog der Sammlung Richards de Fournival, Kanzler der Kathedrale von Amiens (162 Art.), zwischen 1243 und 1260. Vgl. in Kap. IV,
Eintrag F28.a)

– Inventar und Repertorium der Libraria magna des Collège de Sorbonne (ca. 330 Art. = 1151 Texte). Vgl. in Kap. IV, Eintrag F9.e)

---

[343] Taylor, *The liber de causis*, 68–80.
[344] AL I, 49–51.
[345] Vgl. meine Bemerkung zum Katalogfragment der Abtei Ramsey betreffend die vorschnelle
Subsumierung von Costa ben Lucas *De differentia* unter die *libri naturales*, oben Kap. IV, E14.

– Katalog der Libraria parva der Sorbonne (1824 Art. einschließlich der
libri cathenati und unlesbarer Angaben), 1338. Vgl. in Kap. IV, Eintrag
F9.f)

– Fragment eines Kataloges der Libraria magna der Sorbonne, geschrie-
ben von Adalbertus Rankonis de Ericinio, Scholastiker aus Prag, 1355
Rektor der Pariser Universität (44 Art.), zw. 1345 u. 1376. Vgl. in Kap.
IV, Eintrag F9.j)

– Katalogfragment der Abtei Ramsey (609 Art.), 14. Jh. 2.–3. Viertel.
Vgl. in Kap. IV, Eintrag E14.

– Katalog der Bibliothek des Durham College der Benediktiner von
Durham (109 Art.), 1390–1400. Vgl. in Kap. IV, Eintrag E10.b).

– Katalog der Bibliothek des Merton College, Oxford (85 Art.), 1325 u.
später. Vgl. in Kap. IV, Eintrag E11.a).

– Liste der nach dem Tod von John Taunton in den Besitz der Benediktiner Abtei von Glastonbury übergegangenen Bücher (24. Art.), 1274–
1291. Ed.: CB 4, B40.

– Katalog der Kathedrale Christ Church in Canterbury, Benediktiner
(1831 Art.), vor 1331. Vgl. in Kap. IV, Eintrag E3.

– Katalog der Bibliothek des Kapitels von Durham (über 100 Art.), 1395.
Vgl. Kap. IV, Eintrag E6.d).

– Fragment eines Inventares für das Londoner Dominikanerkloster, geschrieben von Richard de Wynkel, Provinzial (13 Art.), 1339. Vgl. Kap.
IV, Eintrag E8.b)

– Katalog des Augustiner-Eremiten Klosters in York (646 Art.), 1372.
Vgl. Kap. IV, Eintrag E18.

Auf das Vorkommen des Liber de causis durchgesehen wurden folgende Zeugnisse:

BMMF (Nr.):
2; 40; 105; 126; 132; 248; 293; 347; 355; 356; 436; 706; 722; 732; 734; 776; 792; 818; 844; 847; 973; 1060; 1179; 1293; 1338; 1434; 1439!; 1489; 1496; 1531; 1631; 1645; 1653; 1790; 1878; 1898; 1899; 1917; 1919.

CB 1 (Nr.):
A8; D7.

CB 3 (Nr.):
P2; Z7.

CB 4 (Nr.):
B11; B24; B40; B43; B67; B68; B100.

Derolez I (Nr.):
59.

Fh (Nr.):
(Faulhaber ist kein Quellenregister, sondern gibt nur Literatur an, in der Editionen enthalten sind, das bedeutet, daß in manchen der von ihm angegebnen Werke mehrere Editionen enthalten sind. In diesen Fällen steht in Klammern nach der Nummer bei Faulhaber die Anzahl der Quellen, die ich aus den entsprechenden Werken auch auf den LdC hin untersucht habe.):
1 (5); 14; 27; 30; 51 (2); 54; 55; 56; 93 (2); 103 (3); 150; 153; 157; 178(2); 256 (3); 257 (2); 260; 275; 306; 325; 340; 344; 367 (3); 370; 419 (3); 423; 425 (10); 466 (4); 475; 503 (2); 504; 511; 541 (8); 542 (8); 543; 544; 579; 580; 584; 588; 595 (4); 597; 600 (2); 602; 603; 604 (5); 605; 606; 609.

Hillgarth Bd. II:
S.:
341.

Willimann (Nr.):
330.7; 340.1; 340.9; 343.4; 344.8; 346.5; 347.9; 348.25; 348.64; 348.78; 349.9; 350.8; 353.76; 353.77; 355.7; 363.2; 364.2; 364.5; 368.5; 368.8; 370.7; 375.4; 378.9; 391.9.

Einzelveröffentlichungen, in denen bibliotheksgeschichtliche Quellen ediert sind, die aber in keinem der oben genannten Quellenverzeichnisse genannt werden:

EMDEN, A.B., A Biographical Register of the University of Oxford to A.D. 1500, 3 Bde., Oxford 1957–59.

JAMES, M. R., The ancient libraries of Canterbury and Dover, Cambridge 1903.

– Manuscripts from Essex Monastic Libraries (Waltham Abbey), in: Transactions of the Essex Archaeological Society, N.S. 21, 1933, 34–46.

KER, Neil R., Books at St Paul's Cathedral before 1313, in: Studies in London History presented to P.E. Jones, hg. v. Albert E.J. Hollaender u. William Kellaway, London 1969.

– The Books of Philosophy Distributed at Merton College in 1372 and 1375, in: Medieval Studies for J.A.W. Bennett (Aetatis Suae LXX), hg. v. P.L. Heyworth, Oxford, 1981, 347–394.

PANTIN, Wilhelm Abel, H.G. RICHARDSON u. H.E. SALTER (Hrsg.), Formularies which bear on the History of Oxford 1204–1420, Oxford 1942, 240–245 (Oxf. Hist. Soc., NS IV)

POWICKE, F.M., Medieval Books of Merton College, Oxford 1931.

RAINE, J., Catalogi veteres librorum ecclesiae cathedralis Dunelmensis, in: Publications of the Surtees Society 7, 1838.

SHADWELL, C.L., in: Montague Burrows (Hrsg.), Collectanea I, Oxford 1895, 66–70 (Oxford Historical Society 31).

SUÁREZ BELTRÁN, Soledad, Bibliotecas eclesiásticas de Oviedo en la Edad Media, siglos XIII–XIV–XV, in: Hispania 46, 1986, 477–501.

Wie oben schon angeführt, wurden die erhaltenen Handschriften mit dem Liber de causis nicht auf Besitzvermerke oder andere Hinweise untersucht. Der Vollständigkeit halber sei aber noch auf drei lokalisierbare Handschriften hingewiesen, die in der Arbeit weiter oben genannt werden und den Liber de causis enthalten. Einige wenige andere erhaltene Handschriften mit dem Liber de causis werden auch in den oben erwähnten Quellen genannt. Im übrigen lassen sich durch einen Abgleich der von Taylor genannten Handschriften mit dem Handschriftenindex dieser Arbeit noch weitere Informationen finden.

- *Cesena, Malatestiana Plut. XXIII Dextr. 6. Vgl. in Kap. IV die Einträge F16. u. E19.*

- *London, British Museum Regii 12.D.XIV. Vgl. in Kap. IV den Eintrag E15.c)*

- *Oxford, Bodleian Selden Supra 24. Vgl. in Kap. IV den Eintrag E16.a)*

QUELLEN- UND LITERATURVERZEICHNIS

aa) Quellen

Hier werden nur die Editionen derjenigen Quellen aufgeführt, die tatsächlich im Katalogteil vorkamen. Eine Übersicht über alle ausgewerteten Quellen findet sich in Anhang 2.

ALONSO ALONSO, Manuel, Bibliotecas medievales de los arzobispos de Toledo, in: Razón y Fe 123, 1941, 295–309.

BECKER, Gustav, Catalogi bibliothecarum antiqui, Bonn 1885.

BEER, Rudolf, Handschriftenschätze Spaniens, Wien 1894 (= Nachdr. der Sitzungsber. d. kaiserl. Akad. d. Wissensch. Philol.-hist. Kl. 124, 1891, Nr. 6; 125, 1892, Nr. 3 u. 7; 126, 1892, Nr. 2, 128, 1893, Nr. 8 u. 12; 129, 1893, Nr. 4 u. 6.; 131, 1894, Nr. 7 u. 11) (Neudr. Amsterdam 1970).

BELL, David N. (Hrsg.), The Libraries of the Cistercians, Gilbertines and Praemonstratensians, London 1992 (Corpus of British Medieval Library Catalogues 3).

BIRKENMAJER, Alexander, La bibliothèque de Richard de Fournival. Poète et érudit français du XIIIᵉ siècle et son sort ultérieur, in: ders., Études d'Histoire des Sciences et de la Philosophie du Moyen Âge, Warschau 1970, 117–210 (=Übers. aus: Académie Polonaise des Sciences et des Lettres, Faculté de Philologie, Travaux Tome LX, N° 4).

BLAKISTON, Herbert E. D. (Hrsg.), Some Durham College Rolls, in: Montague Burrows (Hrsg.), Collectanea III, Oxford 1896 (Oxford Historical Society 32).

BOER, Tijtze de, Zu Kindī und seiner Schule, in: Archiv für Geschichte der Philosophie 13, 1900, 153–178.

CARLEY, James P. u. John F.R. COUGHLAN, An edition of the list of ninety-nine books acquired at Glastonbury Abbey during the Abbacy of Walter de Monington, in: MS 43, 1981, 498–514.

CHABÁS, Roque, Inventario de los libros, ropas y demás efectos de Arnoldo de Villanueva, in: Revista de Archivos, Bibliotecas y Museos 3ª época 9, 1903, 189–203.

CORRIE, G.E., A list of books presented to Pembroke College, Cambridge, by different donors, during the fourteenth and fifteenth centuries, in: Cambridge Antiquarian Society/Communications 2, 1860, 11–23.

COYECQUE, Notice sur l'ancien Collège des Dix-Huit (1180–1529), in: Bulletin de la Société de l'histoire de Paris et de l'Ile-de-France 14, 1888, 176–186.

DELISLE, Léopold, Le cabinet des manuscrits de la Bibliothèque impériale (nationale). 3 Bde., Paris 1868–81 (Histoire générale de Paris).

– Inventaire des manuscrits de la bibliothèque nationale. Fonds de Cluny, Paris 1884.

– Recherches sur la librairie de Charles V, 2 Bde., Paris 1907.

DEROLEZ, Albert, Corpus catalogorum Belgii. De middeleeuwsw bibliotheekscatalogi der zuidelijke Nederlanden. Bd. 1: Provincie West-Vlaanderen, Brüssel 1966.

– Corpus catalogorum Belgii. De middeleeuwsw bibliotheekscatalogi der zuidelijke Nederlanden. Bd. 2: Provinces of Liège, Luxemburg and Namur, Brüssel 1994.

EDWARDS, Memoirs of libraries, 2 Bde., London 1859.

EHRLE, Franz, Historia Bibliothecae Romanorum Pontificium tum Bonifatianae tum Avenionensis, Rom 1890.

FAUCON, Maurice, La librairie des papes d'Avignon. Sa formation, sa composition, ses catalogues, 1316–1420 d'après les registres de comptes et d'inventaires des archives vaticanes, 2 Bde., Paris 1886/87 (Nachdruck Amsterdam 1969).

EMDEN, A.B., Donors of Books to S. Augustine's Abbey Canterbury, Oxford 1968.

GARROD, H.W. u. J.R.L. HIGHFIELD, An indenture between William Rede, Bishop of Chichester and John Bloxham and Henry Stapelton, fellows of Merton College, Oxford. London, 22 october 1374, in: Bodleian Library Record 10, 1978–1982, 9–19.

HALLIWELL, J.O., Walter de Lilleford's booklist, in: Archaeologia 18, 1840, 455–457.

HILLGARTH, Readers and books in Majorca 1229–1550, 2 Bde., Paris 1991.

HOBERG, Hermann, Die Inventare des päpstlichen Schatzes in Avignon 1314–1376, Città del Vaticano 1944 (Studi e Testi 111).

HUMPHREYS, K.W. (Hrsg.), The Friars' Libraries, London 1990 (Corpus of British Medieval Library Catalogues 1).

JAMES, M. R., A descriptive catalogue of the manuscripts in the library of Pembroke College, Cambridge, Cambridge 1905.

– The ancient libraries of Canterbury and Dover, Cambridge 1903.

KER, Neil R., The Books of Philosophy Distributed at Merton College in 1372 and 1375, in: Medieval Studies for J.A.W. Bennett (Aetatis Suae LXX), hg. v. P.L. Heyworth, Oxford, 1981, 347–394.

LEACH, Wykeham's Books at New College, in: Montague Burrows (Hrsg.), Collectanea III, Oxford 1896, 223–244 (Oxford Historical Society 32).

LEHMANN, Paul, Mitteilungen aus Handschriften VII, in: Sitzungsber. der Bayerischen Akad. d. Wissensch., Philos.-Hist. Kl., Jahrgang 1942, Heft 10.

– (Hrsg.), Mittelalterliche Bibliothekskataloge Deutschlands und der Schweiz. Bd. 2: Bistum Mainz, Erfurt, München 1928 (Neudr. 1969).

MARINA MARTÍNEZ, Francisco, Ensayo histórico-critico sobre la antigua legislación, Bd. I, Madrid 1808.

MEINSMA, K.O., Middeleeuwsche bibliotheken, Zutphen 1903.

MILLÁS VALLICROSA, Josep Maria, Las traducciones orientales en los manuscritos de la Bibliotheca Cathedral de Toledo, Madrid 1942.

MYNORS, R.A.B., M.A. ROUSE u. R.H. ROUSE (Hrsg.), Registrum Anglie de libris doctorum et auctorum ueterum, London 1991 (Corpus of British Medieval Library Catalogues 2).

PANTIN, Wilhelm Abel, H.G. RICHARDSON u. H.E. SALTER (Hrsg.), Formularies which bear on the History of Oxford 1204–1420, Oxford 1942 (Oxf. Hist. Soc., NS IV).

PARAVICINI BAGLIANI, Agostino, I testamenti dei cardinali del Duecento, Rom 1980 (Miscellanea della Società Romana di Storia Patria XXV).

PELLEGRIN, Élisabeth, La bibliothèque de l'ancien Collège de Dormans-Beauvais à Paris, in: Bulletin philologique et historique 1944–1945 (ersch. 1947), 99–164.

PLANCKE, R.L., Middeleeuwsche handschrifteninventarissen, in: De Gulden Passer, 27, 1949, 24–35.

– Middeleeuwse inventarissen van Belgische kloosterbibliotheken, in: De Gulden Passer, 26, 1948, 237–52.

POWICKE, F.M., Medieval Books of Merton College, Oxford 1919.

RAINE, J., Catalogi veteres librorum ecclesiae cathedralis Dunelmensis, in: Publications of the Surtees Society 7, 1838.

ROUSE, The early library of the Sorbonne, in: Scriptorium 21, 1967, 42–71 u. 227–251.

RUBIÓ I LLUCH, Antoni, Documents per l'Historia de la cultura catalana mig-eval, 2 Bde., Barcelona 1908–1921.

SHARPE, R., J.P. CARLEY, R.M. THOMSON u. A.G. WATSON (Hrsg.), English Benedictine Libraries. The Shorter Catalogues, London 1995 (Corpus of British Medieval Library Catalogues 4).

Vatikanische Quellen zur Geschichte der päpstlichen Hof- und Finanzverwaltung (1316–1378), 7 Bde., Paderborn 1910–1953.

WEBBER, T. u. A. G. WATSON (Hrsg.), The Libraries of the Augustinian Canons, London 1998 (Corpus of British Medieval Library Catalogues 6).

WILLIMANN, Daniel, Bibliothèques ecclésiastiques au temps de la papauté d'Avignon, Bd. I: 1. Inventaires de bibliothèques et mentions de livres dans les Archives du Vatican (1287–1400) – Répertoire. 2. Inventaires de prélats et de clercs non français – Éditions, Paris 1980.

ab) Quellenverzeichnisse

DOLBEAU, F. u. P. PETITMENGIN (Hrsg.), Indices librorum. Catalogues anciens et modernes de manuscrits médiévaux en écriture latine. Sept ans de bibliographie, Paris 1987 (Bibliothèque de l'Ecole Normale Supérieure. Guide et inventaires bibliographiques III).

FAULHABER, Charles B. (Hrsg.), Libros y bibliotecas en la España medieval. Una bibliografia de fuentes impresas, London 1987.

GENEVOIS, A., J.-F. GENEST u. A. CHALANDON (Hrsg.), Bibliothèques de manuscrits médiévaux en France. Répertoire de documents, Paris 1987.

GOTTLIEB, Theodor, Über mittelalterliche Bibliotheken, Leipzig 1890.

GOUGAUD, L., Inventaires des manuscrits provenant d'anciennes bibliothèques monastiques de Grand-Brétagne, in: RHE, 33, 1937, 789–91.

GUIDI, P., Inventari di libri nelle serie dell'Archivio Vaticano (1287–1459), Vatikanstadt 1948 (Studi e Testi 135).

MEIER, Gabriel, Nachträge zu Gottlieb, Über mittelalterliche Bibliotheken, in: Zeitschrift für Bibliothekswesen, 20, 1903, 16–32.

MELY, F. de u. E. BISHOP, Bibliographie générale des inventaires imprimés, Paris 1892–95.

ac) Handschriftenkataloge und -beschreibungen

ANTOLIN, G., Catálogo de los Códices Latinos de la Real Biblioteca del Escorial, 5 Bde., Madrid 1910–1923.

ANZULEWICZ, Henryk, MS. Lat. Fol. 456 der Staatsbibliothek Preußischer Kulturbesitz zu Berlin – einer Inhaltsübersicht I. Folge, in: Scriptorium, 96, 1992, 238 – 42.

– Um den Kodex Ms. lat. fol. 456 der Staatsbibliothek Preußischer Kulturbesitz zu Berlin I: Richard von Mediavilla, in: Franziskanische Studien, 74, 1992, 19–43.

ARISTOTELES LATINUS. Codices, Bd. 1, hg. v. Georges Lacombe, Rom 1939.

ARISTOTELES LATINUS. Codices, Bd. 2, hg. v. Georges Lacombe, Cambridge 1955.

ARISTOTELES LATINUS. Codices, Supplementa altera, hg. v. Laurentius Minio-Paluello, Brügge 1961.

AVARUCCI, G., D. FRIOLI, G.C. GARFAGNINI u.a. (Hrsg.), Catalogo dei manoscritti filosofici nelle biblioteche italiane. Volume 4: Cesena, Fabriano, Firenze, Grottaferrata, Parma, Florenz 1982 (Unione Accademica Nazionale. Corpus Philosophorum Medii Aevi. Subsidia IV).

BARTOLI, A., Cataloghi dei manoscritti della R. Biblioteca Nazionale Centrale di Firenze, Rom 1889 (Indici e Cataloghi pt. IV).

BIBLIOTECA APOSTOLICA VATICANA. Codices Vaticani Latini, 14 Bde., Vatikanstadt 1902–1986 (z.T. Nachdrucke).

BIGNAMI-ODIER, Iohanna, Le manuscrit Vatican latin 2186, in: AHDL 11, 1938, 133–166.

CALCOEN, Roger, Inventaire des manuscrits scientifiques de la Bibliothèque Royale de Belgique, 3 Bde., Brüssel 1969–1975 (Publications du Centre national d'histoire des sciences, 1–3).

CAO, G.M., C. CASAGRANDE, M.A. CASAGRANDE u.a. (Hrsg.), Catalogo dei maniscritti filosofici nelle biblioteche italiane. Volume 7: Novara, Palermo, Pavia, Florenz 1993 (Unione Accademica Nazionale. Corpus Philosophorum Medii Aevi. Subsidia VIII).

CAO, G.M., M. CORTESI, M. CURANDAI u.a. (Hrsg.), Catalogo dei manoscritti filosofici nelle biblioteche italiane. Volume 6: Atri, Bergamo, Cosenza, Milano, Perugia, Pistoia, Roma, Siena, Florenz 1992 (Unione Accademica Nazionale. Corpus Philosophorum Medii Aevi. Subsidia VII).

CAO, G.M., T. CATALLO, M. CURANDAI u.a. (Hrsg.), Catalogo dei manoscritti filosofici nelle biblioteche italiane. Volume 8: Firenze, L'Aquila, Livorno, Prato, Siena, Verona, Florenz 1996 (Unione Accademica Nazionale. Corpus Philosophorum Medii Aevi. Subsidia IX).

CASARSA, L., D. CICCARELLI, E. DI MATTIA u.a. (Hrsg.), Catalogo dei manoscritti filosofici nelle biblioteche italiane. Volume 5: Cesena, Cremona, Lucca, S. Daniele del Friuli, Teramo, Terni, Trapani, Udine, Florenz 1985 (Unione Accademica Nazionale. Corpus Phillosophorum Medii Aevi. Subsidia V).

COXE, Catalogue of the manuscripts in the Oxford Colleges, 2 Bde., Oxford 1852 (Nachdr. Wakefield 1972).

D'ALVERNY, Marie-Thérèse, Avicenna latinus. Codices, erg. v. Simone Van Riet u. Pierre Jodogne, Louvain-la-Neuve 1994.

DEL BASSO, Giovanni Maria, Manoscritti in scrittura latina in biblioteche friulane: datati o databili, 2 Bde., Udine 1986.

DE ROBERTIS, T., D. FRIOLI, M.R. PAGNONI STURLESE u.a. (Hrsg.), Catalogo dei manoscritti filosofici nelle biblioteche italiane. Volume 1: Firenze, Pisa, Trieste, Florenz 1980 (Unione Accademica Nazionale. Corpus Philosophorum Medii Aevi. Subsidia I).

DELISLE, Léopold, Inventaire des manuscrits conservés à la Bibliothèque Impériale sous les nos. 8823–11503 du fonds latin, in: BEC 23, 1862, 277–308 u. 469–512; 24, 1863, 185–263 (Nachdr. in einem Bd. Hildesheim 1974).

– Inventaire des manuscrits latins de la Sorbonne conservés à la Bibliothèque Impériale sous les numéros 15176–16718 du fonds latin, in: Sriptorium 31, 1870, 1–50 u. 135–161.

DI CESARE, Francesca, Biblioteca Angelica di Roma, 2 Bde., Turin 1982 (Catalogo dei manoscritti in scrittura latina datati o databili per indicazione di anno, di luogo o di copista 2).

FRIOLI, D., G.C. GARFAGNINI, L. PINELLI u.a. (Hrsg.), Catalogo dei manoscritti filosofici nelle biblioteche italiane. Volume 2: Busto Arsizio, Firenze, Parma, Savignano sul Rubicone, Volterra, Florenz 1981 (Unione Accademica Nazionale. Corpus Philosophorum Medii Aevi. Subsidia II).

GUMBERT, J.P., Manuscrits datés conservés dans les Pays-Bas. Catalogue paléographique des manuscrits en écriture latine portant des indications de date, 2. Bd.: Les manuscrits d'origine néerlandais (XIVe–XVIe siècles) et supplément au tome premier, Leiden 1988.

HAGENMAIER, Winfried, Die datierten Handschriften der Universitätsbibliothek und anderer öffentlicher Sammlungen in Freiburg im Breisgau und Umgebung, 2 Bde., Stuttgart 1989 (Datierte Handschriften in Bibliotheken der Bundesrepublik Deutschland, II).

HALM, Carolus, G. LAUBMANN u.a., Catalogus Codicum Latinorum Bibliothecae Regiae Monacensis. Bd.III,1: Catalogus codicum latinorum. Clm 1–2329, München 1868 u. ²1892.

HEDLUND, Monica, Die Handschriften Schwedens aufgenommen in der Universitäts-Bibliothek Uppsala, 2 Bde., Stockholm 1977 (Katalog der datierten Handschriften in lateinischer Schrift vor 1600 in Schweden 1).

– Die Handschriften Schwedens ausgenommen UB Uppsala, 2 Bde., Stockholm 1980 (Katalog der datierten Handschriften in lateinischer Schrift vor 1600 in Schweden 2).

Index of Manuscripts in the British Library, 10 Bde., Cambridge 1984–1985.

JEMOLO, Viviana, Biblioteca Nazionale Centrale di Roma, 2 Bde., Turin 1971 (Catalogo dei manoscritti in scrittura latina datati o databili per indicazione di anno, di luogo o di copista 1).

KER, N.R., Medieval libraries of Great Britain. A list of surviving books, London ²1964 (Royal History Society, Guides and Handbooks, No. 3).

– Medieval libraries of Great Britain. A list of surviving books. Supplement to the second edition, edited by Andrew G. Watson, London 1987.

KOROLEC, G.B. (Hrsg.), Repertorium commentariorum Medii Aevi in Aristotelem Latinorum quae in Bibliotheca olim Universitatis Pragensis nunc Státní Knihovna CSR vocata asservantur, Wroclaw 1977 (Commentaria medii aevi in Aristotelem Latinorum. Codices. Repertoria auspiciis et consilio Societatis Philosophiae mediaevalis (S.I.E.P.M.) edita).

KRISTELLER, Paul Oskar, Latin Manuscript Books Before 1600. A List of the Printed Catalogues and Unpublished Inventories of Extant Collections, 4. v. Sigrid Krämer überarb. u. erw. Aufl., München 1993 (Monumenta Germaniae Historica, Hilfsmittel 13).

KUKSEWICZ, Z., Repertorium codicum Averrois opera latina continentium qui in bibliothecis Polonis asservantur, in: Mediaevalia philos. Polon. 4, 1960, 3–34.

LACKNER, Franz, Datierte Handschriften in niederösterreichischen Archiven und Bibliotheken bis zum Jahre 1600, 2 Bde., Wien 1988 (Österreichische Akademie der Wissenschaften, Kommission für Schrift- und Buchwesen des Mittelalters. Katalog der datierten Handschriften in lateinischer Schrift in Österreich, hg. v. Franz Unterkircher 8, 1–2).

LIEFTINCK, Gérard Isaac, Manuscrits datés conservés dans les Pays-Bas. Catalogue paléographique des manuscrits en écriture latine portant des indications de date. Bd. 1: Les manuscrits d'origine étrangère (816–ca. 1550), Amsterdam 1964.

LOHR, Charles H., Algazel Latinus. Further Manuscripts, in: Traditio 22, 1965, 223–290.

– Aristotelica Britannica, in: Theologie und Philosophie 53, 1978, 79–101.

– Aristotelica Gallica: Bibliothecae A–L, in: Theologie und Philosophie 57, 1982, 225–259.

– Aristotelica Gallica: Bibliothecae M–Z, in: Theologie und Philosophie 63, 1988, 79–121.

– (Hrsg.), Aristotelica Helvetica. Catalogus codicum latinorum in bibliothecis Confederationis Helveticae asservatorum quibus versiones expositionesque operum Aristotelis continentur, Freiburg/Schweiz 1994 (Scrinium Friburgense, Sonderband 6).

– Aristotelica Hispalensia, in: Theologie und Philosophie 50, 1975, 547–564.

– (Hrsg.), Latin Aristotle Commentaries. III: Index initiorum – Index finium, Florenz 1995 (Unione Accademica Nazionale. Corpus Philosophorum Medii Aevi. Subsidia X).

MACRAY, Guilelmus D. (Hrsg.), Codices a Kenelm Digby anno 1634 donatos, complectens, Oxford 1883 (Catalogi codicum manuscriptorum Bibliothecae Bodleianae, Pars Nona).

MADAN, Falconer, H.H.E. CRASTER u. N. DENHOLM-YOUNG, A Summary Catalogue of Western Manuscripts in the Bodleian Library at Oxford which have not hitherto been discribed in the Quarto Series, with references to the Oriental and other manuscripts, 7 Bde., Oxford 1895–1953.

MAIROLD, Maria, Die datierten Handschriften der Universitätsbibliothek Graz bis zum Jahre 1600, 2 Bde., Wien 1979 (Österreichische Akademie der Wissenschaften, Kommission für Schrift- und Buchwesen des Mittelalters. Katalog der datierten Handschriften in lateinischer Schrift in Österreich, hg. v. Franz Unterkircher 6, 1–2).

– Die datierten Handschriften in der Steiermark ausserhalb der Universitätsbibliothek Graz bis zum Jahre 1600, 2 Bde., Wien 1988 (Österreichische Akademie der Wissenschaften, Kommission für Schrift- und Buchwesen des Mittelalters. Katalog der datierten Handschriften in lateinischer Schrift in Österreich, hg. v. Franz Unterkircher 7, 1–2).

MARKOWSKI, Miecyslaw (Hrsg.), Repertorium commentariorum Medii Aevi in Aristotelem Latinorum quae in Bibliotheca Amploniana Erffordiae asservantur, Wroclaw 1987.

– (Hrsg.), Repertorium commentariorum Medii Aevi in Aristotelem Latinorum quae in bibliothecis Wiennae asservantur, Wroclaw 1985.

– Die Aristoteles-Kommentare in den mittelalterlichen Handschriften der Bibliothek des Nationalmuseums in Prag/Die Aristotelica in den mittelalterlichen Handschriften der Bibliothek des Metropolitankapitels zu Prag, in: Acta Mediaevalia. 30ième anniversaire de la création de l'Institut de la Culture Médiévale, hg.

v. S. Wielgus u. M. Markowski, Lublin 1995, 219–225 u. 227–270 (Université Catholique de Lublin, Institut de la Culture Médiévale 8).

MARKOWSKI, M. u. S. WLODEK (Hrsg.), Repertorium commentariorum medii aevi in Aristotelem Latinorum quae in Bibliotheca Iagellonica Cracoviae asservantur, Wroclaw 1974 (Commentaria medii aevi in Aristotelem Latinorum. Codices. Repertoria auspiciis et consilio Societatis Philosophiae mediaevalis (S.I.E.P.M.) edita).

MASAI, François u. Martin WITTEK (Hrsg.), Manuscrits datés conservés en Belgique. Vol. 1: Manuscrits conservés à la Bibliothèque Royale Albert Ier datés de 819 à 1400, Brüssel/Gent 1968.

MYNORS, R.A.B., Catalogue of the Manuscripts of Balliol College, Oxford, Oxford 1963.

– Durham cathedral manuscripts to the end of the twelfth century, Durham 1939.

PALERMO, F., I manoscritti Palatini di Firenze, 3 Bde., Florenz 1853–1868.

PATTIN, A. (Hrsg.), Repertorium commentariorum Medii Aevi in Aristotelem Latinorum quae in bibliothecis Belgicis asservantur, Leuven 1978 (Commentaria medii aevi in Aristotelem latina. Codices. Repertoria auspiciis et consilio Societatis Philosophiae mediaevalis (S.I.E.P.M.) edita).

PLANTA, J., A Catalogue of the Manuscripts in the Cottonian Library deposited in the British Museum, London 1802 (Nachdr. Hildesheim 1974).

POWICKE, F.M., Medieval Books of Merton College, Oxford 1919.

POWITZ, Gerhard, Die datierten Handschriften der Stadt- und Universitätsbibliothek Frankfurt am Main, 2 Bde., Stuttgart 1984 (Datierte Handschriften in Bibliotheken der Bundesrepublik Deutschland, I).

RIJK, L.M. de u. O. WIJERS (Hrsg.), Repertorium commentariorum Medii Aevi in Aristotelem latinorum quae in bibliothecis publicis Neerlandicis asservantur, Amsterdam 1981 (Commentaria medii aevi in Aristotelem latina. Codices. Repertoria auspiciis et consilio Societatis Philosophiae mediaevalis (S.I.E.P.M) edita).

ROBINSON, Pamela R., Catalogue of Dated and Datable Manuscripts, c. 737–1600 in Cambridge Libraries, 2 Bde., Cambridge 1988.

ROBLES, L. (Hrsg.), Aristoteles Latinus. Repertorio de manuscritos españoles, in: Actas del V congreso internacional de filosofía medieval I, Madrid 1979, 333–460.

ROSSI, E., I Codici Palatini della R. Biblioteca Nazionale Centrale di Firenze. mss. 449–1006, Rom 1940 (Indici e Cataloghi pt. IV, vol. 2, fasc. 1–6).

SAMARAN, Charles u. Robert MARICHAL (Hrsg.), Catalogue des manuscrits en écriture latine portant des indications de date, de lieu ou de copiste, 7 Bde. Paris 1959–1985.

SENKO, W. (Hrsg.), Repertorium commentariorum Medii Aevi in Aristotelem Latinorum quae in bibliothecis publicis Parisiis asservantur, Warschau 1982 (Opera Philosophorum Medii Aevi, Textus et Studia, tom. 5, fasc. 1/2).

SPILLING, Herrad, Die datierten Handschriften der Württembergischen Landesbibliothek Stuttgart, 1. Teil: Die datierten Handschriften der ehemaligen Hofbibliothek Stuttgart, 2 Bde., Stuttgart 1991 (Datierte Handschriften in Bibliotheken der Bundesrepublik Deutschland, III).

STURLESE, Loris, M.R. PAGNONI STURLESE u. Stefano ZAMPONI (Hrsg.), Catalogo dei manoscritti filosofici nelle biblioteche italiane. Volume 3: Firenze, Pisa, Pistoia, Florenz 1982 (Unione Accademica Nazionale. Corpus Philosophorum Medii Aevi. Subsidia III).

Tabulae codicum manuscriptorum praeter Graecos et Orientales in Bibliotheca Palatina Vindobonensi asservatorum, 11 Bde., Wien 1864–1912 (Nachdr. Graz 1965).

THORNDIKE, Lynn u. Paul KIBRE, A catalogue of Incipits of mediaeval scientific Writings in Latin, London 1963 (Mediaeval Academy of America, Publication 29).

UNTERKIRCHER, Franz, Die datierten Handschriften der Österreichischen Nationalbibliothek bis zum Jahre 1400, 2 Bde., Wien 1969 (Österreichische Akademie der Wissenschaften, Kommission für Schrift- und Buchwesen des Mittelalters. Katalog der datierten Handschriften in lateinischer Schrift in Österreich, hg. v. Franz Unterkircher 1, 1–2).

– Die datierten Handschriften in Wien ausserhalb der Österreichischen Nationalbibliothek bis zum Jahre 1600, 2 Bde., Wien 1981 (Österreichische Akademie der Wissenschaften, Kommission für Schrift- und Buchwesen des Mittelalters. Katalog der datierten Handschriften in lateinischer Schrift in Österreich, hg. v. Franz Unterkircher 5, 1–2).

VALENTINELLI, Josephus, Bibliotheca Manuscripta ad S. Marci Venetiarum. Codices mss. latini, 6 Bde., Venedig 1868–1873.

VAN DEN GHEYN, Joseph u.a., Catalogue des manuscrits de la Bibliothèque Royale de Belgique, 13 Bde., Brüssel 1901–1948.

VON SCARPATETTI, Beat Matthias u.a. (Hrsg.), Katalog der datierten Handschriften in der Schweiz in lateinischer Schrift vom Anfang des Mittelalters bis 1550, 3 Bde., Zürich 1977–1991.

WATSON, Andrew G., Catalogue of Dated and Datable Manuscripts c. 435 – 1600 in Oxford Libraries, Oxford 1984.

– Catalogue of Dated and Datable Manuscripts c. 700–1600 in the Departement of Manuscripts of the British Library, 2 Bde., London 1979.

b) Literatur und Textausgaben

Die Editionen mittelalterlicher Werke sind nicht immer unter dem Namen des mittelalterlichen Autors angegeben, da viele der besprochenen Texte als ganze oder in Teileditionen im Rahmen größerer Aufsätze o. ä. erschienen sind. In solchen Fällen werden sie unter dem Namen des Herausgebers angeführt. Auf jeden Fall entspricht die Form der Angabe hier der Zitierweise in den Fußnoten oben. Einen guten Überblick über die Editionen der übersetzten Werke eines bestimmten Autors erhält man aus den Angaben in Kapitel III.2.

ACHENA, M., Art. Avicenna. xi) Persian Works, in: Encyclopaedia Iranica III, 1985, 99–104.

ALBERTUS MAGNUS, De causis proprietatum elementorum, ed. Paul Hossfeld, Münster 1980 (Alberti Magni Opera Omnia. Ed. Colon. V/2).

– De animalibus libri XXVI. Nach der Cölner Urschrift ed. v. Hermann Stadler, Münster 1916–1920 (BGPhMA 15–16).

ALFARABI, Epistola sull'intelletto, ed. Francesca Lucchetta, Padua 1974.

- Le „Liber exercitationis ad viam felicitatis" d'Alfarabi, ed. D. Salman, in: RThAM 12, 1940, 33–48.
- Los 'Uyūn al-masā'il de al-Fārābī, ed. Manuel Alonso Alonso, in: And. 24, 1959, 251–73.
- Risala fi-l-aql, ed. Maurica Bouyges, Beirut 1938 (Bibliotheca arabica scholasticorum, ser. arabe VIII, 1).
- Über den Ursprung der Wissenschaften. Eine Einleitungsschrift in die philosophischen Wissenschaften, ed. Clemens Baeumker, Münster 1916 (BGPhMA 19,3).

ALGAZALI, Algazel's Metaphysics, ed. J.J. Muckle, Toronto 1933.
- Logica Algazelis. Introduction and critical text, ed. Ch. Lohr, in: Traditio 21, 1965, 223–290.
- Logica et philosophia Algazelis Arabis, ed. Lichtenstein, o.O. 1506, ²1536 (Neudr. = photomechanische Reproduktion der 1. Ausgabe mit einer Einleitung v. Charles H. Lohr, Frankfurt a.M. 1968).
- Maqāṣid al-falāsifa o Intención de los filósofos. Traducción, prólogo y notas por Manuel Alonso Alonso, Barcelona 1963.

ALLEN, J.B., Hermann the Germans Averroistic Aristotle and medieval poetic theory, in: Mosaic 9, 1976, 67–81.

ALONSO ALONSO, Manuel (Ed.), Commentario al „de substantia orbis" de Averroes por Alvaro de Toledo, Madrid 1941.
- Homenaje a Avicenna en su milenario: Los traducciones de Juan González de Burgos y Salomón, in: And. 14, 1949, 291–319.
- Ḥunayn traducido al latín por Ibn Dawud y Domingo Gundisalvo, in: And. 16, 1951, 37–47.
- Notas sobre los traductores Toledanos Domingo Gundisalvo y Juan Hispano, in: And. 8, 1943, 155–180 (überarb. auch in: ders., Temas filosóficos medievales, Comillas 1959, 17–60).
- Temas filosóficos medievales, Comillas 1959.
- Traducciones del árabe al latín por Juan Hispano (Ibn Dawud), in: And. 17, 1952, 129–151.
- Traducciones del arcediano Domingo Gundisalvo, in: And. 12, 1947, 295–338.

ANAWATI, Georges C., La philosophie en Islam au moyen âge, in: La philosophie au milieu du vingtième siècle, hg. v. R. Klibansky, Florenz 1959, Bd. IV, 79–87.
- Philosophie médiévale en terre islam, in: MIDEO 5, 1958, 175–236.

ARISTOTELES, De generatione et corruptione. Translatio vetus, ed. Joanna Judycka, Leiden 1986 (Aristoteles Latinus, Bd. IX, 1).

AVERROES, Aristotelis opera cum Averrois Cordubensis commentariis. Editio Iuntina, Venedig 1562 (ND Frankfurt 1962).
- Averroes in Aristotelis librum II (α) Metaphysicorum commentarius. Die lateinische Übersetzung des Mittelalters auf handschriftlicher Grundlage mit Einleitung und problemgeschichtlicher Studie, ed. Gion Darms, Freiburg/Schweiz 1966 (Thomistische Studien 11).
- Averroes in librum V metaphysicorum Aristotelis commentarium, ed. Ruggero Ponzalli, Bern 1971.
- Averroes' De Substantia orbis. Critical edition of the Hebrew text with English translation and commentary, ed. Arthur Hyman, Cambridge (Mass.) 1986.
- Averrois Cordubensis Commentarium Magnum in Aristotelis de Anima Libros, ed. F. Stuart Crawford, Cambridge (Mass.) 1953 (CCAA 6,1).

– Averrois Cordubensis Commentarium Medium in Aristotelis de Generatione et Corruptione Libros, ed. Franciscus Howard Fobes, Cambridge (Mass.) 1956 (CCAA 4,1).
– Averrois Cordubensis Commentarium Medium in Aristotelis Poetriam, ed. William Franklin Boggess, Diss. Univ. of North Carolina 1965 (erschienen auf Microfiche Ann Arbor [Mich.] 1966).
– Averrois Cordubensis Compendia Librorum Aristotelis qui Parva Naturalia vocantur, edd. Aemilia Ledyard Shields u. Henricus Blumberg, Cambridge (Mass.) 1949 (CCAA 7).
– Averrois in X (I) Metaphysicorum Aristotelis commentarius, ed. Salvatore Ruggiero, Freiburg/Schweiz 1961.
– Editio ptima Averrois 'Poetriae' Hermano interprete, in: Aristoteles Latinus XXXIII, ed. L. Minio-Paluello, Leiden 1968.
– Commentum Medium super Libro Peri Hermeneias Aristotelis. Translatio Wilhelmo de Luna Attributa, ed. Roland Hissette, Leuven 1996 (Averrois Opera. Series B. Averroes Latinus 12).
– Das 9. Buch des lateinischen großen Metaphysik-Kommentares von Averroes, ed. Bernhard Bürke, Diss. Freiburg/Schweiz, Bern 1969.
AVICENNA, Avicenna latinus. Liber de Anima seu Sextus de Naturalibus I–II–III, ed. Simone Van Riet, Leuven 1972.
– Avicenna Latinus. Liber de Anima seu Sextus de Naturalibus IV–V, ed. Simone Van Riet, Leuven 1968.
– Avicenna latinus. Liber de philosophia prima sive scientia divina V–X, ed. Simone Van Riet, Louvain-la-Neuve/Leiden 1980.
– Avicenna latinus. Liber philosophia prima sive scientia divina I–IV, ed. Simone Van Riet, Louvain-la-Neuve/Leiden 1977.
– Avicenna Latinus. Liber primus naturalium. I. De causis et principiis naturalium, ed. Simone Van Riet, Louvain-la-Neuve/Leiden 1992.
– Avicenna Latinus. Liber quartus naturalium de actionibus et passionibus qualitatum primarum, ed. Simone Van Riet, Louvain-la-Neuve/Leiden 1989.
– Avicenna latinus. Liber tertius naturalium. De generatione et corruptione, ed. Simone Van Riet, Louvain-la-Neuve/Leiden 1987.
– Avicennae de congelatione et conglutinatione lapidum, being sections of the Kitab al-Shifa', edd. E.J. Holmyard u. D.C. Mandeville, Paris 1927.
– De anima, Venedig 1508 (Repr. in modern transcript, Saint-Louis 1961).
– Metaphysica Avicennae ex Dominici Gundisalvi transl., Venedig 1495 (anast. Nachdruck Leuven 1961).
– Metaphysik, 1520 (Reproduktion St. Bonaventure [N.Y.] 1948).
– Opera philosophica, Venedig 1508 (ND Heverlee-Louvain 1960).
BACH, Josef, Des Albertus Magnus Verhältnis zu der Erkenntnislehre der Griechen, Lateiner und Araber und Juden. Ein Beitrag zur Geschichte der Noetik, Wien 1881.
BAEUMKER, Clemens (Ed.), Witelo, ein Philosoph und Naturforscher des XIII. Jahrhunderts, Münster 1908 (BGPhMA 3,2).
BARACH, Carl Sigismund (Ed.), Excerpta e libro Alfredi Anglici de motu cordis item Costa-ben-Lucae de differentia animae et spiritus, Insbruck 1878 (Bibliotheca philosophorum medie aetatis 2).
BARTOLONI, F., I cataloghi delle biblioteche medievali, in: Atti del congresso internazionale di scienze storiche, I, Rom 1955, 422–33.

BEAUJOUAN, Guy, Manuscrits scientifiques médiévaux de l'Université de Salamanque et de ses 'Colegios Mayores', Bordeaux 1962 (Bibliothèque de l'École des Hautes Études Hispaniques, 32).

BEDDIE, James Stuart, The ancient classics in the mediaeval libraries, in: Speculum, 5, 1930, 3–20.

BÉDORET, H., Les premières traductions tolédanes de philosophie. Œuvre d'Alfarabi, in: RNP 41, 1938, 80–97.

– Les premières versions tolédanes de philosophie. Œuvre d'Avicenne, in: Rev. néosc. philos. 41, 1938, 374–400.

BEELDSNIJDER, R., Enige notities over Spanje en de overdracht der Grieks-Arabische wetenschappen naar West-Europa in de middeleeuwen, in: Opstellingen over de Koninklijke Bibliotheek en andere studies: bundel samengesteld door medewerkers van dr. C. Reedijk ter gelegenheid van zijn aftreden als bibliothecaris van de Koninklijke Bibliotheek te 's-Gravenhage, Hilversum 1986, 341–355.

BEER, Rudolf, Die Handschriften des Klosters Santa Maria de Ripoll, 2 Bde., Wien 1907 u. 1908 (Sitzungsber. d. Königl. Akad. d. Wissenschaften in Wien, Phil.-hist. Kl., Bd. 155 u. 158).

BESSON, A., Medieval classification and cataloguing. Classification practices and cataloguing methods in France from the 12th to the 15th century, London 1980.

BIRKENMAJER, Alexander, Avicenna's Vorrede zum „Liber Sufficentiae" und Roger Bacon, in: RNP 36, 1934, 208–320.

– Eine wiedergefundene Übersetzung Gerhards von Cremona, in: Aus der Geisteswelt des Mittelalters. Festschrift Grabmann, 1. Bd., 472–481 (BGPhMA, 1935, Suppl.3).

– Le rôle joué par les médecins et les naturalistes dans la réception d'Aristote au XIIᵉ et XIIIᵉ siècles, in: ders., Études d'Histoire des Sciences et de la Philosophie du Moyen Âge, Warschau 1970 (= Nachdr. aus: La Pologne au VIᵉ Congrès International des Sciences Historiques (Oslo 1928), Warschau 1930, 1–15).

BOGGESS, William F., Hermannus Alemannus's Rethorical Translations, in: Viator 2, 1971, 227–250.

BONCOMPAGNI, B., Della vita e delle opere di Gherardo Cremonese, traduttore del seculo duodecimo, e di Gherardo da Sabbioneta astronomo del secolo decimoterzo, in: Atti dell'Accademia dei Lincei IV, 1851, 1–109 u. 387–493.

BOUYGES, Maurice, Notes sur les philosophes arabes connus des latins au Moyen Âge, in: Mélanges de l'université Saint-Joseph 9/2, 1923.

– Roger Bacon a-t-il lu des livres arabes?, in: AHDL 5, 1930, 311–315.

BRIESEMEISTER, D., Aristoteles c) Übersetzungen, Rezeption in den volkssprachlichen Literaturen, in: LMA (1980), Bd.I.

BRITISH LIBRARY (Hrsg.), The Benedictines in Britain. Exposition, London 1980.

BURNETT, Charles S.F., A Group of Arabic-Latin Translators working in northern Spain in the mid-12th Century, in: JRAS 1977, 62–108.

– Arabic into Latin in Twelfth-century Spain: The works of Hermann of Carinthia, in: Mittellateinisches Jahrbuch 13, 1978, 100–134.

– „Magister Iohannes Hispalensis et Limiensis" and Qusta Ibn Luqa's De differentia spiritus et animae: A Potuguese contributuin to the arts curriculum?, in: Mediaevalia, Textos e Estudios (Porto), 7–8, 1995, 221–267.

– Magister Iohannes Hispanus: Towards the identity of a Toledan translator, in: Comprendre et maîtriser la nature au moyen âge. Mélanges d'histoire des sciences offerts à Guy Beaujouan, hg.v. École Pratiques des Hautes Études – IVᵉ Section, Genf/Paris 1994, 425–36. (Hautes études médiévales et modernes 73)

- Michael Scot and the Transmission of Scientific Culture from Toledo to Bologna via the Court of Frederick II Hohenstaufen, in: Le scienze alla corte di Federico II – Sciences at the Court of Frederick II, hg. v. Agostino Paravicini Bagliani, 101–126. (Micrologus. Rivista della Società internazionale per lo studio di Medio Evo latino 2, 1944).
- Michaele Scoto e la diffusione della cultura scientifica, in: Frederico II e le scienze, hg. v. Pierre Toubert u. Agostino Paravicini Bagliani, Palermo 1994, 371–394.
- Some Comments on the Translating of Works from Arabic into Latin in the Mid-Twelfth century, in: Orientalische Kultur und europäisches Mittelalter, hg. v. Albert Zimmermann, Berlin 1985, 161–171 (MM 17).
- The Institutional Context of Arabic-Latin Translations of the Middle Ages: A Reassessment of the 'School of Toledo', in: Olga Wijers (Hrsg.), The Vocabulary of Teaching and Research between Middle Ages and Renaissance, Turnhout 1995 (CIVICIMA, Études sur le vocabulaire intellectuel du moyen âge, Bd. 6).
- The Introduction of Arabic Learning into British Schools, in: The Introduction of Arabic Philosophy into Europe, hg. v. Charles E. Butterworth u. Blake Andrée Kessel, Leiden 1994, 40–57.
- The Introduction of Arabic Learning into England, London 1997 (The Panizzi Lectures 1996).
- The Introduction of Aristotle's Natural Philosophy into Great Britain: A Preliminary Survey of the Manuscript Evidence, in: Aristotle in Britain during the Middle Ages. Proceedings of the international conference at Cambridge 8–11 April 1994 organized by the Société Internationale pour l'Étude de la Philosophie Médiévale, hg. v. Jahn Marenbon, Turnhout 1996, 21–50.
- The „Sons of Averroes with the Emperor Frederick" and the Transmission of the Philosophicak Works by Ibn Rushd, in: Gerhard Endress u. Jan A. Aertsen mit Unterstützung v. Klaus Braun (Hrsg.), Averroes and the Aristotelian Tradition. Sources, Constitution and Reception of the Philosophy of Ibn Rushd (1126–1198). Proceedings of the Fourth Symposium Averroicum (Cologne, 1996), Leiden 1999 (Islamic Philosophy, Theology and Science. Text and Studies, Bd. 31), 259–299.
- The Translating activity in Medieval Spain, in: The Legacy of Muslim Spain, hg. v. S. Jayyusi, Leiden 1992, 1036–1058.
- Translating from Arabic into Latin in the Middle Ages: Theory, Practice, and Criticism, in: Éditer, Traduire, Interpréter: Essais de Méthodologie Philosophique, hg. v. Steve G. Lofts u. Philipp W. Rosemann, Louvain-la-Neuve 1997, 55–78 (Philosophes Médiévaux 36).

BUTTERWORTH, Charles E. u. Blake André KESSEL (Hrsg.), The Introduction of Arabic Philosophy into Europe, Leiden 1994 (Studien und Texte zur Geistesgeschichte des Mittelalters 39).

CALLUS, D.A., Introduction of Aristotelian learning to Oxford, London 1943 (Proceedings of the British Academy, Vol. XXIX).
- (Ed.), The powers of the soul. An early unpublished text, in: RThAM 19, 1952, 131–170.

CARLEY, James P. (Ed.), John of Glastonbury, 'Cronica sive Antiquitates Glastoniensis ecclesie', 2 Bde., Oxford 1978 (British Archaeological Reports 47).

CARRERAS Y ARTAU, Joaquín, Arnau de Villanova y las culturas orientales, in: Homenaje a Millás-Vallicrosa I, 1954, 309–321.

- La llibreria d'Arnau de Villanova, in: Analecta Sacra Tarraconensia 11, 1935, 63–84.

CARRERAS Y ARTAU, Joaquín u. Tomás CARRERAS Y ARTAU, Historia de la Filosofía Española. Filosofía Cristiana de los siglos XIII al XV, Bd. I, Madrid 1939.

CAVALLO, G., Le biblioteche nel mondo antico e medievale, Bari 1988.

CAVANAUGH, Susan, A study of books privatedly owned in England 1300–1450, Cambridge ²1988.

CHEVALIER, Ulysse, Répertoire des sources historiques du moyen âge. Bio-Bibliographie, 2 Bde., Paris ²1905–1907.

CHRIST, Karl, Bibliotheksgeschichte des Mittelalters: zur Methode und zur neuesten Literatur, in: Zentralblatt für Bibliothekswesen, 61, 1947, 38–56, 149–166, 233–252.

- Das Mittelalter, in: Handbuch der Bibliothekswissenschaft, 3. Bd. 1. Tei., Wiesbaden 1955, 243–498.

CLARK, J.W., The care of books. An essay on the development of libraries and their fittings, from the earliest times to the end of the eighteenth century, Cambridge 1901, ND London 1975.

CONTAMINE, Geneviève (Hrsg.), Traduction et traducteurs au Moyen Age. Actes du colloque international du C.N.R.S. organisé à Paris les 26 – 28 mai 1986, Paris 1989 (Documents, études et répertoires publ. par l'IRHT).

COPLESTON, Frederick, A History of Philosophy. Volume II: Medieval Philosophy, New York 1993 (TB-Ausgabe).

CORBIN, Henri, Histoire de la philosophie islamique. Bd.1. Des origines jusqu'à la mort d'Averroès, avec la collaboration de S.H. Nasr et Q. Yaha, Paris 1964 (repr. als Histoire de philosophie islamique, Paris 1986) (Encyclopédie de la Pléiade 38).

CORBIN, Henri, Histoire de la philosophie islamique. Bd.2: La philosophie islamique depuis la mort d'Averroès jusqu'à nos jours, in: Histoire de la philosophie III, Paris 1974, 1067–1188 (repr. in 1. Bd.: Histoire de philosophie islamique, Paris 1986) (Encyclopédie de la Pléiade 38).

CORRENS, P. (Ed.), Die dem Boethius fälschlich zugeschriebene Abhandlung des Dominicus Gundissalinus De unitate, Münster 1891 (BGPhMA 1,1)

CORTABARRÍA BEITIA, Angel, Las obras y la filosofía de Alfarabi y Alkindi en los escritos de San Alberto Magno, in: (ursprünglich) La Ciencia Tomista 77, 78 u. 79 sowie Estudios filosóficos 1 u. 2, Las Caldas de Besaya 1953.

COURTENAY, W.J., Book Production and Libraries in Fourteenth-Century Paris, in: Filosofia e Teologia nel Trecento. Studi in ricordo di Eugenio Randi, hg. v. Luca Bianchi, Louvain-la-Neuve 1994, 367–380 (FIDEM Textes et Études du Moyen Âge 1).

CROWLEY, Th., Roger Bacon and Avicenna, in: Philosophical Studies 2, 1952, 82–88.

CRUZ HERNÁNDEZ, Miguel (Ed.), El „Fontes quaestionum" (Uyun al-masa'il) de Abu Nasr al-Farabi, in: AHDL 19 (Jahrg. 25/26), 1950/51, 303–323.

- Abū l-Walīd Ibn Rushd (Averroes): Vida, obro, pensiamento, influencia, Cordoba 1986.

DAHAN, G., Les traductions latines du grec, de l'arabe et de l'hébreu, in: Identifier sources et citations, hg. v. Jacques Berlioz, 1994, 47–75 (L'atelier du médiéviste 1).

DAIBER, Hans, A bibliography of Islamic philosophy, 2 Bde., Leiden 1999 (Handbuch der Orientalistik, Erste Abteilung: Der Nahe und Mittlere Osten, Bd. 43).

- Lateinische Übersetzungen arabischer Texte zur Philosophie und ihre Bedeutung für die Scholastik des Mittelalters. Stand und Aufgaben der Forschung, in: Rencontres de cultures dans la philosophie médiévale. Traductions et traducteurs de l'Antiquité tardive au XIVe siècle, hg. v. Jacqueline Hamesse u. Marta Fattori, Louvain-la-Neuve 1990, 203–150.

DALCHÉ, Patrick Gautier, Epistola Fratrum Sincerorum in cosmographia: Une traduction latine inédite de la quatrième Risāla des I<u>h</u>wān Al-Ṣafā', in: RHT 18, 137-167.

D'ALVERNY, Marie-Thérèse, Andrea Alpago, interprète et commentateur d'Avicenne, in: Atti del XII congresso internazionale di filosofia (Venezia, 12–18 settembre 1958), 9, Florenz 1969, 1–6 (auch in: dies., Avicenne en Occident, Nr. XIII).

- Avendauth?, in: Hommenaje à Millas-Vallicrosa Vol. I, Barcelona 1954, 19–43 (auch in: dies., Avicenne en Occident, Nr. VIII).

- Avicenna Latinus. Codices. With additions by Simone Van Riet u. Pierre Jodogne, Leuven 1994.

- Avicenne en Occident. Receuil d'articles de Marie-Thérèse d'Alverny réunis à un hommage à l'auteur, Paris 1993 (Études de Philosophie Médiévale LXXI).

- Avicenne, son traducteur Andrea Alpago, et l'histoire des religions, in: Congrès des Orientalistes VVIII, 1954, 362f (auch in: dies., Avicenne en Occident, Paris 1993, Nr. XI).

- Kindiana, in: AHDL 47, 1980, 277–287.

- La tradition manuscrite de l'Avicenne latin, in: Mélanges Taha Hussain, hg. v. A. Badawi, Kairo 1962, 67–78 (auch in: dies., Avicenne en Occident, Nr. VI).

- Les nouveaux apports dans les domaines de la science et de la pensée au temps de Philippe Auguste: la philosophie, in: La France de Phillipe Auguste: le temps des mutations. Colloques internationaux du CNRS, Paris 29 septembre – 4 octobre 1980, hg. v. CNRS, Paris 1982, 863–880 (auch in: dies., La transmission des textes philosophiques et scientifiques au Moyen Age, hg. v. Charles S.F. Burnett, Aldershot 1994 (VARIORUM), Nr. XVII).

- Les traductions d'Avicenne. Moyen Age et Renaissance, in: Accademia Nazionale dei Lincei. Problemi attuali di scienze e di cultura 1957, 71–87 (auch in: dies., Avicenne en Occident, Nr. V).

- Les traductions d'Avicenne. Quelques résultats d'une enquête, in: Vᵉ congrès international d'arabisants et d'islamisants, Bruxelles 1970. Actes, Brüssel 1971, 151–158 (Correspondance d'orient 11) (auch in: dies., Avicenne en Occident, Nr. VII).

- Les traductions latines d'Ibn Sina et leur diffusion au Moyen Age, in: Millénaire d'Avicenne, Congrès de Bagdad, 1952, 59–69 (auch in: dies., Avicenne en Occident, Nr. III).

- L'explicit du „De animalibus", in: BEC 115, 1958, 32–42 (auch in: dies., Avicenne en Occident, Nr. IX).

- L'Introduction d'Avicenne en Occident, in: La Revue de Caire, numéro d'hommage „Millénaire d'Avicenne" 27, 1951, 130–139 (auch in: dies., Avicenne en Occident, Nr. II).

- Notes et observations au sujet des éditions de textes médiévaux, in: Probleme der Edition mittel- und neulateinischer Texte, hg. v. Deutsche Forschungsgemeinschaft, Boppard am Rhein 1978, 41–54 (auch in: dies., Pensée médiévale en Occident. Théologie, magie et autres textes des XIIe–XIIIe siècles, hg. v. Charles S.F. Burnett, Aldershot 1995 (VARIORUM), Nr. I).

- Notes sur les traductions médiévales d'Avicenne, in: AHDL 19, 1952, 337–358 (auch in: dies., Avicenne en Occident, Nr. IV).
- Pseudo-Aristotle, De elementis, in: Pseudo-Aristotle in the Middle Ages. The Theology and other Texts, hg. v. J. Kraye, W.F. Ryan u. C.B. Schmitt, London 1986, 63–83 (Warburg Institute Surveys and Texts 9).
- Translations and Translators, in: Renaissance and Renewal in the Twelfth Century, hg. v. Robert L. Benson u. Giles Constable, Cambridge (Mass.), 1982, 421–462.

D'ALVERNY, Marie-Thérèse u. F. HUDRY (edd.), Al-Kindī De radiis, in: AHDL 49, 1975, 139–269.

DANIEL DE MORLEY, Philosophia, ed. G. Maurach, in: Mittellateinisches Jahrbuch 13, 1979, 204–255.

DE COCK, H. u. Adriaan PATTIN, Johannes de Wasia († 1395), wijsgeer, theoloog en eerste deken van de theologische faculteit van de Universiteit van Keulen, in: Tijdschrift voor Philosophie 35, 1973, 344–351.

DE GHELLINCK, J. De, En marge de catalogues des bibliothèques médiévales, in: Miscellanea F. Ehrle, IV, Vatikanstadt 1924, 331–63 (Studi e testi, n° 40).
- Les bibliothèques médiévales, in: Nouvelle revue théologique,Tournai-Paris s.d. (Auszug aus: Nouvelle revue théologique 65, 1938, 36–55).
- Progrès récents et tendances actuelles en histoire des bibliothèques, in: RHE, 38, 1942, 156–68.

DENIFLE, Henricus (Ed.), Chartularium Universitatis Parisiensis, 3 Bde., Paris 1889–1894.

DENIFLE, Henricus u. Aemilius CHATELAIN (Ed.), Auctarium Chartularii Universitatis Parisiensis, 2 Bde., Paris 1894–1897.

DEROLEZ, Albert, De bibliotheekscatalogi, in: Bronnen voor de religieuze geschiedenis van Belgie. Middeleeuwen en Moderne Tijden, Leuven 1968, 135–41 (Bibliothèque de la Revue d'Histoire ecclésiastique, 47).
- Les catalogues de bibliothèque, Turnhout 1979 (Typologie des sources du Moyen Age occidental, fasc. 31).
- Observations sur la catalographie en Flandre et en Hainaut aux XIe et XIIe siècles, in: Miscellanea codicologica F. Masai dicata, II, 1979 (Publications de Scriptorium, 8).

DESTREZ, J., La pecia dans les manuscrits universitaires du XIIIe et du XIVe siècle, Paris 1935.

DIETERICI, F. (Ed.), Alfarabis philosophische Abhandlungen, Leiden 1890.
- Al-Farabis philosophische Abhandlungen. Aus dem Arabischen übersetzt, Leiden 1892.

DOLBEAU, François, Trois catalogues de bibliothèques médiévales restitués à des abbayes cisterciennes (Cheminon, Haute-Fontaine, Mortemer), in: RHT 18, 1988, 81–108.
- Un nouveau catalogue des manuscrits de Lobbes au XIᵉ et XIIᵉ siècles, in: RechAug 13, 1978, 3–36 u. 14, 1979, 191–248.

DOMINGO GUNDISALVO, De divisione philosophiae, ed. Ludwig Baur, Münster 1903 (BGPhMA 4, 2–3).
- De scientiis, ed. M. Alonso Alonso, Madrid 1954.

DRONKE, P. (Hrsg.), A History of Twelfth-Century Western Philosophy, Cambridge 1988.

DU CANGE, Charles du Fresne, Glossarium ad scriptores mediae at infimae latinitatis, 3 Bde., Basel 1762, Neudr. 1954/55.

DUIN, J.J., La bibliothèque philosophique de Godefroid de Fontaines, in: Estudios Lulianos 3, 1959, 151–160.

EDWARDS, R., Libraries and founders of libraries, London 1865.

ELAMRANI-JAMAL, Abdelali, La réception de la philosophie arabe à l'Université de Paris au XIIIème siècle, in: The Introduction of Arabic Philosophy into Europe, hg. v. Charles E. Butterworth u. Blake Andrée Kessel, Leiden 1994, 31–39.

EMDEN, A.B., A Biographical Register of the University of Oxford to A.D. 1500, 3 Bde., Oxford 1957–59

- A Biographical Register of the University of Cambridge to 1506, Cambridge 1963.

ENCYCLOPAEDIA OF ISLAM, hg. v. J.H. Kramers, H.A.R. Gibb, E. Lévi-Provençal, London 1954ff.

ENZYKLOPÄDIE DES ISLAM. Geographisches, ethnographisches und biographisches Wörterbuch der mohammedanischen Völker, 4 Bde., Leiden 1913–1934, Ergbd. 1938.

FARMER, H.G., A further Arabic-Latin Writing on Music, in: JRAS 133, 307–322.

- Al-Farabi's Arabic-Latin Writings on Music. The texts edited, with translation and commentaries, Glasgow; New York 1934; 1965.

- Who was the author of the „Liber introductorius in artem logicae demonstrationis"?, in: JRAS 1934, 553–556.

FATTORI, Marta u. Jacqueline HAMESSE (Hrsg.), Rencontres de cultures dans la philosophie médiévale. Traduction et traducteurs de l'Antiquité tardive au XIVe siècle. Actes du Colloque international de Cassino (15 – 17 Juni 1989), Turnhout 1991.

FAULHABER, Charles B., Las dictiones probatoriae en los catálogos medievales de bibliotecas, in: El Crotalón 1, 1984, 891–904.

FLASCH, Kurt, Das philosophische Denken im Mittelalter. Von Augustin zu Machiavelli, Stuttgart 1988.

FLÜGEL, Gustav, Al-Kindī genannt „der Philosoph der Araber". Ein Vorbild seiner Zeit und seines Volkes, Leipzig 1857. (Abhandlungen für die Kunde des Morgenlandes, Bd. 1, Heft 2) (Reprint Nendeln, Liechtenstein 1966)

FORTUNY, Francesc J., Ockhamismo en la corona de Aragón y la biblioteca de Ripoll, en el marco del s. XIV, in: Estudís Franciscans 76, 1975, 11–59.

FRANKLIN, Alfred, Histoire de la Bibliothèque de Saint-Victoire à Paris d'après des documents inédits, Paris 1865.

- La Sorbonne. Ses origines, sa bibliothèque, les débuts de l'imprimerie à Paris et la succession de Richelieu d'après des documents inédits, Paris 1875 (Neudr. Amsterdam 1968).

- Recherches sur la Bibliothèque de la Faculté de Médecins de Paris après des documents entièrement inédits, Paris 1864.

GABRIELI, G., Nota bibliografica su Qusta ibn Luqa, in: Rendiconti/Accademia Nazionale dei Lincei, ser. 5, 21, 1912, 341–382.

GARCÍA VILLADA, Zacharias (Hrsg.), Bibliotheca Patrum Latinorum Hispaniensis, II. Bd., nach den Aufzeichnungen Rudolf Beers bearbeitet und herausgegeben, Wien 1915 (Sitzungsber. d. Königl. Akad. d. Wissenschaften in Wien, Phil.-hist. Kl., Bd. 169).

GÄTJE, Helmut, Der Liber de sensu et sensato von al-Farabi bei Albertus Magnus, in: Oriens Christianus 48, 1964, 107–116.

GAUTHIER, R.A. (Ed.), Le traité De anima et de potenciis eius d'un maître ès-arts (vers 1225), in: RSPT 66, 1982, 3–55.

- Notes sur les débuts (1225–1240) du premier Averroisme, in: RSPT 66, 1982, 321–373.
- (Ed.), Lectura in Librum De Anima, a quodam discipulo reportata, Rom 1985.
GENEQUAND, Charles, La philosophie arabe, in: Les Arabes et l'Occident, Genf 1982, 51–63.
GENET, J.-Ph., Essai de bibliométrie médiévale: l'histoire dans les bibliothèques médiévales anglaises, in: Revue française d'histoire du livre 16, 1977, 531–68.
GENEVOIS, A.-M. u. J.-F. GENEST u. A. VERNET, Pour un traitement automatique des inventaires anciens de manuscrits, in: Revue d'histoire des textes, 3, 1973, 313f u. 4, 1974, 436f.
GIL, José S., La Escuela de Traductores de Toledo y sus Colaboradores Judíos, Toledo 1985.
- The translators of the Period of D. Raymundo : Their Personalities and Translations (1125–1187), in: Rencontres de cultures dans la philosophi médiévale. Traductions et traducteurs de l'Antiquité tardive au XIVe siècle, hg. v. Jacqueline Hamesse u. Marta Fattori, Louvain-la-Neuve 1990, 109–119.
GILSON, Etienne, Les sources gréco-arabes de l'augustinisme avicennisant, in: AHDL 4, 1929, 92–149.
GLAUNIG, O., Über mittelalterliche Handschriftenverzeichnisse, in: Zeitschrift für Bibliothekswesen, 25, 1908, 357–80.
GLORIEUX, Palémon, Aux origines de la Sorbonne. I. Robert de Sorbon, Paris 1966 (Études de Philosophie Médiévale LIII).
- Aux origines de la Sorbonne. II. Le cartulaire, Paris 1965 (Études de Philosophie Médiévale LIV).
- Études sur la biblionomia de Richard de Fournival, in: RThAM 30, 1963, 205–231.
- Bibliothèques de Maîtres parisiens. Gérard d'Abbeville, in: RThAM 36, 1969, 148–183.
- Répertoire des maîtres en théologie de Paris au XIIIᵉ siècle, 2 Bde., Paris 1933.
GNEUSS, Helmut, Englands Bibliotheken im Mittelalter und ihr Untergang, in: Festschrift für Walter Hübner, hg. v. Dieter Riesner und Helmut Gneuss, Berlin 1964, 91–121.
GÓMEZ NOGALES, Salvador, Bibliografía sobre las obras de Averroés, in: Multiple Averroes, hg. v. Jean Jolivet, Paris 1976, 351–387.
GONZÁLEZ PALENCIA, A. (Ed.), Al-Farabi: Catalogo de las ciencias, Madrid ²1953.
- Noticias sobre don Raimundo, arzobispo de Toledo (1125 – 1152), in: Spanische Forschungen der Görresgesellschaft. Erste Reihe, Bd. 6, 1942.
GONZÁLVEZ RUIZ, Ramón, La biblioteca capitular toledana en el siglo XIV, in: Toletum 2ª época 6, 1973, 29–56.
- Noticias sobre códices mozárabes en los antiguos inventarios de la Bibliotheca Capitular de Toledo, in: Historia mozárabe. Ponencias y communicaciones presentados al I congreso internacional de Estudios Mozárabes, 1975, Série C, núm. I, Toledo 1978, 45–78.
GRABMANN, Martin, Clemens Baeumker und die Erforschung der mittelalterlichen Philosophie, Münster 1927 (BGPhMA 24, 1/2)
- Neuaufgefundene Quaestionen Sigers von Brabant zu den Werken des Aristoteles, in: Miscellanea Fr. Card. Ehrle, Rom 1924.
GRAND, Philippe, Le Quodlibet XIV de Gérard d'Abbeville. La vie de Gérard d'Abbevill, in: AHDL 31, 1964, 207–269.

GRIGNASCHI, Mario, Les traductions latines des ouvrages de la logique arabe et l'abrégé d'Alfarabi, in: AHDL 39, 1972, 41–107.

GRIGNASCHI, M. u. J. LANGHADE (edd.), Deux ouvrages inédits sur la rhétorique (Kitāb al-Ḫaṭāba). I: Kitāb al-Ḫaṭāba. II. Didascalia in Rhetoricam Aristotelis ex glosa Alpharabi, Beirut 1971 (Pensée arabe et musulman 48; auch als: Recherches publiées sous la dir. de l'Institut de Lettres orientales de Beyrouth; sér. 1, t. 48).

GUTAS, Dimitri, Avicenna and the Aristotelian Tradition. Introduction to Reading Avicenna's Philosophical Works, Leiden 1988 (Islamic Philosophy and Theology, Bd. 4).

– Ibn Ṭufayl on Ibn Sīnā's Eastern Philosophy, in: Oriens 34, 1994, 222–241.

– Pre-Plotinian Philosophy in Arabic (Other than Platonism and Aristotelianism): A review of the sources, in: Aufstieg und Niedergang der Römischen Welt II 36.7, 1994, 4939–4973.

GUTMAN, Oliver (Ed.), Liber celi et mundi: Introduction and Critical Edition, D.Phil, Oxford 1996.

– On the Fringes of the Corpus Aristotelicum: The Pseudo-Avicenna Liber celi et mundi, in: Early Science and Medicine 2, 1997, 109–128.

HASKINS, Charles Homer, Arabic science in western Europe, in: Isis 7, 1925, 478–485.

– Michael Scot in Spain, in: Estudos eruditos in memoriam A. Bonilla y San Martin II, 1930, 129–134.

– Renaissance of the Twelfth Century, Cambridge (Mass.) ²1927 (repr. 1960).

– Studies in the History of Mediaeval Science, Cambridge (Mass.) ²1927 (Neudruck 1960).

– The spread of ideas in the Middle Ages, in: ders., Studies in the History of Mediaeval Science, Cambridge (Mass.) ²1927 (Neudruck 1960), 92–104.

HASSE, Dag Nikolaus, Avicenna's De anima in the Latin West: The Formation of a Peripatetic Philosophy of the Soul, 1160–1300, London (Warburg Institute Studies and Texts, Bd. 1) [im Druck].

HAURÉAU, B., Histoire de la Philosophie Scolastique, Bd. I, Paris 1880.

HERMANN OF CARINTHIA, De Essentiis, ed. Charles S.F. Burnett, Leiden 1982.

HIRSCHBERGER, Johannes, Geschichte der Philosophie. Bd.I: Altertum und Mittelalter, Freiburg i. Br. 1953.

HISSETTE, Roland, Accidents de transmission ou variantes de traductions dans la version arabo-latine d'un commentaire d'Averroès?, in: Les problèmes posés par l'édition critique des textes anciens et médiévaux, hg. v. Jacqueline Hamesse, Louvain-la-Neuve 1992.

– Guillaume de Luna – Jacob Anatoli – Jacob Mantinus. A propos du commentaire moyen d'Averroès sur le „De interpretatione", in: BPM 32, 1990, 142–158.

– Le „corpus averroicum" des manuscrits vaticans „Urbinates Latins 220–221" et Nicoleto Vernia, in: Miscellanea Bibliothecae Apostolicae Vaticanae 3, 1989, 220–222.

– Les éditions anciennes de la traduction par Guillaume de Luna du commentaire moyen d'Averroes au „De interpretatione", in: Albert Zimmermann (Hrsg.), Aristotelisches Erbe im arabisch-lateinischen Mittelalter. Übersetzungen, Kommentare, Interpretationen, Berlin 1986 (MM 18), 161–174.

– L'unité codocologique des commentaires d'Averroès sur la „logica uetus" dans le manuscrit „Erfurt, Ampl. Fol. 318", in: BPM 33, 1991, 148–154.

HLAVÁCEK, I., Über das Studium mittelalterlicher Bibliothekskataloge, in: Acta Universitatis Carolinae, Phil. et Hist., 2, 1958, 179ff.

HOFFMANN, R., Übersetzungsbedingte Verständnisprobleme im großen Metaphysik-Kommentar des Averroes, in: Albert Zimmermann (Hrsg.), Aristotelisches Erbe im arabisch-lateinischen Mittelalter. Übersetzungen, Kommentare, Interpretationen, Berlin 1986 (MM 18), 141–160.

HOURANI, George F., The medieval translations from Arabic to Latin made in Spain, in: MW 62, 1972, 97–114.

HUNT, R.W., The library of the Abbey of St. Albans, in: Essays presented to N. R. Ker, 267.

– The medieval library, in: New College Oxford 1379–1979, hg. v. John Buxton u. Penry Williams, Oxford 1979, 317–345

HYMAN, The composition and transmission of Averroes' Ma'Amar Be-'Esem Ha-Galgal, in: Studies and Essays in Honor of Abraham A. Neuman, hg. v. Meir Ben-Horin, Bernard D. Weinryb u. Solomon Zeitlin, Leiden 1962, 299–307.

IOHANNES BLUND, Tractatus de anima, edd. D.A. Callus u. R.W. Hunt, London 1970 (Auctores Britannici Medii Aevi, II).

JEAUNEAU, E., Gloses sur le Timée, du manuscrit Digby 217 de la Bodléienne, à Oxford, in: Sacris erudiri 17, 1966, 365–400.

JOLIVET, Jean (Hrsg.), Multiple Averroes. Actes du colloque international organisé à l'occasion du 850e anniversaire de la naissance d'Averroès, Paris, 20–23 septembre 1976, Paris 1978.

– The Arabic inheritance, in: A History of Twelfth-Century Western Philosophy, hg. v. Peter Dronke,Cambridge 1988, 113–148.

JOLIVET, Jean u. R. RASHED (Hrsg.), Etudes sur Avicenne, Paris 1984.

JOURDAIN, Amable, Recherches critiques sur l'âge et l'origine des traductions latines d'Aristote et sur les commentaires grecs ou arabes employés par des docteurs scolastiques, Paris 1843 (repr. New York 1974).

JULLIEN DE POMMEROL, Marie-Henriette u. Jacques MONFRIN (Hrsg.), La bibliothèque pontificale à Avignon et à Peñiscola pendant le grand schisme d'occident et sa dispersion. Inventaires et concordances, 2 Bde., Rom 1991 (Collection de l'École Française de Rome 141).

KADLEC, Jaroslav, Leben und Schriften des Prager Magisters Adalbert Rankonis de Ericinio, hg. aus dem Nachlaß von Rudolf Holinka u. Jan Vilikovský, Münster 1971 (BGPhMA, Neue Folge Bd. 4).

KER, N.R., Le biblioteche dei *Colleges* di Oxford prima del 1500, in: Bianchi, Luca (Hrsg.), Filosofi e teologi. La ricerca e l'ensenamento nell'unversità medievale, Bergamo 1989 (Quodlibet, Bd. 4). (auch in: ders., Books, Collectors and Libraries. Studies in the Medieval Heritage, hg. v. Andrew G. Watson, London 1985, 301–320)

– The Migration of Manuscripts from the English Medieval Libraries, in: The Library, 4. ser., 23, 1943, 1–11.

KIBRE, P., The intellectual interests reflected in libraries of the fourteenth and fifteenth centuries, in: Journal of the History of Ideas, 7, 1946, 257–97.

KLUXEN, Wolfgang, Averroes/Averroismus III. Averroismus im lateinischen Mittelalter, in: TRE (1993), Bd. 5.

KNORR, W., Johannes v. London, in: LMA (1991), Bd. 5.

LATHAM, J.D., Arabic into Medieval Latin, in: Journal of Semitic Studies 17, 1972, 30–67.

LATHAM, R.E., Revised Medieval Latin Word-List from British and Irish sources, London 1965.

LEHMANN, Paul, Quellen zur Feststellung und Geschichte mittelalterlicher Bibliotheken, Handschriften und Schriftsteller, in: ders., Erforschung des Mittelalters. Ausgewählte Abhandlungen und Aufsätze, Bd. 1, Stuttgart 1959, 306–358.

LIBERA, Alain de, Averroès. L'intelligence et la pensée. Sur le De anima. Présentation et Traduction, Paris 1988.

LIEFTINCK, G.J., De librijen en scriptoria der Westvlaamse Cistercienser-abdijen Ter Duinen en Ter Doest in de XIIe en XIIIe eeuw, Brüssel 1953 (Mededelingen van de Kon. Vlaamse Academie voor Wetenschappen, Letteren en Schone Kunsten van Belgie, XV, 2).

LOEFFLER, K., Deutsche Klosterbibliotheken, Bonn/Leipzig ²1922 (Bücherei der Kultur und Geschichte, 27).

LOHR, Charles H., Hermannus Alemannus, in: LMA (1989), Bd. 4.

LUCCHETTA, Francesca, La prima presenza di Averroè in ambito veneto, in: Studia Islamica 46, 1977, 133–146.

– Osservazioni sulla traduzione latina medievale del „De intellectu" di Farabi nei confronti con testo arabo, in: Actas V. Cong. Int. filos. med. II, 1979, 33–57.

MABILLE, M., Les manuscrits de Gérard d'Utrecht conservés à la Bibliothèque nationale, in: BEC 129, 1971, 5–25.

MAIER, Anneliese, Der Katalog der päpstlichen Bibliothek in Avignon vom Jahre 1411, in: dies., Ausgehendes Mittelalter. Gesammelte Aufsätze zur Geistesgeschichte des 14. Jahrhunderts, Bd. III, hg. v. Agostino Paravicini Bagliani, Rom 1977, 77–158.

MAIERU, A., Influenze arabe e discussioni sulla natura della logica presso i Latini tra XII et XIV secolo, in: La diffusione delle scienze islamiche nel medio evo europeo. Convegno Internazionale Roma, 2–4 ottobre 1984 promosso dall'Accademia Nazionale dei Lincei, Fondazione Leone Caetani e dall'Universitá di Roma La Sapienza, Facoltà di lettere, Dipartimeno di studi orientali, hg. v. Accademia Nazionale dei Lincei, Rom 1987, 243–267.

MANITIUS, M., Geschichtliches aus alten Bibliothekskatalogen, in: Neues Archiv, 32, 1907, 647–709; 36, 1911, 755–774; 41, 1919, 714–32; 48, 1929, 148–56.

– Handschriften antiker Autoren in mittelalterlichen Bibliothekskatalogen, Leipzig 1935 (Zentralbl. für Bibliothekswesen, Beih. 67).

– Philologisches aus alten Bibliothekskatalogen bis 1300, Frankfurt 1892 (Rheinisches Museum für Philologie, Neue Fole, Bd.47, Ergänzungsheft:s.Titel).

MATHER, R., The codicil of cardinal Comes of Casate and the libraries of thirteenth-century cardinals, in: Traditio 20, 1964, 319–350.

MÖHLE, Hannes, Alcher, in: LThK³ (1993), Bd. 1.

MONNERET DE VILLARD, Ugo, Lo studio dell'Islam in Europa nel XIIe nel XIIIe secolo, Rom 1944 (Studi e Testi 110).

MORPURGO, Piero, Le traduzioni di Michele Scoto e la circolazione di manoscritti scientifici in Italia meridionale: la dipendenza della Scuola Medica Salernitana da quella Parigina di Petit Pont, in: La diffusione delle scienze islamiche nel medio evo europeo. Convegno Internazionale Roma, 2–4 ottobre 1984 promosso dall'Accademia Nazionale dei Lincei, Fondazione Leone Caetani e dall'Universitá di Roma La Sapienza, Facoltà di lettere, Dipartimeno di studi orientali, hg. v. Accademia Nazionale dei Lincei, Rom 1987, 167–192.

MUNK-OLSEN, Birger, Le biblioteche del XII secolo, in: Le biblioteche nel mondo antico e medievale, hg. v. G. Cavallo, Bari 1988, 139–148.

- L'étude des auteurs classiques latins. III. Les classiques dans les bibliothèques médiévales, Paris,1987.

MUNTAṢIR, 'Abd al-Ḥamīd u. Saʿīd ZĀYID (edd.), Ibn Sīnā. Kitāb as-Shifāʾ: al-Ṭabīʿiyyāt, lib. VII, al-Nabāt <De vegetabilibus>, Kairo 1965.

NAGY, Albino (Ed.), Die philosophischen Abhandlungen des al-Kindi, Münster 1897 (BGPhMA 2,5).

NEBBIAI-DALLA GUARDA, Donatella, Les listes médiévales de lecture monastiques. Contribution à la connaissance des anciennes bibliothèques bénédictines, in: Revue Bénédictine, 96, 1986, 271–326.

- I documenti per la storia delle biblioteche medievali (secoli IX – XV), Rom 1992 (Materiali e Ricerche, Nuova Serie, 15; Collana della Facoltà di Lettere e Filosofia dell'Università di Venezia in San Sebastiano: Sezione di studi storici, 8).

- La „tabula librorum" di Renaud de Bétencourt, in: AHDL, 54, 1987, 103–70.

NETTON, Ian Richard, The Brethren of Purity (Ikhwān al-Ṣafāʾ), in: History of Islamic Philosophy, hg. v. Seyyed Hossein Nasr u. Oliver Leaman, London 1996, 1001–1012.

NORRIS, D.M., A history of cataloguing and cataloguing methods, 1100–1850, London 1939.

PARKES, Malcolm Beckwith, Scribes, Scripts and Readers, London 1991.

PATTIN, Adrien, Over de schrijver en de vertaler van het Liber de causis, in: Tijdschrift voor Philosophie 23, 1961, 323–333 u. 503–526.

PRANTL, Carl, Geschichte der Logik im Abendlande, 3. Bd., Leipzig 1927.

PELSTER, Franz, Beiträge zur Aristotelesbenutzung Alberts des Großen, in: Philosophisches Jahrbuch 46, 1933, 450–463 u. 47, 1934, 55–64.

PELZER, August, Un traducteur inconnu: Pierre Gallego, franciscain et premier évêque de Carthagène, in: Miscellanea Ehrle, I, Rom, 1924, 407–456 (auch in: Pelzer, August, Études d'histoire littéraire sur la scolastique Médiévale, 188–240) (Philosophes Médiévaux VIII).

PETRUCCI, A., Le biblioteche antiche, in: Letteratura italiana, II. Produzione e consumo, Torino 1983, 527–54.

PINGREE, David, The Diffusion of Arabic Magical Texts in Western Europe, in: La diffusione delle scienze islamiche nel medio evo europeo. Convegno Internazionale Roma, 2–4 ottobre 1984 promosso dall'Accademia Nazionale dei Lincei, Fondazione Leone Caetani e dall'Universitá di Roma La Sapienza, Facoltà di lettere, Dipartimeno di studi orientali, hg. v. Accademia Nazionale dei Lincei, Rom 1987, 57–102.

PLANZER, Dominikus, Albertus-Magnus-Handschriften in mittelalterlichen Bibliothekskatalogen des deutschen Sprachgebietes, in: Divus Thomas 10, 1932, 246–276.

POPPI, Antonio (Ed.), Pietro Pomponazi: Super libello de substantia orbis expositio et quaestiones quattor (corsi inediti dell'insegnamento padovano), Padua 1966.

PROCLUS, Commentaire sur le Parménide de Platon. Traduction de Guillaume de Moerbeke, Tome I: Livres I à IV, ed. Carlos Steel, Leuven 1982 (Ancient and Medieval Philosophy. De Wulf-Mansion Centre. Series I, Bd. III).

PSEUDO-ARISTOTLE, De causis proprietatum et elementorum. Critical edition and study, ed. St.-L. Vodraska, Ph. D. London 1969.

PUIG, Josep, The transmission and reception of Arabic philosophy in christian Spain (until 1200), in: The introduction of Arabic philosophy into Europe, hg. v. Charles E. Butterworth und Blake Andrée Kessel, Leiden 1994, 7–30.

RADULPHUS DE LONGO CAMPO, In Anticlaudianum Alani Commentum, ed. Jan Sulowski, in: Polska Akademia Nauk, Zaklad historii nauki i techniki. Zródla do dziejów nauki i techniki 13, Warszawa 1972.

RASHDELL, H., The Universities of Europe in the Middle Ages, Bd. 3, neu hg. v. F.M. Powicke u. A.B. Emden, Oxford 1936.

REICHERT, Folker, Geographie und Weltbild am Hofe Friedrichs II., in: DA 51, 1995, 433–491.

RENAN, Ernest, Averroès et l'averroisme, Paris 1853, verb. u. erw. ³1866 (repr. Frankfurt a.M. 1985).

RENAUD, Michel, Le „De celo et mundo" d'Avicenne, in: BPM 15, 1973, 92–130.

ROGER BACON, Opus Majus, ed. J.H. Bridges, 3 Bde., Oxford 1897–1900 (ND Frankfurt a.M. 1964).

– Moralis Philosophia, edd. F.M. Delorme u. E. Massa, Padova/Zürich 1953 (Thesaurus Mundi. Bibliotheca Scriptorum Latinorum Mediae et Recentioris Aetatis).

ROUSE, Richard H., Manuscripts belonging to Richard de Fournival, in: RHT 3, 1973, 253–269.

– The early library of the Sorbonne, in: Scriptorium 21, 1967, 42–71 u. 227–251.

– The A text of Seneca's tragedies in the thirteenth century, in: RHT 1, 1971, 93–121.

RUBIÓ I BALAGUER, Jordi, Els llibres de l'abat Savarés a la Biblioteca de Ripoll, in: Analecta Montserratensia. Miscellannia A.M. Albareda, 9, 1962, 227–237.

SALMAN (Salmon), Dominique, Fragments inédits de la logique d'Alfarabi, in: RSPT 32, 1948, 222–225.

– The Medieval Latin Translations of Alfarabi's Works, in: The New Scholasticism 13, 1939, 245–261.

– Algazel et les Latins, in: AHDL 10/11, 1935/36, 103–127.

– Notes sur la première influence d'Averroes, in: Rev. néosc. phil. 40, 1937, 203–212.

SARANYANA, José Ignacio, Historia de la Filosofia Medieval, Pamplona 1985.

SARTON, G., Introduction to the history of science, 3 Bde., Washington 1927–1931 (neudr. Bde. 1–2 Baltimore 1950).

SCHERER, Georg, Philosophie des Mittelalters, Stuttgart 1993 (Sammlung Metzler, Bd. 271).

SCHIPPERGES, Heinrich, Die Rezeption arabisch-griechischer Medizin und ihr Einfluß auf die abendländische Heilkunde, in: Die Renaissance der Wissenschaften im 12. Jahrhundert, hg. v. Peter Weimar, Zürich 1981, 173–196 (Zürcher Hochschulforum Bd. 2).

– Einflüsse arabischer Medizin auf die Mikrokosmosliteratur des 12. Jahrhunderts, in: Paul Wilpert (Hrsg.), Antike und Orient im Mittelalter, Berlin 1962 (MM 1).

SCHMELLER, J.A., Über Büchercataloge des XV. und früherer Jahrhunderte, in: Serapeum, 2, 1841, Heft 16–18, 241–54, 256–71, 283–87.

SCHMIEJA, Horst, Drei Prologe im großen Physikkommenta des Averroes?, in: Albert Zimmermann (Hrsg.), Aristotelisches Erbe im arabisch-lateinischen Mittelalter. Übersetzungen, Kommentare, Interpretationen, Berlin 1986 (MM 18), 1986, 175–189.

– Secundum aliam translationem – Ein Beitrag zur arabisch-lateinischen Übersetzung des Großen Physikkommentars von Averroes, in: Gerhard Endress u. Jan A. Aertsen mit Unterstützung v. Klaus Braun (Hrsg.), Averroes and the Aristotelian Tradition. Sources, Constitution and Reception of the Philosophy of Ibn Rushd

(1126–1198). Proceedings of the Fourth Symposium Averroicum (Cologne, 1996), Leiden 1999 (Islamic Philosophy, Theology and Science. Text and Studies, Bd. 31), 316–336.

SCHMITT, Charles B. u. Dilwyn KNOX (Hrsg.), Pseudo-Aristoteles latinus. A Guide to Latin works falsley attributed to Aristoteles before 1500, London 1985.

SCHÖNBERGER, Rolf u. Brigitte KIBLE (Hrsg.), Repertorium edierter Texte des Mittelalters aus dem Bereich der Philosophie und angrenzender Gebiete, Berlin 1994.

SCHREIBER, H., Quellen und Beobachtungen zur mittelalterlichen Katalogisierungspraxis, besonders in deutschen Kartausen, in: Zeitschrift für Bibliothekswesen 44, 1927, 1–19 u. 97–118.

SEIDLER, E., Die Medizin in der 'Biblionomia' des Richard de Fournival, in: Sudhoffs Archiv 51, 1967, 44–54.

SHARPE, Richard, Reconstructing Medieval Libraries, in: Jacqueline Hamesse (Hrsg.), Bilan et perspectives des études médiévales en Europe. Actes du premier Congrès européen d'Études Médiévales (Spoleto, 27–29 mai 1993), Louvain-la-Neuve 1995, 399–408 (Textes et Études du Moyen Âge, Bd. 3).

SIDARUS, Adel Yusuf, Un recueil de traités philosophiques et médicaux à Lisbonne, in: Zeitschrift für Geschichte der Arabisch-Islamischen Wissenschaften 6, 1990, 179–189.

SMIDT VAN GELDER-FONTAINE, Resianne, Een vergeten Denker: Abraham Ibn Daud. Een onderzoek naar de bronnen en de structuur van „Ha-Emunah ha-Ramah", Diss. Amsterdam 1986. [vgl. a. Fontaine, Resianne, In Defence of Judaism: Abrahem Ibn Daud. Sources and Structures of ha-Emunah ha-Ramah, Assen/Maastricht 1990 (Studia semitica Neerlandica, Bd. 26).]

SPIES, Otto, Der deutsche Beitrag zur Erforschung Avicennas, in: Avicenna Commemoration Volume 1956, 93–103.

STEEL, Carlos u. Guy GULDENTOPS, An Unknown Treatise of Averroes against the Avicennians on the First Cause. Edition and Translation, in: RThAM 64, 1997, 86–135.

STEINSCHNEIDER, Moritz, Alfarabi, des arabischen Philosophen Leben und Schriften, Petersburg 1869 (repr. Amsterdam 1966).

– Die europäischen Übersetzungen aus dem Arabischen bis zur Mitte des 17. Jahrhunderts, in: Sitzungsberichte d. Kaiserlichen Akademie der Wissenschaften in Wien, Phil.-hist. Klasse 149/IV, 1904 u. 151/1, 1905 (repr. Graz 1956).

– Die Hebräische Übersetzungen des Mittelalters und die Juden als Dolmetscher, 2 Bde., Berlin 1893 (Neudr. in einem Bd. Graz 1956).

– Occidentalische Übersetzungen aus dem Arabischen im Mittelalter, in: ZDMG 28, 1874, 453–459.

– Übersetzer aus dem Arabischen. Ein Beitrag zur Bücherkunde des Mittelalters, in: Serapeum 19, 1870, 289–298.

SUDHOFF, K., Die kurze Vita und das Verzeichnis der Arbeiten Gerhards von Cremona von seinen Schülern und Studiengenossen kurz nach 1187 verfasst, in: Archiv für die Geschichte der Medizin 8, 1915, 73–82.

TAYLOR, Richard C., The Liber de causis: a preliminary list of extant mss, in: BPM 25, 1983, 63–84.

THÉRY, G., Autour de décret de 1210: II. Alexandre d'Aphrodise. Aperçu sur l'influence de sa noétique, Kain 1926 (Bibliothèque Thomiste VII).

THOMPSON, J.W., The medieval library. Reprinted with a supplement by B.B. Boyer, New York/London 1967 (Erstauflage 1939).

THOMSON, H., Eine ältere und vollständigere Handschrift von Gundessalinus De divisione scientiarum, in: Scholastik 1933, 140–142.

THORNDIKE, Lynn, A study in the analysis of complex scientific documets, in: Isis 29, 1938, 377–92.

– History of magic and experimental science, New York 1923.

– The problem of the composite manuscript, in: Miscellanea Giov. Mercati, vol. VI, Vatikanstadt, 1946, 93–104 (Studi e Testi 126).

– John of Seville, in: Speculum 34, 1959, 20–38.

– Michael Scot, London 1965.

TUILIER, André, La bibliothèque de la Sorbonne médiévale et ses livres enchaînés, in: Mélanges de la Bibliothèque de la Sorbonne 2, 1981, 7–41.

UEBERWEG, Friedrich, Grundriss der Geschichte der Philosophie. Zweiter Teil: Die patristische und scholastische Philosophie, hg. v. Bernhard Geyer, Berlin ¹¹1928.

ULLMAN, B. L., The Manuscripts of Propertius, in: Classical Philology 6, 1911, 281–301.

– Geometry in the medieval Quadrivium, in: Studi di Bibliografia e di Storia in onore di Tammaro de Marinis 4, 1964, 263–285.

VAN CAENEGEM, R.C., Ouvrages de droit romain dans les catalogues des anciens Pays-Bas méridionaux (XIIIe–XVIe siècle), in: Tijdschrift voor Rechtsgeschiedenis 28, 1960, 297–347 u. 403–438.

VAN GILS, P., Middeleeuwsche boekenlijsten als peilschaal der kultuur, in: Beknopte Handelingen van het XIIIe Vlaamsch Philologencongress, Gent 1936.

VAN OPPENRAAY, Aafke M.I., Quelques particularités de la méthode de traduction de Michel Scot, in: Rencontres de cultures dans la philosophie médiévale. Traductions et traducteurs de l'antiquité tardive au XIVe siècle, hg. v. Jacqueline Hamesse u. Marta Fattori, Louvain-La-Neuve 1990, 121–129.

VAN RIET, Simone, De Bagdad à Tolède ou la transmission de la culture arabe à l'Occident latin, in: Eglise et Enseignement. Actes du Colloque du Xe anniversaire de L'Institut d'Histoire du Christianisme de L'Université Libre de Bruxelles, hg.v. Jean Préaux, Brüssel 1977, 47–56.

– De Latijnse vertaling van Avicenna's Kitab al-nafs. Inlijdende Studies, in: Orientalia Gandensia 1, 1964, 203–216.

– Trois traductions latines d'un text d'Avicenne: „al-Adwiya al-qalbiyya", in: Actas IV congresso de estudos árabes e islámicos 1968 (ersch. 1971), 339–344.

VAN STEENBERGHEN, Fernand, La philosophie au XIIIe siècle, Leuven/Paris 1966 (Philosophes médiévaux 9).

– Le problème de l'entrée d'Averroès en Occident, in: L'averroismo in Italia. Convegno internazionale (Roma, 18–20 aprile 1977), Rom 1979, 81–89 (Atti dei Convegni Lincei/Accademia Nazionale dei Lincei 40).

VAUX, Roland Guerin de, Notes et textes sur l'Avicenne latin aux confins des XIIe–XIIIe siècles, Paris 1934 (Bibliothèque Thomiste 20).

– La première entrée d'Averroès chez les latins, in: RSPT 22, 1933,193–245.

VENNEBUSCH, Joachim, Zur Bibliographie des psychologischen Schrifttums des Averroes, in: BPM 6, 1964, 92–100.

VERNET, André (Hrsg.), Les bibliothèques médiévales du VIe siècle à 1530, Paris 1989 (Histoire des bibliothèques francaises, Bd.1).

– Études et travaux sur les bibliothèques médiévales, 1937–1947, in: Revue d'histoire de l'Église de France 34, 1948, 63–94.

VICAIRE, M.H., Les Porrétains et l'avicennisme, in: RSPT 26, 1937, 449–482.

VLEESCHAUWER, La Biblionomie de Richard de Fournival du manuscrit 636 de la Sorbonne, in: Mousaion 62, 1965.

VONES, L., Bibliotheken a) II. Spanien, in: LMA (1983), Bd. 2.

VORSTIUS, J. u. S. JOOST, Grundzüge der Bibliotheksgeschichte, Wiesbaden [7]1977.

WATSON, A.G., Bibliotheken a) IV. England, in: LMA (1983), Bd. 2.

WATTENBACH, W., Das Schriftwesen im Mittelalter, Leipzig [3]1896 (unveränderter Abdruck Graz, 1958).

WICKERSHEIMER, E., Dictionnaire des médecins français au moyen âge, Paris 1936.

WIEDEMANN, E., Über Al-Fārābīs Aufzählung der Wissenschaften (De scientiis), in: Sitzungsberichte der physikal.-medizinischen Soz. Erlangen 39, 1907, 74–104.

WIJERS, Olga, Le travail intellectuel à la Faculté des arts de Paris: textes et maîtres (ca. 1200–1500), 2 Bde. bisher erschienen, Turnhout 1994 u. 1996 (Studia Artistarum 1 u. 3).

WILCOX, Judith, The transmission and influence of Qusta Ibn Luqa's „On the difference between Spirit and Soul", Diss. New York 1985.

WILHELM V. AUVERGNE, Opera Omnia, ed. F. Hotot, 2 Bde. u. Suppl.-Bd., Paris 1674 (ND Frankfurt a.M. 1963).

WILSON, R.M., The Contents of the Mediaeval Library, in: The English library before 1700, hg. v. F. Wormald u. C.E. Wright, London 1958.

WINGATE, S.D., The Mediaeval Latin Versions of the Aristotelian Scientific Corpus with Special Reference to the Biological Works, London 1931.

WORMALD, F. u. C.E. WRIGHT, The English library before 1700. Studies in its history, London 1958.

WÜSTENFELD, F., Die Übersetzungen arabischer Werke in das Lateinische seit dem XI. Jahrhundert, Göttingen 1877 (Abh. d. königl. Gesellsch. der Wissensch. zu Göttingen, Bd. 22).

WULF, Maurice de, Histoire de la Philosophie Médiévale, Louvain/Paris [6]1934.

INDIZES

In den Indizes verweisen normale Ziffern auf den Haupttext der angegebenen Seite, *kursive* Ziffern beziehen sich auf die Anmerkungen auf der jeweiligen Seite.

Der Handschriftenindex listet alle in der Arbeit erwähnten Handschriften auf, also auch solche, die keine Übersetzungen arabischer philosophischer Werke enthalten.

Im Autoren- und Werkindex sind die in der Arbeit behandelten Übersetzungen einschließlich des *Liber de causis* alphabetisch nach Autoren sortiert aufgeführt. Die Werke der einzelnen Autoren folgen unter dem Autorennamen in der selben Reihenfolge, wie sie in der Arbeit in Kap. III.2 aufgelistet sind. Dabei werden auch hier die in der Arbeit benutzten Kurztitel verwendet. Zu deren Auflösung s. o. S. 60–64. Andere in der Arbeit erwähnte mittelalterliche Autoren sind nicht hier, sondern im folgenden Personen- und Ortsindex zu suchen.

Im Personen- und Ortsindex werden neben Personen, die als Besitzer der von uns gesuchten Werke in Erscheinung traten, auch alle anderen genannten Personen aufgeführt – sofern sie nicht im Autoren- und Werkindex schon genannt sind –, also z.B. auch die Übersetzer arabischer philosophischer Werke. Orte wurden nur dann in diesen Index aufgenommen, wenn sie als Aufbewahrungsorte der von uns gesuchten Werke vorkommen.

1. Handschriften

2. Autoren und Werke

3. Personen und Orte

Beiträge zur Geschichte der Philosophie und der Theologie des Mittelalters – Neue Folge

36 Fritz Hoffmann: Die „Conferentiae" des Robert Holcot OP und die akademischen Auseinandersetzungen an der Universität Oxford 1330–1332. Robert Holcots Auseinandersetzungen mit Crathorn und Walter Chatton über Ockhams Theo-Logik. 1993, XIII und 135 Seiten, kart.78,– DM.

37 Mechthild Dreyer: Nikolaus von Amiens: Ars fidei catholicae – ein Beispielwerk axiomatischer Methode. 1993, VI und 130 Seiten, kart. 36,– DM.

38 Georg Plasger: Die Not-Wendigkeit der Gerechtigkeit. Eine Interpretation zu „Cur Deus Homo" von Anselm von Canterbury. 1993, XX und 178 Seiten, kart. 68,– DM.

39 Riccardo Quinto: „Doctor Nominatissimus" – Stefano Langton († 1228) e la tradizione delle sue opere. 1994, XXXIV und 325 Seiten, kart. 98,– DM.

40 Maria Burger: Personalität im Horizont absoluter Prädestination. Untersuchungen zur Christologie des Johannes Duns Scotus und ihrer Rezeption in modernen theologischen Ansätzen. 1994, XX und 271 Seiten, kart. 78,– DM.

41 Michael Stickelbroeck: Mysterium Venerandum. Der trinitarische Gedanke im Werk des Bernhard von Clairvaux. 1994, X und 366 Seiten, kart. 78,– DM.

42 Johannes Arnold: „Perfecta Communicatio". Die Trinitätstheologie Wilhelms von Auxerre. 1995, XIII und 375 Seiten, kart. 88,– DM.

43 Richard Brinkley's Obligationes. A Late Fourteenth Century Treatise on the Logic of Disputation. Herausgegeben von Paul V. Spade und Gordon A. Wilson. 1995, IV und 111 Seiten, kart. 48,– DM.

44 Hannes Möhle: Ethik als scientia practica nach Johannes Duns Scotus. Eine philosophische Grundlegung. 1995, VIII und 495 Seiten, kart. 98,– DM.

45 Manfred Gerwing: Vom Ende der Zeit. Der Traktat des Arnald von Villanova über die Ankunft des Antichrist in der akademischen Auseinandersetzung zu Beginn des 14. Jahrhunderts. 1996, XXVI und 708 Seiten, kart. 198,– DM.

46 Stephan Ernst: Ethische Vernunft und christlicher Glaube. Der Prozeß ihrer wechselseitigen Freisetzung in der Zeit von Anselm von Canterbury bis Wilhelm von Auxerre. 1996, X und 422 Seiten, kart. 118,– DM.

47 Mechthild Dreyer: More mathematicorum. Rezeption und Transformation der antiken Gestalten wissenschaftlichen Wissens im 12. Jahrhundert. 1996, VI und 250 Seiten, kart. 98,– DM.

48 Albert Dahm: Die Soteriologie des Nikolaus von Kues von den Anfängen seiner Verkündigung bis zum Jahr 1445. Ihre Entwicklung von seinen früheren Predigten bis zum Jahr 1445. 1997, XXIV und 276 Seiten, kart. 108,– DM.

49 Joachim R. Söder: Kontingenz und Wissen. Die Lehre von den futura contingentia bei Johannes Duns Scotus. 1998, VIII und 305 Seiten, kart. 82,– DM.

50 Fritz Hoffmann: Ockham-Rezeption und Ockham-Kritik im Jahrzehnt nach Wilhelm von Ockham in Oxford 1322–1332. 1998, 171 Seiten, kart. 54,– DM.

51 Michael Fuchs: Zeichen und Wissen. Das Verhältnis der Zeichentheorie zur Theorie des Wissens und der Wissenschaften im dreizehnten Jahrhundert. 1999, 304 Seiten, kart. 80,– DM

52 Matthias Laarmann: Deus, primum cognitum. Die Lehre von Gott als dem Ersterkannten des menschlichen Intellekts bei Heinrich von Gent († 1293). 1999, 540 Seiten, kart., 124,– DM

53 Henryk Anzulewicz. De forma resultante in speculo. Die theologische Relevanz des Bildbegriffs und des Spiegelbildmodells in den Frühwerken des Albertus Magnus. 2 Bände, 1999, 374 + 338 Seiten, kart. 166,– DM

Ausführliche Prospekte auf Wunsch. Verlag Aschendorff, Postanschrift: D-48135 Münster
Internet: http://www.aschendorff.de/buch

Aschendorff